田野調查技術手冊

陳峰

（修订版）

田野调查技术手册

NOTES AND QUERIES ON ANTHROPOLOGY

（6th ed.）

英国皇家人类学会　编

何国强　译

复旦大学出版社

修订版译序

　　《田野调查技术手册》（以下简称《手册》）是一本精英荟萃、历久弥新的工具书。撰稿人是名噪一时的英国人类学家，笔下触及天涯海角的文化事象。他们根据自己或同行在亚洲、非洲、美洲、大洋洲和太平洋岛屿的经历，按照科学观察和准确记录的要求，提出一套行之有效的做法，把田野工作提高到一个崭新的阶段。经过一百多年的检验，反复磨砺，不断修订①，《手册》出到第六版，内容更加丰富，体裁更加合理。至今未因时间流逝而变得陈腐，反因社会需要更显活力，成为许多人背包里的必读物。

　　综观全书，在下认为《手册》至少具有三个突出的特点：

　　第一，风格上不卖弄理论绕弯说事，而是惜字如金地阐发实际，直陈观察的要点。

　　作为科学的田野工作的开创人，马林诺夫斯基认为，调查员首先是资料收集者，此时他临场，待他离开现场回到研究室，把材料和理论两相对照，才是陈述者或解释者。这就告诉我们一个道理：调查员要在观念上将两个步骤分开，不能混淆起来两步并作一步。《手册》是讲述第一步工作的著作，从不侈谈离开现场之事，如整理田野笔记、写调查报告等。

　　《手册》的许多撰稿人堪称鸿儒。他们恪守"知行合一"的信条，提出不少理论范式，率先付诸实践，但在《手册》中则宁愿不讲理论，而要贯彻"事实胜过逻辑，不去搜集事实就谈不上科学"的常理，故将《手册》定位于"行"字，而非"知"字。这条界限挡住了故弄玄虚、猜谜射覆的言辞。若说牺牲了理论，那只

---

　　① 出版与修订年代《初版译序》已叙，即1874年、1892年、1899年、1912年、1929年和1951年，之后又重印过几次（1954年、1960年、1967年和1971年），重印时也有细微修订，此处不赘。

是显性的理论,隐性的理论仍然没有舍弃,如整体观仍是贯穿全书的一条伏线,整体观便是一个隐性的理论。此外,撰稿人年逾不惑,颇有城府,无意中应验了一句格言:"老年人和饱经风霜的成年人说出来的话,跟年轻人和孩子说出(尽管意思正确)的含义不同。"所以,即使只讲实际操作,仍然不输于严密的逻辑推论。

第二,研究方法上表现了英国社会人类学与美国文化人类学的聚汇合一。

英国的人类学产生较早,美国人类学紧随其后。前者以服务殖民政策为己任,社会研究一枝独秀。后者产生于美国政府对印第安人赶尽杀绝之后的文化挽救行动。美国人类学偏重于文化,英国人类学偏重于社会结构。美国人类学在博厄斯的带领下于二战前业已成熟。博厄斯主张研究一个民族就要展开全面细致的调查,因为每个民族的社会结构自成体系,每一种文化都是独一无二的①,完整的研究需要不同的分支学科分担文化体系的不同部分,所以人类学是"一总三分"的集合学科,总学科之下综合了生物人类学(体质人类学)、文化人类学(含语言学)和考古人类学。分门别类就能较好地承担研究世界各民族的自然属性、物质生活、社会结构、语言交流、精神文化等活态文化以及消逝的文化(死文化)的任务。第六版编纂期间,功能学派的创始人马林诺夫斯基和拉德克利夫-布朗都在美国的大学任访问教授,利于《手册》吸取分支学科一炉共冶的优点,世界民族的文化多样性通过《手册》的体裁与调查技术的实用性而珠联璧合。

第三,内容上坚持实证调查是撰写科学民族志的基础。

马林诺夫斯基的名字虽未出现在"三个机构与部分成员名单"中,但是桃李不言,下自成蹊,他的思想和经验通过埃文斯-普里查德等学生广为传播,如方才说"先调查,后写作"的两步法。

在评价民族志的科学价值时,马氏提出一条判断准绳:能够分辨出两种材料的民族志才是好的。哪两种材料呢?一是由观察与询问得来的材料,这正是《手册》指向的目标;一是调查员基于他的常识与心理领悟得来的材料②,主要指在研究室用理论过滤材料的解读过程。怎么获得第一种材料呢?从《手册》的叙述中可以抽象出五点共识:

---

① [美]弗兰兹·博厄斯:《原始人的心智》,项龙、王星译,北京:国际文化出版公司1989年版,第76页。
② [英]马林诺夫斯基:《西太平洋的航海者》,梁永佳、李绍明译,北京:华夏出版社2002年版,第2页。

（1）材料源于意识指向的存在，无须中介来传送，因此要贴近对象观察，而了解实际情况很大程度上取决于调查员的态度。

（2）人类学的自然科学属性要求调查员收集材料时保持中立，不要忘记本来的身份，而去做分外（公务员、商人、慈善家等）的工作，更不要臆测对象。

（3）田野调查有两个层次：一是具体的观察与询问，在把握文化事象的关键点的过程中占有材料；一是抽象的方法论，通过调整调查者的思想意识适应主客（调查前提、角色扮演）关系的变化，指明观察与询问的方向，支持调查员更好地运用技术。

（4）在场的田野调查和离场的模型建构及材料解释，还有两步工作的时空分离，这些因素避免了调查员陷入自相矛盾而不能自拔的状态，即理论预设与经验事实的不一致。

（5）客位解释和主位解释不能等量齐观。前者关注文化共性，便于抽象比较，后者凸显文化个性，以便具体比较。具体比较属于表层，难以抓住文化本质，深层次的抽象比较才能假设出包容在文化差异中的人类共享信息，并用数字、图表、公式来呈现，经过通约、换算，这就是更高级的跨文化比较。

《手册》表明田野调查的两个层次和在场观察询问及离场解释陈述，前两个层次、后两者（在场与离场）各自都是循环往复、多次来回的过程。所以，田野调查不是一蹴而就的。

最近 20 年来，国内出版了一些通论性质的田野调查书籍，多数是译著、个别为专著，也有编著（包含某些带有田野调查的人类学教材）。这里以随机方式列举 5 本书，即《田野研究中的成员角色》①、《人类学家在田野：参与观察中的案例分析》②、《田野工作的艺术》③、《如何做田野笔记》④和《文化人类学调查与研究方法》⑤。前 3 本的内容涉及第一步的两个层次（上述第 3 点）。第 4 本的内容涉及第二步的工作。第 5 本的内容囊括第一步和第二步的工作，它

① ［美］帕特丽夏·安·阿德勒、彼德·阿德勒：《田野研究中的成员角色》，范涛译，香港：国际炎黄文化出版社 2010 年版。

② ［澳］林恩·休谟、简·穆拉克：《人类学家在田野：参与观察中的案例分析》，龙菲译，上海：上海译文出版社 2010 年版。

③ ［美］哈里·F. 沃尔科特：《田野工作的艺术》，马近远译，重庆：重庆大学出版社 2011 年版。

④ ［美］罗伯特·埃默森、雷切尔·弗雷兹、琳达·肖：《如何做田野笔记》，符裕、何珉译，上海：上海译文出版社 2012 年版。

⑤ 何星亮：《文化人类学调查与研究方法》，北京：中国社会科学出版社 2017 年版。

是一本厚书,体系庞大,以三篇十八章(49.8万字)的规模广涉民族学、史学、哲学和社会学等领域。唯有上篇(5章,计90页、10.2万字)讲田野调查,以下乡进驻为始,撰写报告为终,无奈欠缺具体技术的铺垫,调查特点与功能、调查形成与发展、调查原则与类型等倒是讲得十分投入,然而因未对文化作结构分析,也就未给调查技术与文化种类创造良好的结合点。作者虽然殚精竭虑,读者未必感到满意。

以上只是粗浅的比较,反观《手册》当之无愧地成为埋首第一步第一层次,即"先调查","在调查中立足于具体的观察与询问"的专著,环顾他著,难以企及。这种"孤舟蓑笠翁,独钓寒江雪"的局面究竟好还是不好,奉劝大家都来考虑。

初 版 译 序

　　19世纪中叶，一门新兴的学科在欧美出现，英国称之为社会人类学，法、德称之为民族学，北美称之为文化人类学。名异而实同，皆以人类的体质与文化特征为研究对象。

　　英国在海外占有辽阔的土地，享有"日不落"之誉。为了维护殖民统治，特别需要这门学科。科学促进协会和皇家人类学会（前身是"原住民保护协会"和"民族学会"）这两个英国国内重要的学术机构在推动人们以"同源论"（文明人与野蛮人，不同部落的人的文化殊异、心理同一）的观点解释土著的构成、历史和风俗方面做了许多工作。这两个机构还鼓励大学在接受学位论文选题及授予奖学金方面向社会人类学倾斜。

　　1832年和1839年，科学促进协会的负责人 J. C. 普里查德在演讲中预言野蛮人行将灭绝，要求加速收集土著体质与精神特征的材料，扩大现有的知识。该协会很快建立了一个分委员会起草"土著礼仪和习俗"的问卷作为到海外调研的专家、学者的行动指南，这份问卷对前往殖民地的探险家、传教士、商人和军政人员也有指导作用。1843年，从英国原住民保护协会分离出来的民族学会在伦敦成立，后者在十年间连续推出三本手则，它们是《人类学的观察与询问：在未开化土地上居住与旅行须知》（1844）、《民族学的调查》（1851）和《民族学的质疑》（1853）。这些文献成为《田野调查技术手册》（以下简称《手册》）的先导。

　　1874年，科学促进协会牵头编写新的调查指南作为田野调查员的专业工具书，同样对前往殖民地的其他人员有参考作用，因为他们面对的境况相同。一些著名学者担任编委，如弗朗西斯·高尔顿、约翰·贝多、奥古斯塔斯·皮特·里弗斯、爱德华·伯内特·泰勒和约翰·卢伯克[①]等等。书名 NOTES AND QUERIES ON ANTHROPOLOGY 直译是"人类学的观察与询问",可根据书中内容转译为"田野调查技术手册"。《手册》出版后与时俱进,先后修订了五次,前四个修订本皆由科学促进协会单独统筹,分别于 1892 年、1899 年、1912 年和 1929 年出版。最后一次修订始于 1936 年,起初仍由科学促进协会负责,因战争爆发修订工作搁浅。1949 年开启尘封的材料,后续工作移交给皇家人类学会(在英国民族学会基础上成立),1951 年完成修订任务,所以说《手册》第六版是两个机构共同努力的结果,尽管封面只署了皇家人类学会之名。假如考虑到每一次修订都是在前一版基础上进行的,那就不容否认《手册》曾经作为一个连续体而存在。这样才能看到英国科学促进协会的努力更大些。可以说,《手册》的第六版是最终版,后来只是重印,重印的年代顺次各为 1954 年、1960 年、1967 年和 1971 年[②]。

第二次世界大战后,许多殖民地获得了独立,新的政治经济格局不能不影响到修订工作。正因为如此,第六版修订的幅度超乎寻常,与第一版相比有很大的不同,但是万变不离其宗,仍然坚持"务实不务虚"的原则,强调细微地观察与详尽地记录,用材料说话,免谈理论。鉴于《手册》的主旨是引导行为操作,而非探究文化变迁的动力,因此我们不能奢望它在用模型把握材料方面给人以启迪。

西方人类学家到海外了解土著民族的文化,既是殖民政治的需要,也能满足学术的追求。不指出这一点是不全面的。二战结束不久,为了挽救英联邦的颓势,需要一批民族学工作者继续到海外调查殖民地的发展,英国科学促进协会和皇家人类学会急于恢复第六版的修订工作正是出于这一目的。学术追求与政治服务,这种双重目的孰轻孰重呢?应该说政治在任何时候都是第一位的,但在某些特定场合确有学术良知的凸显,从而给调查带来一定的科学价值。正是在这个意义上,《手册》的某些知识超越了民族、阶级与国界,可以抽象地继承。

[①] 这五位学者的英文全名和生卒年代如下:Francis Galton (1822 - 1911),John Beddoe (1826 - 1911),Augustus Pitt Pivers (1827 - 1900),Edward Burnett Tylor (1832 - 1917) and Sir John Lubbock (1834 - 1913)。

[②] Paul Sillitoe. The Role of Section H at the British Association for the Advancement of Science in the History of Anthropology. in *Durham Anthropology Journal*. Volume 13(2)p. 3.

综观《手册》的六个版本，第一版是由古典进化论者主导的。当时的田野调查还很幼稚，科学的成分与走马观花、道听途说的杂质混合在一起。到了后面，研究范式推陈出新，播化学派、社会学年鉴派、功能学派、历史学派呼之欲出，调查员的足迹扩展到全球各个角落。因此，从第二版开始，田野调查技术水平节节上升，到第五版时已达到相当高的程度。

田野调查是一种独具匠心的工作。面对生境复杂、文化多样的社会，调查员需要系统的训练，特别是当其孑然一身地造访陌生的群体时，怎么使自己融入社区，体会冗长延宕的生活都是问题。马林诺夫斯基、拉德克利夫-布朗率先实践了这类单人匹马式的田野研究，他们的成功经验标志着科学调查的诞生。

英国人类学家主要是在英国的海外属地做调查，其他国家的人类学家也有自己的传统领地。一个人无论待在何处，时间长了就能够接触很多东西。当调查员皆以这个态度从事工作时，世界民族的文化珍品就会汇集到桌面上。毕竟学术交流是自由的，通晓语言的人是很多的。这 30 年（1899—1929）成为《手册》修订的黄金期，可供选择的材料相当丰富。

《手册》的科学价值来自两个源泉：一是广泛的田野调查，二是整体论的思想。前者方才说过，下面来说后者。《手册》贯穿了一条红线：人类是自然与文化两部分的产物，文化又可分为物质、制度和精神三个层面，不仅如此，文化还有活态（现存的）与僵死（消逝的）之分，各部分、各层面各有其位，共同构成阶序，它们之间不是平列的。较之于自然属性，文化属性显得更加重要；物质、制度和精神三个层面，物质首当其冲，而生产技术的作用当之无愧；较之于"死"文化，"活"文化的意义更为显著。《手册》在体例上分为 4 部分 18 章。第一部分用 2 章讲述人体测量技术，等于承认有生命的个体是人类社会的前提。第二部分用 9 章讲述田野调查的准备工作和循序渐进过程，对社会结构、个人生命史、政治组织、经济活动、信仰仪式、地方性知识、语言手势等方面的问题作了阐释。第三部分用 5 章再来展现物质文化、制度文化与精神文化的细目，讲述了调查衣、食、住、行以及娱乐与消遣的技巧。第四部分用 2 章论述死文化的发掘和文物保护工作。上述体例实际是隐性的理论框架，深描了各方面的文化，因而具有较大的参考价值。

《手册》的知识是对世界民族调查实践的升华。我国的民族是世界民族的组成部分,在中国做调查可以借鉴这个知识体系。

1949 年以前,中国民族学有南北两种研究倾向之分。南派以调查少数民族为己任,重视田野工作和历史文献,不太看重理论;北派主要研究汉族,比较重视理论。当时已经有了《手册》的前五版。20 世纪 30 年代,中央研究院组织调查湘西苗族、浙江畲族和云南彝族,指定了一批参考书,《手册》列于其中。凌纯声写于 1934 年,完成于 1936 年的《民族学实地调查方法》[①]一文汲取了三本外文书的精华,也有他自己调查经验的总结。这三本外文书,一本是《手册》,另外两本为法国人路易斯·马林(Louis Marin)的《民族学问题格》和德国人盖布勒(Gäbner)的《民族学方法》。凌氏针对国内少数民族的文化特征,分成 4 大类 200 个方面讲方法,又从 23 小类 842 点来讲细目。1936 年冬,国民政府内政部礼俗司拟在全国范围内展开调查,委托凌纯声、卫惠林、徐益棠编拟《全国风俗问题调查格》。卫氏参考了《手册》等书,完成其所承担的生活习惯部分,他编撰的纲要分成 6 个方面,199 个问题。凌、徐二氏因故未交稿,此处不赘。

新中国的民族识别和少数民族社会历史调查再次凸显了《手册》的实用性。1950 年 6 月,中央访问团(分团)和地方访问团奔赴全国各地区,拉开了民族识别的序幕。1956 年 3 月,中国少数民族社会历史调查正式启动。参加两次大规模的民族调查的人员甚多。民族识别开展较早,来不及准备新的调查提纲,较多地利用了现成的资料,包括旧中国遗留下来的提纲。少数民族社会历史调查则组织编写了《社会性质调查参考提纲》,宋蜀华等人承担起草工作,许多学者参加讨论修改[②]。

改革开放以来,实地调查得到应有的重视,出现了一本实用性较强的教材[③],它是作者在讲授"民族学调查方法"和"文化人类学概论"的课程基础上编撰的。内容由技能和方法论两部分构成。技能方面,较多地承袭了《手册》的显性结构和隐性结构,初步统计,这本书至少有三章(60 页),即第二章"方法论(上)"、第六章"传统技艺"和第十二章"艺术",里面的叙述和图表可以从《手

---

① 参见《民族学研究集刊》第 1 辑,南京:中山文化教育馆编,1936 年,第 75 页。

② 参见宋蜀华、满都尔图主编《中国民族学五十年(1949—1999)》,北京:人民出版社 2004 年版,第 44—52、68—74、108—114 页。

③ 参见汪宁生《文化人类学调查:正确认识社会的方法》,北京:文物出版社 1996 年版、2002 年版,学苑出版社 2015 年版。

册》第六版中找到。有人已在网络上发布消息①。这本书的作者在"导论"第二目中极力推荐《手册》，说它不仅适用于无文字社会的调查，而且适用于有文字社会的调查。

人类在21世纪有许多机遇。《手册》在新的情况面前不显老态，更谈不上过时。当今世界，民族发展的潮流势不可挡，处在世界经济体系边缘或外围的民族以及远离都市的民众，需要外界去了解他们，协助他们解决自身的迫切问题。我们也有义务去了解和帮助他们。一个民族必须发扬本民族文化有生命力的成分才能前进，尽管其中有些成分可能被削弱，可能还很幼小，但是可以结合到现代化的进程中去，舍此则无从弥合历史的创伤。

让我们继续重视《手册》的实用价值吧，因为人类学领域有大量的调查工作需要我们去做，而这么去做则代表着学科史上旧范式的回归。与此同时，我们要警惕学科上的空谈阔论或自我包装，要鼓励深入封闭乡村、奔赴遥远边陲的实在行为。凡是去到那里的人，无论是调查员还是旅游者，都可以看见传统文化的痕迹。初出茅庐的新手往往在观察、询问与记录时是需要学习的，所学的东西并不是越新越好，而是越实用越好，所以《手册》还不会过时。我们要从这本旧书中发掘出一种新的探索精神，从文字中获得灵感。进而言之，我们在帮助当地民族发展，处理好传统与现代、本民族文化与异族文化、外来援助与自力更生等诸多关系时也需要借鉴《手册》的光辉。

何国强

中山大学西北区榕树头

2015 年 10 月 7 日

---

① 参见"豆瓣读书"短评：曼 2009 - 03 - 02。http://book.douban.com/subject/1585308

英文第六版序

　　自从《田野调查技术手册》于 1874 年首印以来，到 1929 年已修订 4 次，出到第五版了。几年间，形势发生了深刻的变化，人类学也得到长足的发展，为了使本书与时俱进，需要适时修订才能更好地服务于实际。1936 年，英国科学促进会属下的人类学部成立了总编辑委员会（以下简称总委会），着手于第六版的修订工作。总委会建立了几个分编辑委员会（以下简称分委会），每个分委会的主席同时又是总委会的委员。总委会内部增补了两位委员，一位是哈登博士①，另一位是塞利格曼博士②。不巧的是后来有几位总委员相继离世，接着第二次世界大战爆发，英国进入战时状态，新版的修订与编写被耽搁了。战争结束后，这项工作再次被提到议事日程上来。

　　1947 年，时任总委会主席的弗勒③教授回顾了过去所做的工作。他谈到承担"社会人类学部分"的分委会工效高，如果说有哪个分委会快要完成预定的目标，那肯定就是这个分委会了。而承担"物质文化部分"的分委会

---

　　①　艾尔弗雷德·哈登（Alfred Cort Haddon, 1855—1940），英国人类学的奠基者之一，原是医生，后转行到剑桥大学教授人类学，1888 年至 1898 年，两次率队到托雷斯海峡考察，并创造性地运用了一些田野调查技术，如系谱学知识。他著述丰厚，其中，《人类学史》被译成中文，1988 年由山东人民出版社出版。——译者

　　②　查尔斯·加百利·塞利格曼（C. G. Seligman, 1873—1940），原是医生，后成为英国古典进化学派人类学家。他擅长民族志，在许多地方做过田野调查，例如，1898 年在托雷斯海峡，1904 年到新几内亚，1906 年至 1908 年去斯里兰卡，1909—1912 年，1921—1922 年，两次在苏丹调查。夫人布伦达·扎拉·塞利格曼（Brenda Zara Seligman）即本序言的撰写人，也是人类学家，1943 年获利弗斯纪念奖。——译者

　　③　赫伯特·约翰·弗勒（Herbert John Fleure, 1877—1969），英国考古学家、人文地理学家，长期研究人与自然的关系及人类社会进化史，曾任英国皇家学会总编辑委员会主席。——译者

只有彭尼曼①先生和布莱克伍德②女士对旧版作了修订,其他方面的工作原封不动。鉴于总委会担负着新版的编辑、复审和定稿的全部工作,于是弗勒主席指定我任编辑,并建议第六版遵循第五版的匿名制,对投稿来源一律不署名,避免撰稿人受到同行的非议。

"体质人类学部分"的修订是在克拉克教授③的精心指导下完成的,有三位博士为该部分撰写稿件,他们是巴利卡特、穆兰特和韦纳。借此谨向上述四人致以诚挚的感谢。本书的第三部分为"物质文化部分",除了彭尼曼先生和布莱克伍德女士付出的辛勤劳动之外,后续撰稿人詹姆斯·霍内尔先生、迪格比先生、海伦·罗伯茨小姐和塞斯先生④也出力不少,他们六人同样值得嘉奖。

本书的第四部分是古人类活动的遗迹。哈扎因博士对此慷慨赐稿,加罗德和佐伊纳⑤两位教授不吝指教,并提出宝贵的建议,令这一部分增色不少。为此我发自内心地表示感谢。

现在倒回去说本书的第二部分。虽然社会人类学主要是研究那些无文字的民族,但是,这一部分所提及的诸种方法与研究复杂社会的一般原则是相通的。1929年《田野调查技术手册》的第五版问世以来,社会人类学又前进了一大步,因此第五版显得有些落伍,需要扩大艺术、科学与自然知识派生出来的话题,重新规划社会人类学部分。总委会决定了这一部分的基本构架和内容细目,还讨论了一些专业术语的定义,并且把亟待确认的项目拟成清单呈送各位委员。为了节省篇幅,避免内容重复,需要严格择材、精巧构思,也需要有意义的材料。由此彰显出一个事实,即本书第二部分的许多章节是千锤百炼

---

① 托马斯·肯尼思·彭尼曼(Thomas Kenneth Penniman),英国人类学家,曾任牛津大学的奥古斯塔斯·皮特·利弗斯博物馆的馆长。1935年出版《人类学一百年》,开启了人类学学术史研究之风气,引出一批后续作品,如1950年格林·丹尼尔出版《考古学100年》,1976年又出版《考古学150年》,1966年F.伊根发表《民族学与社会人类学的一百年》,1984年谢丽·奥特纳发表《20世纪下半叶的欧美人类学理论》,1985年埃尔曼·R.瑟维斯出版《人类学百年争论(1860—1960)》。——译者

② 比阿特里斯·玛丽·布莱克伍德(Beatrice Mary Blackwood,1889—1975),牛津大学女人类学家,在新几内亚、北所罗门群岛和巴布亚新几内亚做过调查,1938年到奥古斯塔斯·皮特·利弗斯博物馆工作,1943年获利弗斯纪念奖,1946年转任该校讲师,1948年获得伦敦文物学会奖,代表作为《文物分类》(1959)。——译者

③ 威尔弗雷德·李·格洛斯·克拉克(Wilfred E. Le Glos Clark,1895—1971),长期在伦敦大学医学院工作,1934年转任牛津大学解剖学教授。——译者

④ 本自然段除克拉克之外,其他人的姓名依次为N. Barnicot, A. E. Mourant, J. S. Weiner, James Hornell, A. Digby, Helen R. Roberts和R. U. Sayce。——译者

⑤ 他们三人的姓名顺次为S. A. Huzayyin, D. A. E. Garrod和F. E. Zeuner。——译者

的了。

请允许我向承担社会人类学部分的分委会全体成员表达诚挚的谢意。感谢你们心甘情愿地努力奋斗：撰写新条目，提出有价值的建议，厘清一些模糊观点。在这里我特别想点到三位教授的大名，他们是拉德克利夫-布朗、达雷尔·福特和迈耶·福特斯。以前他们曾为《田野调查技术手册》做过贡献，现在继续出力，审读终稿，找出疏漏之处，建议增加必要的注释，帮助我解决疑难问题。说真的，我对上述人士的感谢是无法用语言表达的。在此我还要虔诚地提到格林女士、利奇博士、奈德尔教授、斯托尼博士、派廷通教授、斯查普拉教授、塔克博士和爱德·华德教授的尊姓大名，他们也属于为新版贡献良多的精英人士[1]。

《田野调查技术手册》的第六版原是由英国科学促进会属下人类学部的总委会负责修订和出版的。到了1949年，总委会的使命已经完成，后续工作全部移交给英国皇家人类学会的专门机构。回首往事，如果没有英国科学促进会属下的人类学部，没有该部总委会的工作，没有皇家人类学会的接替，第六版的付梓是不可能的。人类学部的常任理事哈登博士自始至终地给予支持，是最值得我感谢的人。

布伦达·扎拉·塞利格曼

---

① 本段提到的人名依次为 Daryll Forde, Meyer Fortes, M. M. Green, E. R. Leach, S. F. Nadel, F. B. Steiner, R. O'R. Piddington, I. Schapera, A. N. Tucker 和 Ida Ward。——译者

三个机构与部分成员名单

总编辑委员会

英国皇家学会会员,总编辑委员会主席、文学硕士、理学博士——赫伯特·约翰·弗勒教授

英国皇家医士学会会员、英国皇家学会会员、文学硕士、理学博士——威尔弗雷德·李·格洛斯·克拉克

文学硕士——迪格比

文学硕士、哲学博士——埃文斯-普理查德教授

哲学博士——达雷尔·福特

医学硕士、文学硕士,理学博士——赫顿·H. 杰姆斯教授

专职秘书——布伦达·扎拉·塞利格曼女士

"社会人类学部分"的分编辑委员会

"社会人类学部分"的分编辑委员会主席、文学硕士——拉德克利夫-布朗教授

文学硕士、哲学博士——埃文斯-普理查德教授

文学硕士、哲学博士——雷蒙德·弗思教授

哲学博士——达雷尔·福特教授

文学硕士、哲学博士——迈耶·福特斯教授

医学硕士、文学硕士,理学博士——赫顿·H. 杰姆斯教授

地理学学士、文学硕士、教育学学士——约翰·林顿·迈尔斯[①]

会议召集人与专任编辑——布伦达·扎拉·塞利格曼夫人

皇家人类学学会为推出《田野调查技术手册》
新版设置的委员会

（该机构的会长，名誉编辑，名誉会计，名誉秘书等皆依职权关系排列）

文学硕士、理学博士、英国皇家外科医师学会会员、英国皇家学会会员——威尔弗雷德·李·格洛斯·克拉克

文学硕士——迪格比

哲学博士——达雷尔·福特

医学硕士、文学硕士，理学博士——赫顿·H.杰姆斯教授

布伦达·扎拉·塞利格曼女士

[①] 约翰·林顿·迈尔斯（Sir John L. Myres），1869年7月3日出生于英国港市普雷斯顿，1954年3月6日卒于牛津，英国考古学家和地理学家，1904年在塞浦路斯发掘，著有《塞浦路斯文物的季节性收集指南》，曾在利物浦大学任教，先是古代地理学讲师，后来成为格莱斯顿讲座教授（1907—1910），之后到牛津大学出任首位古代史威克姆讲座教授（1910—1939）。1910年至1911年，他持续为《大英百科全书》第11版撰稿，第二次世界大战期间将这些稿件汇编成《海军情报机构地理手册集》一书出版。他对英籍澳大利亚考古学家戈登·V.柴尔德的影响很大。——译者

目 录

第一部分 体质人类学

第二部分 社会人类学

第四部分　古人类活动的遗迹

插 图 目 录

第一部分

体 质 人 类 学

现在,全世界有 2 000 多个大小民族,分属欧罗巴、蒙古、尼格罗-澳大利亚三大人种及各种混合类型。它们分布于五大洲四大洋的 200 多个国家和地区。从北极圈地到赤道,人们生活在景观和资源迥然不同的广大地域上,从事着多种多样的经济活动,创造着多彩多姿的文化艺术。调查员在与人类不同群体接触的过程中最先感受到他们的体质特征。早期田野工作者的背囊里经常装着测量工具。现在的调查员,如果他的国家幅员辽阔,民族众多,即使他不出国门,利用体质人类学的知识帮助自己收集材料也是必要的。可以说,了解调查对象的身体特征,判断他们所属的种族,推测他们的族源与族体,进而寻找他们的历史迁徙事件与过程,是进一步展开社会调查的前奏曲。

第一章

体质人类学的方法

本章着重讨论体质人类学的经典方法，扼要说明将这门分支学科的知识点应用于研究人类的成长、营养及寻常所说的体质类型的过程，即使这些领域还可从社会人类学的视角加以研究，仍需开卷直面，并对其作画龙点睛式的论述。

一、人种的差异

（一）人体比较解剖学的视角

居住在地球上不同区域的人类群体在肤色、发型和体型等方面有些差异，这是尽人皆知的事情。自从人类学产生一百多年来，田野调查的一个重要目标就是尽可能精确地记录不同人种的体质差异，通过比较来描述与推论人类不同群体的来源及其相互关联。

人体比较解剖学主要是从人体外表选取一些测量部位进行比较，这些部位均为研究者易于观察的，根据对许多活体的这些部位进行测量获得数据。也可以通过人体内在的运动来检测，有人研究过类似血压和新陈代谢的基本概率等方面的生理差异。无论如何，必须经过严格、细致的测量才能合理地解释开展活体研究的原因。

可将体质研究中的活体部位归为以下几点以便理解与操作：

身体的测量部位：包括所有身体外形的一切尺寸。目前来看，身体的特征是在当前的水平中最能令人满意的定量研究，但受各种因素的影响，测量的结果仍不够精确，后面将会讨论这一点。

身体的色素部位(肤色、发色和眼色)：用现有的田野测量技术难以对这些方面进行定量记录，必须建立数据库作对比。

定性特征是从质上来把握人类个体在形态结构和功能活动方面所表现的那些相对稳定的特性,例如,有无内眦赘皮褶或者骶骨斑、鼻廓的形状以及体毛的颜色等等。尽管它们有质的变化,但没有令人满意的定性方法来记录这些变化,因此只好从特征上来把握变化的性质。

人类不是由整齐划一的个体所构成,实际上在一个人群内部,成员间的差异通常比不同人群的平均差异还要大,因此使用统计学的方法进行比较就显得尤为必要。这里暂不论某些测量的难题,只说眼睛的颜色或身高的差异,两类人群的区别常常体现在这两个参数的差异上。一项研究结果发现蓝眼睛的人约占人类总数的 5%,另一项研究结果则显示 10% 的人为蓝眼睛。通过测量某个部位——譬如身高——就会发现人的身高其实是在一定的域值内变动,也就是说,人的身高表现出连续的变异性。因此,个体差异要用标准差①来表示,人群则须以平均值来表示。考虑到样本的大小和差异性,必须采用统计学测试来看机会变量是否会引起平均值之间的明显差别。为了避免赘言,暂不讨论这些统计方法,尽管它们对体质研究有好处,只需在脚注上列出些许书目供读者参考②。

在采用现有技术时要尽可能坚持客观的态度,这一点是非常重要的。要是观察人员过于主观任意就会影响到测量的结果。比如,要是他把头发的颜色分为深色、中等和浅色几类,那么,除了他自己以外,别人并不知道这一分类的含义,就算知道了也无法把握细小的尺度,即使是他本人,也可能会因时过境迁的变化而头脑发懵,再次改变他原先的分类标准。在测量色素特征时,如无简单易行且估算准确的技术,为了免于臆断,可以用标准色谱作对比。尽管如此,观察者进行对比的准确性不一样,有时误差可能大得超过人与人之间实

---

① 标准差(S. D.)的数学表达式为 $\sqrt{\dfrac{各观测值与均值之差的平方和}{样本个体数}}$ 或者 $\sqrt{\dfrac{\sum_{1}^{N}(x-\bar{x})^2}{N-1}}$。其中 $\bar{x}$ 为均值,x 为变量的观测值,分母 $N-1$ 为自由度(这比用 N 作为分母得到的结果能更精确。对于正态分布,标准差可以反映均值两侧 68% 样本的测量值(英文原著中没有说明标准差在正态分布中用 σ 表示与均值在正态分布中用 μ 表示,以及其分别在正态分布中起的作用)。——译者

② E. G. Chambers, *Statistical Calculation for Beginners* (Cambridge University Press. 1943). K. Mather, *Statistical Analyses in Biology*, 2nd ed. (Methuen, London, 1946), G. W; Snedecor, *Statistical Methods* (Iowa State Coll. Press, 1940).

际的差异①。

以主观分类的资料为前提,很多时候只能得到原始的和基本的信息,即使谨慎地使用匹配技术,也必须汇总不同调查者的记录以便形成科学的结论。有些特征难以获得客观记录,例如,在把毛发分为几种类型(毛茸、波浪和直发等)时,我们就容易识别特殊形状的头发了,但要辨识处于中间状态下的发型则有些困难。在此条件下,田野调查员即使对通常能够识别的发型加以定义也不易达成共识,并且没有现成的对比谱可用,事实上也不容易建立一个规范的比对谱。至于体毛的数量就更难精确化了,理由很简单:体毛的整体外观可能受多重因素所决定,比如毛发的长度、颜色、浓密程度、形状、单位面积的数量,这些要素在身体各部位的表现不同。在此条件下,定性描述就有了一定的价值,但其局限性也必须引起足够的注意。

活体测量只涉及简单的线性维度上的比较,尽管如此,很多因素容易引起各种误差。当调查员重复地测量一个对象时,会发现所得到的数字在均值上下波动。这种随机误差的大小(可以由均值的标准差来衡量)因观察者的技能和某种测量方法固有的困难而有所不同。希望每位调查员能够通过对 50 个活体的反复测量以估算出随机误差值②。

如果调查员没有正确地估计误差,进而从总样本的差异中减去误差,就需要增大样本使差异明显化。如果他们发现误差与自己的预估值相差很大,就要放弃或者改进自己原先采用的技术。除了随机误差值以外,测量还有可能产生系统误差值,从而导致自己测量的平均值与其他调查员测量的很可能更精确的数据或者现存的更客观的标准值相比不是偏高就是偏低。造成系统误差的原因很多,运用普通人体测量学先要清晰地确定身体上的测量点,要对同一的标准程序产生共识,并且自觉地遵循它们,否则误差太大就会使结论无效。令人遗憾的是,目前人们对这个问题还没有达成广泛的共识。因此指出这一点是非常重要的:每位调查员必须清楚他在研究中所遵循的标准程序,认真记录自己的测量结果,注意它们与标准值和误差值之间的关系。

值得强调的是,虽然不可能将所有的记录打印出来,但调查员应该妥善保

① S. W. Grieve, G. M. Morant, "Records of Eye-colour for a British Population and Description of a New Eye-colour Scale", *Ann. Eug.*, 13, 1946 – 1947.

② M. L. Tildesley, "Choice of the Unit of Measurement in Anthropology", *Man*, 47, 72, 1947.

存他们测量和观察个体时所做的记录,以及从这一过程中获得的统计数据。技术上的知识与问题不断推陈出新,随时需要新的数据,在很多情况下,计算的前提条件就是这些单个数据是随时可以得到的。

需要注意的是,在收集足够准确的数据资料的过程中,会出现很多预想不到的困难。对于打算进行田野调查的工作者,特别是没有解剖学经验的工作者,建议他在开始调查之前,向有经验的人体测量专家咨询。这里提供了一些标准的医学人类学著作[①]。

(二) 对资料的解释

比较人类的个体和群体是比较解剖学领域内有关人类变体的古典方法的一个延伸。最简单的推论是外形上的相似表明其关系的密切度。人们应批判地看待这种方法,特别要考虑遗传学的知识,这一点很值得提倡;如果比较是为了获得一些进化论的知识,那么研究很大程度上必须依赖于基因的结构特征。此处有个范例:如果两个群体间头颅形状的差异是外力的作用引起的,那么这个特征对于推断生物学上的亲缘关系就没有多大的价值。一般说来情况是复杂的,例如,基因很大程度上影响着身高,但要是不考虑营养因素,前者对后者的影响就不能实现。因此,只有在两个案例的相关环境因素基本相同的情况下,才能得出人类身高的差异是由基因的差异所导致的结论。当然,黑人的皮肤色素绝大部分来自基因遗传,除了一些罕见的疾病外,环境的变化不能使肤色发生较大的变化。但是,一般来说,南欧人与北欧人相比拥有更多的皮肤基因色素,同时因为阳光强烈也会生成更多的皮肤色素。

当生理发生变化时情况尤为复杂。因为很多部位都与调节机制有关,它们易受环境的直接影响,所以可能难以在同一个人身上获得稳定的数据。例如,血压必须在严格标准化的条件下测量,因为它容易受到诸如运动和情绪紧张等各种因素的影响。即使人们注意到技术的标准化,但还是难以判断人类不同群体的差异是缘于基因差异还是因为水土适应、饮食习惯或是慢性病。诸如基本的代谢率、血液成分比例或者高温高湿条件下的工作能力这一类变量,在确定它们为基因差异导致人群差异前需要仔细核对。即使不考虑后天

① R. Martin, *Lehrbuch der Anthropologie* (Fischer, Jena, 1928). A. Hrdlicka, ed. T. D. Stewart, *Practical Anthropometry* (Wistar Inst., Phlidephia, 1947). M. F. Ashley Montagu, "The Location of the Nasion in the Living", *Amer. J. phys. Anthrop*, 20,87,1935.

环境的影响,基因对人体特征的决定作用也很复杂,因此人们往往不能说出自身所包含的基因量,也不能准确判断基因在杂交后将会出现的情况。遗憾的是,几乎所有人类学中使用的形态特征都不止由一个基因决定,而且不以简单的孟德尔遗传方式来表现。血清学特征的优点之一就是基因状况清楚,可以通过相关的基因频率来区分人类。深入研究各具特色的活体间的杂交人群,能够提供更多的人体测量的基因线索,但要取得真正的进步还需更精确的测量技术。对于不同人群所表现出的相同点,如果没有深入广泛的细致观察,就贸然断定其源于相同的基因,这不是科学的态度,反而会招致他人的反对,大家都知道,普通人类学特征取决于不同的可分离的基因,所以,没有理由可以假设在杂交群体中能辨别"亲本类型",尤其是当亲代群体本身就容易变化时更不可能做到。

解释者可能会碰到另一个困难,即两个群体可能出现的共同特征。由于不同群体生活的环境相同或者相似,人们对这些特征有所适应,而非他们的关系特别密切。非洲黑人和亚洲黑人的肤色和发型可能就是这样的例子。人们必须注意,这个问题不同于前面讨论过的环境对个体的作用。关于适应性特征,我们关注易受自然选择影响的基因所决定的特征。达尔文在《物种起源》中表达了如下观点:一般情况下,如果这个特征使人类具有更好的适应性,所涉及的基因在人群中出现的频率就会增加,出现这种现象的比率取决于各种因素[1],在此我们不必赘述。至少就 ABO 血型系统来说,一般认为所涉及的基因较少受自然选择的影响,除非与另一个频率不同的人群杂交,否则它们出现的频率一般不会改变[2]。从某种意义上说,血型基因在这方面提供了一个很好的追踪更远人群关系的方法。适应性特征基因的频率可能变得更快,使其最初的相似点变得模糊。这对于观察到的种族差异的适应性方面的所有问题无疑具有重大的理论和实践价值,但是目前我们在这一方面还没有可靠的证据。通常认为热带人的肤色能保护他们免遭紫外线辐射的伤害,然而,尽管皮肤中的黑色素确实能很好地吸收这些辐射,但根据现有证据还是无法断言在

---

① T. Dobzhansky, *Genetics and the Origin of Species* (Columbia Univ. Press, New York), 2nd ed., 1941.

② W. C. Boyd, "Critique of the Methods of Classifying Mankind", *Amer. J. phys. Anthrop.*, 27,333,1940.

自然条件下皮肤色素在防辐射方面起到的重要作用。同样的,在世界上有些地方,鼻子的相对宽度似乎与纬度密切相关,这一发现的具体生理意义尚不清楚。可能普遍观察到的人群差异本身就是非适应性的,但是他们一定还与同一基因其他更重要的行为有关,只是现在还没发现而已。体质人类学家的观察结合了气候学家和生理学家的工作,因此它不仅为进化论知识作出了贡献,也为医疗和卫生领域的各种实践问题作出了贡献。

二、人体的测量

(一) 仪器

用于普通目的的测量工具有很多,用于特殊目的的测量工具也不少,二者在这里我们都不会提及,我们要说的只是最普通的工具类型,这些为测量所用已经足够了。

在《田野调查技术手册》成书的时代,人体测量工具十分稀少,就连人类学最发达的英国也无法批量生产。在最近的一次学术交流[①]中我们得知可以从瑞士进口相关器具。下面列举四种最普通的工具:

人体测高仪。它是一根长 200 厘米的金属杆,由相等的可分离的 4 个部分组成,上面刻着 0 到 200 厘米的数字,并以毫米为刻度单位。杆的一端有一个固定器,适合各种形状的横档卡入;光标上也有个类似的固定器。加上固定的或移动的横档,50 厘米处的部分可以分别用做直角规,这种器具应用广泛。

大直角规,亦称"赫尔德利奇卡"型,量程是 60 厘米。该器具的主要特点是其长(26 厘米)的横档,而且比人体测高仪的宽度要宽(3.5 厘米)。

小直角规,亦称"马丁"型,量程是 25 厘米。在相对面之间有一个带尖的横档,这种器具适合于面部测量。

小圆角规,头部测径器,最大跨度为 30 厘米,刻尺的形状可以是弯曲的、严格固定的,也可以是直的、装有铰链的,所以它可以折叠。

---

① W. M. Krogman,"Anthropometric Instruments", *Amer. J. phys. Anthrop.*, N. S. 6,506, 1948.

（二）人体测量技术

1. 理论知识点

人体的测量点可以确定出很多，实际上，所选择的测量点必须受制于现有材料的检验和调查目的的约束。假如要测量出不同民族的成人样本，就不要恪守抽象的一般准则，因为在一种情形下能够测出的差异可能在另外的情形下就测不出来[1]。这样说不等于否定测量工作中的通用方法，作为导向性的方法其实是有的[2]，例如，开始测量之前的初步观察，阅读文献，了解前人做的工作，熟悉即将研究的群体，选择有用的测量仪器，这些都有助于工作的顺利开展。

2. 样本的容量

样本的需要量取决于特定测量中样本差异的大小和技术的精确度。一般说来，调查员应该尽量对每个性别测量 100—500 个活体。为避免不完全发育及衰老的变化，所测个体应该从年轻的成年人群体中挑选，也就是来自 25 岁到 35 岁的个体，如果过于年幼，则他们的身体没有成熟，如果过于年老，则他们的身体已经萎缩，所测到的数据就不能真实地反映该群体的特征。测量时应当记下被测量者的年龄，这虽然不容易做到，但要争取做到。如果相片是在足够远的工作距离时拍摄的（以避免严重的透视变形），便可以从标准照片中获得准确的测量值。拍摄距离为 25 英尺，配一个 10—12 英寸聚焦棱镜就很适合[3]。然而，这个方法还没有广泛应用于人种研究。一般而言，从照片上获得的测量结果与直接采用器具方法的普通测量结果并不完全契合。以下定义来自马丁 1928 年版的教科书（见书末参考书目中"体质人类学"一栏）。

3. 各部分的位置

（1）头部和脸部。分述如下：

头长的测量（使用圆角规）。头长是指从眉间到枕后点的距离，也就是鼻根上方、两眉中线上最突出的点与枕骨部最靠后的点之间的距离。即使它是在中线的一侧，有些田野工作者取中线上较后的点，另一些人则取中线最靠后

---

① See J. M. Tanner and J. S. Weiner, *Amer. J. phys. Anthrop.*, N. S. 7, 145, 1949.
② See M. L. Tildesley, *Man*, 1950, 4.
③ 1 英尺等于 12 英寸，合 0.304 8 米。下同。——译者

的点。

头宽的测量(使用圆角规)。头宽是指耳朵上方、头两侧向两边最突出的点之间的距离(宽度)。对于大多数测量者来说,应该将盖住耳朵骨头边缘的附件尽量避免。测径器的两端应该在额状面的同一水平面上。

头高的测量。这个位置不是经常测的。已采用过各种方法和接线点,这一点可参考人体测量学的教科书。

最小额宽的测量(使用圆角规)。最小额宽是指眉毛两边上方的额颞骨顶之间的最小距离。注意测量起点是骨边缘而不是位于其后面的颞肌。

两颧骨间宽的测量(使用圆角规)。这是指两颧弓最外侧两点的间距。测径器的端点应该在同一个正平面上。

两下颌点间宽的测量(使用圆角规)。这是指两下颌角之间的距离,也就是下颌的角最侧面两角之间的距离。下颌角可能是圆形的,这使得点的确定很困难。测量时要注意避开前部的咬肌(用力咬牙时,面颊两侧会鼓起较硬的部位)及其与下颌角点之间的凹陷处。

鼻高的测量(使用小直角规)。鼻高是指鼻根与鼻下点之间的距离,也就是中线上鼻骨和前面骨的结合点与鼻中隔下端和上唇相接的点之间的距离。虽然鼻根是一个重要的"界标",但每个点都不容易确定。皮下的鼻额骨的骨缝通常在鼻根凹陷处最深点上方几毫米处,很多情况下摸不到它。马丁认为,鼻根点位于连接两眉毛内端的一条线上,但它可能不在鼻梁明显地触摸不到的位置。据蒙塔古的说法①,画一条与上眼睑褶(上睑褶)相切的直线,此线大都经过鼻根点,不过学界对蒙氏的观点还有争议,尽管如此,蒙氏至少提供了一个可重复的、确切的"界标"。田野工作者应该解释清楚自己采用了哪一种方法来定位鼻根点。如果鼻中隔和嘴唇连接部分是圆形的,鼻下点就很难确定。出现这样的困难时,赫尔德利奇卡(Hrdlička)建议沿鼻中隔一线按下测径器的一端进行测量,不过这样测量可能会引起被测量对象的疼痛。

上部面高的测量(使用小直角规)。这是指鼻根点和牙槽中点之间的距离,牙槽中点是齿龈上中心门齿之间的最低点。

总面长的测量(使用小直角规)。这是指鼻根点与颌下点之间的距离,颌

---

① M. F. Ashley Montagu, *op. cit.*

下点是下颚下边界上最低、最靠前的点;这个点一般出现在中线上,但是那里可能会有轻微下陷;颌下点不是最突起的点,当它被厚厚的软组织覆盖时,并不容易准确定位。

(2)身体的测量。分述如下:

身高的测量。让测量对象赤脚直立,目光平视前方,两手垂于身体两侧,脚跟并拢,测量从顶点即头部的最高点到地面的距离。在实验室里通常使用有固定底座、滑动刻度的测距仪;测量时通常使用人体测高仪,操作中要注意保持器具的垂直,为此可以用一个可拆卸的小型脚踏板。或者依照赫尔德利奇卡的示范,将一块1米长的刻有厘米、毫米刻度的板子附在高度适合的垂直平面上,这时身高就取决于安装在适当位置的两块方形宽木头;而且被测者的肩膀和臀部通常接触到垂直平面。由于测量结果易受姿势的影响,所以应尽力使之标准化。另外要考虑到有一种说法:人的身高在一天中可能会发生两到三厘米的变动。

坐高的测量。是指从测量对象的顶点到其所坐平面的距离,测量时大腿笔直坐立。如果腰部不直或向前弯曲,测量值将大大减小。大腿高于水平面时,很容易发生这种现象。所以,为使测量对象保持正确姿势,建议用一把高30厘米、上面带有已知木板厚度的高脚凳加以固定。前面提到的人体测高仪和墙上测量都可以使用。直接测量腿长有些困难,通常采用"身高-坐高=腿长"。因为坐着时,股骨头还离坐骨结节上面有一段距离,所以测量的结果在某种程度上明显小于腿的实际长度。这种测量方法广泛应用于研究人的生长发育状况。

臂长的测量。臂长是指肩峰点与最长指尖之间的距离,也就是肩胛骨肩峰中、肩上最外侧的点与最长指尖之间的距离。测量时,被测者的手臂要尽可能地伸直,并且要在被测者的身体侧面操作。人体测高仪是最方便的器具。测量所有离地平面距离的方法,容易因手臂处于垂直平面的姿势不准而产生误差。例如,通过肩峰点离地距离减去指尖离地距离获得臂长的做法。

前臂长的测量。前臂长是指桡骨的最高点(近端点)与尺骨茎突的最低点(末梢点)之间的距离。如果手掌轮流上下转动,桡骨顶端在肘部的骨性突起区域(肘的尖点)就能感觉到旋转。前臂下限上有个更为准确的测量点,它可能位于桡骨和尺骨上突起的茎腱的中线上,上臂的长度为肩峰到桡骨尖点之间的距离,可以在这条线上测量手臂的总长度。

下肢长的测量。所测量的下肢长度是相对长度,起点是股骨大转子的上边缘,在触摸(男性)皮下髋部最宽的棘点时可感知。终点为内踝尖端,很难准确定位到这个点的位置。大腿的长度是指腿外侧髋部最宽点到胫骨的上边缘之间的距离。小腿长(胫长)是指膝关节内侧的胫骨上边缘(胫侧骨)到踝关节上的内踝之间的距离。如果要准确地判断下肢和前臂的长度,就必须掌握骨骼学和表面解剖学的相关知识。

肩宽的测量(使用人体测高仪或大直角规)。肩宽是指被测量者以正常姿势站立时,两个肩峰点的间距。如果双肩前倾或后曲的幅度过大,将减小测量所得的数值。

两髋骨间宽的测量(使用人体测高仪或大直角规)。两髋骨间宽是指髋骨最外侧两点之间的距离。过于肥胖的被测对象可能需要通过按压来触摸骨冠。

胸廓宽的测量(使用人体测高仪或大直角规)。因测量水平的不同,被测量者的姿势不同,测量方法也不一样。有人认为男人胸廓的宽度指与乳头齐平的最大水平宽度,也有人认为是与第四肋或剑状软骨齐平的宽度。测量时,被测者的双臂平举,与头或身体成45度角,或者双手向前伸出与身体成直角,同时肘部弯曲。与此同时,调查员则详细地记述整个测量过程,在正常的呼吸和吐气状态下进行测量。

胸廓深的测量(使用人体测高仪或大直角规)。测量胸廓的深度比测量胸廓的宽度似乎更难。测量时应该在同一个水平面上进行,为方便起见,可使用人体测高仪曲线横档,卡在身体前后进行测量。否则须将大直角规横过来跨越后背,与测量胸廓宽一样,在正常的呼吸状态下进行测量。

身体各部围的测量(如胸围、腰围、臂围等)。

测量器具。采用有厘米和毫米刻度的卷尺测量。要是布卷尺就要定期检查,以防布条伸缩。有些田野工作者也使用窄条的金属卷尺。

许多男人显得五大三粗,不少女人显得肥胖,因此测量身围带有肌肉组织和脂肪组织的数据,它们常与被测者的营养状况、运动程度等因素相关。实际上类似的测量已广泛地运用于营养学的研究中。鉴于采用临床方法评估营养学的不可靠,而采用化学方法又过于深奥,实在难以科学地评价人体测量工作。测量的前提是评估营养状况的方法的可靠性,该方法应该比人体测量学的方法更直接明了,因此身体的测量可以借鉴营养学的测量标准。由于上述原因,现在只列出部分测量周长的部位:

男性与乳头齐平的胸围;

与肚脐齐平的腹围;

最大臀围;

上臂围,以及接近肘部的前臂的最大围;

最大股(大腿)围;

最大腓肠(小腿肚子)围。

称体重。营养学测量中经常利用体重和身高这一组关系。做田野调查时,可以通过各种小型弹簧秤获得体重的数据;为确保准确,应该反复检查。成人要得到最接近真实体重的测量值,最好是赤身裸体进行测量,如果条件不允许,则要减去衣服的重量;测量至少要在饭后两小时才能进行。

(3)色素特征的记录。目前,最常用的比对色谱还无法通过商业手段获得,再加上比对技术令人不太满意,因此现在只将常用色谱列出而不作详细评价。

使用哈迪(Hardy)的分光光度计可以记录整个可见光谱的反射强度,根据使用这种仪器所做的最精确调查,一般来说肤色取决于四种色素:黑色素、血红素(含氧的或不含氧的)、与黑色素有关的类黑色素以及类胡萝卜素,最后两种色素只起微弱的作用。血红素在深肤色人群中实际上不怎么明显。

记录肤色。卢尚[①]色谱可能是最负盛名的了。它是用不透明玻璃做成的36 个色谱,这些颜色不会褪色,使用时要避免反光,因为在光照的反射下会使识别对比变得困难。卢尚的 48 色油彩系列被认为更适合皮肤肌理对比色。还有一种更精致的仪器是基于米顿[②]博彩转盘的光学原理,仪器上面的四种颜色快速旋转,通过调节这些颜色的比例来获得匹配。

记录发色。分光光度计的结果表明,头发的颜色大部分源于黑色素,但红头发是如何产生的呢?对于此便会产生疑问,进而推测红头发可能含有其他

---

① 卢尚(Felix von Luschan,1854—1924),德国人类学家,柏林大学首任民族学讲席教授,柏林民族学博物馆中的非洲及太平洋分馆主任。

② 米顿·布莱迪尼(Milton Bradley,1836—1911),美国游戏业先驱,发明了博彩转盘。

色素。

最有名的比对色谱是费雪（E. Fischer）的装有由纤维素做成的 30 根"头发"样本的色谱盒。

观察眼色。从客观记录的角度看,眼睛的颜色可能是色素特征中最复杂、最难以把握的。其中一个表现是虹膜的颜色经常不一致,再一个是颜色的变化模式为部分分布式。然而,虹膜颜色的显著变化几乎仅限于欧洲地区。

马丁（Martin）创造了一种内置 16 枚玻璃眼珠的盒子,它是目前使用最广的视网膜对比装置。人类学家检测了一些特定的人群,却始终没有在欧洲不同地区的工人中看到任何人长着一双与那些检测过的对象相似的眼睛,至少表明每个人的视网膜是不同的,就像人的指纹不同的道理一样。马丁和舒尔茨（Schultz）设定的新版色素表囊括了 20 种眼色素。萨勒（Saller）在黑纸上复制出来的 40 种虹膜类型构成了匹配规模表,这种测量方法要求被测者用一枚白色的环形物置于眼睛前端,再将眼睛贴近特定的纸面,测试室的背景为黑色。目前还不能肯定这种测试是否提供了最为精确的比对条件。

第二章

人 类 的 血 型

血型是体质测量的重要指标。人类公认的血型体系有三种,即 ABO 型血、Rh 型血和 MN 型血。它们在遗传学上是相互独立的,由此产生三个相互独立的分类学标准①。本章要讨论最近引入的血清检测法。

一、血型

当我们使用血型这个术语而不设限制时,首先想到的就是 ABO 型血,这样来理解问题,就能把复杂的事情简单化。大体上说,血型主要有 AB 型、A 型、B 型和 O 型四种。精确地说,可将 A 和 AB 两种血型细分为 A_1 型和 A_2 型,以及 A_1B 型和 A_2B 型。如此分出的六种血型不止适合于哪一部分人,而是适合于所有人群中血型互不相同的大多数成员。然而,不同血型出现的频率在不同人群间的差别极大,有些地方的人群血型全部为 O 型一种,或者为 O 型和 A 型两种。例如,在英伦三岛,通过对人口的大面积检测,就能准确地判断各地区人群不同血型的频率分布,这是混血遗传的暗示。血型频率分布的不同通常可能表明其来自不同的祖先或以不同比例的血统混合。相似的血型并非总意味着有相似的祖先,但是在特定的一个小地区却几乎总是这样的。通过恰当的统计技术,有可能对通婚和世系进行量化研究。

必须提到的一种情况是:在北威尔士,拥有威尔士名字的人群和拥有英格兰名字的人群在血型频率分布上存在显著差异。由于这是基于以前记录上

---

① 人类的基本血型有 ABO 血型、Rh 血型、HLA 血型、MN 等多种血型系统,在生活和医疗中应用最广的为 ABO 血型、Rh 血型、HLA 血型。1921 年,世界卫生组织向全球推广认同和使用 A、B、O、AB 四种血型,这也就是传统的 ABO 血型分类。随着研究的深入,人们发现自身的血型除了 ABO 血型外,还可以有其他的分类。

的分析,只是通过名字而不是体质特征来说明祖先。然而,如果两个原来在血型频率分布和某些体质特征上存在差异的人群在一个特定社区内密切接触,那么最初在那个地区的人们,在血型和那些体质特征方面就有明显的关联性。通过联姻产生的遗传后代这种关联性将变小,但是如果存在社会的或其他联姻的障碍,这种关联性就将延续很多代。

采用 A、B、O 三组等位基因的频率分布可以表明 ABO 型血的测量结果。因此,两个单独变量可以说明一个人群的构成状况。如果判断出了 A 和 AB 亚群,就需要四个基因 A_1、A_2、B 和 O,以及三个变量。

在 ABO 血型系统中,有一种 Rh 血型,有阴性与阳性之分。1940 年,研究者把恒河猴的红细胞注射到兔子体内,发现被免疫的兔子血清内含有一种抗体,能凝集 85% 欧洲血统人群的红细胞。这些被凝集的红细胞叫作"恒河猴阳性"。最广泛可行的测试血清的方法是将人群分为 Rh 阳性者和 Rh 阴性者。理论上大约有 50 种测试血清的方法,尽管某些方法十分罕见。特定人群的测试结果可通过约 15 组基因联合体的频率分布表现出来,其中常见的 7 组能提供充分的对人体测量目标有价值的频率分布。在目前检测的相对较少的一些非欧洲人群中,测试结果普遍存在差异性,表明将来这方面的研究还有很大的空间。较之于其他大陆的人口,欧洲的 Rh 阴性者更为常见,而且主要局限在土生土长的欧洲人、西亚人、非洲人的群体内,所以世界上其他地区对 Rh 阳性和 Rh 阴性人群分类时,趋向于简单列出欧洲人、黑人或者印第安混血儿的人数。

有时候 Rh 血型母婴间的不相容可导致新生儿溶血性疾病,它是一种常见的贫血,严重时常常伴随着黄疸的升高,带来致命的影响。在这种情况下,母亲一般是 Rh 阴性,婴儿是 Rh 阳性。因此,与其他种族相比这种疾病在欧洲人中更为常见,但据说,在非欧洲人群中 Rh 不相容性也偶尔发生。所以,调查 Rh 血型时应询问有关新生儿因贫血和黄疸死亡的事件。对于疑似这类病例的患者,研究其父母亲及幸存亲属的血型特别有意义。如果在两年内有得过这种病的孩子,而且可以对其母亲进行静脉穿刺的话,就应该对病孩的血清做 Rh 抗体检测。

古典 MN 系统分为 M、MN、N 三种血型。它是根据两组等位基因的频率分布来说明血型检测结果的,因此,理论上可以用单个变量来定义人口构成。总体上人群之间的频率分布差异小于 ABO 和 Rh 系统。所以,为了建立重要的变量,需要依靠大量的关键性样本。调查发现在整个亚洲和美洲土著居民(包括爱斯基摩人)中,出现 M 系统血型的比例很高;而在大多数太平洋岛屿(包括澳大利亚)中出现 N 系统血型的比例很高。最近研究发现 MN 系统中存在可用新 S 血清抗体定义的亚群。为数不多的有关这类血清的人类学研究表明:当 S 血清抗体被广泛使用时,它的使用将大大增加 MN 测试的人类学研究价值。

在为人所知的其他几个独立的血型系统中,每一种血统都可简单分成阳性和阴性。测试这类血型的可靠试剂不太常见,而且仅用在一些专业实验室里。不过,数年后这些试剂将更容易得到,使用这样的试剂对各种人群进行血型测试是很有希望的。

二、验血

血型测试容易出现各种误差,所以最好在专业实验室中进行。每次进行测试时都应用已知类型的血液;另外,测试人员应先在做过许多相关实验的实验室中接受培训,而且应在他人监督下采用可用于田野调查的准确技术来进行测试。

血型的检测分为两大步骤,每一大步又分为几个环节。下面简要介绍:

(一) 采集血样,快速送到实验室

如果样本可以空运,或者能在几天内快速送到实验室,测试结果通常比在现场测试的结果更可靠,除非田野工作者是有着多年经验的血型分类专家。

血型测试的复杂程度正不断在增加,航空事业也在不断发展中,与此同时,人类学的研究兴趣正向许多地区扩张,现在不少人群正在接受高度专业化的血型检测,而几年前调查员还很难进入他们所居住的地区呢。

要是田野调查员有权使用实验室,那么他只消采集血样并且把它们分派到实验室就够了。不用说,人体观察应以做过血型检测的人为对象,而不是另设目标。具体环节如下:

1. 抽取血样的一般方法

最好是通过静脉穿刺获得血样,取 2—2.5 毫升血液到已消毒的干燥试管中,不加防腐剂和抗凝剂,用密封或用蜡质软木塞塞住,使用贝耶尔(Baeyer)

"小静脉"试管来装血液样本很方便。不过,医疗知识不合格的人不能做静脉穿刺,尤其是在田野调查中,除非他有大量在医务监督下的操作经验,并且能够充分意识到脓血症的危险性。

红细胞在血液凝块中保存得很好,可以在测试实验室内制作红细胞的盐悬浮液。用上层的血清来对 ABO 血统互相检验,也可以用来检测在特殊案例中所涉及的类似 Rh 抗体的异常凝聚物。

检测所收集样本和运输这些样本的大量经验表明,消毒是决定样本到达时状况的最重要的一个因素。尽管贝耶尔"小静脉"试管或者其他类似的试管价钱昂贵,但是比起用来支付不宜检测的样本所花费的高昂空运费用,还是实惠得多。因此,建议在所有情况下都使用这些容器。

2. 抽取血样的补充方法

如果没有实施静脉穿刺,最好的方法是从手指或耳朵上获取几滴血液到已消毒、有抗凝剂的试管中。

西蒙斯(R. T. Simmons)和葛瑞登(J. J. Graydon)对从远东的岛屿来的大量样本进行了分类,他们在刊物上报道了溶液的配制方法[1]:

"我们使用的试剂是以中性柠檬酸钠和纯净葡萄糖来配比的,中性柠檬酸钠在默克(Merck)的化学式中写为$[2(C_3H_4OH(COON_a)_3) + \text{Ⅱ} H_2O]$,纯净葡萄糖我们用了好几种品牌,试剂的质量令人满意。

"我们又用蒸馏水配制两种溶液:3.8%的柠檬酸钠溶液和 5.4%的葡萄糖溶液,分别在 110 摄氏度高温下灭菌 15 分钟。冷却后,实验员罗斯和特纳按比例将两种溶液混合。720 毫升葡萄糖溶液加入 297 毫升柠檬酸钠溶液,并加入 1.0 毫升 1%的硫柳汞溶液,最后浓度是 1/100 000。须要强调的是必须在特制的、已消毒的烧瓶中进行混合,这种瓶子便于将混合液转入两毫升无菌小瓶中去。在每个小瓶中加入一毫升混合溶液后,马上用无菌的橡皮塞塞住;给小瓶贴上标签,在瓶塞和标签上都编号,并且刷上清光漆以防止标签脱落和在传递过程中弄湿。当采集好样本时,在每个小瓶中加入两滴血液。到现在为止,这种溶液经罗斯和特纳稍微改良过,在我们的实验室里已使用了 6 年。如果能将血样储存在冰里或者空运到实验室,我们认为,使用这种方法保存溶

---

① Med. F. Australia, vol. 2,326,1945.

液,就可能检测从世界任何地方获得血样。"

硫柳汞原液合适的比例如下:硫柳汞1份,硼砂1.4份,已消毒的蒸馏水100份。

所有含硫柳汞的溶液都应该用棕色玻璃瓶存放,并将瓶子放在背光处,建议在一个月内使用完。

采集血样时,首先应清洁被测试者的耳垂和指尖,要用湿润的棉花擦拭,如果可能,要用乙醚或者酒精消毒(甲基化的或任何蒸馏的高浓度乙醇——含乙醇70%有最大的消毒作用)。最好将刺针(无论是三角形的外科针还是"血枪")保存在有酒精的试管中,或者在对不同人测试前后都要用酒精棉球擦拭。刺破后挤压伤口,用试管接住冒出伤口的血珠,然后封起试管,在外部贴上标签。与此同时,用酒精棉球擦拭皮肤,如果继续流血,要用一小块棉花按压几分钟。

虽然验血的方法得到了广泛的应用,但仍要意识到可能会带来一定的风险,比如有可能传播病毒性疾病。我们知道,每200个健康的英国人中大约有1人是同种血清型黄疸病毒的携带者。这种肝炎具有极长的潜伏期,患者的死亡率超过1%,普通的酒精消毒并不能将这种病毒杀死,有时候通过外科针具采血就容易传播这种病毒。在非欧洲人群中,这种病的发生频率还不清楚。因此,最好是每次使用完针具都要煮沸或放在火焰上消毒,如果用火焰消毒不要烤得太久,否则会破坏针具的韧度。

无论使用哪种方法采集血液,都应该以最快的方式将所得样本送到实验室。最好的方法是,在运输途中将血液冷藏,温度保持在大约0摄氏度。血液在低温下被冻成固态后(哪怕只是片刻)就没有检测的价值了。除细菌感染导致样本无效外,实践中再无第二种样本损坏的常见原因。虽然精确的冷藏方法取决于当地的资源和操作的灵活性,但是有时也可使用一个小保温瓶,或者在中途补充普通的冰块。注意不能用固态二氧化碳(干冰),因为它会把样本冻成固态,同样也不能在普通的冰里加盐来给血样降温保存。

样本保存的时间长短很大程度上取决于样本的消毒程度,在常温的情况下保存期不能超过三天,冷藏条件下保存期不超过两周。

(二)现场将血型进行分类

如果是在现场进行测试,除了ABO血型以外,几乎不可能再做任何分类。

只有具有丰富的血型分类经验的工作人员才会有更多的尝试,而且他们不需要在这里所提到的那些建议。最关键是要获得干燥的分类血清,目前可获得的这种血清数量很少,在几年内就可能更容易获取些。应该尽一切努力来获得干燥的血清,但不得不使用液态产品时,若发现试管混浊或者有异味就应将样本舍弃,因为用这种样本测出的结果不可靠。

在由一名医生和已知是 A 型血和 B 型血的人所组成的探险队中,很少出现无法获取特别处理过的血清这种情况。只要在实验室里进行过效力测试的血清就可以用于分类。必须记住 A 型抗体血清来自 B 型血的人,B 型抗体血清来自 A 型血的人。

不论血清的来源如何,为保证其不失去效力并防止产生因为细菌污染造成的错误的阳性反应,应该经常对已知的 A 型血和 B 型血进行测试。

如果使用干燥血清,必须准备一两个滴管,滴管上面标有一次所需水量的刻度线。一次用量的试剂打开后加入一个剂量的冷开水,只有在当地水的硬度很高或水有盐味时才用蒸馏水。然后轻轻摇动试剂直至获得均匀的溶液,这可能需要几分钟。不要使用不能溶解且仍保持凝胶状的干燥血清,应抛弃重复使用的血清或者当天没有用过的干燥血清。

测试所用的 A 型抗体和 B 型抗体,不允许两种血清出现哪怕是一丁点的污染——测试时必须使用不同的滴管、搅拌棒等等。

为了获得用来测试的血液,如上面所述,先将手指或耳朵刺破,如果可能的话最好把用来测试的血液与浓度是其 20 倍的生理盐水(0.9％的氯化钠溶于蒸馏水)混合,而且应事先准备好这些所需液体。接下来将一大滴血液或者足够形成深红色混合液的血液加入小试管中的 1 立方厘米盐水里,并将两者均匀混合。

用带橡皮头的巴斯德(Pasteur)滴管可方便地将血液滴在瓷片、乳色玻璃板或者显微镜载玻片上。用油脂笔将每种液滴贴上标签,如果标签贴得仔细的话,可以在同一片板上测试几个血样。

然后,将干净的巴斯德滴管中的一滴血盐水混合物滴入血滴中,并用玻璃棒或者白金圈搅拌。使用搅动棒时每种血清要用不同的棒进行搅拌;使用白金圈时,在连续的血滴之间必须用火焰消毒并冷却。

另外,微小的血珠可直接用竹签或环状物接到不同的血清液滴上,但是如果没有用血盐水混合物的话其结果的可靠性较低,新手对此尤其应该注意。

最后,轻轻摇动板子或者载玻片,持续这个动作不超过 5 分钟,之后就能观察到结果,要么血液与血清均匀混合,要么红细胞结成胶状,即:聚在一起交叉形成 1 毫米到 2 毫米的块,剩余的血清很清澈。只有 A 型抗体引起了凝聚,血型是 A 型血;只有 B 型抗体引起了凝聚,就是 B 型血;如果两种血清都引起凝聚,是 AB 型血,如果都不凝聚,就是 O 型血。人的血型如图 2-1 所示。

如果天气炎热,在测试过程中血清会挥发,这时会出现一些颗粒,但这不是真正的凝聚;因为加入一滴生理盐水(0.9% 氯化钠)就可将凝聚物稀释,而真的凝聚加入盐水之后并不能发生变化。

要得到极其可靠而完整的 ABO 血型

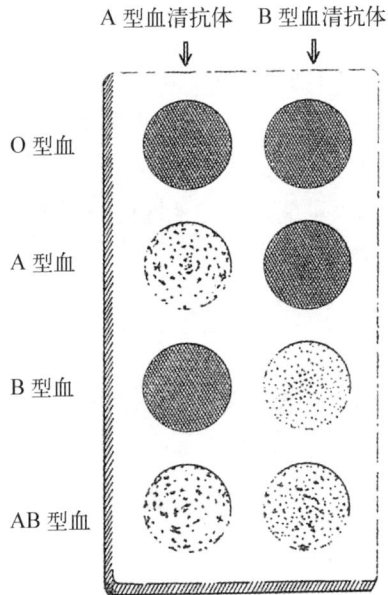

图 2-1 人类的血型

诊断,既要测试红细胞的抗原,还须测试血清中的凝聚物。为了达到这个目的,必须将血液装入一个试管中,让其凝固,对已知的 A 型和 B 型血清进行测试(或者最好是 A_1、A_2 和 B)。

O 型血人的血清含有 A 型抗体和 B 型抗体。A 型血人的血清含有 B 型抗体。B 型血人的血清含有 A 型抗体。AB 型血人没有血型凝聚素。然而,在实验室以外几乎不可能进行这种测试。威勒(A. S. Wiener)引用了托马斯编写的《血型与输血》的第 3 版(该版于 1943 年在美国伊利诺伊州春田市和马里兰州巴尔的摩市印制),详细说明了当时的血型和人类学调查血型的情况。迄今为止,最为详细地说明血型调查的著作应该是博伊德(W. C. Boyd)编写的《血型》一书。而最为详细地描述 ABO 血型测试的当数"医疗研究委员会战时备忘录"(1943 年第 9 号)所刊载的《人类血型的判断》一文。对 Rh 血型的测试方面描述得较充分的是莫里森(P. L. Mollison)、莫朗特(A. E. Mourant)和莱斯(R. R. Race)合作编写的材料《Rh 血型及其临床效应》(刊登在 1948 年的第 19 号《医疗研究委员会备忘录》上）。对各种血型分类做了详细描述的是莱斯和桑格（R. Sanger）编著的《人类血型》一书（英国布莱克维尔出版社，1950 年）。

目前，世界上仅有 ABO 血型组和少量的 MN 及 Rh 血型组得到了充分的研究，任何可靠的数据都值得获取并且公之于众而不是裹足不前。甚至 ABO 血型组也已经在北非（埃及除外）、缅甸、马来半岛、波斯和南美洲及亚洲许多不太可能进入的地区展开了调查并公开出版了研究结果。

第二部分

社 会 人 类 学

社会人类学素以简单社会为主要的研究对象,随着资本主义生产方式的无情碾压,原始民族的地盘日益萎缩,一些调查人员开始脱离未开化的环境,转到复杂社会来研究都市底层文化与郊区农村的新面貌,另一些人继续行走于偏远地区,调查民族发展与文化变迁的新现象。对于遵从社会人类学信条的调查员来说,"江山容易改,不如我心刚",无论环境有多么不同,研究的重心始终集中于文化制度。因此,他们孜孜不倦地寻找人们产生认同的知识传统,相互凝聚的语言、心理与信仰要素,力图了解社会结构与功能,发现社会生活的某些原则。

第三章

导　引

任何地方都存在着一些观察者可以发现的有研究价值的东西。调查员在与当地人接触的过程中细心地观察，认真地记录，以粗细适中的笔调描述那些鲜为人知的文化现象。但要做到这一点是很不容易的。本章着重从调查员的角色扮演与田野背景的关系来谈工作的展开。

一、调查员的自我意识

每一项人类学的调查都必须界定好哪是观察，哪是解释，无论记录还是报告，都不能混淆理论和事实的界限。要是观察者想用理论来凝聚材料，就应该先记录事实，然后思考其中的道理，而不能眉毛胡子一把抓。

理论的价值在于促进科学的观察，人类学家已经充分地认识到这一点。在他们当中，每个训练有素的调查员都是在一定的预设的指导下进入田野调查点的，也许他会受到某个特定的思想流派的左右，使他在调查问题的选择和解决问题的路径方面无法超脱这个流派的窠臼，影响到他对于超出个人观察范围的、有关社会性质和活动的透彻研究。思想框架是田野工作的基础，在观察和记录事实时不是受好的思想框架的影响，就是受不好的思想框架的影响。未受过人类学专业训练的、对某个领域感兴趣并且愿意投入业余时间进行人类学观察的人倾向于认为自己不会受到偏见的影响。事实并非如此，每个人都是特定文化传统和培养方式下的产物，在社会和心理方面都会受到自己原有文化传统的影响。除非受过科学训练，否则他的观察结果肯定会受到先入为主的态度的影响。此外，观察者一方面通常认为在他出生环境里的风俗和习惯是如此"正常"，而且认为记录与家乡的行为习惯相似的行为习惯没有意义；另一方面，当某一文化与他自己的文化存在很大差异时，他又认为那是不正常的。当涉及道德和宗教时这种倾向就更加明显。为了克服这些困难,本书设计了一些注释和问题,指明值得调查的方向,提供了获得和记录相关事实资料的方法。

我们极力主张所有想从事人类学调查的人要完整地接受一门人类学的课程训练,本书虽然带有一些相关性指导,但并不意味可以代替这类训练。

调查员在从事田野调查之前,一定要详细地了解所要奔赴的那个地区的文化,有了充分而正确的了解,后续工作才会事半功倍,才利于他们有针对性地排列出一些特殊的问题,并在观察时进行核对。如果资料不够准确或缺乏完整性,他们的注意力就会受到那些被别人忽略或误判的事实所干扰。

通过研读优秀的人类学著作,学到新知识,如调查方法、关注的问题和陈述记录的逻辑,这也是初学者不可缺少的环节。

本书之所以使用"本土"这个词,是因为所要调查的大部分事例都是地方上的风俗习惯;没有用"氏族的""未开化的""原始的"这些词,是因为这些词的使用范围太广。如果作者说"未开化",读者就很难理解其确切含义;但如果说有文字还是无文字,这个区别就一目了然了。由于忽视自然科学实验和缺少相关的技术设备,无文字民族的文化和西方文明之间区别很大(尤其是在物质文化和经济制度方面)。

本书主要关注无文字的社会,其所提及的目标和基本原则在有文字的社会也适用。这些带有共同性的目标与原则显然动摇了以揭示人类思想基本差异为己任的文化多样性观点的根基。近来心理学方面取得了一些进步:确立了各种族分支和人类心理结构的基本身份;在对所有社会类型进行研究后,人类学家发现它们具有相似的原则,并且把注意力从以前对不同的社会的比较转向了对同一社会中不同阶层的比较,因为同一社会不同阶层之间的差别与不同社会之间的差别一样。此外,由于西方文明在整个世界蔓延,通常所说的原始民族也显得有能力获得与我们文明不同的风俗、信仰、技术语言等等。正如历史学家经常强调的:文化是不断变化和发展的,不过这种变化不是指人们在身体和精神结构方面的变化而已。

除了在获得可靠材料之前需要得到当地人的理解和支持外,田野调查员与无文字的民族接触,一般不能制定出确切的规则。需要注意的是,在获得可靠材料之前需要得到当地人的同情和理解,能否达成融洽的关系取决于调查员的性格、能力及当地人对欧洲人的了解程度。当地人对欧洲观察者的态度，不可避免地会受他们曾经与其他欧洲人所接触的模式影响，必须清楚它们往往是一些不愉快的接触。观察者必须考虑到这个因素并相应调整自己的行为。起初纯朴的当地人会对陌生人抱以疑虑的心理，如果这个陌生人带着若干随行人员，后者通常会被看作是前者的保镖，于是当地人会以敌对的态度对待之。有鉴于此，不少调查员认为随身携带武器是有必要的，果真如此就错了。不过在许多地方，陌生人要是携带一支猎枪或短枪倒还是对他有所帮助，因为当地人很乐意以游戏的方式接受来访者打到的野味。

当地人不仅抱有敌对的态度，而且常常表现出羞赧的意识，还有种种其他行为考验着我们的耐心和机智。在许多地区，当地人对欧洲人的寻访已习以为常，至少他们的生活没有因为欧洲人的到来而发生巨大的变化，他们日常所需也不是由欧洲商人所提供，因此，这些地区的人们对欧洲的陌生访客往往摆出一副充耳不闻、我行我素的冷漠态度，甚至混杂着一丝优越感。这种行为常常使欧洲人感到不舒服，因为他们习惯了受到尊重，总是有意无意地认为殖民地人民对欧洲人顶礼膜拜是最正常不过的了，至少应该表现出对欧洲人带来的物质文明的感激。令人极其尴尬的是某些当地人或殷勤好客或毕恭毕敬纯粹是为了索取物质回报。他们在调查员面前投其所好，大谈某些事情，不惜编造信息，这种现象对于雇用当地人的欧洲人来说司空见惯。经验会告诉人们这样的观点往往是夸大的，而如果调查员充分了解当地人，就可系统地验证他们说的话，从而避免受到欺骗。

那些只是把人类学的研究作为个人爱好的人们必须考虑自己与所接触的当地人的交情是否笃厚，他们的职业与当地人有什么关系。起初他们在那些完全陌生的当地人面前似乎有更多的优越感，后来他们的情感则会发生一些微妙的变化，如果他们不学会这么看问题就不利于自己的调查。实际上，当地人是以包税人的身份来看待官员的，也就是说他对官员的印象不是太好。他们对传教士的印象如何呢？通常他们把传教士看成禁欲主义者：反对跳舞，禁止当地的一切娱乐活动。他们把殖民主义者看成苛刻的捐客，穷苦力的主人。他们把商人一概看成奸诈之徒。以上是一方面的情形。另一方面，当地人把政府看成反对猎取奴隶的机构，同时又是贩卖黑奴船的保护人；传教士是保护人和赞助者；商人是贵重物品的供应者。在他们的眼中，劳动是交换货物的一种形式,也是一种冒险活动。常驻的观察者要完全摆脱自己的职业是不容易的,虽然他很难改变当地人的想法,使他们把他自己与其他西方人区分开来,但是,他一旦住了下来,与邻居建立了新型关系,他就能认识到自身的位置。同样的道理,刚刚从事人类学的新手,必须带着这样的意识——自己不过是处在政府保护下的欧洲人,在对自己有利的条件下,他必须考虑是充分利用法律赋予的特权呢,还是基本上不去利用它们。

调查员的性别会影响调查方案的选择。通常,很少有人对女调查员抱有对立或猜忌的情绪,女调查员的出现有时候能够激发人们的信任,出于这两个原因,当地男性怀疑陌生人会染指自己的女同胞。在某些地区,当地男子担心陌生的外来男子会染指自己的女亲属,假如有个女调查员在场,这种担心就成为多余,无形中增加了男调查员的自信。在质朴的当地人以及需要口译者的那些人当中(很少有女性口译者),女调查员会发现她自己被看作陌生人或者被授予了男人的地位,而且她必须进入男人的圈子中去调查。或者她可以选择是否主要在妇女中做调查,以此获取在男人圈子中得不到的信息,还是通过接触男性来获得更加丰富的信息,虽然这些信息略显一般。总之,观察者必须做出选择。在东方国家常有这样的文化认同,认为未婚女性没有地位(除一些宗教祭仪人员外),所以当地人不能完全了解一个欧洲未婚女性的地位,因此必要时女调查员可以虚构自己的故事,如说丈夫和孩子在国内云云。

综上所述,一个人不可能调查人类活动的所有方面,哪怕是在一个狭小的社区,也没有时间和精力去观察了解所有年龄段男男女女的日常生活习惯,他们所有的经济活动、礼节和生产活动,所有的法律、风俗和制度等。

每个调查员都会对一些特殊领域感兴趣,这与他的偏好、所受的培训、个人能力以及某个社区所能提供的研究机会有关。与此相应,可能某个地区的居民对完整的社会调查没有兴趣,但可能会对调查他们某一方面的文化感兴趣,调查员如果能够将他们对某一方面的观察系统地记录下来,同样是非常有价值的。

必须注意在某个社区常驻的外来人,无论他们是传教士、政府官员、医生、商人还是其他居民,都没有资格评价权威性的社会活动。事实是,传教士、医生等在与当地人的密切接触中,可以对他们的家庭生活、宗教思想等话题作一些近距离的观察;同样的,政府官员可能有一些难得的机会获得法律、政治组织等方面的信息;农业官员则对当地的经济系统比较了解。所以应该利用这些机会进行长期而深入细致的调查;反之,随意或偶然获取的资料没有多少人类学价值。

人类学家经常被他所访问的那个部落"收养",当地土著表现出来的这种殷勤好客的举动应该为调查员所接受,它赋予调查员一种身份。然而,必须认识到这只是一种姿态,尽管调查员可能被当地人接受为参与者,但在他对当地人的影响和当地人对他的态度没有太大改变之前,他不可能完全融入当地人的社会活动中去。也许某些人可以完全和当地人一样生活,但是多数调查员还是做不到的,特别是在热带地区。而且,那些想从事人类学行业的人们还必须注意:在调查过程中心理和社会方面的调整远比饮食上的适应更加困难。首先,许多东西是看不到的;其次,调查员必须是一个参与者而不是观察者,这很难做到,也可能会影响他的情绪和知识观,同时会完全改变自己的方法论。如果他想要成功,就必须忘记自己原来的社会身份,且在当地人中赢得一个可敬的地位,这在受过教育的人们或者精英阶层当中(虽然他们大多数为文盲)是可以实现的。在这些人当中,最好使自己被接受为某个家庭的成员,能这样做的人可以获得很好的观察角度和参与平台。

不过,选择家庭时我们要非常小心。必须意识到哪里有阶级和劳动分工,哪里就有这样那样的社会歧视。因此,一个调查员若想获得某个特定区域的文化的整体印象,就不能和某一个团体走得太近,也不能将自己有关社会地位的观点强加给当地人,相反得顺从他们的观点。首先必须接受当地人乐意给他的社会身份。通常调查员的地位都不错,尤其在有头领的地区。在调查员方面,无论当地人平等地接待他,或者居高临下地看待他,甚至是挖苦、打击、谩骂,都要保持平和的态度,不能轻易生气。还要注意到,如果起初就被安排到与当地人认为是社会底层的某些人物在一起,调查员也不能有偏见,反而要注意那些"上等人群",并在其中找一个报道人。在社会较底层作调查往往比较容易,想要在上层社会开展调查则要困难得多。

调查员既不能认为无文字民族完全不同于"文明人",也不能认为其与"文明人"完全一样。在考察他们的行为和表现时,必须考虑他们的文化背景和心智能力。调查员必须明白自己的分类不是通用的,要避免将自己的观点强加于报道人。

尤其重要的是,在描述当地的习俗、宗教及传说时不能用"荒谬""不可能""讨厌"等贬义词,也就是不能有一丁点的猎奇或不屑的表情。

如果调查员在语言、工艺流程、历史、音乐、艺术、游戏、摄影等方面表现出感兴趣的样子,当地人往往不会怀疑可能是伪装乖巧。因此较之于记者的直接询问,参与式的社会人类学调查就有了一个更好的开端。调查员如果对手工艺和游戏的智力感兴趣,那就更方便了。他可以加入到当地人的活动中,时刻准备着为他们出力,但千万不能认为欧洲人的东西要比当地人的高超,要以学生的姿态而不是老师的架子参与到活动中去。

调查员应该向当地人坦承自己的来意,不要刻意隐瞒,还要借鉴"十里不同风,百里不同俗"的道理介绍家乡的情况,博得当地人对自己的某些习惯性行为的包容。调查员要向当地人申明自己所从事的调查工作的性质,一方面要向当地人表明他热爱当地的文化,同时又是让外面的人理解当地文化的一条途径,另一方面,调查员也可以告诉当地人他的欧洲同行的生活习惯,但并不意味着要当地人学习这种生活方式。这时使用一些爱国的媚俗辞藻可能会有帮助:比如可以告诉他们已经记载其相邻部落的风俗习惯,而他们的风俗习惯还不为人知,这时就会有很多人表示赞成。有时候调查员可以假装怀疑或者故意提及邻族的一些风俗习惯,这样可以引发当地人的评论和对比,以此可以获得更多的信息。最近有一位调查员发现这样的方法很有效:告诉报道人调查员正在写一本书,且报道人所在地居民的后代可以通过这本书了解他们祖辈的风俗习惯,所以如果当地人欺骗调查员就等于在欺骗自己的后代。

一般来说,准备充足的普通药品(如消毒剂等)和衣物是很有用的。向当地群众提供常规性的医疗援助对建立诚恳的交往是非常有益的。随身携带一些小礼物(如针线、香烟、糖果等)也很好,在送食物给质朴的当地人时,最好将不耐储存的食物先吃光;对有些人还可以用钱做礼物。表面上送给小孩玩具是让小孩高兴的,骨子里是做给大人看的,因为成人常常对此也很感兴趣。在非洲某些地区,盐巴非常受欢迎。通常情况下,珠子、棉布和彩色手帕都很受欢迎,因为这些东西已是当地贸易的一部分,从最近的墟市可知当地商贩的选择偏好。从本质上说,新奇之物难以吸引群众,例如,送给当地妇女典雅的珠子,可能表错了情,就像将适合送给老年妇女的礼物送给欧洲女孩一样,会对她们的感情造成一定的伤害。

每一个民族都有自己的风俗、规则和礼节,所以要尽快了解它们并学会一些普通的问候方式;去参观某个圣地或者参加仪式时,一定要非常小心,不要冒犯当地人的一些忌讳。最好一开始就对相关的忌讳有所了解,对陌生人来说,很容易忽视自己无意中犯的一些错误或自己冒犯了当地人的忌讳还不知道。最好要处处小心,因为当地人会认为某些行为冒犯了他们的文化,至少是一种亵渎,所以不要去冒这样的风险。

二、两种社会的资料获取

如果调查员是在无文字的社会从事田野工作,那么他只能从两条途径获得资料:一条是自己的观察与解释,一条是请教报道人,从他们那里得到一些解释。相反,如果调查员在有文字和写作能力,以及拥有其他记录方式的社会,他就能找到很多文字资料,比如宗教经典、历史文献、诗歌、小说以及刻在石头、金属制品、木制品、纪念碑上的碑铭等。这也就是说,调查无文字的社会只有两条途径获得资料,而调查有文字的社会,除了以上两条途径,可能还有第三条途径获得资料,那就是当地的图像或符号(摩崖石刻、象形文字、图画文字等)。虽然通过第三条途径能够得到非常有价值的资料,但是,在早先的殖民主义时代,对于当地人的一些观念,很难找到与欧洲语言相匹配的通约语来解释,于是在阅读这些资料时会出现较大的差异。由于不懂当地的奇异文字,无法读出文献的本义,要花大量时间琢磨。随着研究的深入,开拓者根据他们收集的词汇,对照欧洲语言的意思,编写出一些字典,极大地方便了后来的研究。

有些地区,只是政治、宗教或文化精英才识字,文字资料对于了解这些地区的文化阶层和文盲阶层之间的关系具有重要的作用。调查员必须通过相应的工具书,或者通过文字翻译来阅读他们收集到的文献资料。这时候最好多找几个译本,全面了解不同时期的词汇含义,还可以咨询专家。在阅读文献时,调查员必须注意上面记载的可能是当局所提倡的,而不是真实的风俗习惯。然而文字所规定的理想行为往往是实际行为的有力指导,尤其在宗教事务中,对理想行为和现实行为进行比较具有很大的价值。宗教经文和历史文献常常包含大量的注释、传说、神话等,可能的话应将这些文学性的东西与所记载的事实区别开。文学记录并不总是描写世俗之事,也倾向于渲染不寻常的事件,当其描述日常习俗时,如果不加批判地评价或嘲讽,就变得毫无意义了。

调查员如果不了解当地人赖以为生的自然环境，就无法进行社区研究。因此他们必须了解当地的地理和地质情况以及气象特征，还要了解当地动物和植物的分布情况。这些因素将对人口分布(人口学)、居住类型(技术)及经济生活(经济学)等方面产生一定的影响，对物质文化的影响尤为明显。因为不可能要求人类学家胜任各个方面的工作，所以他们要向内行的人学习，从他们那里获得访谈的资料。

调查员要记录当地的物产特征与海拔、土壤、植被等的关系，尤要注意畜牧、野生食物、木材和其他可利用的产品，还要记录当地那些危险的肉食动物和野兽，当地人豢养的禽畜以及解决他们肉类所需的猎获物。与此同时，必须注意海洋、湖泊、河流中的鱼类，因为当地人可能是吃鱼的。调查员要记录当地人的主食，要把主要的害虫记录下来。

注意矿藏的现状，了解当地人是为自己开矿还是为欧洲人开矿。

调查员要记录当地人的出行情况，如他们的交通方式与地理特征的关系，基本上由较高文化水平的人掌握的交通方式，如高速公路、高速铁路、轮船、飞机等，这些交通工具很重要，既要看当地人是否经常使用它们，也要看这些交通工具可能带给当地人的某些经济效应。

人们对气候、自然和环境的地理特点的习惯性态度和宗教仪式是非常重要的，这不仅体现在人们如何有效地利用自然，人们也将其作为自然规律(仪式和信仰、经济状况、知识和传统)的经验知识的一种标志。

第四章

方法论概说

方法论是理论与实践、知与行的中介，是驾驭具体方法、技术的原则。田野调查员的方法论是帮助他们融会理论，贯穿信念，在复杂条件下确定自身地位，掌握实际，阅读田野文本的基本立场、观点和态度。本章从眼界与目标、自我意识、田野文本结构方面来谈这个问题。

一、眼界与目标

（一）直接观察与间接观察

社会人类学关注社会情景中的人类行为规范，只有缜密地研究了特定群体中的社会行为与社会机构，界定不同的地区与不同的文化，才能提升到学科上的归纳。

通过直接的或间接的观察方式收集区域文化或地方资料是必要的。直接观察或间接观察，两种方法应逐渐融合。过去曾经大力提倡的问卷调查法，在田野调查中的作用非常有限。卷面上有很多问题是以"格"的形式出现，层层揭示调查的主题，需要田野调查员的灵活运用，这些大小问题格才能形成特定的框架，凸显不同社会风习的一系列差异。同时，我们也会不失时宜地引用一些约定俗成的惯例，指导调查员开展相关研究。

当面讨教是一种比较理想的方法，可用于对直接观察的补充。调查某些特定的问题时，最让人满意的方式是从对某事物的直接观察入手，继而询问细节性的东西、不同或相似的事件等。然而由于条件所限，这种方法可能经常派不上用场，比如在调查员深入实际期间，本地区及周边区域可能没有发生死亡事件，于是调查员只能通过一些间接的方式获得相关信息。他可能会这样询问："你们对临终前后的人是怎么处置的？可否让我去葬地看看？""还有没有其他丧葬的办法?"他需要弄清楚参观墓地的时候是否需要带些供品,如果需要,他就应当有所准备。在得到允许的情形下,调查员应当观察报道人在墓地的行为,并从中获得某些启发,以丰富和充实自己的总体印象。

田野作业中的纯化论者只记录他亲闻的现象,由于他的记录影之随形地遵循报道人对相关问题的表面答案,因此他给社会生活描述了一幅不完整的画面。有鉴于此,调查员要注意联想与观察的结合,在详细记录调查结果时,必须标明所描述的事件是否是观察到的;如果不是,是否从耳闻目睹的报道人那里获得了证据。

要想获得可靠的信息单凭一两次观察是不够的。调查员应该尽量了解他所研究的社会行为在不同情况下的表现,以便获得更加丰富的资料,并且能够确定地方风俗制度的基础,认识到哪些风俗是固定不移的模式化运动,哪些习惯在不同场合下容易变化。许多社会都明确规定与人生重大事件相关的行为模式(比如,出生、断奶、启蒙、结婚、死亡、归葬等等),也对社区的重大事件作了明确的规定,包括纳入日程表或与周而复始的经济活动有关系的仪式制度。在一些社会中,制度性的风俗习惯没有那么强烈,但其重要性不容小觑,如何由微见著? 这些就是调查工作的难点。所以过去的人类学家通常将大部分精力放在诸如此类的风俗习惯上。

同样地,为了准确起见,以间接观察法获得的信息必须通过几个报道人核实。不同调查对象的叙述可能存在一定的差异,究其原因首先是,不同调查对象之间存在着性格差异——沉默寡言或夸夸其谈,三思而行或满不在乎;第二个原因是,有些社会因素限制了调查对象的知识,即他们在性别、年龄、阶层或其他方面存在的知识局限。

(二) 善意的提醒

1. 解读文化的原则

(1) 从具体有形的感觉上升到抽象的知识是全部调查活动的核心,为此调查员必须记录所碰到的各种社会事件,不但要像报道人那样亲临其境,而且要像他们那样在具体的情景中从事相关的活动,离开了这一点,对本地人的思维和感觉的任何解释就没有多少价值。

(2) 牢记理论与实践的差别,无论是了解本文化还是认识异文化都可能存在着这种差异,指出这一点尤为重要。当我们说,一个特定程序可能是常态的,其实也就是理想的或正确的,即使如此,但在实践上这个程序可能不会丝丝入扣地得到贯彻,人们总是有所变动地加以执行。

(3) 无论调查哪一种社会、哪些类型的个人行为,都应该将它们的运作或活动完整地记录在案,以便观察它们是属于常态的还是非常态的,以及常态的社会与被接受的理想状态之间的不同。

田野调查员记住这三条原则就能发现循规蹈矩的行为和无意识的行为之间的差异;必须记录风俗习惯在地方、家庭和个人之间的变化;同样也应该观察不同年龄、不同性别、不同阶层、不同性格的人们之间在风俗习惯方面的差异。调查者应该避免分类不当的行为,如果调查员对图腾主义、泛灵主义、"原始共产主义"等概念模糊,就可能会"发现"这些风俗习惯在某些制度中是根本不存在的,即使它们存在,也不能将其特色和功能记录下来。本书第二部分的许多定义,采用的是专业术语,就是在某个技术层面上使用的词汇,我们推荐使用这些词汇并将用着重号来标注。

这些定义只代表社会现象的分类而不是对文化事实的片面解释,因此它们是社会研究方法的重要组成部分。即使有了科学的定义,调查员也必须保持清醒的头脑,参照当地的实际情况对所观察的社会现象进行不间断地分析,在任何情况下,他都应当准确地说明一个特定的术语在具体情境中的含义。仅仅依靠给对象贴标签的做法是远远不够的。分类法只能在具体的情境中使用。现代社会人类学特别强调社会生活各个方面之间的相互依存。究其原因有以下几点:首先,如果不调查特定问题与社会结构、经济制度、信仰、语言和科技之间的关系,就不能完成社会人类学的研究任务;其次,有必要了解人们的社会生活、他们所处的环境、他们的历史及其与其他群体的交往程度。文化在不同方面相互依存的整体论观点是很重要的,它从根本上影响调查方法。对任何一个主题的直接调查都不可能揭示整个领域的状况。调查员必须准备理清一些社会线索,比如说,他们可能会在研究捕鱼或建房技术时发现只有在研究宗教、酋长制或仪式时才能看到的亲属责任关系,而原来在捕鱼或建房活动中却刻意隐蔽了。

2. 调查研究的指南

田野工作的目的性很强,调查员应提醒自己注意以下几点:

（1）研究目前尚存的本土文化，哪怕是其中的一些濒临消失的文化遗迹。

（2）研究文化接触和文化变迁的特殊过程。在出现差异的文化中能发现群体内部的相互影响，类似于文化接触的影响。比如，如果所在地是政治、宗教中心或者贸易中心，联系到周围广阔的区域，就很可能像涟漪在水面扩散那样产生文化差异，这些差异通过价值观和生活方式的变迁呈现出来。

（3）重构历史，注意文化变迁，追溯往日的结构性事件。

这三条路径殊途同归，故应该交相并用，舍此则无从达到发现普遍有效的社会规律之目的。

显然，不直接观察当代民族文化就谈不上实证研究。在其他研究中，因对现状的观察不充分，结果都会很糟糕。因此必须强调：不管我们最终的目标是什么，首先必须研究现状，这也是本章的写作目的之一。

即使在研究现状的时候，有些调查员也容易沉浸在所谓"真正的自然元素"上，忽视了事件的本来面目。对"原生态的乡土文化"感兴趣，这是无可厚非的，但应注意严格择材，材料过于随便就不可能获得精确的记录，同样，只观察一个地方也不可能很好地理解调查员欲研究的文化。但是人的时间与精力有限，因此选择最合适的切入点很重要，如果没有遇到难以克服的语言障碍和当地人的敌对行为，第一个调查点最好选择那些受外来文化影响较小的地区，以后再选择新的调查点，各点所投入的时间与精力是不同的。调查者如果没有观察到这种原生态的乡土文化自身的变化同样会对客观的画面作歪曲的描述，因为即使没有发生直接的接触，这一社区的某些成员和同一部落内的其他成员也会与欧洲文明保持着密切联系。此外，建立政府以后，禁止猎头、人祭、吃尸肉、械斗、杀婴（溺婴）等等陋俗，同时取缔这样的活动场所。代之而起的是用来交换商品和劳动力的货币，极大地影响了传统的风俗制度，虽然没有采取直接措施来干扰，但货币的主要功能仍然突破了社区内部的交换媒介。如果欧洲文明的入侵还处于初级阶段，那么通过询问社区中的老年人就可以得到当地社会以前的真实面目。同时也要选择与同一文化地区接触密切的其他区域进行观察，从中看到欧洲文明对当地的制度和风俗习惯的直接影响。此外，必须了解起源于欧洲以外的更高级的文化所起的作用，还要对贸易、仪式性的交换或以掠夺手段获得外贸商品等方面进行观察。

本章所讲的调查方法不仅适应很少发生变迁的社会，也切合文化接触或其他原因而急速变更的社会。要是调查员对已经发生变迁的社会感兴趣,应根据观察的需要和自己的爱好来选择合适的田野作业点。

正如我们已经强调过的,对于本地社会的历史研究,必须从分析本地现存的制度开始。权威的历史证据在那里垂手可得,研究者必须参照历史学家的标准来评估。在翻译口传文化时应特别关注历史事实。收集传统社会的证据通常要从分析当今的风俗、物质文化、考古学和语言资料以及体质人类学中入手。

建立一般的社会人类学的法则是理论概括的任务,它不是本书的第二部分所讨论的内容,恕不赘述。

二、再谈调查员的自我意识

前一章"导引"已经对这个问题作了开场白式的阐述,只是谈得不多,涉及专业训练、调查前的文献准备、物质准备和心理准备,下面从调查过程中常见的几个小问题再来谈一点。

(一) 意识到个人的处境

在对综合条件、自身训练、性情以及调查目的做出评价后,田野工作者必须根据常识来寻找自己的住处。他必须明白不同的选择代表不同的工作方法,调查员可以选择住在当地社区之外,也可以选择住在社区之中。下面分别对两种情况加以论述:

1. 调查员住在社区之外

调查员可以在所要调查的村庄、聚落等社区附近租一间房子或搭一顶帐篷。社区成员或迟或早地知道调查员的来访,他们以好奇的态度偶然造访调查员的住处,有些人逐渐会变成定期访谈的常客。通过与多位报道人建立良好的关系,就可以克服调查的困难,因为报道人会向调查员提供当地人感兴趣的活动的相关信息,并把他引见给当地人。调查员要在住房里备足当地人喜欢的雪茄和一些新奇物品,以表达自己对当地人的欢迎。调查员住在社区范围之外,就可以将社区作为一个整体进行客观评价。

2. 调查员住在社区之中

如果社区的氛围和公共卫生条件良好,调查员可以住进社区。目前有些地区,因欧洲文明的传播,通信条件得到基本改善,西方生活的基本礼仪大量介绍进来,并且尽人皆知。调查员住在社区里生活上没有什么不便,而且工作效率大为提高,不过也有负面的影响,比如有些事情社区居民不想让调查员知道,于是就会对他遮遮掩掩,使他不能在第一时间赶到现场。或者是调查员过于依赖自己定居的那部分社区(如村庄或聚落),可能会影响到他与该社区中其他村庄或聚落的关系。不论调查员采取什么计划,都应该意识到自己对社区的情绪反应,这种反应成为他研究的一个领域。

调查员需要建立一个安定的环境,配备必要的设施,能够满足舒适的生活,提高工作效率。然而,为了方便起见,他对当地的依赖性应当尽量小一点。在边远地区多一个人就会增加一分粮食供应的压力,为了解决这个问题,必须雇用本地人而不是外地人,这时与仆人的家庭保持联系很有帮助。如果调查员将城里的大学生带入某个陌生环境,不久就会发现,有些调皮捣蛋的男生不仅是产生麻烦的源泉,还是一种累赘,让携带者承担了过多的责任。不仅如此,还带来一定的风险,因为这些男生总是自恃其才,觉得自己比那些质朴的当地人要优秀得多。他们对自己的邻居也看不上眼,动辄打破禁忌,做出令当地人不喜欢的事情,所以当地人称他们为"危险者"或"害人精"。如果在当地找不到体面的陪同者,宁愿让这些男生陪伴在身边,也不要雇用当地的奴隶或贱民。如果所雇的仆人的家乡遥远而不是在当地社区,调查员只能在村外搭帐篷住宿,以免麻烦别人,待到和当地人建立了稳定的友谊之后,才接受邀请进入村庄。

(二) 懂得语言在调研中的重要性

1. 学会使用当地的词语

无论何时,不管是在口译人员的帮助下,还是说着某种普通语言,调查员迟早会发现要完全使用自己的母语是不可能的,因为许多当地的术语无法在英语中找到对应的表达,调查员很快就意识到,必须使用当地的词语才能表达清楚。随着调查的深入,越来越有必要使用当地口语,调查者和口译人员沟通时,这种情形经常出现,对于一个惯于英语语境的局外人或旁观者来说可能有些难以理解,因为几乎语言中的每一个名词都本土化了。没有其他原因比无视当地术语和英语对译的语义差别更容易产生误解了。当以混合语(如洋泾浜英语)为沟通媒介时特别容易产生歧义,而用本地恰当的术语代替模棱两可的混合语反倒不太难堪。

2. 正确地对待译员

不了解当地的语言就不可能取得良好的进展,这是一方面的情况,另一方面的情况是,对语言的了解并不能保证信息的准确性,也不能代替专业培训和系统的方法。良好的开端,可以通过翻译的协助来完成。在世界某些地区,当地人能够操两种语言,一种是他们的母语,另一种是共同用语,例如,美拉尼西亚的许多地方还在使用洋泾浜英语,非洲也还在使用阿拉伯语或豪萨语,美洲在使用西班牙语等。调查员对当地语言不够谙熟时,带上一名口译人员是比较实际的做法。除非调查员有独特的语言能力,否则不太可能在一段时间(如半年)内充分掌握他在调查期间所需的语言。

当调查员需要口译人员的配合时,必须以不同的方式来测试他的语言的准确度,并在翻译的完整性和一致性方面对他提出要求。在测试和训练译员时,谱系法和其他复原的方法很有用。谱系法除给出一些直接的答案外不提供具体解释,这种方法能使译员养成准确翻译的习惯(如果之前他没有这个习惯的话)。译员将认识到调查员所要的不是有趣的或貌似真实的故事,而是确切的事实。仅仅使用几天谱系法,调查员就会惊奇地发现译员身上能发生的质变;此外,译员所掌握的谱系法知识会使他产生极大的兴趣,起初他可能只是一个译员,后来他成为一个最有价值的调查助理。调查员有时可接纳当地社区有教养的人作译员或办事员,有时由于担心有教养的当地人对自己监管严格,或者由于清楚地意识到这类助手所受的教育会使他们自己疏远当地的文化,尽管调查员可以从他们那里获得极大的帮助,但是有利必有弊,还是不要把他们看作报道人为好,只让他们帮助记录日常事务(比如对庄稼的记录)以及写下报道人口述的内容。

3. 选择报道人

某种程度而言,报道人的选择是由环境决定的,不是调查员所能控制的。即使如此,也要特别关注以下事项。

厘清报道人的含意。并非只有接近人类学家、能够回答提问并提供日常信息的人才是报道人,社会中的每个人都是潜在的报道人,必须观察记录他们的言行。可以考虑训练两三个聪明人,让他们了解调查方法并自觉地担任中介的角色,从而准确提供信息,如是将非常有利于调查。在与有一定地位并经过培训的人交往时,这种报道人特别有用,通过他们的带领,就可以对家庭生活、工艺品、信仰、巫术等主题展开调查。他们可能把调查员先带到自己的家中,展示家中的工艺品,然后把客人介绍给自己的亲戚朋友。在特殊场合和仪式过程中,他们既是向导,又是报道人。

长期与同一个报道人工作,这种方式虽然可取,但不太现实,因为一个人不可能长期有空,他有自己的事情要做,而且很可能在此之前,他就对那不习惯的工作感到厌倦了。在大部分地区,除了选择的报道人外,也要倾听其他人的谈话,调查员有时要加入到谈话中去,鼓励当地人发言,因为他们可能自愿提供补充证据,虽然他们不愿与主要的报道人发生冲突,但从他们的态度上可以帮助判断关键报道人是否可靠。通常是在这种非正式的群体中能够发现最好的报道人。有时主要报道人对调查员采取保护或接受的态度,可能产生很好的结果,如果这样的态度倾向于阻止调查员从其他人那里获得可靠的信息,调查员将委婉地解除他的职位。当遇到秘密时必须调查原因,如果报道人不配合,可能是为了防范外界的猜疑,也可能与特定文化有关。

无论何时,如果有可能,调查员都应直接从专家或精英(牧师、祈雨者、医生、铁匠、特殊物品加工者等)那里获得信息。专家比关键报道人还要有用,调查员要带着礼物去造访他们,礼物不能过于随便,要使他们有一种受宠若惊之感,从而愿意提供基本的信息。如果涉及高度机密的问题,例如,个人的隐私、社区政治等,就需要非常耐心地询问,对待报道人要有策略。调查者直接与专家(特别是具有宗教或魔法的专家)建立了良好的关系,才能邀请他来做客。为了了解这些专家对世俗社区的重要性,调查员可以从当地老百姓那里打听舆论对专家的评价,即专家的处世规则、资格、性格等等。

(三) 人际交往原则的灵活运用

1. 隐私性的信息

田野工作开展之初,调查员可能会看到人们愿意自由讨论许多问题,调查员在场的时候是这样,其他人在场的时候亦如此;然而,有些问题他们开始时就不愿意谈论,当然,有外人在场时更不会提起。当某个主题不适合在公共场合讨论时,最好将这个问题延后并私下向一些特殊报道人询问。沉默不一定是秘密的标志,也可能是一种礼节,在这种氛围下调查员可能会发现社会行为方面的有趣信息。

2. 付给报道人薪酬

调查员应该向每天为自己做事（提供信息、打杂等）的人支付薪酬，但他要是为了获得信息而直接付钱又不妥当，最好的方法是了解这些人从事日常工作时所能获取的报酬量，如果他们是社区公派的，无酬可计，调查员仍应以他们一天劳动的损失为标准付给他们报酬，这是支付的基础；如果受雇者只作了一天或者半天，而且他把这个职业当作日常工作看待，就应该得到和日常工作一样的报酬，应当避免为获取信息直接给钱的想法。在一些不赞成为了钱而工作的地区，出于对来访者的好奇、为了取得威信，甚至是对陌生人的监视，报道人都有可能心甘情愿地为调查员做事。只要当地人怀有这样的心态，他们对调查员就是非常有用的，所以调查员应当奖励他们一些香烟、食物、礼物或者钱币，以示谢意。

调查员在盛行酋长制的区域工作，须送给酋长贵重的礼物，这样做其实是为了得到酋长的保护或成为他的座上宾。必要时调查员将从专门派来照顾他的侍从中找到第一位报道人，只有到了后来才能选择他自己中意的报道人。

除了以上两点，讲究信用、开诚布公、勤奋工作、乐于助人等等，这些都是赢得当地人信赖的美德。

三、掌握田野文本的结构

一个完美的田野报告应该包含六个渠道得来的调查资料。它们是：描述性笔记和调查记录；图形（地图、平面图、图表、草图、照片等）；权威性的资料（如官方文件、公藏机构的证明或鉴定等正式的文本）；系谱资料；问卷资料；人口资料。下面分别加以扼要阐述：

（一）描述性的田野笔记

调查员过于相信大脑的记忆不是明智之举，而应该依赖于笔记和勤奋的记录。调查员必须了解当地人对他在公共场合做记录的态度。很多人并不反对现场记录，他们仅将其看成欧洲人的一个坏习惯。不过有些人则对此抱怀疑的态度。假如向报道人保证记录的目的不是为了评估税收等等，人们会显得十分宽容，否则，即使是友好人士也无法容忍当面记录。

笔记可大体分为三种：记录观察的感受和别人提供的信息——手册；记录长期的活动或仪式——备忘；记录日常琐碎的印象和零星感受——日志。

所有的笔记都应以日期和地点开头；必须清楚地说明内容是直接观察到的还是报道人回答提问或自愿提供的，同时应该注明报道人的姓名。

可以使用双色钢笔或双色铅笔，这将极大地提高工效；一种颜色为普通使用，另一种颜色用来注明订正、证据或第一次记录时未获取的补充信息。

使用引导性问题时既要小心谨慎，又要大胆求证。千万别提那些已经隐含答案的问题，比如"你从面包房购买面包吗？"因为此话暗示着买方行为、卖方行为以及顾客和业主的存在；"你怎样获得面包？"这样的问题也不要提。

在记录持续时间较长的活动时，以提问的方式打断参与者的叙述是不明智的，然而只是一字不漏地记录他们的所见所闻同样很难写出准确的报告。在这种情况下，一般可以和消息灵通人士一起事先访问将要举行活动的场所，而此人或是将要举行活动的参与者或是对整个活动过程很了解的老手。调查员要记录所有仪式的准备工作，如描述器皿和工具的检测过程，必要时要制订计划和图表，并记录将要出场的所有主要参与者的姓名，在某些情况下，要记录他们的系谱。有了这些信息以后，调查员就容易看懂，也易于明白活动的性质是属于经济的、社会的、节庆的还是仪式的。要按照准确的时间和顺序来记录活动的整个过程，继而利用这些笔记向参与者或旁观者（最好是双方）提问，以便获得更多的细节和解释。一般情况下，有必要遵循活动过程的时间顺序；如果没按顺序讨论一些显著的特点，就不可能获得事件进展的信息。

日志是调查员整理笔记时最重要的助手，通过浏览日志可以正确地了解当地人的生活状况，也可以领会日常工作和突出事件以及饮食、劳动、仪式等方面的季节性变化。建议从以下几方面写日志：天气、自身行为和感受、当地活动和职业、饮食、特殊事件。

（二）图形与照片等

要清晰了解当地的经济和人们的社会生活，调查区的地图和平面图是必不可少的。虽然大规模的精确调查超出了人类学工作者的一般能力，但可以将人类学工作者能够且必须做到的事情分成两大类，整个地区小比例的草图和一些小区域的平面图（大比例地图），所有的地图和平面图应当说明比例、定位和图例；如果可能，标明地图上一些特定点的经纬度。

大致的地形结构及主要的定居点、交通、部落和文化分布等方面应当用小比例草图来标示。

在整个调查区域徒步测量时要用三棱镜罗盘仪和圆弧测定器为向导，这对上述目的来说已经足够精确了。如今很多地方都被人调查过并绘制了地图，在英国海军部或美国水文局能找到世界所有沿海地区的地图。当缺乏内部地形细节，又要制定图上的坐标点时，来自以上两个机构的地图会有很大的帮助。而用仪器徒步测量的数据则将形成人类学家绘图的基础。通常，一个地区的地形以岩石、土壤性质、坡地、纬度、排水系统、水量储备和植被等为基础进行分类，这些又是研究文化分布的基础。需要特别注意的是，应该避免在一张地图上展示两种类型以上的分布。由于信息太多而导致模糊不清的地图比无用的地图更糟糕。调查员应清晰标明所用的符号，同时要准备一个轮廓基准图来表现一些主要特征，为绘制各种细目提供有用的框架，使每一个分布点都能够展示为图表。

在绘制草图时，猎场、耕地、捕捞区等位置应分类标示，应尽可能将这些分布点与地形学特征结合起来。

可以用平面图来标注村庄、房屋、家户和每栋房子的位置关系、居民的所属关系、社会地位以及职业。地图中应该显示墓地、宗教场所、俱乐部等公共场地的位置。平面图在记录复杂的大规模的仪式活动时很有价值，对重要人物的部署和目标要标示出来。这种图示如果结合谱系法使用，就能为进一步调查奠定良好的基础。

照片是田野素材中必不可少的项目，收集相当数量的照片不仅有助于记载文化的各个侧面，将来还有恢复记忆的价值。有了现代化的照相机，技术发展过程的每一个阶段、仪式和经济活动等都可以快速拍摄。要系统收集一些反映日常活动的照片，如煮饭、放牧、挖树根、拾柴火等，在描述微观事物时，这些照片的帮助非常大。如果条件允许，调查员应从影视的角度来记录，特别是记录已被遗弃的习俗和活动。

大多数社会人类学的问题都没有必要录音，但是对于语言学或民间音乐专业的学生来说，录音资料还是需要的。进入人类学的这些分支学科需要特殊训练，包括使用诸如留声机等设备的训练。

在收集有关环境条件的信息时，下面的这些资料非常有用：

地区的地形一般以岩石、土壤性质、坡地、纬度、排水系统和水量储备和植被种类等为基础,区域草图能展现该地区的范围和分布,这是研究文化分布的基础。步行者带着三棱镜罗盘仪、圆弧测定器等就能准确地勾画出这些分布状况。

必须调查当地人对土地类型的认知程度及其赋予的特殊意义。在做民族志研究时,必须调查土地类型与居住分布、所从事的农业和人口迁移之间的关系。根据这些数据可以分析整个领地的占用情况和不同土地的利用状况。尽可能将得出的结论移到该地区各领域的一系列草图中。特别要注意以下几点:

根据定居点的模式、大小和稳定性可以区分核心区和分散区;影响位置和定居稳定性的因素包括供水情况、土壤肥力、灌丛休耕或烧荒以及土地压力等自然环境因素;神话、宗教观念等都是阻碍社区迁移的文化价值因素。

土地的利用方式。土地是用来耕种、放牧、狩猎还是捕鱼,区域内的不同土地是按季节还是按年度轮流使用;并试着估算在一个季节或一年中土地的利用情况、可耕地的总面积和由社区管制或拥有的未开发区域的贮备地,注意必须结合物质条件和经济组织来考虑这些条件(经济学和土地所有制)。

调查员还应关注以下问题:与具有明显季节变化的物质条件有关的信息和人口流动;交通方式;与定居有关的可耕地位置;内外市场的发展。出于这些目的,在关注贫困乡村的道路、渡口、桥梁维修问题时,应当调查组织(年龄组、劳役班)的发展和适应方面的事宜。

必须了解当地区分土地的标准以及类别(农业或其他用途的土地之间的差异)。必须将改良土壤条件的特殊措施记录在案,如灌溉、整地、运输、混合土壤,同时要记录有关土壤肥力和土壤衰竭的理论以及在当地的实践情况。

与工艺技术研究相关的一些矿石岩层,如陶土、砂岩、燧石、半宝石,应对其特点、位置和关联性以及丰啬程度进行调查。还要记录这些矿石岩层是否为当地人所利用或是否有外国人来开采。

(三)正式的文本资料

各种文本性的作品(保存在图书馆、档案馆、博物馆等公藏机构或私人会所里的文献、唱片、图像等)不仅有利于获得语言资料,而且给调查员提供了重要的数据资料,也许还提供了许多文化元素,比如下面就要谈到的族谱。完整的文本可以反映报道人日常生活中的一些事件;或者记录他自己感兴趣的工艺流程;也可以记录故事、神话以及家庭或部落的历史事件。这些文本应当通过直接询问而得到详细的阐述,使之成为有价值的社会人类学资料。此外,文本应由日常会话和长幼间、亲属间及工友间的谈话等要素组成。要是调查员的语言功底很好,就应当尽快将所有的文本翻译出来。

(四) 系谱资料

系谱法指通过家庭或宗族的谱牒来追溯调查对象的生物关系的技术。田野工作的实践业已证明,系谱是社会人类学必不可少的一条思路。一般来说,系谱知识在无文字的民族中扮演着重要的角色,通过这条路径可以向前追溯几代祖先,许多旁系亲属的姓名也可以探知,显然这门知识具有功能性的价值。系谱资料被用于婚姻规则、财产继承、酋长继任等方面,虽然有人认为系谱法似乎有点老生常谈,但调查员必须明白它是田野研究中经常使用的工具。要完全理解这一方法并不像外行看上去那样简单。很少有人愿意不辞劳苦地对本文化中有关家族、亲属制的这些原则进行分析。由于不懂系谱知识,所以当他们处在异文化中,发现自己陷入不知所措的境地也就不足为奇了。在使用系谱知识之前,必须对这种方法进行一些介绍。

在较小的社区中,通常可能获得所有居民的系谱。这些资料不仅可以形成社会人类学工作的基础,也是人口与移民调查的基础。系谱资料不仅便于调查员在日常工作中了解他所遇到的人员的姓名及关系,还提供给他一些社区中已去世人员的信息,这些知识是莫大的财富。当调查员用正确的名字向当地人打招呼时,很少有人会表达不满。机智的田野工作者将利用从一些报道人那里获得的信息做更多的私下交往。对于社会人类学来说,研究亲属关系非常有必要,而只有采用系谱方法才能充分研究亲属制度。对已获得系谱资料的族群的日常生活和仪式做记录时,观察者能够跟踪他们习惯性的分组,看看参与各种活动的人员是否有亲属关系,如果有关系,表现如何。调查员将发现哪些家庭成员被允许自由地进入房间,哪些需要礼貌地对待。当发生重大事件时,调查员知道谁将提供帮助等;在出生、婚嫁和死亡的仪式中,主要参与者的系谱资料是非常有价值的。调查员在收集系谱时会发现一些新的证据或者不期而遇的新信息,如寡妇再醮、兄弟共妻、姊妹共夫等特殊婚俗。因此,无论是获取准确的信息,还是如实地介绍所研究的群体,家族资料都会为这些工作奠定牢固的基础,所以说调查员必须尽早着手收集家族的系谱资料。

在世界大多数地方,有些社区成员的系谱知识特别丰富,调查员可以将他们列为报道人。调查员必须小心对待年轻人叙述的系谱事件,因为除了他们自己那一代的系谱,年轻人的这种知识通常是在社区长者的传授下慢慢获得的。当然,在收集系谱时会出现一些重复的内容。涉及某人父亲继嗣的家庭同时在其母亲继嗣及其妻子继嗣中也会出现,因此,需要扩大范围甄别报道人叙述的内容。

决不能让当地人将调查研究看作政府为了税收或者发放救济而进行的人口普查,调查员必须采取措施来预防或阻止这类思想的传播,以此赢得当地人的信任。由于文化的特殊性,收集系谱资料可能触及人们的隐私,其过程肯定会非常复杂,调查员不要勉强跨越文化的篱笆,而应循序渐进。

调查员了解当地人的谱系时最容易碰到他们对姓名的忌讳,尤其是那些去世的人和特定亲属的名字。因此有必要查问系谱上没有出现名字的人的信息。还有一个难点来源于收养、冥婚等行为引起的顶替人名现象,揭示这两种行为的根基能深入了解人们的社会环境条件,因此发现类似现象时,应该详细调查。

还可补提一下系谱方法。记录系谱图表时有一些技巧,较方便的是用大写字母记录男性的姓名、用小写字母记录女性的姓名;记录社区名和村庄名时要用红色墨水,出版时用斜体或加着重号的正体字代替红色。记录婚姻时,丈夫的名字应该在妻子名字的左边,以符合男左女右的原则,而不论这个社会是父系的还是母系的。无论何时,收集到大量的系谱材料时,最简便的方法是将后代写在表中的同一行,同时在另一行给出后代的参照,并引证所发现的系谱关系。到底选择哪条脉线取决于人们是强调父系还是母系。因此父系社会中的家庭,儿子的孩子都应该在一张名单上,而女儿的孩子的姓名则在她丈夫的系谱中。要是某人未婚亡故,应当注明其死时是成人还是婴儿。如是年轻人,用 d. y. 表示;如是未婚亡故者,用 d. unm. 表示①。为了顺利进行系谱调查,必须写明健在者的姓名或者用一些其他方式区别死人与活人。

① d. y. 和 d. unm. 分别是英语 the dead young 和 the dead unmarried 的缩写形式。

图 4-1 亲属关系符号举要

记录时建议使用下列符号：三角符号已取代了正方形符号，因为在人类学的研究工作中三角符号已经被广泛视为男性标志。可以便捷地用实线、虚线、虚实交叉线来表示亲属关系或其他身份。

兄弟姊妹间的关系应用普通方式表示：用垂直线将符号与水平线连接，水平线一般位于符号之上。

通常用类似于等号的短双实线"＝"表示夫妻或婚姻关系。还可用较长的单实线，先从性别符号"△"或"○"之下引出短促的垂直线，垂直线的两个线头再以水平方式延至中点，汇合形成连线，表示夫妻或婚姻关系，水平线之下为夫妻所生的孩子，性别可用"△"或"○"符号代表。

虚线表示不符合风俗或非法的结合，婚生子女用实线表示，非婚生子女用虚线表示，具体为先用垂直线将父母与孩子的符号引出，再用水平的虚线与之交割，并让父母符号位于水平线上面，让孩子符号位于水平线之下。如果表示婚姻的水平线和表示后代的垂直线需要在一个图表中相交，则应当在水平线上交叉处画出弧线。这种方法便于表示一妻多夫和一夫多妻的婚姻，要是某人与不同辈分或其子孙后代中的两个或多个对象结婚，则可以通过延长垂直线，在同一层面上表示出来。婚姻次序可以通过婚姻连接线的条数来表示。

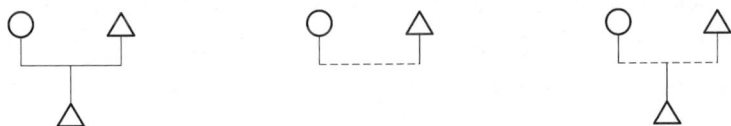

图 4-2 婚与非婚的生子关系

在图 4-3 左边的系谱示意中，A 的结发妻子为 b，两人原本没有亲属关系。A 的第二任续妻为 c。这个女人原是他的舅母，丧夫后成为寡妻。A 的第三任续妻为 d，是他妻兄之女。这三例婚姻所产生的后代在同一个层面上呈现出来(参见三个菱形),他们是同父异母关系,彼此只有一半的血缘相同,他们的血缘关系可以通过表示婚姻的横线和表示后代的竖线来追溯。

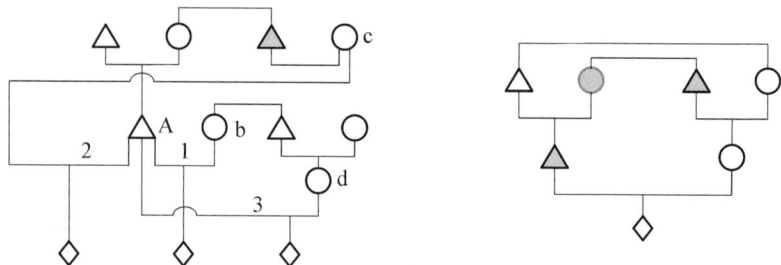

图 4-3　左:一夫三妻婚;右:姑舅表优先婚

在图 4-3 右边的系谱中,瞥一眼就可得知,第一层的一个阴影三角形与一个阴影圆形表示兄弟姊妹,他们各自成婚(线段与同一层次的另外一个无阴影三角形与一个无阴影圆形相连接),各自生育了一子一女,这一子一女结为夫妻,呈现出母方交表婚。底层的菱形表示自我,性别不详,可为男性,也可为女性,当自我既是其父所属的血缘群体的成员,又是其母所属的血缘群体的成员时,为两可或双边继嗣。

在收集系谱的过程中,不需要太多的语言知识就能够获得准确的信息,系谱方法无论对雇用翻译的人还是熟悉当地语言的人都是很有必要的。因为只有仔细调查亲属制度,才能知晓那些貌似简单的词汇如父亲、母亲、兄弟、姊妹等的确切含义。

询问系谱的一般程序是:首先,要询问报道人生母和生父的姓名,继而要了解报道人是如何称呼其亲生父母亲的以及表述这种关系的当地用语,同时也要调查报道人的父母亲是如何称呼报道人的;在获得父亲、母亲和孩子的称呼以及记下报道人父母亲的姓名之后,还要问他这样的问题:"除了你,某人(母亲的姓名)和某人(父亲的姓名)还有其他孩子吗? 他们又叫啥名字呢?"在获得了报道人父母其他孩子(报道人的同胞兄弟姊妹)的性别和姓名之后,应该了解报道人是如何称呼他们的,反过来,他们又是如何称呼报道人的。于是就记录了一个"基本家庭"的系谱,其中包含父亲、母亲、孩子和同胞间的称呼。调查员利用已确知的当地称谓,就可以继续研究亲属关系和记录报道人的其他血亲或姻亲人物以及他们之间的称谓了。

调查员应该询问报道人的婚姻情况,依然采用列举法,用当地人的叫法称呼夫妻,一一详加记录,附上妻子为丈夫所生子女的姓名。

一旦掌握了当地人的夫妻称谓,调查员就可以采用"父""母""夫""妻"和"子女"等术语进一步收集信息。要注意使用这些术语时,报道人所指代的意义可能要比调查员的预设更广,所以在其父母术语后面应标注"谁生的她"或者"谁生的他"。有了这五种术语就可以绘制出更为复杂的系谱表,但必须避免使用兄弟、姊妹、侄子、舅舅和姑姑之类的直接称谓,因为这些术语容易产生歧义。

下一步是询问"某人(父亲的姓名)除了某人(母亲的姓名)还有其他妻子吗?""如果有,这两个人(指出他们的姓名)有孩子吗?""你母亲(用他母亲的姓名)有其他丈夫吗? 他们两人有孩子吗?"这样,同父异母关系或同母异父关系(半兄弟姊妹关系)就浮出水面了。

除了记录报道人的父母、妻儿以外,还要记录报道人父母之父母的名字以及他们的孩子,调查员要记录报道人所能回忆的代数,这样将给出一个尽量完整的系谱。当以上工作完成以后,才来记录报道人妻子的系谱。

(五)问卷资料

1. 抽样调查概说

大部分社会调查旨在得到概念化的结论,即宣称某个特定人群是"典型的"或是"一般的",只有采用数字来说明平均值和变量范围,这种定性的研究才有价值。我们在涉及人口生育力、财富、收入分配、粮食产出、贸易及食品消费等方面的课题中很容易看到定量调查的作用。重要的是确保一系列的数据与所观察的事实之间的内在联系,调查员为此必须明白那些必不可少的程序。过去很多调查员滥用"典型的随机抽样"法,只是对自己草率记录的一些事实进行多项选择,没有增加任何实在的内容。不是说抽样没有用,而是说数据必须全面而真实,由此概括得出的结论才可靠。

2. 有效样本的必备因素

一般情况下需要进行定量分析的事实只是全部现实材料的一小部分。从样本数据中得出的结论是否有参考价值取决于样本在多大程度上代表整个领域。调查员选择样本时应该根据样本是否具有以下特征来确定它们是否有代表性以及有多大的代表性：样本均匀分布在整体研究对象中；必须用避免观察者个人偏见的一些机械过程来筛选；必须包含与整个领域中比例大致相等的所有相关变量。

每次调查时应做个初步的人口普查，以界定整个调查领域和评估变量的范围，没有这样的人口调查就没办法去评估样本的可靠性。

3. 在同质领域的抽样

人类学家经常要处理一些性质非常接近的资料，这时他们就可以忽略上面的第三个条件，即注意与整个领域中比例大致相等的所有相关变量。这时最实用的抽样技术是：按顺序给整个调查领域的每个对象都分配一个号码，并将同一列数字标在卡片上，再将卡片均匀混合，然后随机抽取卡片形成样本。比如你要取10%的样本，取出事先洗匀的卡片并从每十张中抽取一张。比较适合用这种抽样技术的范例有：大量明显类似的地块产品；表面结构类似的大批房屋。

4. 在异质领域的抽样

在复杂社会做统计工作时，由于财富、社会阶层及职业的巨大差异，取样之前必须把调查领域分成几个类型，才能确保调查领域中每一个类型都有相应比例的样本。如不采取这种方法，就要有巨量的样本才具有代表性。从人类学的数据资料中能发现这种非同质领域，如年龄、财富、个人职业等具有显著差异。下面的例子可以说明这种方法：假设某个社区有1 000户人家，其中有950户农民、30户渔民、20户商人，如果没有预先按职业分类，而按照前面那种方法，则需从中选取10%的样本，即100个样本，这样就有可能会排除所有的渔民和所有的商人，很明显对于某些研究来说，这样的样本所获得的参考值极不可靠。反之，如果进行了初步的人口调查，知道总人口中基本职业的比例，于是就会按比例来选取样本，即95个农民、3个渔民和2个商人。具体样本的选择必须使用前面所述的那种抽样技术。

本书主要谈定性调查，很少谈定量调查的方法，关于后者，读者可以参考一些基础统计类的著作，比如钱伯(E. G. Chamber)的《统计学初步》(剑桥大学1943年版)。然而，在田野调查中，抽样能力比计算能力更为重要，强调这一点并不为过，因为如果起初没有按照正确的抽样程序来获得数据资料，那么后面的任何数学计算就不可能得出有科学价值的结论。

5. 样本规模

样本可信度的增加只与样本数值大小的平方根成比例。即如果其他条件都一样,那么 200 个样本的可信度只是 50 个样本可信度的 2 倍。抽样的目的就是省时省力,收集大规模样本通常是浪费时间的。如果对整个调查领域做了有效的分类,那么这些样本就可以成为完全精确的成比例的模型,有时从仅占整个调查领域总数万分之一的样本中也可能得出准确的结论。但是,田野调查员如果不是统计学专家,对那些少于整个领域的 5% 的样本数所得出的结论就不要宣称它是有效的。当没有最佳规模的样本时,样本容量至少要避免低于 30 个。如果实在没有办法,样本规模确实很小时,也不要忽略它们的作用,相反应记住最后统计分析时还要对小样本进行特殊处理。

(六) 户籍与人口统计

从本质上讲,人口统计分类不仅提供人口密度、性别比例、出生率等有价值的数据,而且是理解社会结构必不可少的方法,因为家庭组织、亲属群体、社团以及其他社会群体与数量密切相关,而且随着各自强度的变化而改变结构关系。比如宗族,由个性差异极大的单系亲属团体组成,其规模从很小的区域散布到较大的区域,并由分散在几个社区的个体聚合而成整体,这里面就有数量关系。研究人口状况和社会制度之间的关系数据是极为必要的。因此要设计人口调查方案去采集有价值的数据,以说明特殊的社会背景、比率计算以及对生命统计资料来说更具一般性的变化率。

民族学家和其他试图调查原始部落的人,必须通过自己的努力在一个已选定的相对狭小的区域内获得人口数据。哪怕是对一个村庄或所选定区域中最小的角落进行精确详尽的统计,较之于那些准确度小、方法不到位、缺乏细节甚至遗漏一些事后需要补充的信息(只是对整个乡村的人口进行粗略统计)的调查,价值还是大多了。在收集人口统计资料时,要注意所获取的资料必须与要调查的人群和时间一致。任何疏忽都将导致结论无效,所以调查员要特别小心,确保不忽略每一个细节,必须明确说明数据资料所涉及的时间和人群。

在收集和分析原始民族的一些重要统计资料时经常会遇到以下两个

难题：

首先，间隔一段时间后，一般不能获得同一群体的数据资料，这样只能尽可能地从之前记录的单一数据中推断出人口组成的变化，因此必须特别注意收集有价值的数据以便预测趋势。

其次，不能获得精确信息。比如，并非总是对被调查对象的真实年龄一览无遗，如果充分使用当地的年龄和辈分标准情况就会大为改观。有鉴于此，调查员要尽可能地运用当地公认的个体生命周期律来获得区别成年人、未成年人的标准，并且能建立新标准以完全符合这个群体中去世者的死亡年龄。在年龄间隔有规律的地方，可以试着按年龄对成年人进行分类。如果人口太多而不能对整个社区进行详细调查，可以通过抽样来估算各年龄段人口的比例或人口趋势。为了达到这个目的，应当努力获得一个封闭社区内群体的完整记录，即获取某一群体的所有同性别（多为女性）的成年后代的年龄。对于居住条件相近的人口，最方便的是调查在一起居住的群体。至少应有 200 个健在的、同一性别的成年人为样本才有价值。采纳曾用于欧洲地区的那种人口普查方法来分析与计算原始部落的出生率是远远不够的。但是，一个封闭群体中的任何性别，在总人口中虽占较少比率，仍能提供一些生育力的纯净指数。两性和不同年龄段的死亡率，可以通过出生的数据和出生顺序以及孩子出生后的情况来计算。为达到这一目的，应选择一些女性和她们的孩子作为合适的调查对象。在父系制一夫多妻的社会中，很难获得足够多且过了生育期的女性的生殖资料，在这种情况下，只能根据妻子们的分娩来计算。有的孩子在哺乳期夭折，有的在青春期之前夭折，有的在未成年后期去世，有的在成年后去世，必须统计各年龄段活着的人与死去的人，并将二者区别开来。为消除因当地人和欧洲人之间的标准差异而产生的错误，必须从社会人类学和社会心理学的维度来透视当地人对生和死的看法，这对评估新生儿的死亡率尤为重要。不能忽略出生后不久就去世的新生儿，要将堕胎、死产与活产相区别，同时不能将杀婴率计算在堕胎或死产婴儿率内，这一点非常重要。

记录某一时期内实际的出生人口和死亡人口很有价值，往往要花整整一年或更长的时间才能获得相关的数据资料。当观察者记录出生和死亡时，不管是亲自调查还是通过助手（如可靠的亲属团体的领袖）的报道都必须确保数据的完整，在记录实际人口时应当参考这一阶段中期的记录。

不可能完全计算出某地的人口总数,但可以通过以下方式估算:首先对成年男性进行普查,然后通过计算比例得到成年女性、未成年男性和未成年女性的人数等,按照成年男性总数和成年男性样本数之间的比例,从总数中选取一些样本做详细调查。为了估算人口密度,就必须调查当地的土地面积,通过对群体边界的调查来了解群体内部各分支,画出边界图和住宅区,了解人们的活动范围及其分布状况。更精确的方法是不可能的,从计程器和棱镜罗盘测量可以得到一个大致准确的数据,但是必须注意群体边界面积近期发生的变化证据,以及以前居住区的扩大或缩小的情况。

运用系谱法研究群体的亲属关系时,最好从一户人家开始调查人口资料,保证获得详细而重要的统计资料。

要设法获取一个群体中不同种族的人口各自所占的比率,同时必须注意种族和文化之间的差异。但是,在不同种族或民族相混合的社区,要辨别居民中的种族或民族特征就不那么容易了,这与以人文为中心的调查有所区别,只能按人口统计调查的标准来研究种族差异,不同种族之间的接触和通婚所形成的差别远胜于这些行为在同一个种族中的表现(比如亚洲及太平洋地区的中国人和印尼人)。这种情况下在总人口中有时就可以证明某个种族成分的衰退。结合系谱和人口普查资料做调查,必须调查杂婚的状况及其发展变化。调查社会等级制很明显的人口群体时要注意不同阶层的亲属关系和生育情况。

很明显不可能预先制定出确实的调查提纲,但在准备人口普查时可以考虑以下几点是否适用:

姓名、性别、家庭所在地与籍贯,是出生于当地社区还是移民,若是移民,要记录迁入时的年龄;年龄则分真实年龄或人生礼仪中的分类年龄;父母亲的姓名,他们是否健在,若已去世,要注明去世时的年龄和原因;亲属及社会阶层间的友好关系;相关成员;婚姻状况,包括配偶的姓名、籍贯、离婚或死亡等;儿童生活,对每个配偶所生的孩子注明是成年还是未成年,已去世的孩子注明死亡的年龄。

当调查员不能在整个社区获得以上的资料时,就要随机抽样进行详细调查,尽量通过性别、成年和未成年的区分来对整个群体进行抽查,如果还不行的话,则只统计成年男子的情况。

有了这些数据资料以后，就有可能按照以下的分类和比率来计算了：

总人口和性别、年龄"金字塔"。如果不能获得人们年龄大小的数据，人口年龄状况可以按以下阶段来显示比例：前青春期、未成年（大约 20 岁以下，这一门槛非常重要）、成年、老年（约 50 岁及以上）以及不同性别中未成年人所占的比例。

性别比例。往往通过 100 个男性所对应的女性数量来说明男性状况，如果可能的话，可在不同年龄分类中来说明其状况。

出生率和死亡率。统计已过生育年龄的妇女生育孩子的平均数，同时按年龄或性别对她们所生孩子夭折状况进行统计。

死亡率。某一时段内各个年龄段某种原因导致死亡的人数。

婚姻指数。单身比例、一妻或多妻男性的比例、不同亲属团体和地区间男女结合的比例以及成年已婚男女的离婚率。

有效的婚姻比例。即男女两性各自到了平均结婚年龄的比例。

不孕不育的比例。到了或接近绝经期而不能生育的女性比例。

对于人口的流动情况，如移民（迁出与迁入），也是应该关注的。

第五章

社 会 结 构

研究任何社区的先决条件之一是充分认识它的构成（基本要素及其关系），"社会结构"便是题中之义，专指特定时期内某一社区所有成员组成的整个社会关系网络。这个概念一方面定义了人们因社会目标而聚集在一个社会中，另一方面，这种公认的社会联系可以从个人对他人，或者个人对其他社会群体的行为中反映出来。

一、基本观察点

调查员在一个社区开始调查时，应该注意到切入对象群体的八个要点：

（1）地域或地域限制（如果有的话）。

（2）布局图（包含人口统计）。

（3）获得与失去成员的方式。例如，以出生、收养和结婚（是否自愿）等方式获得成员；又如，因死亡、违反族规等行为被驱逐、离婚、自愿离开等方式而失去成员。

（4）整合形式。通过特定的制度和行为将其他群体并为一体，例如：权利和义务，不同群体成员之间普遍流行的行为模式（包括心理认同），同一类群体彼此间的关系，以及不同类群体彼此间的关系。

（5）功能。人们的行为与其他群体乃至整个社会行为之间的关系所产生的作用、意义和动力机制。应该查明个人之间的关系的原因。

（6）这些关系及其基础是暂时的还是永久的。

（7）人们建立与废除关系的形式与过程。通过出生、婚姻、交换礼物等建立关系；或者通过自愿放弃、被抛弃或因时间的流逝等等而导致关系破裂。

（8）一般的行为模式中隐含着什么样的权利、义务。

　　调查员可能会发现从当地分组的形式开始研究比较方便,即从最小的家户开始再深入到最大的地方性群体。家户是指一个居住区内,一些小家庭的成员因土地、房屋、役畜、大农具等家产的不易分割而居于一宅,组成一个大家庭。通过系谱调查经常能够获得家户构成方式的资料以及地方团体的决定性因素。同样,在调查家户时也能获得有关家庭类型方面的信息。而且,还可以了解到与人们的经济生活息息相关的住宅类型(临时的庇护所、帐篷、单间小屋或者复合式居住结构)。

　　一个家户可能拥有一间房子也可能拥有多间房子,房子之间可能有一个共同的院子也可能没有;院子可能是开放式的也可能四周房屋围绕;必须了解清楚每间小屋或房间的所有者,房屋的用途是厨房、卧室、仓库还是客房等等。必须注意是否给妇女或孩子留了单独使用的房间;还应记录是否有神龛,浴室、厕所、猪圈、牛栏、鸡舍的位置,附近有没有墓地,房屋的整体布局。要弄清一个家户中所有成员之间的亲属关系及其他社会与经济关系。

　　家户之间可能彼此隔离,也可能聚集在一起而形成村庄。要弄清楚村庄里各户之间是亲属关系还是其他关系。村庄是由居住分散的住户汇聚而成的,它是一个独立的单位,一村之内居民彼此都很熟悉。

　　家户可聚集成比村庄更大的单位。如果单位中的人口密集且其中的居民只与群体中的部分成员有联系,这样的单位叫市镇。市镇在文化或经济上是不同的,市镇经常是制造业或商业中心,也是在单一行政当局治理下的一个单位。村庄或市镇的户与户之间可能紧密相连,也可能随耕地延伸而分散居住。

　　从行政角度看政治结构,地方群体就是一群聚集在一起的人们,或者是居住在一个划分清楚的区域内的人们,相对于其他群体,他们看待他们自己和行动是一致的,这个单位再细分可以称之为分区。村庄或市镇是一个永久或者相对永久的住宅区。在一些地区,由于经济方面的要求,如为寻找水源或牧场,必须进行季节性迁移。人们可能在某一季节里聚集在永久的居住区内,而在另一个季节却分散到偏僻的家屋或乡村的其他不同群体中。游牧者或主要依赖狩猎或采集获取食物(参见第八章)的人们没有永久的住所。但是,一般人总会发现,这些习惯于经常一起搬家的群体喜欢根据大片领土的范围来精确地界定自己,他们在这片领土上有着特别的联系。游牧部落是指在一个或多个特定区域内,各自在规定范围内拥有狩猎和放牧权的游牧民。

　　分析地域群的结构时,应该弄清楚它在多大程度上表现得像一个团体,内部成员在多大程度上表现出团结精神,政治上是否有一个首领(参见第七章)? 在劳作、宴会、狩猎或防御行为(战争)中,群体内部是否协调合作? 团体作为一个单位所进行的所有行为都应该记录。土地是用来放牧还是耕作? 村民拥有狩猎权还是捕鱼权? 是村里的村民还是当地群体的所有成员共同拥有? 在一个地域群内部是否有会场、俱乐部、客栈或者跳舞的场所? 是否允许内部成员彼此通婚呢? 这些方面应该进行描述。

　　世界上某些地方的房子是长条形的,称为"长房",许多家庭分别居住在长房之中各自的小房间内,这些长房将形成地域和家族群体。

　　如果有季节性迁移,要弄清楚这种迁移是否取决于放牧条件。各个家庭是独自迁移还是和整个地域群一起迁移到某个临时的住处? 还要了解迁移区域的固定边界。

　　基于职业的地域群,比如铁匠可能远离社区中的其他人而群居在一起。市镇可能被划分成几个职业区,应该对此加以描述。

　　应画一个平面图来显示家户和个人及公共意义上的各种场所,即会场或跳舞场所、神龛、坟墓、牛栏、水源等等,同样要画出更详细的有关个人住户的平面图。这些平面图和地域群的系谱给社会人类学研究提供了一个坚实的基础。

　　应当注意家宅是因个人居住的便利而分散在不同的地方还是按社会约定的秩序排列;如果是后者,谁负责这种安排? 是否有寨门、瞭望台或其他形式的防御工事? 如果有,对有关组织及维修等事宜等也应该进行调查。

　　人们都知道领土的边界。调查员应该弄清有哪些边界及是否有人设的界标? 相邻的地域群之间有没有达成跨界的协议? 没有得到许可而跨越区域的陌生人会受到什么惩罚?

　　部落是指若干氏族在政治上或社会上相互凝聚,共同占有或宣称拥有特定领土的自治群体。

　　部落内部的交通是开放式的,应该深入研究陆路、水路及部落边界的现状和维修状况。部落可能有保养道路及其他交通方式的组织措施。

二、性别与年龄

　　所有男女之间无一例外地存在一定的社会差异,这些差异有时延伸到社会生活的整个层面,有时则限制在某些方面。调查员应注意男女在以下 5 个方面到底存在哪些歧视和禁忌:穿着和装饰、讲话、礼仪、饮食、娱乐以及运动自由度;劳动分工、财产所有权、政治生活的参与度(例如任职期、对公共事务的发言权等等)、法律责任(例如直接起诉或被起诉的权利);部落活动的参与情况(例如出席仪式、举行仪式、施行巫术等等);特殊的团体形式(例如男子俱乐部、男性或女性的秘密结社)。

两性之间的合作或对抗具有一定的社会意义。在伊斯兰教和婆罗门教社会有一种极端的性别隔离,妇女被锁在深闺里,只有服从严厉的约束才允许外出。

在那些存在这种隔离的地方,要留意是否允许丈夫以外的男性进入妇女的住处。通常情况下,妇女的男性近亲或者奴仆有此特权。这可能导致父系社会里孩子与母方的亲属关系比与父方的亲属关系更亲密。

应该弄清妇女受到隔离的社会是否有阍人,如果有,他们的职责如何。

从两性占有公职的法定权利和能力以及孩童成长过程中两性的待遇,可以看出两性的相对地位。妇女的工作比男人的轻还是重?妇女的工作是否受到男性的嘲弄?

妇女经常受其父亲、丈夫、儿子(夫亡后)或其丈夫的其他男性继承人(兄弟等)的监护吗?

在接受文化方面,应调查两性的心理特征,我们不能预定有男女通用的心理类型。

通常情况下,两性差异与当地人对待性生理的观念有关。因此,对于妇女的许多约束只针对处于育龄期的妇女,而对年轻女孩或者绝经期后的妇女则不加约束。此外,一些约束限制只是在妇女月经、怀孕或者分娩期间。调查员对所有的约束限制都应加以调查。

刚才说了性别,现在来说年龄。

在所有社会人们都承认年龄和成熟期的划分层次。因此,我们经常能看到按照年龄的分类,即婴儿、儿童、青少年、成年人、老年人。每个阶段都有行为、衣着、职业、娱乐等包容的特征。从一个年龄段过渡到另一个年龄段时是否举行仪式?仪式是对整个群体,还是仅仅针对个人?换言之,仪式的认可程序,仪式是正式的还是非正式的,对于这些问题调查员都必须弄清楚。

在很多社会里,年龄相近且性别相同的人们构成特定的组合,这样的组合通常逐级逐级地形成,构成一定的区间(3—5年或6—8年)。年龄组是同性别的青少年、男人或者妇女的正式组织。每个年龄组都要经历一系列的阶段,包括独特的身份、仪式、军事或其他活动。处于这些阶段的人们就是我们所熟知的年龄级组群。

特定年龄组的活动通常包括入会、仪式、灌输部落法知识、讲解习俗、性教育等等。在好争斗的社会,年龄组经常为年轻人的军事教育和开展军事活动等目的服务。

年龄关系的纽带可团结部落民,并超越亲属及宗族的兄弟情谊。很多争强好胜的人认为,社会主要是以年龄为基础而形成的。较低的年龄组在校学习忍耐力和克制力,中等年龄组构成军事力量,较高的年龄组成为管理层。与男性年龄组相对应的那些女性年龄组将会与勇士同居,成年女性会与年长的男士结婚。有时候男人可以分享同年龄组内伙伴的妻子;年龄组也可通过禁令来规定婚姻。即使没有明确的年龄组,在同龄伙伴之间也有一定的社会和经济关系——他们在工作中互相帮助、共享彼此的财产,并在自己的同龄伙伴选择配偶以及订婚仪式、婚礼中充当一定的角色。

年龄是构成等级制的一个因素,社会依年龄赋予人们食物、衣着、装饰和仪式的资格与权利,由于这些年龄组的入会仪式总是秘密进行的,所以年龄组和秘密结社常有许多共同之处。与秘密社团相反,年龄组体系的基本特点是内部实行平均主义,每个人都是自己所属年龄组的成员,当年龄组升级时,他与该组的其他成员同时进入部落的另一个高级别的等级。而秘密社团的人员则要经过选择,对那些绝不可能进入一定等级的人们施加巨大的压力。在开始进入每个年龄组时通常需要支付一定的费用,算是对仪式或集体宴会的一点贡献。费用不高,各自承担;入会费如果太高,可能导致年龄组等级组织的瓦解。

人们经常给年龄组和年龄级取名,注意不能将这些名字与标志生理年龄的称谓相混淆;在许多制度下,一个人可能一生都属于同名的年龄组,而在有些制度下,人们从一个名字的级别转到另一个名字的级别。一般来说,名字很典型且与入会仪式的事件有关。当年龄组出现重名或被认为是群体的分支时,通常都按一定的系列排列。一代人中的年龄组数量通常是比较固定的,但在一个部落内部可能会有不同。从中可看出年龄组中的循环要素呈现出世代交替的趋势,所以一个男性和他的长子不能属于同名的年龄组。在一段较长的时间内,除了年龄组的入会仪式,当部落议事会的权力从一个等级群体移交给另一个等级群体时,还可能举行更大、更重要的仪式。

加入年龄组等级组织最普遍的仪式之一是进入青春期的割礼或割包皮仪式,相应的,对于女性则有割阴蒂手术。诸如敲掉牙齿或留下瘢痕的其他毁形也很普遍,但毁形并不是年龄组制度的必要组成部分。同时还会出现其他仪式,如先将全部火焰熄灭,接下来通过仪式后重新点燃篝火,以此再现死亡、诞生、献祭以及净化仪式的情景。必须原谅新加入成员在仪式方面的过错,同时罪犯可能被拒绝入会。

隔离现象非常普遍,通常包括一套明确的规矩和严酷的考验,同时还有禁食和其他禁忌。有时候,较低等级的入会仪式为两性所通用。

应尽可能详细地描述所有的仪式,这样做可能有一些困难,因为较高等级的仪式总是秘密的。无论如何,调查员应该深入各种有入会仪式的组织,了解仪式是定期举行还是不定期举行,是为个人举行还是为入会群体举行,谁负责仪式,在入会之前、入会期间及入会之后入会者对异性的言行举止有没有不同,新入会者与已入会者之间的关系如何。要描述入会仪式中使用的所有物体;要收集有关神话和仪式的所有传说;要了解由此产生的费用由谁支付以及支付给谁;还有由谁来提供所有用来献祭的动物。应该描述与仪式有关的特殊巫术和施巫对象。要弄清年龄组和俱乐部会所在加入仪式方面的关系。

如前所述,年龄组可能是部落的一个公共机构,其作用主要是教育(包括性教育)、军事、管理、宗教或社会方面(当同龄伙伴一起就餐或外出旅行时轮流当值)。这些作用一般都有,但是重点有所不同。

在许多较简单的社会里,按照年龄赋予成员法律和公共事务上(参见第七章)的权力,最年长的人们在制定公共生活的规则上具有决定权。几乎在所有的部落社会里,都由老年男人(有时是老年妇女)主导仪式活动。

同样,在很多社会里,按年龄及出生来论资排辈的现象非常明显,即"父代"优先于"子代",而与两人的实际年龄无关。

三、家庭

分析"家庭"一词的用法时,很明显需要定义不同的家庭类型。通常在英语交谈中,"家庭"这个词可以用来表示很多意思,例如:由父母亲和孩子组成的群体;一个父系宗族;有时还包括姻亲的同族群体;一群亲属和供养的亲属组成的一个家庭。如果人们有社会人类学的知识背景,可以从上下文理解这个词的意义。在社会人类学中不能随意预设,调查员的主要任务是去发现确切的调查方法,或者在他所调查的社会中找到所有社会团体的类型,因此,必须以家庭为研究的起点。

(一)家庭的构成要素

基本家庭或简单家庭是指由一位父亲、一位母亲以及他们的孩子组成的群体,不管他们是否在一起生活。这种家庭是社会结构的基本单位,它形成两种主要的亲属链,即父母子女关系和兄弟姊妹关系。

复合家庭是指以下情景:一夫多妻制,一个男人和两个或更多的妻子及其孩子组成的一个群体;一妻多夫制,一个女人和两个或更多的丈夫及其孩子组成的一个群体;有孩子的寡妇或鳏夫再婚而形成的一个群体。

家庭是以婚姻为基础的。婚姻是指一个(或两个或多个)男人和一个(或两个或多个)女人的结合,他们共同生育的孩子是夫妻双方的合法子女。一夫一妻制是一种制度性风俗,指个人(男人或妇女)在每次婚姻中只允许有一个法定配偶。多偶制有两种:一夫多妻制是允许一个男人同时拥有一个以上的妻子的制度性风俗;一妻多夫制是允许一个妇女同时拥有一个以上的丈夫的制度性风俗。

1. 同胞兄弟姊妹

同父同母所生的孩子为全同胞,其中兄弟为男性同胞,姊妹为女性同胞,他们的亲子关系相同,等位基因亦相同;而同母异父或同父异母的孩子为半同胞,他们的亲子关系和等位基因可能不同。

研究基本家庭的关系时必须考虑继嗣问题。继嗣的计算总是决定于习俗。继嗣是指社会公认的后裔与祖宗之间的联系。而祖宗又有父系和母系之别。

2. 生物父母与社会父母

生物父母与社会父母是两个不同的概念,具体到两个男女身上,有时这两个概念是统一的,有时又是分离的。在上面的论述里夫妻婚后同房生儿育女,他们就是孩子的生物父母,同时又是他们的社会父母。但是,有许多婚前性关系极为开放的社会并非如此。当出现不承认生物父母(存在私生子的社会)这种情形时,应对父母各自扮演的两种角色进行调查。

(二)家庭的构成原则

1. 单系继嗣

单系继嗣是一种独特的继嗣方法。只按男性世系脉线计算时叫作父系继嗣;只按女性世系脉线计算时叫作母系继嗣。如果平等地按父方世系脉线和母方世系脉线计算,则称双边继嗣,在这种情形下,要是做父母的人既是孩子的生身父母,又是孩子的养育父母,所谓继嗣即生物学的继嗣。任何一个社会单元的继嗣代数是受到限制的,必须深入研究有关血统和宗族的继嗣规则。

由于系谱在原始社会有着无可争辩的重要性,因此人们经常通过公认的社会习俗来建立虚拟的关系,这些虚拟关系在后面将会讨论(参见收养;亲属关系制度;寡妇再醮;冥婚)。

调查家庭类型时必须入户。调查家庭住所的构造,必须弄清楚是否一个家庭占有一个家户。要注意男孩和女孩婚后是否还和他们的父母住在一起;是否偶尔有其他成员寄居,而这些人的身份如何? 他们是寡妇、鳏夫、孤儿、体弱者吗? 他们与父母哪一方有关系(参见对"家户"或"户"的描述)?

母系家庭中的某些问题对于观察者来说可能很平常,但也不能断定父系家庭一定类似于西欧的父系家庭,必须对家庭结构进行调查。

在一夫多妻制的家庭里,所有的妻子是不是都住在一起,或者在同一个家户里面每个妻子都拥有单独的房间,或者她自己有一个完整的铺位(参见第六章对婚姻的叙述),这些都必须弄清楚。

较之于一夫一妻制的家庭与一夫多妻制的家庭,一妻多夫制的家庭存在很大的差异(参见婚姻),很值得调查。

两个或两个以上同性直系亲属与他们的配偶及其子女共同占有一个家户,并服从于同一个掌门人或户长,这样的家庭被称为联合家族。与联合家庭相对应的是扩大家庭。

在所有类型的家庭中,要观察合作的程度和凝聚情况。家中是否有一个权威人物? 如果有,要描述这个人的情况。家庭(或家户)是否组成一个经济单位,家庭成员的经济活动如何,家庭内部是否举行宗教及其他仪式(参见宗教思想和实践),所有这些都应注意。

家庭成员的地位。只有在考虑到社会、经济、法律和宗教等因素后,才能了解家庭成员的地位。应调查每个家庭成员一生中不同时期(参见生命周期)要承担的义务和享有的权利。要弄清哪个成员管家,他(她)的权力有多大?是否拥有决定其他家庭成员的生死的权力? 能将家庭中的任何成员卖掉或抵押为奴吗? 年纪渐长时,权力是递增还是递减的? 应该弄清夫妻在家政中的地位,他们分别与图腾、祖先或其配偶的宗教信仰之间的关系。要调查夫妻间的经济关系:是夫妻一方供养另一方的生活呢,还是夫妻双方或者一方要供养整个家庭的生活? 家庭的每个成员是各自拥有财产呢,还是共同拥有? 子女要达到哪个年龄级才能独立于父母和监护人? 孩子能否自主处理财产? 要调查孤儿、遗腹子及私生子的待遇和地位。

2. 禁止性关系的程度

婚姻制度里有禁止结婚的一些规定(参见乱伦),但在调查亲属关系的稳定性时,如果存在普遍的乱伦习惯,就要注意分析,甚至于重新检查乱伦的定义是否过于宽泛。另外,如果要完全了解家庭,就必须调查家庭内部允许和禁止发生的性行为,如果是禁婚对象(父女、母子等亲属或有世仇的家族),是否有一些预防措施禁止他们发生两性关系? 如岳母和女婿的回避制度等等,必须予以记录。

3. 收养

收养风俗在各种社会差异很大,在一些文化中得到了高度的发展。收养一般有两种情形:不经常发生的事件;常规性的事件。后者可能成为社会组织的一项原则。下面分开论述:

(1) 偶发性收养的动机。

通过分析少数人收养的目的不难发现这种方式可以给孤儿找到一个家,或给没有小孩的夫妇带来一个孩子。一些人则是因为相信有来世,需要后代来执行家族的祭祀仪式或者继承自己的财产。

(2) 对那些不行杀婴(溺婴)习俗且生育过多的民族来说,以上动机不足以形成收养的风俗。

抱养、领养和收养是同一级别的概念,但所指不同。抱养针对襁褓中的孩子。领养针对大一点的孩子。收养既可以针对婴孩,也可以针对青少年,还可以针对成年人。为了便于行文,此处的叙述统一使用"收养"。

发现收养的个案时要详细询问,并要查清当地是否有类似的习俗以及收养的个案数量。在收养实践中会有很多的秘密,所以调查起来会有一定的难度。必须对收养的整个过程加以叙述,即从提议收养到孩子与生父母脱离关系并与养父母产生虚拟亲属关系的整个过程。同时应调查人们收养的动机;生父母与养父母之间是否存在系谱关系,存在系谱关系的称为"过继";双方的阶级地位或者所属的社会组织;生父母是自愿放弃他们的孩子,还是因为风俗而被迫放弃的;如果要付钱的话,支付的数量和性质如何;保密程度以及采取何种保密方法。如果生父母和养父母属于不同的社会团体,孩子被收养后是否因此而改变他们的社团所属关系,对孩子原来所属社团的态度如何? 收养是有约束力的风俗,还是可选择的生活方式?

收养的孩子是否享有从养父母那里继承财产和继位的权利? 亲生子女是否总是优于收养的孩子? 要对收养仪式进行记录;通过哺乳或从养父母那里获得血统,有时候收养意味着再生了一个小孩。

4. 收养成年人

收养成年人的目的是什么? 陌生人或俘虏可以收养吗? 收养成人的仪式是否与收养婴儿的仪式相同? 被收养的成年人是否和收养他的家庭的亲生儿子一样遵守婚姻禁忌? 是否有一些公认的收养方式或私生子的认亲仪式? 在一些社会中家庭奴隶是否等同于收养的孩子?

5. 寄养或代养

如果孩子的母亲行将死亡或者因故不能哺乳,人们会采取什么措施保护婴儿? 是用人工食品来养育婴儿,还是把婴儿交给养母或奶妈?

在条件具备的情况下,妻子的姊妹或丈夫的其他妻子能否给婴儿喂奶? 如果可以,是否在这些妇女中优先选择某一位?

喂奶是否有限制? 如某些职业或特定阶级的妇女能否给婴儿喂奶? 公元前冰岛有这样的风俗:地主将子女送到佃户家里,让佃户将其与自己的子女一起抚养,日后长大了才接回家。不管是偶发性的收养还是寄养,只要有这样的风俗习惯都要调查。调查时要注意以下方面：较之于生父母的地位，养父母的地位如何？是与生父母一样，还是比生父母的地位要低？养父母与生父母是亲属、同氏族关系还是普通人的关系？孩子在几岁离开养父母，离开后是否与养父母及他们的子女保持一定的社会关系？（例如，报血仇的义务或虚拟的亲属关系）是否有报酬？如果有，要给养父母什么报酬？一个家庭的所有孩子是送给相同的养父母还是分送给不同的养父母？孩子通常在几岁离开他们的生父母，什么时候回到生父母的身边？他们是否可以继承养父母的财产与名号？养父母对这些孩子有多大程度的社会、经济责任？什么原因导致当地出现寄养或代养风俗？

6. 家庭生活

应该观察所有家庭成员的习惯及仪式行为，既包括父母和子女之间，也包括同胞和其他家庭成员之间。尤其要注意有关食物和睡眠、工作和游戏等方面的习惯。要注意家庭成员之间如何表达感情、权威、赞成和不赞成。如果他们表现出谨慎和谦恭的话，要注意他们谨慎和谦恭的程度。家庭生活的任何琐屑事情都值得记录。在一夫多妻制、一妻多夫制、数代同堂家庭中，都要从这些方面来观察。除基本家庭成员外，哪些亲属可以自由进入住户？主人是以普通方式还是仪式性地给寄居者提供食物（参见亲属之间的行为）？

还要注意家风传统及家庭自豪感所扮演的角色。是否通过在家庭圈子内重复出现具有天赋或杰出成员（活着的或者已去世的）的成绩而孕育自豪感？哪些家族的特性和习惯得到发扬，哪些受到抑制？是否有些家庭从事特殊职业或因特殊技能而出名（参见第八章）？

四、亲属

配偶、亲子及同胞，这些纽带使得家族成员结合在一起，从而形成了一个由血亲和姻亲组成的关系网络。血亲关系是指事实上的或既定的父母子女之间和同胞兄弟姊妹之间的关系，这种关系为社会所公认。所有社会都承认一定范围内的同源亲属。同源亲属是指具有相同祖先（不分男女）的后裔，父系亲属指通过男性世系脉线来追溯的亲属关系，而母系亲属指通过女性世系脉线来追溯的亲属关系。

姻亲关系是因婚姻而产生的亲属关系，具体是指某人与其配偶亲属之间的关系,如一个男人和他妻子的姊妹或与他母亲的兄弟的妻子之间的关系。

(一) 亲属称谓

用亲属制度的范畴可以比较方便地描绘所观察到的血亲或姻亲之间的互惠行为和社会习俗模式。

超越家庭的界限来研究血亲关系对理解社会组织非常重要。观察血亲和姻亲之间的行为也很重要,如家庭生活、经济事务、法律纠纷、入会仪式和婚葬礼俗及社会生活其他场合中人们之间的行为。

调查亲属制度时首先要记录亲属称谓,即在称呼或谈及亲属时所使用的术语。一个社会所使用的亲属称谓可通过系谱方法和直接观察的方式记录。在日常生活中,亲属之间当面怎么称呼(直接称谓),以及背后怎样谈及他人(间接称谓),二者是不一样的,而且有些专有名词和英语中的称谓意义不同,所以要注意避免用英语生搬硬套地翻译当地的术语。例如,"舅舅/叔叔"这个称谓,除非注明是"母方的舅父"或"父方的叔父",否则最好不要用。最好精确地描述人们之间的关系,如"母亲的兄弟"或者"父亲的兄弟"。至于"表兄弟姊妹"的意思,要将其分为两个层次,我们这里指的是第一代同胞,人类学家将其分为平表(姨表亲及从兄弟姊妹)和交表(姑舅表亲),前者是两个与父母同性别的同胞的孩子,即母亲姊妹的孩子或者父亲兄弟的孩子,后者是两个异性同胞的孩子,即父亲姊妹的孩子和母亲兄弟的孩子。

在普通的意义上讲,应将英语的"父系"和"母系"(paternal and maternal)概念分别作为"父亲"和"母亲"的依附词来使用,或者作为与"父亲"和"母亲"的词组相关的称谓来使用。在父系或母系群体里,一个男子会倾向于认为自己母亲的亲属为他的母方亲属,即他自己母方的祖父是他的母亲的父亲,他自己母方的交表亲是他母亲的兄弟的孩子,他的父亲的姊妹的孩子是他父方的交表亲。交表亲和他不是直系亲属;不管是父方的还是母方的交表亲都属于另一个支系(旁系),但把他们描述为父方或母方的亲属较为简便。父系和母系被用作是父亲的或母亲的同义词。

美国人类学家路易斯·亨利·摩尔根把英国的亲属制度判定为说明式,似乎有点误判的味道,因为英国人的亲属制度并不描述关系,该制度的典型特征是:现存的术语只用于直系亲属的称谓,如父亲、母亲、祖父、孙女、儿子、女儿、外孙;没有区分男性和女性的旁系关系,例如叔叔、外甥、表兄弟姊妹等。

无论是英国的亲属制度还是在其他文化里发现的相类似的制度,我们都需要获得亲属关系的术语,还要研究使用这些术语的人们彼此之间的行为。找到亲属制度的案例后,不能因为这些术语与我们家庭的行为、义务、责任、权利及约定相类似,就认为它们必然类似于我们的亲属制度模式。

摩尔根将亲属制度区分为类别式与说明式两种。类别式称谓的基本特征是:在众多的亲属中,不问他们对"自我"的关系如何,都以分等(或分辈)的同一种称呼来表示。因此它是一种非孤立的(或集合的)称谓,只有共名而无单名。他认为类别式的亲属称谓与更加简单的文化相联系。类别式是直系亲属(父亲、儿子等等)之间的称呼或交谈时所用的术语,也适用于某些特定的旁系亲属。例如,同一个称谓可用于称呼父亲和父亲的兄弟,与此相应,用于同胞兄弟姊妹的称谓也适用于称呼平表兄弟姊妹。在一个理想的类别式亲属称谓制度中,兄弟姊妹——有时是交表兄弟姊妹——常因某种确定的社会目的而彼此视为对等。在同等地看待同性同胞和异性同胞的文化中,人们称父母亲的兄弟为"父亲",称父母亲的姊妹为"母亲"。然而这一小部分亲属称谓却是使用最广泛的。一般情况下,以性别来区分同胞,所以母亲的兄弟和父亲的姊妹有不同的称谓。在这两类亲属制度中,称谓的使用范围更为广泛,因为不但父母的同胞(不管是否有性别差异)等同于父母,而且任何先辈或后裔的同胞在称谓里也是和他(她)等同的。

类别式亲属称谓制度一般(但不绝对)与氏族、世系群或相似的单系社会群体、继嗣群(父系社会和母系社会的后裔)的存在有关。尽管没有必要追溯人们之间的代际关系且一般很难上溯,但在氏族里人们认为对等的同胞称谓没有代数限制。这样,同一代的同一氏族的男性都是"兄弟",上一代的是"父亲",下一代的是"儿子"。尽管如此,只有当或多或少追溯到父母亲另一边的代际关系时,才能有这种对等关系。因此,一个人会有类别式的兄弟、父亲等等(他自己的族人和彼此的族人),也会有类别式的同族人(不是他自己的族人,但是与他同族的父母或先辈有一定的谱系联系)。

在一些社会(如澳大利亚土著)中,这种亲属称谓超出氏族甚至部落关系范围,故将从未见过的陌生人看作属于潜在的同族人。这种用法不是礼节性的,而是依照在地域群里通用的规则来使用类别式称谓制度。澳大利亚的级别婚用来连接较远的亲属,与较远游牧部落或部落成员建立联系。一旦确立级别制的亲属关系,一个人即使走到遥远陌生的地方,也能取得当地社会的身份;如果他不这样做,就不能够被社会接受,并可能被外族人当作破坏者。

由于类别式的亲属称谓制度得到了广泛的使用,调查员会发现社区中的每个人都与其他人有某种联系;此外,由于受风俗习惯和其他社会力量的左右,属于不同谱系的人们可能被归入同一类,例如,一些人从某种交表关系变为父子关系。

大多数社会都有结婚和寡妇再醮的规则。有时人们对初婚和再婚(如鳏夫续娶、寡妇再醮等)所造就的亲属关系有不同的称谓。

人们之所以把澳大利亚土著的婚姻称为"级别婚",是因为这种婚制将只有单一称呼的人们归为具体的群体(通常有名字),为了避免产生歧义,最好称这些群体为分支或婚级。一个部落可以有若干婚级(二、四、八不等),大家按固定的级别通婚。每个级别内部以及固定的通婚级别以外的性关系受到禁止,亲属称谓是类别式的,由于群体(参见氏族)的间接制度,孩子不属于父母亲的级别,但属于父亲的父亲那一级。

澳大利亚的级别婚与把社会分划为两个实行外婚的半族或偶族的习惯相关,这种半族或偶族通常被看作两合组织。半偶族是否会认可父系或母系的血统并不重要,关键是以同样的分级方式来规定各个分支。

某些亲属制度中存在一种趋势:既要以说明式准确地界定彼此间的亲属关系,又要以类别式(非孤立的)来使用亲属称谓,比如,可将同胞兄弟姊妹分别称为"父亲的孩子",也可分别称之为"母亲姊妹的孩子";又如,可将姑舅表兄弟称为"母亲兄弟的孩子"或者"父亲姊妹的孩子",凡此不足而一。说明式亲属称谓也可孤立地使用,如英国人的亲属制度中的"岳母"便如此。在英国人的亲属制度中,虽然"姐夫"或"妹夫"属于说明式的亲属称谓,但并不孤立;它包括两类人,即所有姊妹的丈夫(所指为男性,自我为女性)和配偶(丈夫或妻子)的兄弟(所指为男性,自我为女性)。在其他亲属制度中,兄弟姊妹的称呼会依据他们的长幼关系调整。调查员应关注所有这些情形,力求发现各种差别是否与婚姻、继承、特殊责任等项目有内在联系,是否与正式的亲属关系术语相关。

调查员为了分析亲属制度必须使用系谱方法。他记录了许多系谱后,通过询问当地人如何称呼系谱里的各种成员,就可获得亲属称谓,再以相应的称谓为基础整理出称谓列表,就可以看出重要的亲属关系。

在亲属称谓制度中，"X"表示被调查的某人，"Ego"表示"自我"。要问某人对父亲、母亲、兄弟姊妹和他父母亲的兄弟姊妹以及他系谱中更疏远的其他人的称呼，注意询问时要用这些人的本名，而不用他们与被调查者(报道人)的关系的名称(参见系谱法)。在所有的案例中，在询问 X 怎么称呼 A 或 B 后，要弄清 A 或 B 怎么称呼 X，以便获得对应的称谓。比如，如果问一个男子如何称呼系谱中所显示的他母亲兄弟的妻子时，他所提供的称谓将被列入这种亲属关系的相应位置，然后这个女子对该男子的称呼将和她丈夫姊妹的儿子对这名男子的称呼一样被列入第二栏中相对应的位置。如此重复，直到找到系谱里所列的所有关系的例子为止。在弄清亲属称谓表后另列一个表，第一栏为当地的称谓，第二栏为相应的英语称谓，这样很有好处，人们一看就知道同一类称谓下的所有亲属。

为了获得女性所使用的正确称谓，同时审视男性相应地称呼这些女性亲属时所使用的称谓，最好邀约报道人的姊妹和妻子(即寻常说的"姑嫂")一道来查看同一份亲属名单，也就是说，亲属称谓术语至少应从三个不同的系谱中来获取。

当通婚关系大量存在时，社区中便会经常发生两个人不止用一种方式彼此联结的情况。在姑舅表优先婚流行的地方，通婚对象那种盘根错节的联系必定成为一种历史的惯性，这种特征只能发生在受到地理条件或其他因素严格限制的封闭区域。在此情形下，调查员应该确定通过哪条路径来追寻一般人所强调的亲属关系，为什么要这么做，以及当地人可能忽略了别种亲属关系，只是偶然间才会分辨它们，究竟是什么特殊原因使然。

如果所获得的系谱资料不够完整，不能提供所调查的全部亲属关系及个人姓名，可能要设定一些问题深入询问，例如："如果某人(已命名的)有了孩子、兄弟姊妹和妻子，你将怎么称呼这人，相反地，他们又将怎么称呼你?"或者将调查对象按一定顺序排列，调查员可以指着名单对报道人如是说："假如他是某人，这个位置就是他的兄弟或者是他的孩子"，然后继续询问各自的亲属称谓。

图 5-1 用系谱法表示一组确定的亲属及其称谓。左栏为亲属关系，右栏为亲属称谓。自我为叙述主体，当自我为男时，用符号"m. s."表示；当自我为女时，用符号"w. s."表示。请注意左栏第 3 列的"兄弟"，一方面某种亲属称

1. 父 ——————————————— ⟨子 / 女

2. 母 ——————————————— ⟨子 / 女

3. 兄弟(m. s) ——————————————— ⟨兄弟(m. s.)

4. 兄弟(w. s.) ——————————————— ⟨姊妹(m. s.)

5. 兄弟(生父与继母所生之子) ——————————————— —

6. 兄弟(生母与继父所生之子) ——————————————— —

7. 姊妹(w. s.) ——————————————— ⟨姊妹(w. s.)

8. 姊妹(生父与继母所生之女) ——————————————— —

9. 姊妹(生母与继父所生之女) ——————————————— —

10. 兄(m. s.) ——————————————— ⟨弟(m. s.)

11. 兄(w. s.) ——————————————— ⟨妹(m. s.)

12. 姊(m. s.) ——————————————— ⟨弟(w. s.)

13. 姊(w. s.) ——————————————— ⟨妹(w. s.)

14. 父之兄弟 ——————————————— ⟨兄弟之子女(m. s.)

15. 父之兄弟之妻 ——————————————— ⟨夫之兄弟之子女

16. 父之兄弟之子 ⟩

17. 父之姊妹 ——————————————— ⟨兄弟之子女(w. s.)

18. 父之姊妹之夫 ——————————————— 妻之兄弟之子女

19. 父之姊妹之子 ——————————————— 母之兄弟之子女

20. 母之兄弟 ——————————————— 姊妹之子女(m. s.)

21. 母之兄弟之妻 ——————————————— 夫之姊妹之子女

22. 母之兄弟之子 ——————————————— 父之姊妹之子女

23. 母之姊妹 ——————————————— 姊妹之子女(w. s.)

24. 母之姊妹之夫 ——————————————— 妻之姊妹之子女

25. 母之姊妹之子 ⟩ —— 子之子/子之女(m. s.)
即孙男/孙女(m. s.)

26. 父之父 —— 子之子/子之女(w. s.)
即孙男/孙女(w. s.)

27. 父之母 ——————————————— ⟨子之女(w. s.) / 子之子(m. s.)

28. 母之父 ——————————————— ⟨女之女(w. s.) / 女之子(m. s.)

29. 母之母 ——————————————— ⟨女之子(m. s.) / 女之女(w. s.)

30. 夫 ——————————————— 妻

31. 妻之父 ——————————————— 女之夫(m. s.)

32. 妻之母 ——————————————— 女之夫(w. s.)

33. 夫之父 ——————————————— 子之妻(m. s.)

34. 夫之母 ——————————————— 子之妻(w. s.)

35. 妻之兄弟 ——————————————— 姊妹之夫(m. s.)

36. 妻之姊妹 ——————————————— 姊妹之夫(w. s.)

37. 妻之兄弟之妻 ——————————————— 夫之姊妹之夫

38. 夫之兄弟 ——————————————— 兄弟之妻(m. s.)

39. 夫之姊妹 ——————————————— 兄弟之妻(w. s.)

40. 妻之姊妹之夫 ——————————————— —

41. 夫之兄弟之妻 ——————————————— —

42. 子之妻之父母(亲家) ——————————————— —

图 5-1　亲属关系及亲属称谓对照

谓制度中是没有这些兄弟/姊妹关系的所有称呼的;另一方面,许多亲属称谓制度中是有一个与兄弟姊妹的亲属关系相关联的称谓的,但在使用这个称谓时有所限定,要么只是在姊妹之间使用,要么只是在兄弟之间使用,此外,某些亲属称谓制度较为重视兄弟姊妹间的长幼关系,另一些亲属称谓制度则重视兄弟姊妹的嫡出和庶出的差别,即他们是生母或生父的孩子,还是继母或继父的孩子,这一点是人们比较关心的。在这样的亲属称谓制度中,生父兄弟的孩子通常归入生父的孩子类别,生母姊妹的孩子归入生母的孩子类别。在以称谓区分兄弟姊妹长幼关系的地区,调查员应该注意这种区分是否也出现在兄弟姊妹的配偶及子女当中,以及它们是否也出现在父母亲的兄弟姊妹当中。再请注意左栏第 26 列的"父之父",在有些文化中,确定孙男孙女的所有配偶的称谓是很重要的,而确定夫妻双方所有祖父母的称谓则不太重要;在另一些文化中,事情倒置过来了,确定夫妻双方所有祖父母的称谓显得非常重要,而确定孙男孙女的所有配偶的称谓倒是无所谓的。两种情形都表明社会重视世交关系,只不过相对于逝者,人们更加重视生者,因此,在这些社会,可能将父之父归入兄弟的类别,将孙男之妻归入妻子的类别。

图 5-1 只列举了血缘关系近的亲属。为了认识类别式亲属称谓制的适用范围,需要获得远房亲属的称谓,即获得祖父母双方兄弟姊妹的称谓、他们的妻子和孩子的称谓、后代孩子的称谓以及妻子远方亲属的称谓。对姊妹儿子的妻子和孩子的称谓以及对姊妹女儿的丈夫和孩子的称谓,通常是社会人类学的兴趣所在。"孩子"这个称谓无论何时出现在图表中,都必须以同样的方式弄清楚是否用不同的称谓来表示"儿子"和"女儿",同时必须获得这些称谓的对应项。与我们那种只取决于所要称呼的人的性别的亲属称谓不同,原始民族的亲属称谓一般同时取决于说话人的性别。

可使用好几个称谓来表示同一个亲属。因此,经常会出现下述情形:与这个人聊到某个亲属时用一个称谓,但和另一个人谈及此亲属时,又用另一个称谓。有时前者仅仅是后者的间接称谓,但其形式一般不同。这种使用不同称谓的情况在称呼父母时特别普遍,应对面称(直接称谓)和背称(间接称谓)进行完整的研究,从而获得两套不同的称谓,其中一套也许比另一套简单得多,如果只获得了一套称谓的话就会产生错误的观点。

用称谓指代亲属关系时通常会出现所有格,如"我的父亲"或"他的母亲",

而且实际上称谓词语的使用绝不可能脱离所有格。因此,以所有格的方式表示称谓较为方便,而且在这种情况下,要将所有格使用的情况记录下来。要获得有关所有格的完整列表,有时候还可调查到区别于其他用于别的不同目的的所有格。当所谈及的亲属是被调查人的亲属("我的父亲"等等)、谈话对象("你的父亲"等等)或其他的谈话对象("他的父亲"等等)时,要注意称谓的形式是否存在任何语言学上的差异。个体的差异一般通过物主代词的差异来显示,但也可能替换为完全不同的词来指称。对家庭成员可按照出生的顺序使用一些特殊的称谓。

仔细研究称谓的使用方式很重要,而这就离不开系谱法的运用。人们可能会发现,在日常生活中,也许个人的名字比亲属称谓更常用,但在一些特定场合,不能用个人的名字而只能用恰当的亲属称谓。通过这些场合的调查,我们可以看到亲属关系在调节人们的生活中所起的作用,这些都是研究亲属关系时有价值的线索。在那些倾向于使用亲属称谓而少用人名称呼的场合,是想表达人们和说话者之间的亲属关系或使他获得某种帮助或履行某项义务。孩子通常用亲属称谓称呼他们的亲属,而这些亲属则直呼孩子的名字。亲属称谓不仅仅是称呼或提及某人时所用的语言方式,它们还代表实际的社会关系,即用来规范使用特定亲属称谓称呼的人们之间相互行为的特定义务、特权和权利等等。应该注意亲属称谓的使用在多大范围内是习惯性的、许可性的,而不是命令的或强制性的,同时还要记录使用这些称谓的场合。

在有些地方,"父亲""母亲"这类称谓不仅代表某人自己的父母,还代表父亲的兄弟、母亲的姊妹以及更疏远的关系(如同类别式的亲属称谓制所习惯的那样),对此应注意是否有一些诸如"自己的"修饰词,即当地人是否通过使用形容词、不同的音调或其他方法来区分直系亲属和旁系亲属。必须强调的是,亲属关系称谓并不意味着当地人的观念态度,也并不意味着他们和那些用相同称谓称呼的人们之间有相同的社会关系。在人们的思想情感及其习惯性行为中,"自己的"兄弟和双亲在人们心中的地位与从兄弟、叔伯及其他远亲是不同的,虽然前者和后者所使用的称呼可能相同。

通常情况下,即使两者之间没有什么系谱关系,但只要比自己辈分大的男人就用"父亲"这个称谓来称呼;与自己同一代的所有男性都称之为"兄弟"等等。如果真是这样,必须了解这些"父亲""兄弟"等是属于说话者所属的一些社区或社团,还是仅出于礼貌才使用这些称谓。

(二)亲属间的行为举止

调查员获得亲属称谓的详细图表后,必须弄清楚这些亲属传统上应该发生的行为。前面说过,亲属包括分类意义上的所有亲属,即包括血亲关系和姻亲关系的所有亲属。了解亲属关系称谓,通过直接询问可以获得大量相关信息,但更多的信息却是在调查人们的实际社会生活以及仪式场景中逐渐发现的。除了传统的或正当的行为以外,还应通过考察理想与现实之间的差距去观察和发现人们的行为,应该调查特殊个案的原因。应抓住每次机会去发现人们在所有活动过程中的合作关系,找到在一起工作或一起度过闲暇时光的人们之间的关联性,即在一定亲属团体之内形成了的经济往来和友谊关系。

不应当把任何一种行为模式视为理所当然的或是"自然"的,即使父母和孩子之间的模式也是如此。事实上,一种特殊的模式在不同的文化和同一文化的不同社会阶层方面差异也很大。虽然我们可以把行为模式称为社会规范,但不能认为一种公认的模式是出于个人情感的表达,它只是一种习惯的、或多或少被人们接受的行为模式而已。

孩子到了青春期,做父母的一般都会对他们和孩子之间的行为举止做出正式的约束,甚至在幼儿时期,父母就会告诉孩子各种注意事项,这些规范很大程度上是由风俗规定的,在不同文化之间有很大的差别。据观察,兄妹之间的行为模式差异很大,并且通常受风俗的规定;他们可能是随和的同伴关系,也可能是矜持的彼此尊重,甚至完全地回避,或者是知心朋友或经济伙伴,表现出来的却是在所有事情上都有严格的礼仪。同性同胞之间的行为是平等的或因长幼关系而对各自的行为举止有所规定。

给予长辈的尊重一般以传统的方式来表现,但是有必要确定哪些亲属被视为长辈,因为辈分不一定与年龄相对应,即使年龄小于自己的男孩也可能因与自己的父亲同辈而成为长辈。父亲的兄弟和母亲的兄弟得到的待遇可能大不相同,这与辈分无关,而是取决于公认的继嗣类型。例如,在父系继嗣制度下,父亲和父亲的兄弟的地位相同;也就是说,虽然亲密度不相同,但是尊重的类型和相互之间的需求是相似的。母亲的兄弟作为母方家庭的男性代表,可能受到不同的对待。在父系继嗣制度下,舅舅的行为通常不受约束,还能享受他的姐夫(妹夫)和其兄弟无法获得的某种关爱与亲密感。在母系继嗣制度下情况正好相反,当给予父亲和父亲的兄弟关爱时,舅权依然存在。另外,在行交表婚与平表婚的地方,舅舅即未来新娘的父亲(理论上应这样称呼)会受到岳父般的待遇。对祖父母的态度是基于年龄而对其表示尊重的,虽然在很多人中隔了两代还互称对方为同伴。祖辈和孙辈之间也可能存在戏谑关系。在同一个家庭或者扩大的亲属集团内,异性之间的行为均受到当地风俗习惯的约束。

在许多文化里,人们之间虽有一定的亲属关系,却得相互回避。这些人通常是异性或因婚姻而产生了一定的关系,例如,最常见的是女婿和岳母的回避。但同一家族的成员间也有回避现象,如父亲和女儿、兄弟和姊妹,有时回避也发生在同性之间,如女婿和岳父。回避作为一种行为模式经常用来表达对人的尊敬。规则是相互的,但不是对称的,例如,一个男人有责任回避他的岳母,如果没做到这一点通常会受到严厉的处罚。回避的程度也大不相同,或者禁止进入这些人居住的村庄,或者不能提名字,甚至不能吃同一道菜,不能抽同一支烟管里的草烟。最明显的回避是女婿和岳母同一时间在同一间房不期而遇时,一方必须扭过头去以极其礼貌的语言同另一方说话。

回避不只发生在有实际谱系关系的人之间或以一定条件联姻的人之间,还可以扩展到使用同样称呼的人之间,而不论他们的关系多么疏远。例如,对岳母的回避可能扩展到妻子称为"母亲"的所有妇女与丈夫称为"兄弟"的所有男人之间。在这类例子里,回避程度一般取决于人们之间的亲密度。回避可能持续终生,在岳父母(公婆)回避中,第一个孩子出生后或经过某种礼物交换后,回避程度会减轻或取消。

人们对回避的另一面也是极为熟悉的。通常具有某种关系的人以滑稽的话语来搭腔,这就是人们所熟知的戏谑关系。这种关系同样是不对称的,彼此成为嘲讽对象,彼此挖苦,不许生气,只能用一种诙谐的方式来反击。某些亲属间是禁谈情感利益之事的,但可自由谈论婚姻和性方面的话题。

应仔细观察各地盛行的正式的行为仪式,了解相同称谓的亲属受到的待遇是否相同。正式的行为仪式是否仅用于近亲间?这些行为礼仪可能会遮掩家庭成员或其他亲属成员之间自发的情感流露,但不要认为这是他们在故意隐藏。

（三）亲属间的责任与权利

人们经常可以发现经济、法律、礼仪和明确的职责成为两人之间的联系纽带，任何一个社会都是如此。就我们自己的社会而言，经济职责仅在狭小的范围内存在，礼仪职责虽已扩展到宽广的范围，但也不是很严格。但在较为简单的文化里，各种各样的职责似乎更具有束缚性，所涉及的范围也更为广泛，它们在现成的亲属制度类型中均有所体现。在调查所有的仪式时，特别是关于出生、成人、结婚、死亡等仪式中，应该弄清楚所有亲属的职责。同样，所有的权利也应该调查清楚。例如，在一些地方，甥男无需特别遗嘱就可以拿走舅舅或外祖父的所有财产，而甥女则不能这么做；在其他一些地方，一个男人可以以同样的方式从他妻子的某些亲属那里获得所有财产。

由结婚或联姻而结成的亲属可分成两大类互惠群体：一类为配偶的男女亲属，指从自我开始伸展的姻亲链条首先追溯到的人们；另一类为与亲属结婚的人们，也是亲属链条首先追溯到的人们。例如，"姐夫"或"妹夫"只属于第二类群体，但在英文命名法中，"brother-in-law"这个组合词既属于第一类群体又属于第二类群体，因为它可用于男女两性，包含四种不同种类的关系，因此尽量不要用这个英文词，除非其关系可以描述如下：男人的"brother-in-law"，可能指他的妻子的兄弟或他的姊妹的丈夫。虽然这是一种互惠关系，但并不平等。女人的"brother-in-law"可能有两种含义：一是她的丈夫的兄弟，在很多社会里，无论她的丈夫健在还是去世，她都要将丈夫的兄弟看作自己的二号（三号……）丈夫，她与他们的关系视年龄而论；二是她的姊妹的丈夫，她与他们的关系取决于后者是否可以娶她的姊妹，并且会相对于她姊妹的年龄而有所不同。很显然，这些"brother-in-law"的关系有不同的社会作用，调查员将会发现这些习惯行为与调查点的法律和社会礼仪有关。通过新婚的彩礼、新郎以及新郎的亲属向新娘的亲属提供服务而建立的联系，还包括习惯的婚俗以及继承规则，它们都会对姻亲之间的行为产生一定的影响。

配偶的父母、同胞兄弟姊妹和其他近亲属是特别值得尊敬的姻亲。对这些亲属之间的经济联系应当全面调查。还应探究在付出经济代价或提供服务后，亲属之间是否需要回报，如果需要，在什么情况下回报。通过联姻而结成的紧密关系彼此之间会产生特定的仪式职责，尤其是在死亡仪式上。前面已经提过回避配偶亲属的风俗。但是，姻亲所受的待遇是有很大不同的。例如，妻子的姊妹和妻子的兄弟的妻子所受的待遇完全不同。男人通常回避他妻子的父母,有时也回避他妻子的母亲的兄弟,但通常很少回避他妻子的兄弟。女人通常回避她丈夫的父母。对所有因为婚姻而形成的亲戚间回避的方式和持续时间都应调查清楚。

男亲属和女亲属的配偶根据具体的亲属关系而有特定的地位。因此,可以将父亲的兄弟的妻子作为"母亲"看待,即"父亲"的其他妻子。父亲的姊妹的丈夫和母亲的兄弟的妻子一般拥有特别重要的地位。

五、宗族(世系)与氏族

(一) 宗族(世系)

一个宗族是由某一特定人物的家系脉线所延伸的后代组成的。一个父系世系由单一男性祖先的全部后裔组成;一个母系世系由单一女性祖先的全部后裔组成。现有的世系成员形成一个公认的社会团体,被称为一个世系群。一个大的世系群,即成员从其祖先往后延伸至一定代际的世系群,内部可以划分成不同分支或者亚群,每部分均由世系群的始祖及其后裔以及分支开基祖及其后裔组成。

在大多数社会里世系群实行外婚制,阿拉伯世界属于例外。一个世系群通常可以通过图腾或者其他独特的共同宗教仪式来加以识别,在土地、水源或者牧群等方面,同一世系群的人共同享有。首领与神职人员在本世系群内传承,专业化的工艺技术也在世系群内传授。

必须弄清世系群谱系中的后代数量。在一些社会里,最大的世系群通常有共同的始祖和分支的开基祖,后者至少要往前追溯三代才能成立,而在其他社会里,可能会追溯到八九代之多,甚至不止于此。这样的谱系衡量一般来说是可以接受的,但不是绝对的,因为很多社会趋向于压缩冗长的谱系,而且随着时间的推移,世系群网倾向于裂变成更小的世系群。一般情况下,人们公认的外婚制和谱系范围不会超出四五代,当世系群规模扩大时,它将被分成一些大大小小的亚群。

因世系而产生的问题同样也会出现在氏族里,例如,氏族是不是一个地方群体,它的经济、政治和礼仪功能是什么,它在婚姻制度中扮演什么角色,等等。

很难在世系和氏族之间画出清晰的界限。人们常把氏族定义为具有两重性的群体,一重是血缘关系,另一重是外婚制。氏族的成员是根据真实的或假定的单系血统确定的,彼此有独特的义务。本书英文第五版将氏族定义为外婚群体。虽然外婚是氏族的本质之一,由于已经作出定义,现在不再重复这个特征。某些单系群体,特别是阿拉伯人的"部落"和波利尼西亚人的"哈普",主要特征不是外婚,而是别的性质,为了方便也将其作为氏族看待。

氏族可能是社会所公认的最大的世系,而世系则经常是一个氏族的分支,可通过谱系的方法追溯到他们的共祖。在这样的情况下,氏族可能由几个彼此独立的世系组成,但都认为他们有一个遥远的共祖,这个共同的祖先可能是一个神话人物(文化英雄)或是一个图腾。

(二)氏族及其制度

1. 氏族

人们普遍认为氏族中的男女来自同一个祖先,氏族成员间彼此用亲属称谓称呼或提及对方。还有人认为氏族男性(在父系血统里)和氏族女性(在母系血统里)可能按地域聚合在一起,但这种情况既不是普遍的,也不是必需的。因此,氏族可能是聚居的也可能是分散的。外婚制里有这样的规定:一般情况下,氏族中的配偶必须是当地其他氏族的成员。这条规定使得一个氏族中的成员分散到广阔的区域中。必须调查氏族成员表达这种亲情关系的方式,同时应了解外婚制的规定(注意当地人共同拥有的图腾物以及同一祖先的继嗣群可能拥有一个村庄或一片地域)。氏族男性为生活、战争、娱乐或礼仪等目的而结合,他们在生命历程的不同时期如何寻找合作伙伴,对所有这些场合都应该记录。要特别注意氏族男性在分配食物及果园生产等方面承担的经济义务;还要特别注意当个人违反习惯法时,其所要承担的法律责任多大程度上取决于其整个氏族。应该了解氏族组织在同龄人群、秘密社团、男性俱乐部和仪式性的财富分配中各扮演着什么样的角色。

氏族是一个血缘单位,也是一个政治单位,应该对首领地位、议事会、战争等进行研究。氏族一般都有酋长,但也不尽然,应该明白在氏族分散的地方,酋长的地位和政治首领的地位是不一致的。酋长可能是酋长氏族所支配的地域内的主管,他有权要求使用这块土地的其他氏族的成员对自己忠诚。因此,男人在战争中追随他们的酋长时可能会意识到他们的行为与本氏族其他成员的希望背道而驰。调查员要仔细地询问在这样的情形下怎样做才是正确的。

氏族在地位、职业和技术的特权、仪式和风俗行为等方面可能会表现出差异。例如,各氏族公认是"大哥"或"高贵"的氏族,其全部成员具有独特的习俗和特权。各个氏族都拥有神圣物、小树林或者圣地,拥有独特的传说。这时就要询问当地氏族成员对这些东西的态度和行为,同时还应该调查与圣地无关的氏族所在地的人们的态度。

氏族可以规范婚姻,一个氏族通常是一个外婚群体。要注意是否有违背通婚规则的现象,发生这类现象时的处理方式,以及人们认为违背规则的后果是什么,并注意是否举行人们公认的、用来缓和负面影响并且调整人们行为规范的仪式。

2. 继嗣

(1) 父系继嗣。这是单系继嗣的一种,另一种是母系继嗣。氏族不适宜用两可继嗣来计算血缘,因为这种方法不会导致相互排斥的群体,并为传统的延续提供纽带。不过我们可以用不同的方式来识别个人所属的父亲或母亲氏族的继嗣,在不涉及成员关系、尊重传统、禁忌及婚姻制度时,两可继嗣可以在亲属关系的意义上为整个氏族提供证明,这样做可能会对那些追溯血缘关系的氏族的成员角色有所限制。

除了父系继嗣和母系继嗣外,还有较不显眼但具有重要意义的一些继嗣方法。

(2) 间接继嗣。孩子不属于他父亲或母亲的图腾氏族,而属于他祖父的氏族,这是澳大利亚土著的典型特征。另一个现象是在巴布亚发现的,当地人称为"绳索",取交叉编织的意思。在这种继嗣制度中,男孩随母亲继嗣,女孩随父亲继嗣。

(3) 双系继嗣。个人在两个功能互补的继嗣群中,既可以属于其父亲的继嗣群体,也可以属于其母亲的继嗣群体。

(4) 不对称的继嗣制度。这种制度虽然不影响个人所从属的氏族,但影响他们的组合方式和婚姻规则。当用性别来确定继嗣时,继嗣线是非对称的。人们常认为氏族继嗣是男女两性沿着同一条脉线,母系或者父系,并称这条线为主线;与此相反的则是沿着弱势性别的一方继嗣,因此要追踪世系只能顺着这一性别的人去追踪,这条线被称为伏线,也就是保密的。在外婚制和非对称继嗣中,兄妹不能结婚,而且在允许交表婚的地方这种现象也是不对称的。如果允许与母亲的兄弟的女儿结婚,则会禁止与父亲的姊妹的女儿结婚。因此氏族至少会衍分出三套继嗣规则。调查员初期可能以为当地只有单系继嗣,那是因为其他结合方式和继嗣变体当时尚未发现。

外部的影响和经济状况的变化或迟或早会改变继嗣规则,特别要调查这方面的情况。氏族可能形成同盟或者组成互补的胞族制度,人们称这种氏族的组合为"两合组织"或称"半族",字面含有两个半圆(甲、乙)合成一个整圆(丙)的意思,不管这个组织是否细分为阶级或部门,它的主要特征对于内部所有成员都是适用的。假如甲半族的一个男人与乙半族的一个女人结婚,所生的孩子就属于整个半族(丙),但孩子究竟属于甲半族还是属于乙半族,要根据公认的继嗣类型而定,而且在两个群体都一定有亲属。通常情况下,胞族与一些亲属的包办婚姻密切联系——虽然不完全如此,但往往发生在交表亲属之间。人们常常看到一个大的氏族有很多分支,由于他们之间的关系为大家所知,所以分支之间彼此不通婚,这样他们就只能与其他一些较小氏族通婚,给人一种两合组织的表象,但是如果小氏族的成员实行内部通婚,就会发现氏族在结构方面是不同于两合组织的。两合组织经常与具体的仪式、信仰和风俗体系有密切的关系。这个体系将宇宙分为两个相反的部分,有时与土和水相联,有时与夏天和冬天相联,有时与图腾和信仰相联,等等。因此必须注意调查具体的风俗、传统、仪式、功能以及与两合组织的两个方面密切关联的婚姻规则。

无论是哪一类型的继嗣,都应该调查整合和分裂的力量;必须将该区域的氏族(或文化)列一个完整的清单,对其他业已消亡的氏族要注明相关证据,还应说明这些氏族是否实行外婚制。将继嗣的方式、图腾(如果有的话)、地区、酋长地位、传说、神话和仪式等记录下来;还要记录氏族的裂变、衍分、新氏族的形成以及旧氏族的消亡。

六、社会分层

（一）等级和阶级

一些社会被划分为阶级，另一些社会被划分为种姓。尽管奴隶地位的持久性和严格程度差异很大，但是将人们划分为奴隶和自由人的做法很普遍。农奴、平民和贵族（包括各种等级）的划分有更多的限制。社会阶级因世系不同而享有不同的地位和公民权利、享有不同的参政权力、拥有不同的财富、从事不同的职业、享有不同的生活方式、穿着不同的服装以及承袭使用某种装饰品（徽章、名号等）的权利。各种群体的定义必须是相对专有地和永久地获得"阶级"的命名，也就是说群体的界限不是个人可以随意克服的。阶级之间的流动呈现了一个重要的问题。阶级制度与高度分化的经济紧密相连。有的情况下，阶级制度与种族差异相关，但这需要进一步调查。对各个阶级的权利、权力、特权和义务要调查；看看是否存在享有"超自然"权力的阶级？其成员是否受禁忌或仪式的限制？阶级的成员资格是怎样确定的？是继承的、顶替的还是与生俱有的？

在一些社会里，某些群体、氏族、世系或者家庭可能会被认为地位要高于其他人，纵然成员的生活方式与其他人相比可能没有明显的差别，对所有关于差异的神话、仪式及关于他们的舆论都要进行调查。

除了公认的阶级和所继承的等级外，个人还应受到社会的尊敬，必须注意获得这些声誉所需的特殊标准。这个标准可能是战争功勋、职业技能、部落知识或者深奥的知识，或者人们普遍赞赏的个人品德等等。

（二）世袭阶级

印度的种姓制度高度发达，社会由许多单独的集团组成，大部分是职能集团或部落集团。种姓之间的社会交往受到严格的限制，而且种姓间禁止通婚；稍微宽松的是可以饮用另一种姓的水或者食用用此水烹饪的食物。在未加工的食品、烤熟的食品或用酥油加工的食品方面的规定不太严格。抽烟或通过水烟袋吸水烟所受到的约束与饮水受到的约束一样。很多种姓内部分成亚种姓，亚种姓内部的内婚制不如种姓内部的内婚制严格。有时也存在攀附婚的制度，即比较低的亚种姓的男子支付一定数量的聘金就能娶得地位较高的亚种姓的女子为妻;一般情况下,一个男子可以从较低的亚种姓中娶一个地位较高的亚种姓的女性为妻,较高亚种姓的女儿则不允许嫁给较低亚种姓的男人。有一种普遍的种姓分配理论,据此可将印度的所有种姓分解成4个瓦尔纳或4种"肤色",即婆罗门、刹帝利、吠舍和首陀罗。在这些种姓中,第一类是神职人员,第二类是贵族和士兵,第三类是平民、耕种者和商人,第四类是奴隶和仆人。由于前三类种姓具有象征再生的特性,所以人们称其为"再生的",在欢迎新职员典礼中他们是必不可少的。除了这4组之外,还有被剥夺种姓的人,他们被称为"贱民",因为他们的职业或者习惯被认为是不洁净的,以致被排除在印度社会之外。所有的种姓和许多亚种姓都是行族内婚,但是在每个内婚制单位中有许多外婚制单位,实际上或理论上是由共同祖先的后代结合而成的,并且形成一个禁止结婚的群体。从理论上讲,可以按社会地位的高低来安排种姓,实际上是不可能的,因为各个地方的地位和风俗差异很大,并且经历一定时期后,当阶级之间的边界模糊和不确定时,种姓可以成功改变人们的地位甚至他们的姓名。种姓制度虽然非常保守,但能保持社会稳定,在世代继承技能和手工秘诀方面也起了很好的作用;不过在工业方面,阻碍了新的、先进方法的引进,从而导致经济依赖于一些隔离的甚至有时发生冲突的利益之间的相互作用。

(三) 奴隶制和别的奴性的制度

在近代东方的很多社会里,生活着身份不自由的人,人们倾向于将其描述为"奴隶"。但有时这些人的生活条件并不像近代西方国家的"奴隶制"那样悲惨,用"奴隶"这个词似乎不太合适。因此在以下叙述中出现"奴隶"这个词时,最好将其理解为"农奴"或者类似于农奴的人。

调查员要记录各种奴隶制和当地奴隶的方言,要注意在其他场合下是否也使用这些词,他们中是否有人受虐待,是受谁的虐待? 受奴役的人们怎么称呼主人、主人家里的其他成员及其他自由人? 他们怎么称呼自己? 同时要弄清这些人确切的法律和风俗上的社会地位,例如,他们同主人以外其他家庭成员的关系,他们在财产、婚姻和继承等方面的地位。当地是否有奴隶般的人所组成的部落、家族或者家庭:虽然他们不是奴隶,但一直以来地位都较低,而且被认为有义务向牧师或宗教权威人物服务或进贡? 下列问题应当仔细观察:如果有奴隶制,它是早已有之还是最近引进的? 奴隶与自由民的人口比例是多少？在一定的历史时期内,这个比例是增加了还是减少了？在奴隶和自由民之间是否存在种族差异的证据,是否有与此相关的神话传说？奴隶地位是如何造成的？是由于出生、俘获、征服、贸易、债务、犯罪、自愿归顺、为家族抵债("抵押"的变种)、宗教奉献还是其他原因？各种奴隶受到的待遇是否一样？如果不一样,各种条件又是怎样影响他们的地位和待遇的？

对任何一种"奴隶制"都应该注意以下方面：怎样使用奴隶？是否为奴隶预设了某些职业？如果是这样的话,其原因何在？这种雇佣关系是否会影响奴隶的地位和待遇？奴隶与自由工匠的关系怎样？在战争中是否会用奴隶？特别地,奴隶是否有从军的权利？是否可以同其主人做交易,主人是否有义务偿还奴隶所有的债务？是否会考虑奴隶的教育问题？社会上流行的性别分工同样地适用于奴隶吗,或者说男奴做了"妇女的工作",反之亦然,女奴做了男人的工作？要记录奴隶的穿着、身上的徽记、佩戴的标牌、残肢、独特的发式、食物、埋葬方式和后事处理等。奴隶是住在主人的家里还是住在主人的村庄？或是其他村庄里？是否有专门的"奴隶村庄"？居住方面的差异是否会影响到奴隶的地位？是否有吃奴隶的遗风？这些都值得记录。

谁可以拥有奴隶？国王或首领能否拥有？圣庙、神谕所、神灵、祭司、宗教社团能否拥有？主人死后还可以拥有奴隶(用奴隶殉葬)吗？可否在公共工程上雇用奴隶？社会是否赋予奴隶一定的权威或信任度？由国王赠送或分配奴隶是否是受尊重的标志？奴隶是否可以被主人出售或被主人杀死？奴隶可以结婚吗？当平民想要收留奴隶时,他们是否需要征得首领的许可？有哪些集团不能拥有奴隶吗？这些规定与对待残疾人是一样的吗？

调查主人对奴隶拥有哪些权力。他是否掌握奴隶的生杀大权？在奴隶试图逃走或者自杀时,主人是否有权处罚奴隶？如果主人杀死奴隶,是否会玷污自己的双手,是否可以通过洁净仪式来被除？主人对女奴隶是否有其他特权？他是否有权处理奴隶的收入、储蓄？通常,处理奴隶的手段是仁慈的还是残忍的？怎样对待年老的和病残的奴隶？要注意调查奴隶所有者的权利限制,了解除了欧洲人的干预以外,当地是否存在奴隶向外申诉的权威机关,或者说是否有惩罚虐待奴隶的社会机制？对主人权力的限制来自奴隶的权利还是某个代表主人的集会的干预？这种集会是否为奴隶争得了额外的权利,如果没有,是否有其他补偿？要注意与奴隶买卖有关的所有风俗、奴隶市场、奴隶进口和出口、奴隶专项经营、出售的形式、仪式活动。奴隶被收买或换了主人后是否会改名字？奴隶是否可以自愿地将自己从一位拥有人名下转到另一位拥有人名下？如果可以,是通过哪种方式？另外,是否能将奴隶出借、出租、抵押、遗赠或者卖作娼妓？如果出售,奴隶的家庭成员被驱散还是仍然聚合在一起？

奴隶触犯刑法是否要承担责任？如果要承担,怎样处罚？奴隶是否有起诉或应诉的资格？是否有提出证据的资格？奴隶证人是否有义务接受调查？奴隶是否能顶替杀人者赴死或在主人遭受严刑或死罪时充当主人的替身？

奴隶是否有权持有钱财或其他财产(包括其他奴隶)？是否有权处理遗嘱,或者是否有资格继承所有者、其他自由人或奴隶的遗产？是否有资格订合同和欠债？

奴隶的婚姻是自愿的还是强迫的？通过哪种法律形式结合？他们的婚姻是永久的,还是暂时的？孩子的身份怎么确定？与自由民相比较,是否限制奴隶的生育？女俘的地位如何？男性平民和女奴,或者女性平民和男奴,一句话,平民与奴隶之间的交往或通婚的意愿如何？这种交往、通婚或小孩的出生对男女奴隶和自由民配偶,总之对双方或一方有何影响？他们的孩子的身份如何？如果孩子的父亲或母亲原本是自由民,这样的孩子能否继承财产？他们是否在部落各有其位？当一个男性平民与邻居家的女奴结婚,或与她住在一起时,要做些什么？主人是否会要求女奴或这位男性平民支付一定的报酬？这种报酬意味着什么？是获得了自由还是变换了主人的代价？他们的孩子归女奴的主人,还是归她丈夫或情人？支付了报酬是否能改变这状况？奴隶将形成他们自己的社会团体还是某种形式的联合体？如果形成了自己的团体,是让自由民认可还是保密？

对奴隶赎回和释放的条件和方式进行调查:是否允许逐渐赎回？如果允许的话,分期付款对买卖奴隶是否有一定的影响？买卖奴隶的一般年龄是多少？当奴隶变成了农奴或自由民的身份时,其是否需要补偿？身份转变为自由民后,男女自由民的职业和地位、其小孩的地位、自由民和自由民结婚的后果、男自由民和女奴结婚的后果各是怎样的？是否还对以前的主人承担一定的义务？如果需要，是否将来他们的孩子也要尽这些义务？是否一直延续到以前主人的继承人那儿？要收集公众和宗教界有关奴隶制的风俗和法律的意见。

第六章

个人的社会生活

在整个社会的物质生活与精神生活中,个人的生存空间如同沙粒般大小;在历史的长河中,个人的生命转瞬即逝。然而,无数个人的生命构成波澜壮阔的历史,无数单调的活动铸成纷繁多样的文化。本章把人生的起点与终点联结起来,让调查员沿着这条抛物线去了解那些既属于私人的空间,又属于公开的秘密的文化内容。

一、日常礼仪

田野调查员要详细描述男女在日常生活中有哪些重要的礼节,继而应进一步观察与熟悉他们的活动。这就要建立一张村庄和家庭生活的作息表与日历,包括日出日落的时间、开始工作和收工的时间、准备就餐和用餐的时间、外出放牧、给牲畜饮水、挤奶和将牲畜牵回家或其他习惯性、季节性活动的时间、花费在娱乐、访问、聊天、讲故事等方面的时间。要记录当地人所讲的从一天中分割出来的时段及每个时段的名称,还要记录人们的生活是有序的还是无规则的、无次序的。要调查那些与众不同的习俗,这些不同可能完全是社会地位(等级)或某些特定的职业使然,也可能只是临时的礼节场合(参见第九章),应当记录人们在社区中形成的见识和宽容的品质。

(一) 日常习俗和礼节

与人们饮食、睡眠、身体状况和清洁有关的习惯和各种日常行为都要记录,日常习惯也和经济、环境条件有关,尽管不完全取决于这些因素。

食物。要注意食物是否通常由住户中的所有成员一起获得,是否由某一性别或年长者先吃一部分,是否有安排固定的吃饭时间?

睡眠。一个住户中有一对或更多的已婚夫妇时,要观察孩子和青少年的住宿安排。

用火。火是用来煮食、取暖和照明的。火塘的位置和所有权往往很重要，应当记录火塘是由谁建造并由谁来看管的(参见第九、十三和十五章)。

身体状况和清洁卫生。记录是否有专门的卫生设备，离住宅有多远，位于已开发还是未开发之地，是私人的还是公共的，是否有人负责。还要注意观察以下项目：清洁(皮肤上的垢污有时故意保留并用在仪式场合)；对头发、手指和指甲的护理；这些都要记录，并描述两性在这方面的差异，关于排泄物的魔力的信仰可能会影响到人们排泄的习惯以及在房间和陌生人中的清洁习惯。相邻的部落在个人的清洁习惯方面可能差别较大，住户和村庄中的垃圾及其处理都会不一样，要注意这些行为是否直接受仪式或其他信仰的影响。水的充裕与缺乏并非是清洁度的一个测量标准，一些地区要从很远的地方取水，但人们进食之前仍有洗手的习惯。当地人在清洁上的观念要记录下来。

(二) 部落或民族的服饰

1. 赤身裸体

人们对赤身裸体的看法不一样，有些经常穿衣或偶尔穿衣的人不反对在家中或睡觉时裸体。要记录不同性别的人对身体赤裸的态度存在的差异，许多男人和男孩与女孩都习惯赤裸，当他们到了青春期时就会穿一件小围裙。

2. 常见的礼节

应当观察日常交往中的正常行为，以下是几个常用的礼节：

(1) 敬礼。要记录敬礼是否在级别、关系、年龄和性别方面存在差别；记录问候和告辞的方式；记录休战过程中敌对双方及陌生人之间见面的方式。

(2) 称呼语。要记录仪式的和官方的言辞、头衔的使用和亲属的称谓、优先的规则以及作为礼节的回避方式。

(3) 待客规则。涉及亲属、邻里、陌生人乃至敌对双方之间。

(4) 礼貌规则。包括家庭成员间、陌生人间的礼貌规则，男女穿着及脱掉衣物有关的习俗，男女老少之间相互联系的规则；教育年少者懂礼貌的品行规则，对待欧洲人和其他外地人的行为举止态度。

(5) 高雅的标准。涉及男女老少的活动性质，行为举止及会面。应当记录是否有些话题(如戏谑性、诽谤性的)在一般谈话中是允许的，在有些亲疏关系中却不能谈及,尤其是性关系等类话题,要将这种亲疏关系的密切程度记录下来。

（6）所有关于食物与膳食的礼仪。无论在家里还是公共场合或节日场合,对与食物有关的礼仪、烈酒及饮用频率和接受度、饮料和保存方式、所有与食物有关的禁忌及其原因都要记录。在食物匮乏的时间里,家庭成员谁有优先享用食物的权利,是否根据身份、年龄或者性别来排序?

（三）待客规则

对特殊场合和普通场合的聚会招待的规则都应该进行调查。会所是属于当地或地方性社团(如村庄、宗族或某个年龄阶层等),还是同时也用作接待客人? 要注意观察是由头人接待客人还是由其他官员来接待。与血亲、氏族或其他有关的社会群体或个人是否具有永久的或继承性的宾客权,并且是否为彼此相等的? 能否中止或丧失宾客权? 若是,原因何在?

客人一般都有一定的身份,他们是商人、朝圣者或与当地人有一定的关系? 与客人的接触是否伴随着一些仪式,如血亲兄弟之间意味着彼此要承担一定的义务,如果是这样,就要搞清楚这些仪式属于什么类型。

晚上,主人是否会安排自己的妻子待客,或者临时找一位妇女陪客人过夜? 若风俗要求主人家这么做,这个女人是否需要生育小孩? 为此宾客是否要给主人回报或酬谢? 若客人是一方神圣,又将如何表现这些礼节? 客人的祈福是否有价值? 其诅咒是否会令当地人恐惧? 在欢娱前他是否要先洁净?

调查员要对所看到的客人抵达和受到接待的具体事例进行描述,若不考虑欧洲人的影响,陌生人来到当地的事例是很少的,除非是来自其他部落或社区的难民,那又如何接待这些人呢? 有任何公认的避难所吗? 难民在接待他们的社会中是处于受尊敬还是被歧视的地位? 发生沉船事故后难民是否全部会被杀害? 原因何在?

陌生人侵入猎场或畜牧区时,当地人的反应如何? 是允许他们进入这些区域还是只给予一定的权利? 是否会期待入侵者给予一定的赔偿?

二、训练和教育

应该对儿童的培训展开细致入微的实地研究。一般观察显示,许多人往往过度放纵自己的孩子,对他们溺爱过分,呵护有加,缺乏起码的约束与必要的教育,似乎忘记在他们进入青春期之前必须学会正确地待人接物。家长虽然不可能让婴幼儿接受正规化教育,抑或仅在特定时期或出于特定目的才会这么做,但由于所有个体的培训都是持续渐进的过程,因此父母亲、其他成年人和年长儿童多少都会对那些习以为常的培训方式有所反应。调查员应了解这些方式,包括婴幼儿的培训责任。责任可能在父母双方或一方,也可能属于其他亲戚,在孩子成长的不同阶段,责任的内容与主体可能会发生变化。

性别分离会影响孩子的早期训练,在那些没有性别分离的地方,应该记录妇女可否参与经济、宗教和仪式活动,同时也要记录在多大程度上孩子是积极的或消极的参与者。

婴儿、学步幼儿、儿童,这些阶段可能会潜移默化地融合在一起,从一阶段到另一阶段的过渡或许要用仪式或风俗习惯来强调。孩童所接受的第一个训练是关于进食和生理习惯的,下一阶段主要是保护孩子免遭危险和不受伤害,之后主要是职业和他所生活的社会传统的训练。在复杂、文明的社会中,对婴幼儿的训练主要是让他们学会自控,防止冲动情绪。在简单社会中观察,很重要的一点是要注意监护人的行为规范,同时也要观察孩子的反应。参照儿童成长的心理学理论时,我们会发现在简单社会中观察孩子的行为具有极大的价值。例如,关于侵略是一种本能或侵略是挫折的一种反应的理论,就需要通过直接观察多元文化中的婴幼儿来得到检验。

应该记录何时以及什么原因促使婴幼儿在喂食、大小便和一般的清洁卫生方面形成一定的规则,这些要求在什么年龄阶段可以达成。婴儿是否允许哭泣或叫喊?他们是留在家中还是随大人一起外出?背在身上、放于膝盖还是抱在手中等方法都要记录,是否用摇篮或一些容器来装婴儿?对婴儿习惯性哭泣的方法也要记录。记录妈妈的职业习惯在训练婴儿上的主要影响。如果母亲离家到花园或地里劳动,是否也带上婴儿?若不是,在什么年龄有什么相应的规定?使用的摇篮、襁褓等物品都要记录,若用的是襁褓,还要记录使用频率、方法和使用时期。如何取下绑带?襁褓带多长时间取下来一次?有什么措施来清洗这些物品?所有与小孩相关的仪式都要记录,还包括男女对这个问题各自的解释。

还要记录孩子流露出的恐惧感和成年人的处置方法。在较低文化中和更高文化中的孩子间在这方面的差异特别明显,文明社会中的孩子面对自然事件是一种防范和警惕的态度,他们常常对惩罚和罪恶怀有敬畏之心,而低级文化中的小孩却更少受到袒护且很少受到惩罚,有时候甚至认为没有能力犯罪直到他长到一定年岁被接纳为新成员,或者学习到一些习俗性的禁忌,例如,用发脾气、耍性子等方式发泄愤怒的感情,成年人或年纪大一点的儿童则对此加以宽容。如有控制,则要记录其方法,注意是否有一些奖惩的训练制度,这些奖惩是口头上还是实际行动上的。那些超自然的东西比如"妖怪"、精灵或神的号召等也要记录。

小孩的断奶是一个循序渐进的过程,通常是在乳头上涂些难闻物使其产生厌恶,继而强制禁止吃奶,有时将婴儿抱到远离父母的亲属家喂养。对哺乳的长短也要记录。在婴儿多大的时候给他们补充其他食物? 都是些什么样的食物? 所有由父母或孩子做的仪式都要进行记录。

要记录孩子是否在成年人的引导下尝试着蹒跚学步和牙牙学语。婴儿的第一次滚、爬、走,是以坐姿前进还是四肢爬行? 站立的蹒跚学步也要记录下来,要观察开始说话阶段,要记录人们是否鼓励婴儿说话,是否会教婴儿打招呼? 如何与年长者说话? 怎样使用亲属称谓? 预期孩子多大时才能够正确使用这些称呼?

有关睡眠的习惯应从婴儿开始观察,要记录婴儿多大时与母亲分开睡,为婴儿准备什么住处———一个单独的地方还是在地上铺个席子。

婴儿在断奶后吃的是普通的食物,还是其他特别的食物,孩子想要什么是否就能给什么? 是否有特别的食物禁忌,或家中的成年人是否有禁忌的责任?

记录幼儿在多大程度上喜欢模仿监护人的活动,孩子在多大程度上能够开展游戏活动,这些游戏在多大程度上是他们自己组织成年人或年幼的孩子开展的。成人是否有什么传统游戏教给小孩? 记录孩子唱的歌和玩的游戏。要观察孩子的合作、竞争、领导、审美、艺术表现、创造性和索取倾向以及孩子的展示、炫耀和好奇心。还要记录同龄人和成年人对待叛逆小孩的方式。

要记录什么年龄的小孩被要求参与家庭或社区劳动,是否有性别差异? 儿童是随意地学到这些知识还是接受专门的训练,如要训练,由谁来训练? 还要记录儿童是否可以自由地离家出门去走访邻居或亲属。

三、生命周期

（一）从胚胎到孩童

1. 妊娠

妊娠是怀孕的学名。中国古人将人口的生产与物质资料的生产等量齐观，故有"大任有身"与"民以食为天"的说法。关于怀孕的理论非常之多，尽管男女性交才能怀孕是公开的秘密，但并不意味着性交就会怀孕。虽然欧洲人发明了生物学，从而知道生命的过程，可是他们却灌输给孩子种种虚构的故事，甚至成年人也津津乐道于"孩子是上帝赐予的礼物"这类老生常谈。种种现象不是说明欧洲人缺乏生物学知识，而是首先表明他们对人口再生产持有某种标准，其次才暗示出他们对待性的某种态度。原始民族中间流行着一种解释怀孕的观点，即将怀孕描述成妇女与精灵相遇。通常，这些精灵来自祖先，以海面的泡沫、晨曦的雾气等等景象为媒介不知不觉地渗入妇女的体内。另一种怀孕的信念与某些特别的去处或食物有关，每当妇女置身于这些地点或者看到这类食物时，便会联想到孩子的精灵或祖先的精灵，这些睹物思情的过程不时伴随着一些梦境。有时可能是另一种情况：某个男人意识到他将拥有一个孩子，于是把这个意念传递给那个属于他的女人，结果她怀孕了。总之，只要根据上述迹象"诊断"出某位妇女已经怀孕，一种预期便油然而起，孩子的诞生应该指日可待了。

上述信念可能与一种特定的习俗有关系，也可能与性生活的不成熟或在公房中乱交有关。那是一种什么样的习俗呢？就是人们对父道或父性的作用视而不见，忽视了父子关系、父亲的身份（地位）、责任和义务。于是就把怀孕的原因移到神秘的地方。

2. 避孕

人们总是持有某种避孕或节育的信念，调查员要注意其中的奥秘，例如，避孕是单纯地依靠巫术还是需要草本植物的配合，或者是要服用其他的药物？如果需要服药，药品的调制与服用是纯粹的医理过程，还是要借助巫术的力量？常用什么方法？避孕被社会认可还是被认为是反社会的？避孕的动机何在?

3. 受孕

要注意已婚和未婚(包括离异)的妇女对怀孕的态度,她们感到怀孕是一件值得欣慰的事情吗? 她们是否期待婚后能立即怀孕? 她们在婚后是否会延迟受孕或避免受孕? 人们对生男生女是否有偏见,这种偏见仅是一种感觉还是会表现出来? 如有,原因何在? 是经济还是仪式方面的因素? 女人怀孕最初怎么为别人所知? 是她的肚子微微腆起呢,还是要到大腹便便的样子? 要调查婴儿未来的父亲或其他亲属对孕妇的限制以及孕妇在饮食方面的禁忌,婴儿出生后多久才解除对孕妇的这些限制或禁忌?

4. 流产

当地妇女是否有流产现象? 若有,要请报道人讲述是社会、仪式还是经济原因导致出现流产。流产采用什么方法? 流产过程中所有的实际操作和相关仪式都要记录下来。

5. 出生

婴儿一般在哪里出生? 在女方父母家还是男方家中,是在日常卧室还是专门准备一个小棚或是在野外灌木丛中? 临盆之前要做哪些准备? 生产中由谁来提供什么帮助,是有特别亲属关系的人还是专家? 记录和婴儿出生后剪脐带或其他偶然事件有关的风俗和信仰。产妇是否受到特殊照料? 对产妇的休息、饮食、生产后的洁净是否有特别的要求? 是否受到一些约束? 若是,要持续多久? 丈夫是否要遵守特殊的风俗习惯? 若是丈夫而非妻子有义务去遵守这些风俗,那么由谁来限制他(她)? 仅仅是第一胎限制,还是生产所有的孩子都是如此? 人们是否认为这种风俗对孩子的安全非常重要? 原因何在? 丈夫在妻子怀孕期间是否会得病?(英国农民普遍相信妻子怀孕期间她的丈夫会牙痛)

第一次抱婴儿出房间是什么时候? 是否会举行仪式? 是抱给父亲看还是抱给其他家庭成员看或者是抱给左邻右舍看? 是否会给婴儿穿戴衣服、装饰品或避邪物品? 第一次对婴儿的身体施以外力,如剪掉胎毛、助萌术(在即将露出门牙的牙龈处划个口子)以及帮助婴儿站立、行走和第一次穿套装等场合下,是否会举行特别的仪式?

若妇女难产致死,通常会采取什么措施来救护婴儿? 第一胎或第一个孩子是否不管男女都很重要? 是否会以不同的态度对待其后出生的孩子?

婴儿出生后人们会如何处理(洗澡、穿衣、喂食等)? 人们有什么办法去挽救分娩中的死胎? 对双胞胎或非正常出生的现象是否有一些风俗或信仰? 如出生时有胎记、婴儿牙齿不齐或上下齿不咬合等? 出现双胞胎或三胞胎的概率如何? 人们对孩子的母亲是否另眼相待? 双胞胎有时会得到特殊的恩宠,人们认为这种现象异常神秘,可能会杀死一个或两个婴儿,有时人们会有一种骄傲感。应当调查人们如何对待同性双胞胎或异性双胞胎,以及人们如何看待非婚生婴儿。

杀婴(溺婴)现象往往发生在食物匮乏期间,如干旱或饥馑或其他情况下,对这种现象要进行调查。也可能是婴儿被视为畸形或怪胎,比如出生时长了牙齿、单侧睾丸,双胞胎或三胞胎,总之,决定淘汰的婴儿一般都会有仪式和社会原因。有些女人基于社会地位或仪式的原因不能有小孩,比如希卢克人①的首领的姊妹。调查员要了解若是她们有了小孩会变成什么样子,会丧失原来的身份与地位吗? 未婚母亲的孩子是否会被弄死? 如何处理死婴的尸体?

6. 哺乳

正常哺乳期为多长时间? 在哺乳期内对母亲、父亲或其他亲属的饮食、工作或物品方面有无限制? 对父母双方有无特别的禁忌?

妇女给他人的孩子哺乳是随意的、经常的还是只在仪式场合才发生? 听到婴儿啼哭了才给喂奶还是母亲主动定时喂奶? 婴儿是否会有意不吃奶? 婴儿只吮奶头前面还是把奶头全部吮入嘴中? 记录有困难的喂养及其所采用的措施,比如婴儿拒绝吮奶或母亲给不了奶水时怎么办。

7. 取名

婴儿首次取名是什么时候? 有名字后是否就有了身份,即取名后婴儿是否就被接纳为社区的一员或者认为是有了"灵魂"?

个人名字是否保密? 具有保密名字的人在力量上是否会超过没有名字

---

① 希卢克人(Shilluk),又称希鲁克人,主要生活在上尼罗河以东,是南苏丹的第三大民族集团,包括一百多个部落与宗族,总人口 50 万。——译者

的人？

如有族谱记录，查看一两家的名字将会为调查与之相关的意义和风俗提供一定的基础，会发现不同名字出现的频率。

（二）性发育

1. 情窦未开

儿童的性发育在生长过程中是很重要的，需要精确观察。对于处在这个阶段的孩子，要记录社会是平等地看待他们，还是带有性别偏见（重男轻女或扬女抑男）呢？若是后者，那么，他们在哪个年龄阶段开始遇到这种偏见呢？人们是否会教给孩子正确对待异性的方法以及一些特定的行为方式？特别要强调的是没有一个先赋的理由来规定统一的模式，但至少会有我们自己的标准，因此要记录所有的变量。要注意不管是婴儿期还是儿童期，手淫和性游戏在两性中得到允许、鼓励还是限制的程度。成人对孩子关于生殖器官和出生的好奇心的态度如何？人们是否会给孩子讲这些知识？是否会编一个认为正确的故事给孩子？小孩看到父母性交行为是否认为是正常的？他们自己是否会模仿？人们鼓励还是限制这样的事情发生？

观察男童和女童之间的行为互动是非常重要的，要注意他们是否彼此感兴趣而结下深厚的友谊。一般在什么年龄建立这种依恋关系？什么时期会出现逆转过程？每个性别的孩子是否会结群鄙视异性？在哪个特定的年龄教孩子穿衣、叮嘱他们谦逊待人？人们在孩子多大时会教导乱伦禁忌以及与禁忌相关的行为？这些规则在多大程度上约束着成年人的相关行为并影响着儿童的活动？

2. 情窦初开

青春期是重要的生理期，同时也是重要的社会发展期。对于女孩来说，可能会出现月经初潮，还会出现乳房胀痛等其他生理现象。要调查人们有关月经方面的信仰，要记录所有特别的处置方法和禁忌。

对于男性和女性来说，青春期标志着进入了成年人的生活——这可能是自动授予的，或是在入会仪式开始以后。许多社会只强调男子而不强调女子的成年礼。入会仪式经常伴随着一系列较长时间的培训，同时将他们隔离开来，通过许多的仪式最终使他们获得成年人的身份，并正式教给孩子部落知识和性行为知识等。儿童刚开始只是候选人，能够经受住严峻的考验才能获得成年资格。通常这种仪式设计得非常残酷，需要一定的体力和健康的心理才能通过。

要对青少年的性关系开展调查。男孩和女孩都要行成年礼，还是一种性别的孩子要行成年礼？哪里没有这样的风俗？有些社会不禁止少年男女的性交行为，这可能是认为成年礼之前的两性活动没有社会意义。习惯行为将受到人们对男女贞洁的认可态度的极大影响，要记录两性是如何看待贞洁的，如果高度重视处女，要调查有什么保护措施以及对违反规定者如何处置。在不重视婚前贞洁的地方，要记录年轻人是否享有完全的性自由，或者习俗对此有哪些明确的规定。

有些文化要求青少年结交"情人"，但结交者往往有规则：首先是对谁而言，一是有资格做丈夫或妻子的人；二是不可以结婚的人或是乱伦的人；三是特定种姓或阶级的人。其次是由习俗规定允许的亲密程度。最后是约会的地点、分配方式、保密程度或不用保密时可能受习俗制约。有时会给少女安排一些特别的闺房，而少男则在天黑后赶来赴约。记录这种联系是否被视为求爱，最终可否走向结婚，或者仅仅只是青少年的娱乐方式。要注意如果双方在婚前谈过恋爱，然后他们与另一人结婚，人们是否会采取一些特别的行为来对待这种情况。贞洁或失去贞洁通常和仪式有较强的关联性，尤其是前者，有非常强的仪式价值。对偏离正常发展的两性行为要加以观察。

在许多社会中，无组织的青少年性别隔离现象很普通，要注意是否与男女同性恋有关，要记录这样的倾向是有人过问还是无人过问。有些社会拥有强大的军事组织和年龄组，婚前同性恋的行为在一定的等级里是很普遍的，很容易受风俗的制约。这种暂时性的关系不会对日后的异性恋发展有损害。成年同性恋在两性中都有可能存在。要了解作为两性个体以及社会一般如何看待这个问题。同性恋是意外地发生，还是仅仅作为一个可接受的行为？同性恋者被人知道后是否会穿异性衣服并从事异性的工作？这种行为是否与欺骗、魔法巫术、模仿或宗教崇拜则有关？（参见第五、九章）

对于女性而言，一种医学上称为"性感缺失"的生理异常现象可能较少发生，也可能较多地发生在她们身上。这种症状俗称"性冷淡"，可能与妇女从小接受的教育有关，社会要求女孩在性行为上遵从某种操守，因此值得深入调研。

对于男性而言,性无能现象可能是少见的,也是不重要的,然而却令人极度害怕。这种现象可用很多理论解释,治疗方法有巫术及其他。如果所调查的地方出现很高的性无能率,就要特别加以调查。在有些社会中,老年男子可能会娶年轻的妻子,我们应该注意阳痿的社会意义。应该了解是否这个阳痿男人的年轻妻子会去找姘夫,也可能她丈夫会给她安排姘夫,目的是传宗接代;若是这样,就要记录此类充当"配种"之人是她丈夫的什么亲属关系。另外,有无"典妻"之事,这种行为与"借种"不尽相同。

妇女会有不育的现象发生,要调查其原因何在,是否会采用某种手段治疗? 人们如何看待不育的妇女? 不育是否会导致离婚? 人们是否意识到男性也可能会不育,如是,会采取何种救治办法?

如何认识和看待人兽或人禽相交。这类行为是否与巫术、仪式或表演有关系? 当地的神话中有人兽或人禽相交的情节吗?

调查员可能会碰到卖淫者,果真如此,就要调查她们的身份、地位和走上卖淫之路的经历,了解她们是自愿还是被迫,有没有被鸨头所逼或关押,抑或是因为宗教信仰。当停止卖淫时,她们的地位、经济收入和最终的命运又将如何?

卖淫现象的出现和发展可能与欧洲或外来文化的影响有关。若果真如此,那么卖淫现象对当地的恋爱和婚姻的风俗有何影响就是一个值得调查的问题。

在原始社会中较少有未婚的成年人,这种现象可能偶尔发生,他们通常被认为是不正常的(同性恋者或弱智)。然而,独身——实际或理论上——都可能与阶级、巫术或仪式有关,对未婚成年男性和女性都要作记录并调查个案。

四、婚姻

婚姻是一位(或数位)男子和一位(或数位)女子合乎风俗地结合,并使后代得到合法地位的过程[①]。这个概念强调了婚姻的社会、法律因素,另外也要观察情感因素。要调查是强调择偶自由还是认为这不太重要,在丈夫或妻子中有哪些特殊的品质,已婚的夫妇是否还能经常体会到爱情的滋味,这种感情是否可以表达流露出来,以及理想的婚姻生活是什么样的。婚姻可以视为具

---

① "婚姻"可从单偶制定义,也可从多偶制定义。参见埃德蒙·利奇《再谈婚姻的定义》,载《西藏研究》2018 年第 2 期,第 82—89 页。——译者

有生育功能和经济功能的组合关系,其中,感情并不是人们所憧憬的要素,人们认为感情只发生在自己与父母、兄弟姊妹之间。在某些社会中,兄弟姊妹之间的经济纽带比夫妻之间的更为紧密。尽管人们把婚姻视为一种永恒的亲属关系,但在出现离婚、丧偶与再婚的场合,一对夫妻的共同生活是短暂的,有的人甚至只有几年的夫妻生活。无论夫妻双方或一方活着还是死了,婚姻纽带的持久性都是调查员值得了解的对象,例如,通过仪式或信念就可以看出来。

(一) 婚龄

关于男女结婚的年龄,调查员应该确定人们通常接受的岁数,还要弄清男性是在青春期之前结婚还是在青春期结婚,或者推迟到青春期后的特定时段结婚。这个时段的长短是否由当地的习俗决定(例如军事的或经济环境或者两者皆是)? 如果婚礼在青春期后被延迟了很长时间,这个男性是否有权占有别的已婚男子的妻子? 在研究女性婚龄时也应考虑同样的问题。

男孩或女孩可能在很小的时候就订了婚,或者与一个比他(她)年长的人结婚。如果一个适婚女孩嫁给了一个婴儿新郎,并到婆家生活,她是否要保持贞节直到新郎长大? 还是可以和与新郎有特定亲属关系的某位家庭成员同居? 反过来说,若是一个青年和一个婴儿新娘结婚,在同房之前,他是否可以娶别的妻子? 如果可以,这个婴儿新娘是否为他的主妻? 由谁来照看婴儿新娘,她将居住在哪里? 在哪个年龄才能真正完婚? 也要研究丈夫和妻子的相对年龄。丈夫和妻子年龄相当,还是一方比另一方年龄大或是大很多? 人们认为男女的年龄差距如何才是最佳的结婚年龄? 如果后者更为普遍,可观察"老夫少妻"或者"少夫老妻"现象对社区的影响有哪些。

(二) 订婚

从婴儿到青春期之后都可以订婚。有些地方还有指腹为婚的。应该调查在什么样的年龄孩子被告知相关事实,如果他们相处不愉快或是不合适的话,是否还需要遵守婚约? 订婚是由父母或是更大范围内的家庭成员来安排还是自由恋爱而成的? 不论在哪种情况下,婚嫁的费用支付都是一个习俗问题。求婚的相关习俗如何? 在这一过程中是否有媒人? 如果有,要怎样的人才能担任? 是否要获得父母、特定亲属、氏族或是别的社会团体的认可? 婚姻当事人一方或双方的酋长或领主是否干涉? 订婚的持续时间为多久? 按习俗已经订婚的男女在行为上有哪些规定,比如哪些是该避免的,哪些是受限制的,他们是否可以有性接触或哪些特权? 新郎和新娘的群体之间是否有礼节来往? 如果有,这些群体有哪些类型(比如,同族、年龄组、特定的一些亲属)? 另外还要关注可得到的仪式账目、支付以及礼物的交换情况。

(三) 婚姻的类型及其条件

1. 婚姻的类型

婚姻有很多种类型。在同一社会中,某一种或某几种被认为是合法的,别的形式也有可能会被认可。如果一个地方实行单偶婚,它是否与当地落后的经济状况、权威的命令有关或为社会所普遍接受? 多偶婚,必须区分是一夫多妻(多个妻子)还是一妻多夫(多个丈夫)。一夫多妻婚制中有一种"姊妹共夫"婚,即一个男子与几个姊妹结婚,研究者在这里使用了一个英文词 adelphic,直译为"离生雄蕊",转译为"多子宫",含义可根据具体情形调整。如果在这些妻子中有一个妻子的地位优于其他几个,那么这种一夫多妻婚是分居状态,否则众妻之间会闹得不可开交,如果不分居,婚姻就处于断裂状态[①]。一个群体中一夫多妻现象有可能很普遍,但也可能只有少数人拥有这一特权。如果是后者,其是否与一个人的地位、阶层、财富相关呢? 社会对妻子的数量是否有限制? 每个妻子是拥有自己独立的房间还是在主妻的监管之下生活在一起? 丈夫对每个妻子的关爱是否由习俗决定? 是否每个妻子都有权利和义务去陪伴丈夫和维护这个联合的大家庭? 丈夫娶别的妻子是否需要经过原配(主妻)的同意? 继而娶妻的仪式和娶原配时是否一样? 是否更加简单? 如果一个地方是实行一夫多妻制的,那么制度中规定娶原配之后多久才能娶下一个妻子? 不同年龄、不同地位的男子通常可以娶几个妻子? 丈夫和妻子之间的相对年龄如何? 在一些社会中,有权有钱的男子可以有妻有妾,如果那样的话,妻妾之间的结构值得研究:这些女子是怎样获得的? 她们的社会地位是否有差别? 用什么手段可以确保她们的忠诚? 有关通奸的惩罚以及对妇女生育能力的规定又有哪些? 这些制度对于社区中别的群体会有什么影响?

---

① 关于婚后居住模式,应当对临时性的和永久性的已婚夫妻的居住地展开调查。当夫妻与丈夫的父母住在一起时我们(指英国人——译者)称之为从夫居。当夫妻与妻子的父母住在一起时称为从妻居。婚姻的定义是不够明晰的,容易产生歧义,调查员应当避免生套概念的做法。

　2. 实例举要：兄弟共妻婚

　兄弟合娶一妻，这种婚姻就被称为兄弟共妻婚。如果其中一个丈夫的地位优于其他的兄弟，那么这种一妻多夫婚只可能处于分居状态，即每隔一定时日，妻子轮流到每个丈夫那里去住，否则也会产生无穷无尽的矛盾。实行一妻多夫婚或许是普遍的，也有可能由于妇女的稀缺或是经济压力而只在特定的几个人或是一个社会群体中实行。这些丈夫必须出自一个氏族、血亲团体，还是同胞兄弟？每个男子在婚姻方面的付出是平等的还是有一定的差距？在习俗中是否有接近妻子的相关规定，如果有，那又是怎样的呢？一妻多夫制下的孩子是否认为他母亲的所有配偶都是父亲，或者仅有一人有这种职责？是否有确立父权的仪式？是所有的丈夫都要对妻子和孩子承担养育之责，还是仅仅孩子的社会父亲承担责任，生物父亲不承担责任？这些丈夫通常在哪里居住？

　各种婚姻法规可能包含对某些婚姻的限制、禁止或者两者皆有的内容，这些也需要调查。

（四）婚姻中的乱伦禁忌

　乱伦专指亲属群中无序的性交关系。这种行为在早先是通行的，后来有了限制（禁忌），并且逐渐增多。乱伦禁忌标志着文明的发轫。每个文明社会都有一些禁止乱伦的规定，既包括隐蔽的性关系，也包括公开的婚姻关系。但这两种禁忌并不是一回事，其所囊括的人群也是不一样的。我们可以通过系谱分析法来研究每个社会的乱伦禁忌。乱伦禁忌涵盖的范围可以小到只包括父母和孩子之间的关系（尽管这很罕见），或者只是基础（核心）家庭；它的范围也可扩大到这个系谱或类别式亲属关系内的所有成员。比较普遍的禁忌涉及群体间特定的亲属关系，这种亲属关系取决于对血亲的分类。在某些社会，有姻亲关系的群体也是在乱伦禁忌排斥的范围之内。

　有关乱伦的惩罚是怎样的呢？只对触犯禁忌的个人进行惩罚还是对整个社区的人都要惩罚？这些惩罚是由当地的社会权威来执行还是求助于超自然力来裁决？处罚的严厉程度是否取决于触犯乱伦禁忌的人们之间的亲属关系的亲疏程度？乱伦者是否可以生孩子？如果可以，别人又是如何对待那些孩子的？有没有什么方法、仪式或者法律让想结婚却又在乱伦禁忌范围内的人能够解除他们之间的亲属关系而获得婚姻的自由？

在一些神话中可以找到有关神或是英雄人物的乱伦,流传着这种神话的人们往往对乱伦心存恐惧。当地人对这样的神话的解读是非常有意思的。

这里来谈合法化的乱伦婚姻。在某些有着明确反对乱伦条例的社会中,却对酋长或上层阶级不加限制。在这种情况下,我们就应弄清社会是否专门为首领或其继承人或这个家族的统治设立了特权(或职责)。即便如此,也要注意乱伦究竟是不论何种身份关系、地位都可以,还是禁止在诸如母子之间或别的特定亲属之间发生？如果母子之间的乱伦关系没有被明确禁止,是否表明事实上有这种行为？还是人们认为这种事情索然无味,甚至是难以想象的。我们不仅要研究允许乱伦的家庭,也要对那些禁止乱伦的家庭做研究,并对两者在心理学和社会学上所产生的影响进行研究。不受乱伦限制的人们给自己找了什么样的理由？而受限制的人们又怎样看待他们？在这样的家庭中,性别隔离的程度比一般家庭中严厉还是宽松？如何举行婚礼？是否需要聘礼？从哪里表明结婚双方原来的亲属关系破裂而建立了一种新的关系？这样的夫妇是否可以正式离婚？在这些家庭(或这些人)中,这是唯一被允许的结合吗？这样的夫妇或家庭是否能够仍然像普通家庭一样沿用亲属关系？他们生下的孩子是否有继承权？

(五) 婚姻的内外关系

1. 外婚制和内婚制

就特定的群体而言,允许人们在内部择偶就是内婚制,反之,禁止他们这么做则导致外婚制。这样的社会群体往往是一个血亲氏族。考察外婚制时,应将其和乱伦联系起来,尽管两者往往是交叉关系,但是违反了外婚制并不意味着一定触犯了乱伦禁忌,反之亦然。例如,父系血亲与母系血亲中的直系兄妹之间的通婚是有悖于外婚制和乱伦禁忌的,但有些被视为乱伦的婚姻,却没有违反外婚制。在母系氏族的人们中间,父亲和女儿发生性关系也没有违反外婚制的规定,因为计算血缘不依从父系而依从母系。

十分明显,一些特定的婚姻形态是被禁止或限制的。这些禁令的实施范围与强度有所不同,当限制不是很严格的时候,我们可以称之为优先婚。一个人是否可以优先考虑和另一个人结婚,应当视具体情况而定。

此处谈姑舅表优先婚,这是一种交错表婚,有两种形式:一种是一个男子与他母亲兄弟的女儿结婚,另一种是与他父亲姊妹的女儿结婚。这两种形式都是可行的。有时候一种形式遭到禁止,另一种也会被禁止。

类别式的亲属关系。例如,在某一类别某一阶层中,男子可以和母亲兄弟的女儿结婚。人们是认为这种婚姻和近亲婚配一样,还是在没有合适婚配对象的情况下才选择这种婚姻呢?在澳洲土著的"级别婚"中,所谓"婚配群体"就是有着特定亲属分类关系的。

亲属关系的婚配还有很多,例如,娶母亲兄弟的遗孀(与舅母结婚),嫁给死去丈夫的兄弟(转房),娶父亲的遗孀(收继)。

禁止婚和优先婚是在整个社会中都实行还是只限定于一些特定的人群,比如首领、平民或是奴隶?实行者倾向于原配还是对所有的配偶都实行?如果实行者不承担自己应尽的义务,他们的婚姻是否会被他人唾弃?如果这样,谁拥有这种谴责的特权?又如何行使呢?

2. 聘礼和嫁妆

嫁妆。由新娘的父亲或是新娘的族人支付给新娘或新郎的财物。若对嫁妆进行考察,我们必须调查哪些物品可以作为嫁妆,这些嫁妆由新娘的女儿继承还是由她任意处置?所有的新娘都有嫁妆吗?还是仅仅特殊的阶级才有嫁妆?在有些地区新娘可以拥有自己的财产,一般来说,这一惯例使得新娘能够把自己在娘家的家具带到她的新家。

婚姻支付和服务。聘礼、彩礼等婚姻支付都是用劳力、物品或现金的方式由新郎和他的家庭在婚姻的某些场合转移给新娘及她的家庭。应使用当地人的术语来解读这种交易。人们认为这种交换行为能够保证婚姻的稳定,同时也是对新娘家放弃了索取女儿的权利的一种补偿,新娘实际上从来不会作为动产购买。

聘礼。聘礼的支付形式有:家畜;日常生活用具比如锄头、鱼叉、水壶、武器、特制的长矛等;仪式用品;流通的货币;服务或劳务。提供服务的方式可以是阶段性地提供食物或是生活必需品,更完美的形式就是求婚者住在新娘家中提供劳务。新郎的其他家庭成员有义务为新娘或新娘的亲属提供服务。应当弄清楚服劳役持续的时间。在婚前还是结婚后还要继续?要延续多久,是否直到第一个孩子出生?在每一个孩子出生后是否要提供进一步的服务?这些劳役由谁提供？数额是固定的，还是视新娘身份地位、个人经济条件的不同而有所不同？如果由于经济压力无法交足聘礼，该怎么办呢？聘礼可以延迟吗？债务会被继承吗？或者如果没有支付聘礼，孩子的地位是否会受影响？

由谁来支付聘礼？一般情况，是由新郎的父亲还是她的舅舅（根据社会流行的血缘规则）来支付，聘礼通常是从亲戚处收集的。如果是这样的话，要搞清楚这些亲戚是谁，他们为什么愿意捐赠，他们与新郎之间是什么样的关系，比如是亲戚关系，或是一种相互之间的义务，或者只是社会群体中的普通成员。聘礼一般是支付给谁？是交给新娘的父亲吗？还是交给她的舅舅？这两种形式所依据的血缘规则可能不同，前者与父系制有关，后者源于母系制。如果说通常聘礼必须分发给接受者，那么，分发给谁？为什么要分发？在当地习俗中是否规定了支付聘礼的时间？是否在完婚之前必须付清聘礼？如果不是，是否有明确的数额和应先支付的比例？是一次付清还是可以分期？如果是后者，有没有明确规定需要支付的次数？有时是每生一个孩子就支付一点。当地如果出现了固定数额的现金取代习俗中的聘礼，这个现象带来的社会变迁也应该研究。

（六）交换婚

交换婚，简称"换婚"或"换亲"，俗称"小姑换嫂"或"姊妹换妻"，是两个男子互换姊妹为妻或互换女儿为媳的一种包办婚姻。调查员要了解当地是否存在这类婚俗。如果存在，是否通婚双方需要聘金交换礼物？当地是否还存在其他婚姻形态？如果存在，就要调查交换婚与其他婚姻形态的婚仪是不是一样的。

（七）再婚

再婚的择偶有时是不受限制的，有时也禁止一些特定人员再婚。这种情形与当地对继承的规定及寡妇的社会地位有关。在叙述再婚事例中有一对范畴，即"夫兄弟婚"和"妻姊妹婚"。此处的"夫"和"妻"作动词解，意为"顶位"。"夫"指弟弟继承哥哥的寡妻，"妻"指妹妹续给亡姊的鳏夫。这两种婚姻在父系或母系社会都很普遍，"转房"和"娶姨"就是二者的别名。通常情况下，一个男子会娶他哥哥的妻子而不是弟媳，在一些父系社会中甚至是父亲的妻子（不是生母）。有时，如果亡夫留下几个寡妻，一个可能会嫁给死者姊妹的儿子，就后者而言就是娶舅母。在母系制社会，与自己母亲兄弟的妻子结婚是很普遍的，也有与祖父的遗孀结婚的情况，还有一种更少见，就是与母亲姊妹的儿子的遗孀结婚。不论哪种情况，都必须弄清以下几点：（1）这些再婚的女子是否需要聘礼或所需聘礼数额较小？如果是这样，聘礼是否失去原义而须另当别论，譬如，归到"继承费"的名目下，即把收继亡夫的遗孀视为财产继承，所以要缴纳些补偿？如果这笔补偿等于聘礼，那么要向谁支付，是死者的另一个继承人还是女方家属？（2）寡妇是否有选择的权利？在家族的合法的继承人之中，她能够拒绝吗？或者嫁给另一个家族的人？如果是这样，聘礼是否应该给合法的继承者，是否有特殊的仪式来解除她与亡夫及其家族的关系？（3）继承人是否放弃对寡妇的申诉？（4）收继遗孀是否有结婚仪式，如果有，和继承人娶原配有什么不同？在某些群体中，寡妇的安置是一种地方习俗，这种结合并不形成真正的婚姻，对这个寡妇来说，她仍被认为是死者的妻子，她和第二个丈夫所生的孩子仍被当作是亡夫的孩子。这种情况可能和祖先崇拜有密切关联，要进一步研究寡妇及孩子承担的祭祀职责。

刚才说到的"转房"属于"夫兄弟婚"。现在说"妻姊妹婚"，即一个男人从他的原配娘家续娶另一个女人为他的第二任妻子，最常见的是该男子娶妻子的姊妹，这就是通常所说的"娶姨制"。转房为寡妇提供了社会地位，使孩子得到亡夫兄弟（寡妻的新夫）的照顾。娶姨给丈夫带来第二个妻子，有可能解决他所面临的难题（或者原配过世，或者她虽健在但未生男孩，或者家庭需要增加劳力，亲姊妹之间容易相处，原配的孩子将得到善待）。

以上两种婚俗可能为同一群人所遵循。值得调查员深入了解的问题是：转房或娶姨是否受制于长幼关系，如寡嫂只能转给内弟，哥哥不能收继弟媳，出嫁姊妹须依从先行后续秩序？除了同胞兄弟姊妹可为转房或娶姨婚俗的当事人，是否囊括从表兄弟姊妹，譬如，一个男人与原配的从表姊妹，或者是妻子的兄弟的妻子以及和妻子兄弟的女儿结婚，一个寡妇再醮给亡夫的从表兄弟？还要调查聘金的数额和婚仪的繁简，通过转房或娶姨形成的婚姻关系对亲属称谓的影响等等。

（八）同居和纳妾

一个男人或女人，是否可以和一个或更多的男人或女人有一种长期或短暂的亲密结合关系，而不给对方丈夫或妻子的全部名分？在哪些情况下会出现这种现象？由此所生的孩子的地位如何？当这种关系开始时是否会举行一些仪式？

（九）冥婚

如果一个成年人未结婚便亡故，人们认为这会影响他在阴间的生活。因此就有了一种婚仪。

在结婚仪式进行时有一个人站在某个位置顶替死者，这在正式婚姻中是允许的，比如在印度的托达人中便如此。苏丹南部的卡丁人，男子在他自己娶妻前，必须为他未娶妻便死了的兄长娶个妻子；这样他和妻子生下来的孩子就被认为是死者的孩子。冥婚和祖先崇拜、死后生活及财富观念是紧密相关的。这些妻子和孩子的职责以及他们在仪式中所扮演的职责也在我们的研究范围之内。

（十）抢劫婚

亦称"掠夺婚"。在战争中被俘获的妇女会被杀戮吗？她们是属于捕获者本人还是归其首领？被俘的妇女能否获得妻子的身份？如果可以，她们孩子的地位如何？是否有外婚制的地方存在这种婚俗？如果存在，注意观察女俘的婚姻。

有着或多或少敌对关系的两个群体的成员之间有这样的婚俗存在，无论在哪里发现这样的婚俗，都应该完整地记录整个过程的细节。在一些地方，几个部落共同举行一个仪式，来访的部落有权在仪式的最后一晚抢走被访部落的女子，比如澳大利亚东部的马尔伯勒部落。应当记录这样的习俗，要特别调查这些女性是已婚的还是未婚的，她们是否要遵循外婚制的规则？

女子作为血亲复仇的替代物。若一个地方有将女子作为血亲复仇顶替物的习俗，要了解人们选用怎样的女子作交换？她们是否通常是杀人者的亲属？在接受她们的那个群体里，她们的地位如何？人们是否承认她的孩子是被害者的继承人？她们生了一个或更多的孩子之后是否可以返回她们原来的家族中？

（十一）与神灵结婚

人们是否认为有些人是神的配偶？在这个过程中是否有与婚礼类似的仪

式？这些人要保持贞节还是可以和神的代言人发生关系或成为庙宇的妓女？是否允许这些人生孩子？如果可以，孩子的身份地位如何？

如果父系继嗣群衰落了，不能直接通过父系脉线传递"香火"，在有些印度种姓中，人们就以这种婚姻形式为借口，通过母系脉线确保继承和遗传。

（十二）私奔

私奔是一种公认的婚姻形式，在某些特殊情况下发生。有些地方认为私奔是其他婚姻的转化，如果是这样，人们是否认为私奔结婚可行或可敬？如果未获得结婚允许或是男子没有能力支付聘礼，那么一对男女很有可能私奔，这是偶尔的私奔。如果这样，他们是否会被人追赶？如果会，谁会去追赶他们？如果他们逃过了追捕，过了一段时间之后，他们是否可以回到原来的村庄而获得公认的夫妻身份？是否需要给女方父母礼物和聘礼？这些聘礼和原来的数量一样还是按一定的比例？人们给予私奔夫妇的孩子什么样的身份地位呢？

（十三）附加的结合或群体间的结合

长期以来人们在理论上对此讨论得较多，一般称之为群婚制或性的共有制。我们应该仔细调查这种结合的准确称谓以及其后代的身份地位。这种情形似乎与真实的婚姻同时存在，并且与性乱交和卖淫不同，因为人们受一定的规范所制约，比如英属新几内亚巴图湾的艾瑞玛人、澳大利亚中部的第利人，这种情况往往只是在一定范围的亲属群内、间隔了若干代的同氏族的人或是年龄组之间发生。在美洲人中很常见，但是他们仅视为是一种权利的获得，而不是群婚。应当调查在这个名义下是否有权利交换妻子或出让妻子。

（十四）通奸

通奸发生时当地人如何看待涉事的妻子或丈夫？这种行为是否要受到惩罚？如果受罚，是否双方都受罚？如何以及由谁来执行惩罚？在现场抓到的和事后才发现的通奸行为所受的处罚是否一样？最终导致离婚还是宽恕？通奸行为是普遍的还是偶发的？若是一女子跟情夫跑了，她的丈夫会作何反应？当她和情人生活在一起，他们所生的孩子的身份如何认定？

（十五）婚外性关系

婚姻之外的性关系并非构成通奸。妻子犯错可能被视为通奸，丈夫犯错却不会被视为通奸。在某些民族中，丈夫允许妻子或强迫妻子和别的男子发生性关系。

离婚是解除婚姻关系的一种合法手段，并对双方及其子女给予身份确认。

我们不能认为离婚就意味着当事人先前违反了习俗、法规或有过错。因为每个人都难免有过错，不应当记录人们对"过错"观的具体提示。比如：如果一个已婚女子回了娘家，聘礼没有返还，或是没有给予夫家补偿，那么表明丈夫可能有错。人们解除婚约时有没有特定的理由？这种理由在夫妻双方是否都有效？没有嫁妆或聘礼的时候怎么离婚？如果有聘礼，是全都归还夫家还是只归还一部分？如何处置夫妻共有的其他财物？夫妇离婚后如何安排孩子？孩子最终属于哪个群体？当妻子怀孕时是否可以离婚？如果可以，如何安排她和腹中的孩子？

离婚是否影响原来配偶方家庭对他或她的态度？比如是尊重还是回避等等？

（十六）结婚仪式

结婚仪式是用来区分合法结合和非正规结合的一个标志。婚仪可以很简单也可以持续很久。订婚和婚仪往往很难区分，因为前者似乎是后者的一个开始阶段。

婚礼是在整个仪式的某个特定时刻完成的，可能在某个预定的时间也可能会延期举行。婚礼往往伴随着许多活动，包括一些集体行动，由新娘、新郎或是双方最终完成婚礼仪式。有时直到第一个孩子出生才举行婚礼。一些特定的行为意味着两个人或是两个群体的结合，比如：新人互相度食，将手臂或身体绑在一起，歃血为盟，新娘坐在新郎的膝上等等。

特殊的服饰、队伍行列、戏剧化的打斗或抢掠、用盖头布遮掩和揭开盖头、摆宴席等都是婚仪中主要的事项。新郎和新娘及其亲属在现场扮演什么角色？谁来摆酒席？邀请谁参加？酒席的食物如何？诸如此类都要考虑。

（十七）举行婚礼的时节

当地是否可以在一年的任意时间举行婚礼仪式？还是认为在特定的月份和季节才适宜举行？如果是，婚礼的举行是否与时令和农牧产品的供给相关？还是求助于超自然力的安排？是否根据一些征兆来确定婚礼时间？

（十八）破贞习俗

该习俗指新婚之夜某人用外力戳破新娘的处女膜。对于处女破贞，许多社会都认为是件理所当然的事情,不过有些社会对此看得很轻,另一些社会则看得很重,以至当作展现婚姻关系的起点,成为婚仪上的重要节目。在欧洲中世纪,处女破贞与初夜权是同义语,并且要由领主来行使。对于破贞之事,调查员要了解,仪式的操作是否遵从了妇女的意志,换言之,是自然地进行还是强迫完成的,以及是由谁来执行?究竟是丈夫、社区强人、牧师、陌生人还是丈夫所属团体和社会阶层中的一员或数员?这一行为是以象征形式表达还是真实地表达?是否在这个女孩和这个执行人之间建立了一种关系?这一行为何时何地发生?人们是否认为处女破贞具有一定的危险?如果是,那么是否有相应的巫术和被除仪式?人们是否认为需要魔力才能破除贞操?"处女的标志"(血染的床单)是否很珍贵?是否会展示?

(十九) 仪式的结合和仪式的禁欲

调查员不能想当然地以为婚约一旦确立,婚姻的完满性便得到保证了。真实的情况应该是这样:整个过程(从确立婚约到新娘怀孕)可能穿插着一些仪式上的禁欲期。对此,必须注意的是:人们采取何种方式来强制当事人执行?原因何在?在新郎和新娘分开的时候,别人是否可以接近新娘?在怀孕、哺乳、疾病、服丧期间或是进行诸如狩猎、战争、探险、盖新房之类的重大活动时,已婚者往往需要禁欲。如果说怀孕、哺乳期间的禁欲仪式只是针对妻子而言,那么丈夫此时是否可以另觅新欢呢?丈夫需要采取任何仪式性的避孕措施吗?如果打破了这些规定,是否对他们的后代有影响?若是公共事务,则全体成员以及法律上的合作伙伴都得遵守,若是有人违反了,则会危害到整个社区,对于这种行为将如何处置?

药师、巫师、祈雨者、圣人、铁匠,有责任去遵守一些特殊的性行为方面的禁忌。仪式性的结合将在重大事件之前进行。

有特异功能的人为了特殊的目的,举行乱伦群体的仪式性行为。

出于仪式或政治原因,某些人是不能结婚的,比如希卢克人国王的女儿们。那么这些人是否可以纵容自由恋爱?如果可以,是否有避孕措施?如果没有,她们有了孩子怎么办?

在特殊的日子允许一些人有婚外性行为,有时甚至是强制的。必须弄清这是否与一些特定的节日相关,比如为了土地的丰饶和家畜的多产、在成年礼、婚礼或葬礼的宴饮活动后,或者与一些特殊的事情有关,比如为了转移灾难等。要注意了解是否未婚和已婚的人都可以参加这种婚外性行为的活动。

象征性的性行为。是否在男人和女人之间发生的行为就等同于性交(比如一名男子从一名女子的双腿上跨过)?人们是否认为这样的象征性行为会让女人怀孕?这种行为若发生在一个男子和他妻子之外的女人之间,人们是否认为这是通奸行为?在那些采用仪式性的结合的地方,可以采取这种形式吗?有没有一些行为来表明一对男女之间有合法的性关系?这种事情发生后,可以要求赔偿吗(比如:坐在她的席垫上或床上宽衣解带)?是否认为一起吃饭的一对男女也有这种象征的性关系?

成年人的身份在亲密接触、结婚或者成为父母后才得以确认。应当记录在行为、衣着及住所方面所发生的变化。

在有些案例中,也许女人和男人的地位是平等的,也许男性的地位可能高于女性,两种情形都应当记录。母权制社会并不意味着女性处于较高的地位,寡妇的地位如何值得研究。在一些社会中,寡妇是受人尊重的,特别是已为人母的寡妇,膝下儿孙众多,这往往取决于她们通过续婚(再婚或冥婚)的手段与世系群建立的联系。但在那些实行殉夫葬的地方,寡妇的地位无从谈起,死亡是合乎常理的结果。

五、衰老、死亡及尸体的处置

(一) 老年人

老年人的社会地位特别值得研究。年老体衰,在社会经济体系中的创造力就逐渐萎缩了,可是,知识与阅历却在增长,无论是平日生活中的大事还是仪式性的活动,老人的智慧都会得到应有的重视。调查员要了解当地老年人的生存状况,子女是否把赡养老人看作负担,他们的报孝之心是基于义务还是出于感恩,抑或是避免老人诅咒,甚至于担心老人死后阴魂不散?

老年人喜欢彼此经常联系、独居还是由年轻人照顾?在公共生活典礼或仪式中,老年人充当着什么样的角色?

(二) 有关死亡的观念

对死亡的解释众说纷纭。把死亡归因于自然,一般认为是没有足够的解释力和说服力的,尽管这一原因也不可忽视。死亡可能由以下原因引起:

灵、鬼或巫师的怨恨。这往往导致超自然力的手段,比如用招魂术引诱某人,使其灵魂出窍无法返身而丧命,如此等等。然而,一些在调查员看来纯属偶然的意外(如被野兽咬死)却被当地人描述得神乎其神,好像具有必然性。比如,一头温顺的母牛突然发飙,将主人顶死了,当地人认为是有人施以法力所致,或者是某个神灵的意志使然。

犯罪、失职。不只是犯了错的人死亡,和他相关的人也要死亡。这种死亡的惩罚或许是自然发生(一种非人的精灵力量的结果),也有可能是某种神灵降施于犯错人的身上,这将导致自然或超自然的手段显灵。

身体的伤害或生理状况。比如年老,与超自然媒介失去联系。

要尽可能地去弄清楚当地人的死亡观念。他们的死亡观念是否和我们的一样?是否还包括了生理状况,例如重伤、疾病以及通过某种途径和死尸的接触?人们是否会将一些活人当作死人来对待?比如,他们对待病患者、老年人是悉心照料呢,还是遗弃或者活埋?

在某些人的传统观念中,人是不朽的,是某些愚蠢的或邪恶的行为把死亡带到了人间。调查员应当记录传说中的这些观念以及某些关于人死后会在阴间生活的观念。

(三) 代人受死与被迫自杀

在许多社会,国王、首领、祈雨者和其他的一些神职人员是不允许寿终正寝的。调查员应该对这些人的死亡仪式进行研究。他们或许会被隔离、活埋或者自行选择一种死法。在这样的风俗中,他们虽然必死无疑,但可以表示反抗,其他人也会殉葬。受死行为有个人的也有集体的,比如作为奉献给毁灭之神的祭物或殉道者。调查员应记录受死的发生率。如果允许的话,要收集一些相关数据及社区成员对受死的看法。弄清当地受死的原因及社区成员对待受死未遂者的态度。与受死相关的是自杀。人们是否把自杀看作一种罪过?如果是,将如何对待自杀未遂者?失恋、受辱是否是自杀常见的原因?自杀者身后的灵魂归依何在?如何处置自杀者的尸体?

(四) 尸体归葬前的处理

要注意是什么迹象表明病人已不再会康复?是否允许病人或者老人死在屋内?尸体是移出住所甚至村子,还是留在村内或村外某个特定的地方?这些病人或老人有人照顾还是遭人遗弃或被活埋?

应该详细描述殓尸过程,因为它是整个社会运作体系的一部分,这样做也可以获得对宗教信仰的深刻理解。在任何情况下都应当弄清楚死者的年龄、性别及社会地位,要记住尸体在每一种情况下的处理方式都会有所不同。

当地的习俗规定,死于特定原因的人,尸体的处理方式将有所不同。例如,暴力死亡——战争、谋杀或意外事件(雷击、兽袭等)致死的人、怀孕期间或难产致死的妇女、分娩的死胎、自杀或死于某种传染病(天花等)的人。无论哪种情况,都应进一步探究相关的仪式,如果没有仪式,其潜在的宗教观念的差异是什么?

对于因传染病致死的尸体的处理方式将有别于正常的方式,这种差别可能是由于实践的方便,或者对传染病的不同的理解。

对于怀孕女尸的处理,有别于对一般妇女的处理方式吗? 取出死者腹中的胎儿时有无相关仪式? 原因何在?

对于死胎或死婴的处理,是否有相关的仪式? 简述其理由。

对于敌尸一般是任其腐烂或让野兽、猛禽啄食腐肉。也可能通过一些仪式将尸体保存下来或是吃掉尸体,或者给敌方收尸的机会。

关于尸体的保存,是否要洗尸、涂色、包裹或是着装? 表面的创口是否需要缝合? 这些细节都要记录。每一种处理的理由是什么? 由谁来做这些事? 是和死者有特殊亲属关系的人还是毫无关系的特殊阶层? 是否是有偿劳动?

(五)尸体的下葬

不精确地使用一些专门名词可能会带来困惑,所以我们首先要弄清以下概念:

土葬:将尸体埋入地表下面的墓穴内,用土掩盖住。葬礼这个词主要是指用这种方式处理尸体。

火葬:用火将尸体销毁。

野葬:将尸体暴露于野外,由野兽或鸟来啄食。

水葬/海葬:在江河湖海中举行,将尸体或骨灰沉于水中。

对尸体的保存:可通过脱水、烟熏或防腐剂,制作成"木乃伊"。这一术语是"防腐剂"的同义词,最好的防腐技术是古埃及的干尸处理法。

人工分解:用一些特殊的方式(如在天葬或某些水葬仪式中惯于用刀、

斧、锤等工具碎尸)来加速尸体的分解。

有时候在处理尸体的过程中,可能同时使用两种或更多的方法,例如在火葬之前先土葬,或是土葬之后将尸骨挖出暴露于野外或用特殊的方式保存。

对大多数民族来说,往往在人死亡之后到下葬之前要间隔一段时间。应该注意:间隔时间一般多长? 是否有特定的时间、次数或季节? 在当地习俗中哪些时候是禁止处理尸体的?

土葬。应注意以下方面:(1)谁负责挖墓坑? 血亲还是姻亲? 还是属于特别的氏族或社会群体的人?(2)坟墓的位置,可能是由地方的群体、氏族或是家庭预留下来用来埋葬的地方;坟墓离居住地较远还是就在住所旁或是埋在屋内地下?(3)坟墓的类型、墓状、使用石头或其他材料等;(4)尸体在墓中的放置,尸体由席子或皮革包裹还是放在棺内? 尸体放置的方位如何? 尸体可能会收缩或者伸长,是保持坐姿还是站姿。应记录尸体放置的特定方位并询问原因。

火葬。在哪里举行? 是否用特殊的木材来焚烧? 焚烧尸体时是否由特定的人点火? 如果是,具体又由谁来执行? 以何种方式点火焚烧?

野葬。将尸体放在哪里? 放在专门陈尸的平台上还是日常生活所用的床或桌子上? 放在树上还是岩石上? 要暴尸野外多久? 人们可以去看还是要避开? 原因何在? 如何处理最后剩下的枯骨?

尸体的保存。有些时候在特定的自然条件下,很难决定暴尸荒野是否也应当包括在这个标题之下。比如在干燥炎热的气候下,尸体在野外就会变得干燥,这恰好符合制作木乃伊的条件。对于如何保存尸体的过程要仔细记录,如果用到了植物,比如树皮椁,要弄清植物的种类,如果可能的话调查员可以收集一些植物的样本。

将尸体保存下来,放在特定的地方,待到一定时机再下葬还是永久地保存下来? 处理的过程要多久? 整个过程中尸体放在哪里? 放在为死者特造的小屋内还是亲属的家中? 或是社区中专门停尸的地方?

人工分解。有很多方式可以对尸体进行人工分解。肉可能从骨骼上刮下或冲洗、加热快速分解、将尸体放在白蚁巢中等,最后骨头怎么办?

水葬。将尸体放入海中或沉入海底,或放在海滩上、暗礁中由鲨鱼来吃。是否会采取一些措施来防止尸体被海水冲走或被鱼吞吃? 是否有些特定的海域和河流可供水葬？将尸体放在独木舟内漂流海中的葬法并不多见。

尸体的处置。有时将尸体放在罐子里，马来群岛的婆罗洲就有这样的习俗。有时将尸体放在棺椁或空心雕像里，例如，大洋洲的所罗门群岛上的风俗便如此，这些棺椁和雕像一般不埋葬而是密封起来。调查员要了解人们将这样的容器放在哪里。

掘墓坑和二次葬。在土葬一段时间后，骨头会被挖出放到别的地方，这是常规葬礼的一部分，或是为了等待下葬的适合时机，或是为了亡魂的最后安置等等。在第一次下葬和掘墓之间会间隔多久？当地习俗是否对此有特别规定？死者的灵魂是否会托梦给他们的子孙？或采用别的方式。比如降临疾病或厄运以告知他们？是在一个特定的时间为在这一个阶段内的死者一起举行仪式，还是每个人分别处理？如何处理掘出的尸骨？重新埋葬在灌木丛里或扔掉吗？扔入水中还是放在瓮里？第二次的处理是否到此为止？死者的头骨或别的骨头是否会被同氏族的人或亲属保存起来？如果是，放在哪里？如何处理挖出的尸骨？上色、用作宗教、巫术的器物或留作他用？当挖出骨头时，如何处理墓中别的未腐烂的东西？火葬或野葬后，是否会将余下的东西移到另一个地方？

随葬品。是否有一些物品埋入墓中、放在墓上或是焚烧？它们都是些什么物品？它们是否根据死者性格、社会地位的不同而不同？这些东西是死者生前使用的还是死后给他的？或是只为葬礼而准备的？如果是，又由谁来提供？

若随葬品很贵重，是将它们和死者一同埋入还是采取措施由生者代为保管（比如，将类似的象征物埋入而把原物放置墓上片刻随后取回家中）？埋入墓中或放在墓上的物品，是给死者在另一个世界使用还是仅仅为了纪念他？如果是前者，如何处理这些物品（比如毁坏以释放死者的灵魂）？食物和饮料是放在墓中还是外面？是否需要经常更换？如果需要，多久换一次？这是否和尸体腐烂的时间或是人们认为灵魂到达另一个世界的时间有关？

是否有公共墓地或瓮、罐的置放处？人们对选择埋葬地址的态度怎样？他们多久上一次坟？是否带祭品？调查员要留意活人是害怕还是逃避。

可以为临终者举行仪式。它是垂死者的治疗仪式，针对弥留之际的将死之人，故与实际的葬礼相去甚远，实际的葬礼总是从死亡开始，并且持续多年。

应关注宣布死讯和报丧的方式。是否召集哭丧者前来参加葬礼（那些酋长或是重要人物的死讯，通常要保密一段时间才公布）？仪式包括供品、塑像的制作、舞蹈、动作剧、宴请、赞美死者或他所属的氏族、社会团体的致辞、恸哭。根据死者社会阶层、地位、性别、年龄的不同，这些过程也有所不同。人们会采取一些特殊的行为、专门的器物来驱走灵魂或使其无法找回原来的住所，或让他回到他的亲人身边来庇佑他们，两者将在不同的时间举行。

供品。包括毁坏的或放在坟墓上的物品、动物、宴请的食物（应当记录在坟墓上是否有任何特别的部分被保存下来，或在主要哀悼者的家里）、活人献祭，包括奴隶、遗孀或殉葬者，或其他活埋的人，或杀死或与亡者一起埋葬，在仪式期间的自焚行为。我们应找出这些行为背后的动机。这或许是为了平息死者家属的怒气，或许是为了提供给他在另一个世界之需，或是表达悲痛的一种方式。

哭丧。是和死者有特殊关系的人的悼念行为。哭丧者与死者有怎样的关系？是出于政治目的，还是全体为首领或国王哭丧？是特定团体的成员、某个社会阶层还是血亲、姻亲关系？哭丧者是否有禁忌？与死者关系亲疏远近不同，仪式的类别是否有所不同？哭丧者有什么特征？是否有特殊的服饰、装饰物（哪些是不准穿戴的），皮肤上是否涂抹烟灰或着色，是否有特殊的发式、文身？死者的遗物——骨头或牙齿是否会被哭丧者拿来佩戴？在仪式的最后是否还有相关仪式和宴请？

祠堂、神龛、陵墓、衣冠冢、遗址、纪念碑或纪念仪式。祠堂或神龛是一种纪念性的建筑，是为了死者的灵魂而设的；灵魂暂时或永久地停留在祠堂的神龛内。坟墓本身在某种程度上被视为类似的场所，祭祀仪式将在哪里举行？头骨和骨头会放在哪里？

遗物。在实行分解或火葬的地方最后剩下的是骨头和牙齿，这对崇拜者来说十分重要，它将被保存在特殊的地方或亲属的住所。头骨、牙齿、颌骨显得尤为重要。它们可能会被上油、着色，或用黏土包裹起来。人们将举行特殊的仪式，也许最终会毁坏这些遗物。

纪念物。一般会为所有的死者或重要的死者建造；要调查可能会建祠、立神龛还是只立块纪念碑？纪念性神龛可能为氏族、部落的神话英雄建造，竣工后死者慢慢地和神话中的英雄人物一样变成了被崇拜的对象。

　　一种流行的观点认为,与尸体接触会惹上一身霉气,进而玷污仪式、颓废人心。尽管这种想法十分荒谬,调查员还是要了解是否全体居民都相信这种观点。如果只是一部分人相信,那么,持有这种观点的人究竟是受职业或阶级的局限,还是与死者沾亲带故? 这种看法导致了什么样的后果? 又如何消除?也许人们认为净化仪式有效,需要对这些方式和方法进行描述。在少部分人中,比如斯里兰卡的维达人,正常死亡以及在某些特定条件下的死亡都被认为是很危险的,所以他们就让尸体在原处腐烂,那个地方也将被废弃。和死者接触过的物品、死者留下的财产,是否也被认为是不洁的? 如果是,又如何处置它们呢?

第七章

政 治 组 织

可将树立在一定经济基础之上的社会公共权力的活动、形式和结构概括为政治组织,具体涉及以下内容:一是在不同的地理环境与历史条件下履行社会管理职能的组织要素、形式和运作,一是为了推行民意、保障人权,对整个社会生活进行干预的法意的实施。本章就谈这两个方面。

一、政治制度

从最广泛的意义上说,一个民族的政治组织包含两大部分。首先是政治制度,具体分三点:(1) 用以维持社会秩序稳定的整体复杂机制;(2) 用以维持团体完整的综合制度;(3) 联合中坚力量与相似团体形成邻里关系,并共同抵抗外来侵犯的盟约。其次,一个民族的政治组织还包括这样的法律制度:保障社会中每一个成员的合法权利,同时要求他们履行义务。村庄、市镇、部落、民族与国家,这些单位都带有一定的共同利益,因而都是政治性的组织。军事或其他组织,虽然有一定的特殊性,但也带有明显的政治性,例如,军队用来进攻或防御对本社会的共同利益构成威胁(不管是来自外部还是内部的威胁)的敌人,保障社会的独立和安全。

原始社会的政治组织形式不尽相同。从最简单的采集狩猎文化中可以窥见政治组织的端倪,当时共同利益的最大聚合体可能只有几十个人。在这种社会中没有明确的司法机构(如法庭)或管理者(如首领)或者军事机器(如战斗群),但存在很多我们认为应该属于政治组织的行为关系,并且受到宗教规则的影响很深,群体的思想与行为具有一致性。原始社会的血缘纽带和宗教行为在很大程度上与复杂社会中的那些政治事务、国家机器以及相关规则的功能接近。在国家式的社会,那些民族或部落的人口可能达到百万以上,于是就会出现专门的政治制度（如法院、首领和委员会）行使立法、管理和执行功能，甚至出现国教。

在这两种极端的形式之间，许多农耕群体与游牧群体占据了大范围的领土，他们尽管没有集中组织或最高长官，但仍视自己为独立的单位。在这些地区，有没有组织起地方的、宗族的或世系的酋长或委员会制度，这些都需要仔细地调查，还要调查这些基本制度中法律和秩序的维护，以及如何组织起防御性的行动来反对外来入侵。

虽然政治制度以多样方式呈现，但可以将一些基本要素总结如下，以便调查员操作。

(一) 领土基础

在土著民族中间，最大的政治团体是涵盖整个领土范围的组织，其成员大多是土生土长的。不同世系的个体或群体往往被吸引到本土团体的政治制度里去，他们拥有那些本地人生来享有的权利并担负相应的责任。现代社会是明确地按合法程序组织起来的正式组织，在较为简单的社会这种法人形式可能无法预见。外来群体的整合经常伴随着对他们世系的重新解读（假定他们自己是某个宗族、次等阶层或主流社会的一部分）。外来人可能也有中等地位，他们还保留部分自主权，比如他们自己的首领、裁判机构以及习惯法，甚至于他们仍然保留异乡人的身份，被收留他们的国家剥夺了全部或部分公民权利，仍要像出生于这个国家的公民那样履行应尽的义务，例如，纳税、宣誓效忠等。

在较大的领土团体里，政治组织小到乡村、市镇和街区，大到中央和地方的行政部门，大市镇会分为若干行政区或街区。地方和中央的行政部门可能是平行的，或许组织原则不同。在那些实行平等原则的地方，政府保留着有限的自主权，特别是法律领域，如对贡物和税金的征收、支配以及对官员的任命等。地方与中央政府之间的级差取决于国家结构。

在游牧群体中，政治身份主要取决于他们的世系而不是其所占有的特定领土。尽管他们是逐水草而居的民族，但群体与界限清晰的领土之间有一种恒久的关系，如放牧、灌溉或狩猎等对领土的所有权问题，也可能会共同抵御外敌或竞争对手入侵。一些游牧社会划分出了统治阶级与农奴阶级，通常在出身和经济上反映出差异来，造成差异的原因可能是由于外来游牧群体统治了本土农业区。然而,有时候外来人和土著居民这两个群体平等而居,人们常认为后者是土地的真正主人,他们常常给予土地以神秘的宗教力量。

(二) 族群基础

在大多数原始社会,部落被广泛地看作政治集团。调查员必须了解部落和其他政治集团各自的边界,因为具有共同文化的部落或部落联盟出于政治原因常常分开,或者一个政治单位包含几个部落。部族间的政治单位可能包含着联盟,内部或多或少有平等和自主,部落联盟没有合法的中央集权,只是出于某些特别的目的才联合起诸部落,例如,抵抗外来的攻击或举行定期的宗教庆典。或者它们可能来源于在简单规则下混合的人群,可能有一定的社会分层,也可能没有。一个高度集权的政府行使法定的、行政的和军事的权力,辖有一定的领土,统治土地上的人民,而不管人民的文化是否相同、他们的族源是否一致,都可以称其为国家。通常我们将在同一领土上互相认同的人群称为同一个民族。

在此有必要调查一国的人民如何描述他们自己,他们自称的族名可能表达了部落的来源和政治联盟之间的差别。更经常出现的情况是,名称仍然是部落的,但已加入与其他人相比获得优势的群体中,并且被认为是有代表性的一部分。

当国家包含不同的种族来源时,至高无上的政治权威可能归属于一个较为突出的统治主体(往往是贵族或统治阶级),也可能是某一个种族群体,他们拥有统治国家的权力,或者是借助在建国过程中的领导成员来治理国家。我们必须调查这一系统的历史基础。

在一个多族源、多民族的国家中,维持政治制度凝聚力的机制不同程度上取决于军事力量、统治集团的威望、国家保护弱势从属集团或普通人的能力以及通过各种制度(宗教、法律和道德)培养的政治忠诚度。考察在语言和风俗上的同化过程十分重要,记录消失了的民族多样性,记录所有的神话、传说、宗教仪式以及与国家有关的道德观念,详述虚拟的起源和表达团结之情,并提供制裁权威的案例,这些都是很有必要的。

(三) 群际关系

在比较简单的社会,政治单位通常是一个广泛有效的社会联盟。其中,通过类似于解决争端、纠正失范的正规制度,实现成员的权利和义务。这个集团中任何一个异己的成员都是潜在的敌人,不受既定的制裁保护。有时候,这种严格的限制会被束之高阁,以便与其他集团保持和平的关系。这些关系可细分为以下几种:

（1）非政治关系,例如,贸易与通婚。必须调查在缺少常规习惯法的情况下,如何达成这种关系。

（2）政治领域的约定。政治集团之间采取协约和条约的形式来管控战争、调解冲突以及交换和赎回俘虏。人们可能会用偿命金或赔偿责任来替代经常发生在各个政治集团之间的复仇,如果个人无视这些契约,那么他将丧失他所属集团的支持,或者受到法律的惩罚（比如放逐）或宗教上的诅咒。一些社会委任圣贤之士为调停人主持内部的谈判。游牧群体会定期举行集会,有时采取宗教形式,使悬而未决的争端（如关于偿命金、边界以及放牧、灌溉的权利）在集会上得到解决。缔结同宗兄弟关系是通用的策略,它使得人们可以访问或穿过有潜在敌意的邻族的领土。要详细描述这种结盟关系的影响以及与之有关的仪式。泛部落联盟或跨越氏族边界的亲属关系纽带也能达到相同的目的。

（3）宗教的缓冲。在一些社会中,基于共同的宗教信仰创建起来的社区比常规的政治集团更为普遍。我们不仅可以在较原始的人群中看到这些现象（如澳大利亚的土著部落）,也可以在较发达的人群中找到例证（如伊斯兰社区）。

（四）政体

最复杂的政治单位是指由一个酋长或邦主领导的中央集权的组织。简单社会没有中央集权的政府,而是由长老理事会领导集体的行动,他们的权威也不是至高无上的。此外,有些部落只是在协作或集体行动中才出现政治单位,在长老的领导下,通过每个集团或多或少的独立分支,在一些特别的仪式场合或者抵御外敌时出现政治权威。必须考察这些团体在协作时的成员组成及其行为动机,以显示出政治行动专业化的程度及其取决于社会单位的团结程度,例如,血缘集团的领导地位大多由地位最高者所赋予。

许多原始社会最初没有酋长,后来才由殖民政府任命了酋长,这一方面是为了行政管理的便利,另一方面是为了消除人们普遍存在的误解,即所有原始民族都有酋长或邦主。调查员要揭示这种叠加的酋长身份,不仅要通过历史调查,而且要参照权威的弱点和局限。如果政府首脑继承其他更受限制的或短暂的领导形式,也要进行相似的调查。

(五) 酋长的地位

在传统条件下,政治首领表现出极其繁多的形式。权力的范围可能变得狭窄和专业化,也可能十分广泛,有时可能渗透到非政治领域的公共行为中。一些社会在战争与和平时期有不同的酋长,除此之外,可能还有专职人员来负责狩猎、社区的农业、公共仪式或监督职业群体;在另一些社会里,所有这些责任以综合的方式表现出来,并且与政治领导相结合。

战争中的领导地位主要取决于这个群体的军事组织。这种组织常常是一个临时机构,在需要时才成立。它可能提供正式的职位,也可能只是由于人们自发的集结需要指挥而偶然形成了领导职位。领导者取决于一个大的血亲集团的成员资格,血缘关系的忠诚度对领导地位的巩固很有帮助;或者还取决于财富、久经考验的个人能力、超自然的能力以及名门望族的背景。在有年龄组的地方,指挥权可能由高年龄组来授予,在一个发达的政治组织中,可能由特别法庭的所有人或政府官员授予。

持久的领导地位不是世袭的就是选举的。就后者而论,可能通过正式的集会,也可能是通过有地位者(如委员会和长老)的非正式投票。一些社会有特别的"王储"或"保证权力平稳交接的班子",社会授予他们与僧侣相似的权威。应该对这些助选人的性质进行调查。注意他们的职位是不是世袭的、社会是怎么任命他们的。他们可能与首领的世系有着神话的、历史的或是血统的关系。在有些社会,世袭与选举或选择的方式常常结合在一起。没有长子继承权或幼子继承制的规定,可以有许多可能的继承人,也可能按传统在继任者之间举行决斗,胜者为王。必须研究从潜在的继承人中选择继任者的方式。领导地位的中断会造成内战,内战一般发生在最高首领去世后而继任者还没确定之前。应该用系谱法来验证从报道人那里得到的有关成功继任的规则是否正确。还须查明成功的继任者是否与社会流行的继嗣制度有关或是取决于特殊规则;如果是后者,必须对这种特殊规则进行调查。与此相关的问题是:女性继任者的准入权是如何规定的? 在没有法定资格的继任人或当他们太年少或太老或身体太弱时,人们如何制定权宜之计?

在讲究血缘制的社会,酋长的世袭权归属于某个血缘集团,例如,某个独特的宗族世系。在王室的宗族世系或王朝中常常存在着明显的分裂倾向,竞争对手的主张可能需要调解,不然就会导致内战甚至形成新的王朝。

领土疆界的细分程度决定一个领主的等级。我们可称最高首领为"君王"或"单于""大单于"或"天可汗",他们的地位可能建立在世代相传的关于部落英雄的神话基础上,或者他们自认为天之骄子。等级社会也就是不同的种族,王朝的统治主要依靠征服外来的统治阶层。在这些复杂社会中,王权本质上与从次级社区获得的首领地位不同,地方的首领需要王者或最高首领的认可才能履职。

职位不仅赋予首领特权,而且或多或少地界定了酋长对社区的义务:

(1)酋长对社区负有的职责可能带有宗教或巫术的性质。酋长充当沟通人神(或祖灵)关系的媒介,他在仪式上必须运用这些关系使人们受益。他必须注意日常生活中的特殊规定,如他与别人的联系、他的用餐、婚姻和房事以及与官职相关的神圣标志和象征。从他就职直至逝世,宗教礼节总是伴其左右。调查员应该记录人们是否相信酋长有能耐避免灾难事件,以及当其超自然能力衰减时人们态度的转变。很多因素当首领在位时没有神圣的内涵,例如,宫廷礼仪、传统服饰等等。通常,领导地位与一些不可思议的魔法和宗教力量有关,但是宗教和世俗的领导权可能分属两个在各自领域处于相应位置的人,两种事务也可能由同门同宗的兄弟掌管。应该调查王太后的相关仪式与国王姊妹的角色、地位等项内容。

(2)酋长通常有一些经济特权,例如,对于多产的果树、某些特别的球戏的权利或对社区的劳动者发号施令。酋长可能还拥有接受某些普通礼物的权利,自愿呈送的礼物掩盖了强制的费用(什一税、贡品、税金)。特别需要调查的是酋长的土地权利和对公共土地资源的支配及使用状况。酋长取自管理事务的财富可能归于私人或他的办事机构。他是否会积聚钱财?这种状况是终其一生还是仅存在于任期内,其后代是否能从中受益?当提到酋长地位时,要尽量避免使用表达"民主"特征的词汇,也就是说必须仔细观察才能解释地位的意义。应当记录酋长所有的经济责任,例如,待客的职责、援助贫困者的支出、公共仪式或宴会的支出、其他仪式性的支出、有利于社区的公共劳动的支出等等。重要的季节性活动都是由酋长发起并安排,例如,清除灌木、种植、收获等等。应调查酋长的其他特权，例如，优先择妻和占有其他妇女的权力，这些女性可能进入酋长家族，应当调查酋长相应的义务。

（3）按词的本来意义理解，"酋长"这个词就是首领的意思，总是社区的最高裁判。因此要求首领在争吵和冲突中作为仲裁者或审判员。首领的人格受到特殊法律的保护，攻击他就是严重的犯罪。首领通常不可替代，这就必须弄清当地是如何反对暴政的；或者可能有公认的废除首领的方法——一致赞成通过、习惯性程序甚至起义。还应探究领导权突然中断时社区如何运作。首领的职务（神圣或半神圣）和首领个人之间的区别也是一个重要的问题。

（六）委员会和官员

首领一般需要委员会辅助。必须弄清楚委员会如何履行首领的代理人和社区代言人的双重角色，以及委员们通过什么方法并在多大程度上控制首领的行动。

委员会的结构形式多样化，委员可能是世袭的也可能是任命的。在任命制的场合，选举可能受到世袭成员的限制，也可能是以个人素质为基础。年龄和资历是重要的因素，这里略谈长老会。通常该会的成员都带有一个头衔、具有一定的声望，有时还有一定的经济特权。在复杂社会中，长老们有专门的职责，主要是接近公共官僚机构、民政和军政要人、皇室人员等。官职、官位和薪俸（指土地或国家收入的分配）息息相关。奴仆经常负责跑腿，办理亲近君王、效忠主人的种种事务。

要调查雇用宦官的政府和宦官们在政治权利方面的情况。

政治机构中按区域划分的政治单位可担当街区或市镇的管理。或许地方首领在中央政府里代表着他们的社区。财政和司法的功能可能也以相似的方法移交下去；一些违法行为由地方首领处理，另一些则是由君主和其辅佐机关处理。

除了辅助机构和官吏之外，还有一些执行机构，它们可能是自治性的，也有可能纯粹是为了统治目的而特别设计的，如年龄组和秘密结社等自治机构；各个机构与警察机关或军队组织相联系时则仅是为统治目的而已。在没有良好的首领组织，更无中央集权的社会中，议事会或氏族酋长或村级长老因司法或监管社区生活的需要而聚在一起，讨论分配农田等问题。

（七）军事组织

在更加简单的社会,所有体格强壮的男人都得参加长途讨伐活动。调查员必须了解打仗的倡议取决于政治权威还是个人自愿,人们可能普遍地支持与帮助自己的社团吗? 还要了解当地发生争执与自救时公认的程序。

在很多社会里,承担军事活动是某一个或某几个年龄组成员的共同义务。服役可能是偶然的,青年组中的成员可能为了某项任务,经过选拔和训练并要严守纪律。随后他们分开居住在各自的头目那里,必须避免一些伤筋动骨的行为,例如,打架、性交或乱吃东西。经过隔离仪式以后就意味着已进入军事组织。

在国家式社会,所有公民都要服兵役,无论他的职位和头衔如何。这意味着不仅是个人的服役,同时还是家庭或其所属的集体对兵源的贡献。发生战事时,首领、副职以及有头衔者都是军事人员。战士以获得战利品的一部分作为酬劳,有时可能夺得大片土地、头衔或其他荣誉。军中之所以包括许多奴隶、农奴或一贫如洗的外地人,是因为他们加入军队可以获得改变身份的机会。兵役制与土地制、身份或地位密切联系,我们可以将其与封建制度类比。

（八）有关政治组织的斗争

在最简单的社会,有限而零星的冲突一般发生在相邻的群体中。在国家式社会,有组织的战争会扩大到相邻的地区,也会攻击居住在偏远领土的群体。不过战争大多数发生在具有亲密关系的那些群体之间,它们有贸易往来、通婚、移民等行为。这种间歇性的接触与敌意的结合,甚至发生在有血缘关系的团体之间,调查这种复杂的关系很有意思。这种战争经常伴随着杀掉敌对群体的族人的后果,并且承认赔偿和复仇的结果,这不是合法的战争行为,而是犯罪或罪过。重要的是了解采取什么样的预防措施来避免杀掉同族人,如果同族人被杀掉了,采取什么样的仪式或措施来弥补过错,在社会组织中,相邻群体间的敌意是根深蒂固的。神话和传说对此可能有专门的解释。

在有些民族那里,袭击邻族的目的意在获取家畜和奴隶,或者为了复仇。有时发起争斗的主要动机是获得巫术法力或威望,比如猎取敌人的头颅,或者获取一些珍贵的物品和礼仪用具。在农耕民族中似乎很少有人毁坏农作物和焚烧粮秣,要是这么做会引起报复性的攻击。某种程度上,报仇雪恨是典型的自治团体之间的政治策略,没有特别规定宣称这种行为违法。

随着国家式社会的不断扩大,就发生了征服性的战争,目的在于夺取处于他人控制下的领土,使其成为自己的附属国,或者夺取他们的财富和资源(人口、牧场、田地、贸易品)。历史上有许多部落通过侵略成为胜利者从而获得殖民地,他们在占领的土地上成为统治集团从而建立了国家。

国家不能进行永无休止的战争,这样会引起交战双方的人口灭绝。因此战争以不同的方式服从于人所共知的规则:起于敌意的爆发,终于和平的礼节。在原始社会里有许多禁止战争的规定,有时人们协商达成互助条约,常常吸收为法律,并超越了单一社区的边界。

(九)战争行为

从上可知导致战争的原因,战争因所涉及的内容不同而形式不同,对在和平以及战时的军事组织、装备和后勤供应产生一定的影响。如今,调查员很难碰巧看到开战的场面,他必须从可靠的报道人那里记录对过去战争所做的一系列叙述、为战斗所做的仪式准备和实践情况、在场与不在场的人、宣布和预备谈判的模式等。在战争中军事首领和宗教专职人员扮演的角色都应该记录下来。有没有挑战和简单格斗?有没有精心设计的侮辱?有没有焚烧、毁坏或占有敌人的领土?对于敌人的财产是摧毁还是夺取?如果是后者,战利品是归掠夺者所有还是通过有组织的行为进行处理?是否会捕捉战俘?如果会捕捉,又如何处置他们?敌对一方的妇孺的命运又将如何?妇女是否参战?还是负责提供后勤和防护服务?如何对待敌人的珍贵物品?是将其毁坏还是保存起来作为捕获者的荣誉?要把战争中观察到的战士和他们的亲属的所有宗教仪式或禁忌、所有停止争斗和达成和平的实践以及仪式行为记录下来。战士凯旋归来时是否会举行仪式?

要将战士的穿着和徽章记录下来。战利品或象征物是随便地还是比较正规地披挂在战士身上?是否会根据战士杀敌的人数赋予他们标志性的物品?如果是这样,杀死俘虏或妇女的战士也会得到表彰吗?

战斗策略受到武器类型、马匹、战车或其他骑具的影响,要对所有这些进行描述。

在一些文化中,战争是解决血仇的一种途径。要将敌人的伤亡人数记录下来,如果对方死亡人数多于己方在上次战事的死亡人数,那么这就算报仇了,敌意也随之消失。这种战争与发生在邻近部落之间的不间断的敌意密切相关。

在印度半岛的东北部,在东南亚的广阔山区,流行着猎头风俗。

在欧洲,腰斩敌人、鞭尸、割下头颅,是战争中的普遍行为,一直延续至近代。头颅除了别的价值外,还可作为战利品,这种行为可能有宗教或心理学动机。除了枭首,也经常砍断敌人的手和脚,有时只是为了防止死者幽灵的追杀,有时可能是为了获得特定的地位,例如,印度阿萨姆邦的那加人,武士带回敌人的一双手后,他就有了戴猩红的长手套的权利。带回来的头颅被认为是多产的来源,它可能高高地置于树桩上以使农作物更茁壮;或搁在受益村庄的大石头上,或悬挂在会所或住宅的梁上。那加人常将头颅挂在独木舟或猪槽船翘起的船头上,作为公共用途的必要组成部分。也可能将战利品悬挂在村里的旗杆上或将其面朝下用土掩埋。通常采用这些措施来安抚幽灵或使他的灵魂在猎头者村庄逗留。猎取的首级要在所有参加袭击的武士中分配,就像秘鲁境内亚马孙河谷的希瓦罗人一样处理头部:将头骨切除、用热沙子或炽热的小石子使肉收缩,制成一个酷似已故者面目的生动形象,通常对下颚要做特殊处理。一般情况下,猎头活动伴随着宗教食人的形式或庆丰收的仪式,例如,抛撒谷物。印度那加兰邦的昂尕米那加人不像他们的邻族那样掩埋头颅使其面朝下。缅甸的克钦人认为带回头颅只是胜利的证据,而印度的库基-钦人则认为是让幽灵做奴隶来照顾他们死去的首领。

秘密会社和年龄组对公共组织有相当大的影响。应该对秘密会社的功能、兵力、地位以及与其他权威的关系进行研究。他们的能力可能被接受,并运用到惩罚犯罪或其他目的中去。

二、法律与正义

(一)正义的维护

正义指全体成员持有的公平、公正、合理、合法(合乎风俗)的信念。

在所有的社会中,社区成员之间的正义感是由惯例、传统、规则和公认的宗教和道德标准组成的制度来调节的。调查员要尽可能对所有公共生活的行为模式进行观察,例如,男性亲属、宗族和社区成员之间的私人关系、丈夫和妻子以及父方和妻方的亲属、经济关系、对人类生命的尊重;个人荣誉;等级、首领、婚姻、财产继承、宗教惯例等制度。大家是否有感兴趣的话题？比如家庭的争吵、诉讼或违背婚姻规则等等,调查员要记录报道人所说的一切重要事项,包括赞扬的、责备的或处罚的行为以及人们共同的观点。在严格的惯例中,礼俗与习惯之间是有区别的,当地人可以容忍哪些违反惯例的行为？他们的容忍度是否取决于"家丑不可外扬"的古老价值观？

要搞清行为标准灌输给社区成员的过程,或者是如何通过教育让他们学会的。了解这些行为标准是编成法典还是仅仅内化到文化当中以风俗习惯形式表现出来？是否选择贤达人士组成智囊团？他们是否特别精通这些法律知识？要调查不同规范与宗教、神话、祭仪、秘密会社之间的联系。

无论何时,调查员只要有机会,就应当了解习惯性的规则是如何形成的。这些规则是在社区中形成,还是某些有影响的个人或团体特别声明,抑或由权威强制执行？要调查出个体的力量可能在时尚和风俗方面进行的改革。

通过制裁来调整社会行为规范,例如,排斥、奚落、轻蔑、嘲笑等等,这些行为是非常有效的惩罚形式。这种方式有积极意义,也有消极作用。积极的一面是社区认可社会的标准惯例,个人遵守这些行为模式会得到一定的回报,同时也受到尊敬;消极的一面是违反它们将会受到不良后果的威胁。通过非正式的社会压力,有时候遵守标准可以获得安全感。遵守其他形式的惯例可免遭超自然的制裁,任何违反都会带来报应,即使没有公开地干扰到社区的任何成员。打破禁忌可能引起行为者自身的"污秽"或"不洁",也可能导致发病或死亡,这些结果会被看作超自然的力量或幽灵惩罚违规者。由社区组织来执行制裁的其他标准,并由社区全体,或权威组织,或特定的团体或个人来执行。巫师将对违规者施加神力,致使他或他的家人、禽畜患病或死亡。不然就是有节制的决斗,违规者还要经历痛苦的磨难或审判。有时由武装起来的群众组成一个团体对冒犯者执行惩罚,但这要经社区大会的同意;如果违规者置若罔闻,屡教不改,一犯再犯,就由代表社区正义的权威机构来审判和惩罚。这种制裁可能像有组织的裁决一样,与仪式的和无组织的制裁相反,它是通过组织化的中介而进行的积极的社区参与活动。在详尽调研不同形式的制裁时,还应注意它所依赖的基础(信仰、道德格言、现实的制度)。如果是宗教制裁,要将它的类型及运作方式记录下来;罪犯到底犯了什么事,裁决服劳役是不可避免的吗？他们是否能通过一些方式洗清罪名,例如,通过赎罪、牺牲、忏悔或其他仪式？社区对罪犯的态度如何？如果允许他们待在社区内，是否要使他们隔离，不能参加正常的社会活动？最严酷的惩罚是否将罪犯逐出社区？还有罪犯的行为是否会连累亲属、家庭其他成员、地方团体等，他们是否要为罪犯承担责任？

（二）法的制度

从严格意义上说，具有合法的法庭才可能存在法律，通过有组织地裁决，法院才能执行审判的权力。法庭中有现成的程序将罪犯绳之以法，但是很多原始社会缺少明确的司法机构和程序。虽然如此，在贤明的长者或宗教神职人员领导的社区，现有的规定利于他们采取整体措施，反对行为上或信仰上的离经叛道者，例如，乱伦者或者施加黑巫术者。大多数社会依然存在着这样一些制度，个人或团体能够在合法权威或非正式法庭的审判之前提出辩解，替自己洗刷蒙受的不白之冤。严格说来，对违反法规的有效制裁与法律程序密切相关。调查员要注意这些制裁涉及的行为，尤其是杀人和对身体造成伤害的裁决：违背异族通婚法、乱伦、通奸、诱奸、强奸以及偷窃、私宰他人的禽畜、毁坏别人的财产、诽谤他人、破坏和平、反抗公共权力、施行魔法和黑巫术，社会对这些行为将如何处罚？罪犯是自愿还是被迫承担犯罪行为的法律责任？犯罪是临时起意还是蓄谋已久的？对犯人的惩罚是否依据犯罪动机的不同而有所区别？判罚依据仅仅是考虑行为所造成的后果吗？奴隶、妇女、未成年人、精神病人对自己的行为应负多大的责任？如果是宠物、禽畜伤人或者糟蹋了别人的庄稼，主人该当何罪？如果一概不承担责任，那么有没有其他人承担这个责任？罪犯的亲属、族人、同一个联盟的成员、同一年龄组的人或其他社会团体要在多大程度上为其所犯的罪行承担责任？侵犯陌生人和本社区成员的利益时，罪犯要承担的责任是否会有所区别？是否因受害者的地位、年龄、性别的不同而承担不同的责任？

要调查中央审判机关的构成、权力及辖区，所有罪行都得在中央审判机关审判吗？抑或在有些坏事发生时，受害者或团体可以对罪犯及他所属的团体提起直接诉讼，就地公审？

如果受害方不向中央审判机关上诉，而是直接向加害方采取措施，例如，夺取对方的财物（坐索），杀害对方的妇孺（血仇），社会是否容许这种行为？如果容许，是否被当作一种正义的行为处置，而不是当作抢劫或杀人处置？由此造成的连环效应由谁负责？是近亲还是族人或其他社会团体的成员？如果凶手是农奴，犯罪的承担者是不是农奴的主人？如果妇女受到伤害，谁将为她们复仇，是丈夫、儿子还是她娘家的人？当犯人与受害人属于同一个家庭或氏族或其他的社会团体时又将怎么处置？血仇一般会持续多久？是在杀死犯人或其所属团体的一个成员时感到满足了，还是让仇杀继续？假如真是这样，最后如何结束仇杀？是通过宗教仪式还是通婚形式或其他仪式？血仇是否以支付受害者一定钱财（例如，偿命金）的方式来解决？如果这样，受害方是否会拒绝这样的赔偿？赔偿是由双方协商还是有一个预定的参考细目或抽象的计算原则（公式）？赔偿金额的大小是否因罪犯或受害者的年龄、性别或地位不同而有所不同？赔偿是否要通过特定方式（例如，家畜、农作物、女人、奴隶等）来支付？由谁支付？谁将分享这些偿命金？支付赔偿的数额由谁来分配？如果没有人分配，那将如何处理？

在举行公审的地方，要注意法庭的组成、举行时间和地点。谁起诉——是原告还是社区通过政府的公诉机构？如果两种情况都有，那么人们分别使用哪种措施？在开庭之前，怎样侦查、逮捕和传唤犯人？怎样将犯人带到现场？如何实施这些程序？要求采用什么证据证明被告清白或者有罪？如何看待证据？注意宣誓、拷问、神判、商议等程序。如何达成判决？如何宣布判决结果？罪犯及其家属有没有上诉的权利？如果有，上诉人的顺序如何？主要采取什么惩罚？是偿命、致残、惩戒、放逐、充军、苦役、没收财产还是罚款？这些措施分别对应什么罪行？主要对哪些罪行实行罚款？以什么样的比例来计算？法庭是否从中受益和要求诉讼费？由谁来支付诉讼费？法庭的判决如何得到实施？除了中央审判机关以外，有没有地方审判机关或二级法庭？二级法庭主要受理什么案件？其判决受到多大程度的限制？必须得到上级法庭的同意和修正吗？争讼者可否通过庭外方式（例如，通过有限制的决斗、支付赔偿金、得到许可的战利品等）解决争端？要区分成年人与未成年人的犯罪。特别要留意集体犯罪、个人犯罪以及各自受到的制裁和惩罚。调查员要尽可能参与到所有的活动中，将审讯过程细致入微地记录下来。要记录所有庇护逃犯、奴隶等罪人的权利。什么人或什么地方有可能成为避难所？避难能使犯人免于法律的惩罚吗？还是仅仅让犯人免遭私敌的攻击？

在没有中央审判机关，而是一个有组织的司法制度的地方，可能有一些贤达之士或团体为大家所接受。可能是宗族、世系、家族的头人或是社区的长辈、宗教界的主祭、法力高强者或知识渊博者,甚至可能是缺乏人们所公认的地位但具有显著特征的人。要调查以上人士的权威认可情况。不管是有组织还是没组织的司法制度,都要注意在权利方面妇女是否和男人的地位一样?如果一样,如何认可她们的权利?

三、财产的体现:从经济、法律、土地制度和遗产的视角

财产和所有权是一对范畴。所有权很好地阐释了不同的个人或团体对于事物的占有权利,人们所拥有的这些事物就是财产。在物权方面,财产与资产有着明显的区别,资产主要反映生产基础,强调事物的用处而不是规定由谁来控制它。

财产这个概念,在不同的社会,甚至在同一个社会中,因性质和所有权类型的不同而有所不同。调查员要做具体分析才能充分理解概念的内涵,简单地贴上"个人主义的"或"共产主义的"标签是远远不够的,有时还会令人误解。抽象地参考语言学的知识也是远远不够的,没有必要根据表面的相似来接受个人的口头解释。无文字社会的人们惯用"我的"和"你的"这类词汇,可能不是我们所指的所有权,这些术语的意义因语境不同而有所不同。

调查员要检查财产的类型,包括行使权利的类型和权利行使的规则,行使财产权的个人或团体的类型。下面是需要考虑的普通财产类型,实际状况在不同社会会有所不同。

(一) 财产类型

(1) 不动产。例如,土地、道路、桥梁、渡口、水井、建筑等。人们认为耕地、改良过的土地以及森林树木是不动产,这与分配给他们的荒地截然不同。调查是否有一些建筑物由协会而不是由普通的家族团体拥有和维护。

(2) 家用设备和专业设备。例如,炊具、家具、农具、工具、武器等。器具与装备的所有权与按照性别和年龄的劳动分工有关。了解家用设备的控制和继承需要先了解血缘亲属结构;与此相反,专业装备的所有权仅限工艺协会所有。长矛是新娘嫁妆中的一项财产,仅仅具有宗教价值吗?技术在使用过程和生产过程中是否被认为是一种财产? 这些也需要了解。

(3) 私人财物。例如,衣物、装饰物、货币等。如何获得这些物品? 由谁

来继承？在紧急情况下珠宝是否可以作为硬通货来使用？所有者本人是否有权自由处理财物？这些财产是否包括继承物、聘金和彩礼？

（4）仪式物品。在大多数传统社会，甚至于我们当今的社会，物品的价值很大程度上在于它们与仪式和传统的联系而非内在的劳动量。这些物品可能是社会、政治或宗教群体的传家宝，是不能转让的。在其他情况下，这些物品可以按照传统的礼物交换方式流动。因为用任何普通的交换媒介都不能公正地衡量它们的价值，所以必须将这些物品与货币流通区别开来。确实，诸如聘金在人们认可的交易中，现金作为仪式物品的代替品，这些东西都具有重要的经济和社会意义。调查员应注意当地有什么仪式物品？这些物品的仪式价值本质是什么？

（5）家畜（含饲料——粮食、原料、农作物等，参见后面有关牲畜、作物、食盐等项内容）。在早期社会，人们积累财富的方式是购买家畜和原料而不是土地或宝物。因为这些财产显示出来的使用价值很高，当时数量可能比质量更重要。家畜只凭外部标记就可看出其价值。为了估算财产的价值，要用当地的计量单位同时参考欧洲单位列出清单。牲畜、家禽的公母和繁殖率很重要。是什么规则支配禽畜幼崽的所有权？为什么常常用牛作为聘礼？亲家是否对作为聘金的家畜保留一定的权利？如果夫妻离婚，它们的所有权是否转移？支付前是否对家畜及物品作了抵押？这种抵押的债务能否继承？饲养家畜的目的是什么？是为了吃肉？为了日常生产？为了毛皮？为了肥料（粪）？或者只是为了声望？宰杀时是否要遵守仪式规则？由谁来分享这些肉类？

（6）经济使用权（参见土地所有制）。不仅要注意单纯的土地使用权，还要注意固定资产或房地产的使用权，例如，水车的使用权以及从他人水渠中车水的权利。

（7）为个人和民众服务的权利。占有他人劳动的各种形式，从最初的奴隶制到夫妻间的相互权利。可以将劳动作为礼物奉献给上级，聘金也可以用劳动来代替（服役婚）；债务和抵押同样可以通过自愿的奴役得以交易。是否大家公认劳务可以作为一种支付方式，人们可以在劳务和其他支付方式之间选择呢？

（8）其他形式的非物质财产，如头衔、歌曲、名字、字母和烹饪、雕刻技术等都可成为确切的所有权和买卖、继承、赠予的对象。

必须强调的是以上提到的类别彼此不排斥。在某些社会(如古印度),牛最有可能被看作仪式物品,其他的仪式物品可能因个人影响而临时出现。调查员应将社区中存在的主要财产形式做成一个详细目录。选择一个点(自耕农场、游牧营地)做详细的定量调查。比如将类型及数量的分布标识在地图上,由此揭示重要的差异。

在分析社会组织时,就能得知个体或群体行使财产权的类型。一般而言,所有社会集团可能都有这样或那样的财产权。原始的财产清单已显示出财产分布的所在地,要注意同样的材料清单关系到行使控制的个人与群体。例如,男人、女人、小孩、普通家庭、联合家庭、联合家户、双系继嗣群、宗族、村社、行政区、不同的年龄组、秘密结社、政治组织、手工艺协会、宗教教派、仪式团体、武术界、神职人员、亲属群中的年长者、行政首领等等,这些人各自行使哪些财产权利?

财产使用权的类型因财产类型和管理者个人和群体的类型不同而有所不同。有经济方面的、宗教方面的、立法方面的和政治方面的权利。首先必须区分以下几种权利类型:使用权;控制他人使用或分配财产的权利;处置权;从他人使用财产中获得经济利益或其他利益;无法进一步利用财产的所有者。不同的人群对同一财产同时拥有以上几种权利。例如,一个户主可能对某些牛群有专用权,但没经过亲属中多数人的同意,他就不能私自处理牛群,也许可以不经行政首领的同意就处理牛群,但如果宰了牛,他就得分一份给首领。

对于单门独户等特别小的场所,要详细调查所有物品的来源、使用情况和名称。注意口头声明的所有权在实际行使过程中是否能实现。要描述每一个物品:产地在哪里?生产者是何人?来源与方式如何?放在哪里保管?什么时候要用?为什么?中介是谁?对一些财产类型来说,调查时要涵盖所涉及的所有权类型。例如,一艘渔船的全体水手由哪些人组成?又是如何挑选来的?他们如何与别人联系?他们的劳动如何得到回报?由谁来决定如何及何时使用渔船?谁来分享渔业收入?谁来维修渔具?解决财产争端的合法程序是什么?这些程序在实践中是如何生效的?

(二) 遗产

要将社会权利、政治职位的继承与土地权、财产权的继承区分开来。严格地说,遗产继承只包括死者向继承人转让财产的规则,生前财产的转让(生前赠予、嫁妆、聘金等等）必然会影响到遗产。有的遗产规则，比如幼子继承制（由最小的儿子继承）可能基于一个假设，即其他继承人在死者生前已获得了他们应得的份额。

遗产的不同规定反映了两个矛盾倾向：第一，个人对近亲所要承担的责任；第二，个人自由处置财产的权利。多数传统的遗产规定强调第一个倾向，只有立了遗嘱的遗产才能满足第二个倾向。允许收养的制度被认为是二者的一种妥协。在原始社会，基本上没有以立遗嘱的方式传递遗产，关于亲属的责任也有很大的差别。因此，全面了解亲属的结构是了解所有遗产体制的基础。有必要弄清拥有不同形式的财产者的权利性质和限制（上文提到的不同财产形式；下文将涉的土地所有制），所有这些权利不可能只让一个人继承。

将当地人认为合理的遗产继承制度记录下来，同时收集具体的涉及遗产问题的事例。遗产规则因财产类型和继承者的性别不同而有差别。男女在土地方面是否平等？是否有些物品只传子不传女或者相反——传女不传子？

工艺和秘方之类的财产传递可能只限于亲属结构以内的极少数人。个人财产权是否也能继承？例如，寡妇从亡夫那里获得的遗产可以通过转房的方式传给亡夫的兄弟吗？租约及债务是否能继承？当群体分裂（如分家、分房、分派等）和土地分割时，土地继承的规定对社会和经济的影响有多大？由一个人继承大部分财产的体制。例如，与多个继承者或男女继承人按一定比例分割财产相比，长子继承制明显不同，它主张大部分财产由长子继承；又如（罗马继承法、伊斯兰教规等等）补充的惯例会打破土地平均分割的趋势。从这个角度来观察从表婚，倘若行此婚的家庭有多个继承人，他们是否都能得到同类财产？还是某种类型的财产只由父系亲属继承，而其他财产则由母系亲属继承？母亲的财产（如私房钱）是否只传给女儿？通常个人权利只在直系亲属中继承，如父亲传给儿子或母亲的兄弟传给姊妹的儿子，当然也有其他情况，如继承人是一个扩大的同源群体中最长寿的成员；又如，一个人死后，其兄弟就优先于他的儿子而继承他的财产。注意调查这些做法是否受到外国人的影响。

一旦立下遗嘱，也就意味着遗产被确定了，这时财产的处置权是否受到留有遗嘱的人的约束？遗嘱人能否反悔，通过修改遗嘱剥夺"合法"的继承人的权利？

因财产而发生争执时会如何处理？一般来说，支持传统规则的法律和道德制裁是什么？在目前的条件下是否会发生变化？这些变化意味着什么？人们对个人财产和土地所有制有何反应？在传统的母系社会中，要注意任何变化的趋势，即去证实一个男人的孩子的遗产权利是以损害他姐妹的孩子的遗产权利为代价。

（三）土地所有制（经济、财产、继承）

根据个人或群体的土地权利可以更好地理解土地所有制。最基本的表现是有权用不同方式使用土地、分享土地的产物。这些权利可以直接地获得或以租金的形式获得，而不需要付出劳动力。其他权利有土地转让，包括土地的出租、出售、抵押、赠予、交换等，还有其他一些有名无实的权利，即虽具有一定的威望，但在一般情况下所有者并不能获得任何物质上的利益。为了更好地进行分析，调查员必须知道权利赖以维持的土地的类型、权利的性质及拥有这些权利的个人和群体。

对于土地类型，仅仅记录和归纳主要的经济类型，如耕地、牧场、森林等等是不够的，还必须考虑土地的副作用。农作区不但有已耕种的土地，也有将来用于耕种的荒地，同时还有燃料和用于盖屋顶的材料储存地（林地）、建筑用地、水源供给地，鱼塘及宗教用地。适用于一类土地的所有制规定并不一定适用于另一类。而且同一块土地在不同的情况下可能有不同的使用方式。于是耕种者的一块休耕地可能是牧民的牧地；耕地上的树木可能不归耕种此地的人所有。特殊农产品可能给首领作为额外所得，而不管它产生于何地；简而言之，不同的人对于相同的土地会有不同的权利，而没有利益上的冲突。

调查员要考虑个人和集体的类型，以及上面所提到的财产类型。

要调查人们自己再分配土地的方式。在界定个人所有土地的质与量方面存在较大的差别，这些差别和土地使用的技术密切相关。个人拥有土地的方式也有很大的区别：可以分为个人及群体永久所有和暂时所有两种情况。

要在狩猎、采集、放牧的土地上划出精确的界线不太实际。整个群体公认为每一个人在一些界线模糊的地带都有采集权。

在农业密集耕地有限的地方，实际用地往往界定得比较清晰。在土地广阔的地方，可能就不会考虑面积的大小和地点的好坏，直接授予人们耕地就可以了。循环利用的土地有时划出了边界，但是总不会保留到休耕期之后。个人的土地所有权能保留多久？是否存在给那些缺乏土地的人再分配的制度？

谁有这个权利？缺乏土地的人是否有可能临时使用他人的剩余土地？临时使用会对长期的土地所有权产生怎样的影响？在技术允许土地持续耕种的地方，同一个人是否可以年复一年地耕作同一块土地？即使允许，个人有没有绝对的所有权？土地转让常常受到一定的限制，特别是现金交易时。因此，土地所有权的更准确的说法应该是亲属群体所有权而不是个人所有权。

根据以上描述以及土地所有权的不同类型，调查员可以获得土地面积及面积变化的相关数据。通过画地图或草图来记录这些方面的资料。当地是如何界定边界的？是以地契、界石、村里长者的记忆还是法院记录为准？这些记录是否收取费用？如果是这样的话，所记录的是否与调查员所看到的一致？地契在法律上是否具有坚实的地位？实际生活中地契是否成为人们发生矛盾的源头？矛盾又是如何解决的？要调查转让土地权的所有方法，例如，出卖、典当、抵押、赠送、借贷、租赁等等。在个人、世系和特殊土地之间是否有一定的宗教关系？比如，先人的遗骸、后人的命运是否与特定的位置有密切联系（风水信仰）？声称拥有土地权的要求很可能以神话、传统惯例和历史为基础，这些传统惯例的准确性如何？它们是否互相印证？它们是否为产生争论的来源？报道人在不同的场合下会提及家庭土地、世系土地、宗族土地、村庄土地、首领（酋长、王公贵族）的土地等等，这些概念是否重叠？权利意味着什么？最常见的所有权形式要么源自祖先的权利（通过诉诸氏族组织确认），一般由神话来赋予；要么源自某些政治高层分配的封地（通过诉诸政治结构而获得）；要么同时源于两者。在有首领的地方，首领可否收取地租或贡物，以确定自己的头衔？首领是否有宗教仪式、法律和军事方面的职责（参见首领职责）？

在实行酋邦制的地方，最高首领、次级首领、村落头目以及自耕农各拥有一块土地，其面积与位置与他们自己的身份相应。有些特殊人物，他们的世系（宗族）或群体被誉为"这片土地的开基祖"，实际上他们可能没有土地权，自己从不耕种，但是他们必须发动群众，组织拓荒，诸如清理林地、燃烧灌木等，并负责各种有关土地肥沃和清除害虫的巫术仪式。要调查他们的行为、地位、职责和报酬，也许会发现这些人是原住民的后裔，在从事农业的人们到来之前就占有了这片土地。

关于土地使用权，还应调查两项，即租金和土地所有权的转换形式。

（1）租金。将所有贡物和租金在理论上的要点和实践中的细节记录下来。人们使用土地是否有税赋？交给谁？占总产量的多少比例？税赋以什么形式计算？是按照固定的年租金还是以一定比例的年产量计算？是以劳动服务的形式征收还是以传统认可的象征形式免税？当地人如何解释这种形式？实施时要经过什么人批准？支付租金或贡物后，人们能否得到相应的服务作为回报？如果土地被原来的佃户转手或抵押，又由谁来缴纳赋税给原来的地主呢？

（2）土地所有权的转换形式。在社会变迁的条件下，土地所有制带来了管理中最为棘手的一些问题。这就会引起以下变化：新兴的阶级可能以牺牲他人的传统权利来获得自己的权利；地价可能急剧上涨并促使普通农户扩大他们的权利；在所有的租金交易方式中，可能以货币取代实物税赋的支付形式；传统上对转让的异议可能通过诸如永久抵押权等办法得以规避；欧洲法庭的判决可以确立并使传统制度中临时的所有权永久化；习惯法可能适用于某一块土地，而对另一块来说则可能与国法发生冲突。在这种情况下，一个总趋势就是当地人在实践中回避政府制定的法规，它们反映了官方对土地所有权问题的调查所得出的正常情况，可是反过来又导致了推诿和怀疑。因此要特别注意：一方面要将现行实践和传统区分开来，另一方面要将现行实践与政府批准的行为区分开来。

第八章

经　　济

人类具有一定的消费需求,从而推动他们去认知与开发物质资源。物品具有一定的属性,由于人的需要而产生作用,这样一种基于人体需求而存在的时效性用途,通过人的主观认定而赋予客观的价值并被普遍接受。价值是人创造、转化与实现的,又转过来为人服务。本章探讨简单社会与复杂社会的经济常识的调查,涉及生产要素、思想原则和行为机制,勾画了人类满足自身物质文化或精神文化需求的基本层次。

一、引子

经济学是一门对人类利用资源的相关活动,以及与人类需求有关的组织活动进行广泛研究的学科。有时人们认为在简单社会里不存在真正的经济组织,但研究表明任何社会不管多么简单,都有一套相关的方法和系统的方式来管理人力资源。这种经济组织是人们生活的基础,它与社会结构、政府体制、人们的技术及仪式制度息息相关。

经济学研究的一般观点也适用于非常原始的社区。但是要将在西方制度背景下形成的分析方法应用到原始制度中并非易事。在那里通常不存在货币与价格,因而经济关系缺乏一个简单的测算。所以应当避免使用诸如"资本""工资""租金""储备"这样的专业术语,或以不同于现代经济学家惯用的意义来使用,因为其独特的含义不适合非专业化的"原始"状态。下面还存在一些其他的困难:研究简单社区的经济本应是经济学家的工作,但极少经济学家去研究它,而绝大多数调查研究工作都是人类学家完成的。如果研究者只受过一般的经济学理论培训,而没有受过人类学训练,就要切记自己所研究的经济制度所处社会背景的重要性,否则无法理解经济组织所依赖的价值体系。

假如调查员没有受过经济学的训练，我们推荐他去了解一些基本原则，有一本公认的经济学教科书对此给予了详细的论述①。

研究文明社会的经济学家可以为自己或读者预设有关工业技术条件、交换程序、财产占有制度和整个经济体制及社会背景的一般常识。由于不能为大部分原始社区做这样的假设，所以人类学家必须对经济特征做一些解释（参见第五章对于社会结构的描述）来表明经济组织对它们的依赖度。本章所给的这些建议是以假设调查员也要研究社区生活的其他方面为前提的。

但是，不能将经济学知识和技术活动混淆在一起。对艺术品和手工制品以及器物制作方法进行描述很有趣，特别是涉及发明问题及其适用过程和本地的仪式、神话和社会组织时更是这样。而从经济学研究角度来看，技艺方法是生产组织中的"既定要素"，其中重要的是各种先进工艺技术和每一生产单位产出、分配与劳动力组织的影响。至于陶器就要考虑一些因素，例如，谁生产黏土？是自己选择成为一个制陶者，还是仅仅为了业余的爱好？陶罐是否用来交换？如果是，主要用来交换什么？制作陶罐的收入占个人总收入的多少份额？诸如此类，不一而足。

在原始社区做经济调查，目的是研究生产规模和性质，弄清个人的实际收入究竟有哪些，弄清资源总量，其中包括获取这些收入的劳动力，从而对诸如当地的"生活标准"这样的概念给出一个定义。经济学家惯于使用的统计资料在原始部落很难获得，因为那里没有价格，大多数农业社区里金钱仅在有限的交易中使用。但调查员可以从土地使用权属的图示中获得定量信息，因为上面显示了个体的土地利用面积、农作物产量和牲畜的贮存量；调查员还可以获取从事不同行业的劳动力数量，以及家庭占有和利用的物品类型与数量。在一定的范围内，这些要素有助于统计分析，并提供有关群体或个人经济地位的有用信息。在使用货币以及可用价格来表述货物与服务的地方，数据的收集就容易得多。但是必须记住一点，有些不以金钱来衡量的商品，仍然应将它们纳入考虑范围。

通过生产、分配、交换和消费四个环节，可以方便地了解一个民族的经济组织。

---

① 参见古德费诺：《经济社会学原理》，本书参考书目的经济制度一栏列有此书的条目。

二、生产

生产指将资源转变为满足人们需要的物品和服务的组织过程。诸如采购原材料,将其从一地运往另一地,相关的任何环节都应纳入生产过程。下面从六个方面进行讨论:

(一) 技术与资源

调查员对生产进行分析,首先要对可供利用的资源做一个通盘的了解:人们相对缺乏什么? 他们对自己的财产及其用途知道些什么? 可以自由使用的工艺流程是什么? 其中就涉及环境、知识、传统和技术等等问题。

一个敏感的话题是,在现有条件下工艺流程还能持续多久。所以要调查那些潜在的资源,例如,森林里的木材、未开发的土地或可供灌溉的水源。这一点经常为人们所忽略,之所以如此,可能是目前还不具备开发利用的技术。

可根据主要的生产技术粗略地给经济活动分类,如:根块的采集、狩猎和捕鱼、农耕、畜牧、工业或贸易。然而,不能把重点放在分类上,因为:第一,生产技术与经济活动这两者之间并非互相排斥,如畜牧者也会经常从事一些农耕;农民也会采集野果、打猎或捕鱼;或许人们拥有牲畜群,但他们也经常到矿场或农场里帮工挣钱。调查员在个案中应该比较分析从每一种经济类型中获得的回报,以便了解他们的一般收入和其他特殊的经济优势。第二,两个经济组织的生产技术相同,但资源利用和生产效益可能大为不同,究其原因,有时只是社会结构上的差异,例如,母系制或父系制,核心权威的存在与否等等所引起,通过分析生产技术,可以得出它们对产量、成本及劳动组织的影响,还要考虑生产技术在多大程度上是标准化的以及在多大程度上可以灵活操作,要分析为何人们固守传统技术或引进新技术,当由于外来因素的影响导致社会生活变迁时,对生产的分析就显得尤为重要了。第三,技术的选择必须与成本挂钩,优先选择某一种生产技术相对于原材料和劳动力成本的降低有意义才会得到鼓励,因此要调查这方面的情况。

有时在同一社区同时使用不同的技术,与仅用一种技术相比,前者对资源的利用效率更高,例如,一些部落根据不同类型的土壤,在不同的季节使用不同的耕种方法,要比他们"一刀切"的做法好得多。在比较相邻两个社区的经济制度时,要调查更大范围的技术方法对农作物产量及更多的统一规划生产对资源利用的影响。还应调查改变技术后的影响,例如,西方工具的引进所带来的影响。

值得注意的是,当地人对他们为何更喜欢某种经济形式有自己合理的解释。例如,马赛人是肯尼亚和坦桑尼亚的游牧狩猎民族,他们蔑视农耕,认为:扒开大地母亲的躯体是不对的。之所以用草喂养牲口,他们宣称因为大地已经赐给人们牛奶作为食物,所以不能逼迫大地再次进行奉献。这个故事包含了社会人类学的主位观察的要求。调查员不仅要描述经济类型,还应描述人们生产活动的目的——生产食物在多大程度上是为了生存,在多大程度上是为了周济亲属和履行其他社会义务,在多大程度上是为了供给鬼魂祭品;人们饲养的牲口有多少用作食物,有多少用于出售,有多少用作聘礼或嫁妆,有多少作为"打冤家"的赔偿。要粗略地估计一般情况下各种分配的比例,同时要考虑人口的规模和食物在不同性别和年龄组之间的分配情况。

人们从事经济的规模和处理物品的方式很大程度上取决于技术与资源的因素。人口分布状况关系到可利用资源地(参见第七章对财产的描述)的位置,应该在草图上标示出来。为了了解经济过程在社区中的需求,还必须估算个人和群体在生产物品时所消耗的时间。假如条件允许,调查员应在周密观察的基础上形成数据,换言之,观察人们在不同季节、不同职业的活动中每天所从事的具体工作。创建一张社区各业全年作息表很有价值,它基于日常的观察和记录,具有概括性,涉及以下原因带来的波动,即职业的季节性变化、劳动中的良辰吉日或凶兆日、气候条件、休息日、节日、丧礼和其他典礼仪式。

调查员应注意不能仅从我们社会的商业组织的经营方式来思考当地社会,以免得出偏颇的结论。诸如我们社会中的买者和卖者、雇主和雇员之间一些专业的经济关系,在原始社区中一般都没有。对他们来说,经济单位就是社会单位,经济关系也是社会关系。在许多社会中,大多数情况下血缘纽带是经济关系的基础。例如,在太平洋西南所罗门群岛的特罗布里恩德岛上,一个家庭的女儿出嫁了,这个家庭的儿子要定期把农产品拿到他们的姐夫或妹夫家,因为他们姊妹的土地保留在家中,土地的一部分产出必须让姊妹分享,于是表面上丈夫的生活来源大部分赖于他的妻兄弟,这是岛民的习惯性义务。又如,在加拿大东部拉布拉多地区的纳斯科皮人的营地可以看到相反的情景:女婿为岳父家服役,洗衣做饭,下地干活,只有在特定的正式场合,他才能获得一定的回报。这种服役婚依赖于社会关系的纽带而出现,其服务类型与那些主要为了获取即时性的经济回报的服务如出一辙。对于以上两种情景,调查员都要仔细观察,娓娓道出。

每一个原始社区中,人们的经济生活不仅仅是个人寻求食物,即使在简单的狩猎队群中也有一些集体活动。原始社会的生产组织包括劳动力的分配和整合个体为共同任务做出贡献。

(二) 劳动分工

劳动分工通常以性别、年龄和技能为基础,在实行社会等级制的社会中,还以阶级为基础。有时整体职业的分工具有排他性,如男人负责饲养牲口而女人则承担农活。有时两性在同一职业里分担不同的任务,如男人负责翻土和播种而女人专门除草,必须注意记录这样的分工合作。常常以禁忌或其他仪式约束来强化这种分工,所以也要调查社会分工对经济的影响。在不同类型的分工合作中,群体中的成员是一成不变还是经常变化?什么因素会影响他们的聚合与分离?如亲属关系、劳动力的供应状况及具备所需技能的情况等等。特定任务是否与不同的社会群体(如家庭、家户和氏族)密切相关?

某些手工艺(如金属加工、建筑等)可能由熟练的专家来担纲或指挥。调查员应了解是否有些村庄或家庭专门从事某些特别的手工艺或仪式?同时应调查形成这种专业化的社会分工的经济原因。注意生产技术的传承程度,这种传承方式对个人和群体的收入有什么影响,专业化在多大程度上在持续,在许多当地手工艺较为成熟的行业中,需要一些人比别人付出更多的劳动时间,但他们不会投入全部的时间。要注意调查这些专业化生产的产品的需求量、所达到的工艺水平,以及如何推广这种技术。应列出一些教育机制(如模仿游戏、年长者的观察及耐心的教导),调查当地是否存在学徒制度。

(三) 关于生产的思想体系

在特定个体或群体之间,导致劳动分工的原因除社会观念之外,还有一些当地人所能接受的态度看法也会对社会生产产生一定影响。人们的道德价值观、赞扬或谴责的表达方式,在一定程度上决定着个体工作的热情和效率。仪式价值可能也会导致不同类型工作之间的差异,使人觉得某些职业体面和令人向往,而其他的则相反,例如,非洲部分地区的炼铁业和印度的皮革业。有时从谚语和格言中可以看出隐藏在当地人态度中的道德观念。有时成功者或拥有一定技能的人们能得到一定的特权,如出色的猎手或渔夫可能会佩戴一枚特殊的勋章(或装饰品),以利于激励他们提高工作效率。人们普遍认为节奏感是提高工效的重要因素。在某些场合,人们可能会采用更加刻板的方式去刺激他们提高工作效率,例如,服药以产生兴奋情绪,哼唱号子以造成有节律的动作,调查员应注意这些身体的或心理的刺激对生产的影响。调查员要注意当地人在手工业活动中采取的各种激励措施,把不同类别从业者的工作态度描绘出来。

(四)劳动力资源的测量

调查员应注意劳动力状况的定量分析,了解"工"的概念在不同条件下的确切含义,平常说某项工作总共需要多少劳动力,也可以说需要多少个"工"或"工时"。总之,做什么事都要估计一下可利用的劳动力资源状况,并计算投入实际的劳动力。应分析什么原因驱使人们来参加劳动,同时要分析其他人不来参加劳动的原因,包括工作技术要求、报酬率、劳动者与雇主之间的亲属关系或其他社会关系以及从劳动的参与中所能获得的任何直接利益。

(五)工作组织

根据个人判断随意进行的生产方式实属少见。生产总是周密地安排,通常由某个人(经常是首领或村庄头人,他无须动手做体力活)负责创建产业并直接或间接地带领劳动力进入特定岗位。要注意这个人的社会地位和他按自己的意志进行的裁决。认真评估个人从其为社区直接的服务中可获得的经济回报。大概了解一下个人的计划标准也很重要,这个计划不是组织者的功劳,就是不同个人的深谋远虑逐渐积累而成的。例如,每年某个特定季节中某种类别的食物生产过剩,这种情况可能是特殊仪式的需求所导致的正常现象,也可能是人们在生产中的地位不同,首领组织生产,一般人盲目听从他的指挥,或是储备一定的粮食以待青黄不接、年终庆典等特定的目的而引起的特殊现象。在一些社区中,组织生产的目的是为应对水灾与旱灾等自然灾害做好准备,应从这个角度去调查那些表面显示出"生产过剩"的资料。在考虑任何生产组织时,必须弄清最初执行计划时是出于谁的利益,是仅仅为了特定群体或个体的利益,还是为了整个社区的利益,后面还要交代消费的问题。

特权差别在经济意义上显得尤为重要。例如,首领和巫师那样拥有最大经济影响力的个体几乎不干活,甚或根本不干活。在经济领域内,等级和社会阶层的区分往往是对应的,如果超出这个范围,二者的区分就是相对的了。调查员不应草率断定拥有最大经济优势的个体能够"利用"他不太幸运的同伴。首领虽然已不再从事体力劳动,但他仍在其他方面为社区提供有价值的服务(作为经济组织者、危机时期的"银行家"或是法律、政治和宗教的组织者)。仔细调查那些拥有特权的个人实际"收入"的真正来源以及他们是如何处置这些财富的。同时还要考虑到社区其他人对特权地位的态度,因为勉强的默许会影响制度的效率。一般来说,调查员对当地居民个人收入的各种来源和支出情况进行列表分析,会很有帮助。

几乎所有的社区在生产和仪式之间都有着非常密切的联系。如果不关注仪式对资源生产、交换和消费的实际经济影响的话,对生产做任何分析都不够全面。有影响作用的因子很多,可能是农业巫术和手工艺巫术及用来促进家畜兴旺的生产型仪式;也可能是发生在婚姻和丧礼场合下的保护性仪式。调查员要分析举行仪式的需要给工作带来的任何刺激,看看激励能产生什么影响。这不仅要从产品的产出方面考虑,还要从提高工作兴趣方面进行考察。如果条件允许的话,估计一下举行仪式所占用的本可进行物品生产或作息的时间。要考量人们从日常消费中取出多少物品来满足仪式的需要。仪式通过影响劳动力资源从而影响生产,要注意在一年中举行仪式的特别时间里,人们的社会关系与精神面貌发生的变化,这些变化是否会产生重要的经济影响。

(六) 资本

"资本"有时是指人们拥有的所有贮存物品,无论这些贮存品以后是用来直接消费,还是作为贵重物品保存,或是进一步用来再生产。

然而,最重要的是资本的生产功能。调查员应弄清个人或群体所贮存的物品中用来生产其他物品的比率。工具可以直接拿来使用,而诸如食物、衣服、念珠、贝币、牲畜等财富则可用来维持劳动者的生活或支付报酬。要分析社区中个人自带工具、从家庭贮存中获得工具或从他人那里借来工具的比例。如果是从他人那里借工具,要注意调查是否要支付一定的报酬。要注意不同个人和群体之间在拥有货物储存方面的不平等性。在实践中,这种不平等是否被所有权及亲属或首领要求的公约所扩大?

　　要尽可能评估构成社区资本配置的项目类型和规模,在多大程度上对需要配置的资本进行维护? 从生产规模、个人收入及其生活水平的角度看,评估资本贮备是否在经过一段时期后会增加,以及增加的比率如何,这点显得较为重要。虽然很难获得这样的评估,但是调查员可以大概了解人们是满足于维持一种静态经济,仅在贬值时才更新他们现存的贮存品,还是努力尝试通过更大的积累,从而扩大生产系统来增加他们的财富。在一些社会中,部分人口的生产扩大会引起其他人的不满,因为它将导致声誉和权力的不平衡。能够观察到这样的实例吗? 在畜牧区和许多农业区,牲畜尤其家畜是最重要的资本货物。其中还有一套与自然增长模式(与那些诸如壶、罐或矛、叉等固定财产相比较)相关联的继承、借贷及获取利息的特殊模式。尤其家畜可能是社会关系的象征或具有某种特殊的含义,或者主人对他们的牲畜充满感情,畜主不愿为了金钱而出卖它们,而喜欢将其作为聘礼的一部分从一个家庭转移到另一个家庭,或作为伤害人命的赔偿金。调查员必须获取体现家畜和其他牲畜价值的具体例子(可能的话用金钱或货物来衡量),并列举与描述牲畜在哪些情况下会转手,特别要详述回报物的特征和数量。

　　在原始社会,资本的投放功能通常不太明显,不过这种功能是存在的,例如长途贸易。应注意调查当地人所贮备的物品有多少是留作借给他人的? 贷款要求有什么样的安全保障? 通常情况下给亲属的贷款是否比贷给其他人的多? 要求支付多少利息? 是否为一般的利率? 贷给社区外部成员时是否收取不同的利率? 资本的流动性很重要,即某些物品可用于多种用途的可能性。负债容易成为农民家庭收入与资本积累的巨大负担。要注意区分社会群体内部与社会群体之间的负债,例如,家庭、亲属群和地方社区内和社区间的负债,有没有父债子还的情形,或者债务是否伴随着债务人的死亡而终结,要了解清楚债务人无力偿还债务时会受到怎样的惩罚,例如,典当或卖身为奴。如果可能的话,找一个负债的个人或家庭作为样本,了解一下他们的负债程度、他们是如何应付债务的以及他们的经济前景怎样。从中是否能弄清人们从收入或劳动中用来支付债务的比率? 换言之,人们是否以支付利息的方式从他人处借贷贮存的实物?

　　必须小心地使用"所有权"的术语,因为这个概念在不同社区的差异很大。要说明某地的实际情况,最好不要用这个概念,而是用具体的例子来表明不同个体和群体的权利是如何影响到实际情形的。尤为重要的是，注意当他人使用物主的东西时，物主能得到多少回报。这种研究方法不仅适用于独木舟等器物的动产所有权，同样适用于土地等不动产的所有权。然而，在经济分析中，不是考虑所有权规则本身（参见法律、财产和土地所有制），而是考虑这些规则在生产与分配系统中的影响。必须注意：在土地所有制中，允许个人在多大程度上按其所希望的那样扩大其土地资源，例如，在得到或者没有得到允许的情况下，人们能否在他人的土地上种植农作物？再次，土地所有者能从土地的实际物品和服务的收入中索取什么回报？这在多大程度上给他使用期的保障？

要注意所有权中可能包含了个体劳动的某些权利。在被奴役或被强制劳动的情况下，劳动力就是一种资本。应特别调查在不同个体之间拥有生产资料的不平等，因为这些因素在分配系统里很重要。

三、分配、交换与消费

（一）分配

分配是指在生产过程中各种要素或中介所得到的份额。可通过共同产品（如捕鱼）的分配获得，当物品不可分割时（如独木舟或房子），也可通过其他物品贮备获得。经济学家通常从以下方面对分配进行分类，即劳动报酬（工资）、资本收益（利息）、土地与原材料收益（租金）以及企业管理收益（利润）。

然而，通常在原始经济制度中对分配并没有如此清晰的划分，但考虑到分配在每一个中介或生产要素上面的物品或金钱的比例时，就可以尝试为经济做一定的决策。人们付出的回报率有多大？最好的分析方法是列出一些普通活动（如捕鱼、建房等），并调查所涉及人员是如何得到报酬或"工资"的。其中不仅是普通工人，还包括原材料及工具的所有者、仪式人员和技术专家以及活动的组织者。只有个人对按劳取酬感觉满意，才能将这样的交易描述成获取报酬，对此调查员必须特别注意。分配的原则通常依赖社会而非经济基础。一般来说在移交物品的种类和总量上，报酬因袭了传统。根据工作类型和其他服务报酬、所花费的时间及获取报酬的人员类型，仔细研究不同的交易，从中发现其变化。在许多情况下，决定报酬的是人们所参与的服务或工人的地位而非实际劳动量。

由于亲属纽带将人们连接在一起从事劳作,所以雇主与雇员之间的区别表现得不太明显,雇主与雇员之间也没有清晰的报酬体制,而是以盛宴(庆典)的方式委婉地回报生产要素,甚至在盛宴中劳动者自己还要提供一部分食物。工人对不同支付方式的满意度是否有差别? 例如,与食物相比,他们是否更愿意以金钱作为支付方式?(当谷物有助于收成时,人们更喜欢食物,因为所领的现金能买到的谷物不如直接领到的谷物多。)在现代商业社会,金钱支付方式在多大程度上可能取代其他支付方式?

(二) 交换

在现代文明社会,分配大多通过金钱来实现,金钱因此成为以价格方式支付财富价值的手段。一些原始社区出现了履行一般等价物功能的商品,如牛、羊、斧头等,它们是足值的货币。有些商品并不足值,只具有象征意义,如精心加工的贝壳,它们是货币的符号。调查员应该对此进行描述并说明如何用它们衡量物品与服务。在其他一些地方这种情况就不适用,但仍然会有一定的交换方式,即定期的物品或服务交换。交换的功能之一是促进生产的发展,允许生产要素获取报酬,而不是仅仅获取自己生产的商品;交换的另一个功能是补充社会资源。通常要注意区分"内部"交换和"外部"交换。"内部"交换不仅包括礼物交换机制和小巧严密的组织(特别是亲属群体和村落社区)内部成员之间的物与物的直接交换,还包括地方市场中以金钱为媒介的交换。"外部"交换主要处理一般的市场现象、与外人的交易以及有组织的商业探险。调查员应仔细描述这些现象。对于市场的存在、市场的大小(成交量)、供货区、交易频率及组织都要记录。要注意分析市场给生产带来的刺激度;列举交换物的类型和数量;要注意交换物是即时消费还是继续用来交换,或用于物品的再生产? 必须强调的是,有时标为"非功利性物品"的交换,与一般性物品比如食物或衣服的交换同样重要。在新几内亚东南部海域,不同岛屿的人们用红色贝壳制作的红项圈和白色贝壳制作的白臂镯作为交换媒介,每次交换均在情意绵绵的礼仪中进行,先交换红项圈和白臂镯,然后才交换实用的农产品。这种称为"库拉"的交换圈成为当地政治经济结构中最重要的一部分。虽然人们很少佩戴这些物品,但人们将之当成财富加以保存并从中得到一定的声望。

调查员应注意当地是否有商人这一特殊阶层。商人的服务在多大程度上将不同的生产者联系在一起? 他们从中得到了什么回报? 要注意与商人进行交易的一方对商人的看法及其地位的评价,因为这些思想都能反映到交易中。

在使用诸如"金钱""货币""价值"这些术语时,要特别谨慎。在我们的经济体系中,绝大多数物品仅仅通过货币作为媒介就可以交换。在交换体系中,所有商品的价值也就是它们的价格。在原始经济中,虽然经常可以看到确实存在循环交换媒介,但它们并非用于衡量大多数物类的价值。实际上交换媒介可能存在于不同的交换领域,有些物品在某一场合作为一般等价物,在另一场合则不具有这种性质,例如,水壶与锄头、山羊与黄牛,这两组物品各自可以直接交换,但是两组之间存在不能直接交换的情况,如锄头的主人和黄牛的主人对彼此的物品没有直接需要的时候,这两种物品就不能直接交换,需要一般等价物为媒介。

货物价值除了受稀缺因素及生产它们所需要的劳动影响以外,还受到许多社会因素的影响,要对这些因素进行调查。例如,传统与宗教团体的重要性达到什么程度?

即使当地社区流通欧洲传入的货币,也只是特定的交易场合才使用。同时,货币的价值在传入地与来源地之间可能不一样,例如,在印度洋安达曼海附近的尼科巴岛(Nicobar)上,岛民以椰子为一般等价物,1 枚 2 安娜的印第安人银币(约 1/8 卢比)值 16 个椰子,但单独 1 枚卢比仅值 100 个椰子。产生这种差异的原因是安娜这种银币可作装饰品,故较之于 1 枚具有等值现金的钱币,8 枚小钱币在当地多了一个附加值。

因此,无论在什么地方讨论何种金钱或交换媒介时,都应全面地描述在实际中如何使用这种媒介。严格说来,真正没有金钱的地方就没有"价格"和"价值",但人类学家却能有效地研究相对"价值"。通过定量研究包括嫁妆交易在内的大量交换实例,人类学家可以从中得出一个近似等价物,足以表明当地人的评估标准。如果可能,应该尝试分析这些评估的现实基础。在稀缺程度和需求欲望发生变化时,评估指标的波动幅度有多大?当今世界所有地区都有文化接触,在这种情况下,本土的文化价值就处于不断变化与更新的过程之中。当地观念已经更新到何种程度?调查员能否估测出当前的变化趋势?

(三) 消费

我们在这一主题中分析社区资源最终用在何处。其中资源之一是人类的劳动,对劳动时间在不同类型的工作之间——特别是在生产设备的生产与直接用于消费的产品的生产之间如何分配,这种研究非常重要。在对消费进行分析时,应尝试估算真实收入,即在一段时期内,个人所得物品和服务的总量减去为赚取该收入而支付的所有支出,这应与同期个人的消费联系起来,抽样调查在这里显得很有必要。

这就引出生活标准这个问题。大家必须明白,生活标准不仅要讨论人们对食物与住所的需求,还应讨论人们对所居住社区的价值观加以界定的需求。调查员应弄清生产、交换与消费的过程多大程度上能够满足当地人的需求。在使用"生活标准"这一术语时应小心谨慎,诸如"生活标准高"或"生活标准低"等描述,除非已经给出比较的基础,否则"高"与"低"就毫无意义,比如非洲或亚洲的标准不能轻易地与欧洲的标准相联系。也不能脱离具体的劳动效率来侈谈生活标准。定量分析一段时期内的资源状况,有助于判断生活标准处于"上升"阶段还是"下降"阶段,即使这么做也必须符合限定条件。物质资源的急速增长,可能在一段时间内引起社会结构与经济结构的分裂,从而带来社会动荡,可见消费并非提高生活标准的一般条件。

调查员应对社区不同成员使用财富的不同方式做出分析,通过解释对现有物品"更大"或"更小"的需求以及使用不同的方法,就会发现社会差异与经济差异关系密切。在大多数社会能够看到"显性消费"的事例,个人或群体以这样的方式使用他们的财物,引起别人对其拥有及处理财产的关注,以此获得更大的社会名望,宴会上的挥霍行为就是典型,例如,加拿大不列颠哥伦比亚印第安人的夸富宴,这种对财富的竞赛、炫耀与价值转移,到高潮时甚至毁坏贵重物品,目的是为了获得最大的社会影响。调查员对通过制造轰动效应的攀富心理,以有计划的消费来提高消费者的社会地位这类案例应当加以分析,并调查这种消费与当地社会形态的关系。

应当考虑是否有可能产生货物过剩的问题。这种剩余是否允许"积蓄"?在多大程度上个人或群体会特意从他们的收入中留出一部分用于未来的意外事件或可能的投资?

综上所述,调查员的目标应当是将自己关注的民族经济看作一个动态系统或者一种周而复始的制度,以便研究人们怎样根据社会的价值观去解释当前的工作,并且有助于未来的回报、劳动服务和物品储备。调查员应努力评估在经济制度中或明或隐的紧张与压力,特别是不均衡的财富分配与服务奖励。如果可能的话,还应估计在现有人口、技术与资源及社会结构下经济前景将会如何,其中有什么变量因素,这些变量因素对经济制度的影响如何。

第九章

仪 式 和 信 仰

仪式是一套刻板的动作,目的是唤起人的情感以建构集体意识。仪式可分为膜拜与祓禳两类。前者又有消极与积极之分。消极仪式指各种禁忌和戒律,意为"不可做什么",起划界(神圣与世俗)和净化作用。积极仪式指祭祀和庆祝,意为"可以做什么",借以抒发情感,巩固群体的团结。后者指集体受挫(族人死亡、作物歉收等)时成员相聚恸哭或自毁,获得"置之死地而后生"或"哀兵必胜"的信念。信仰指人们对某种主张抱以尊崇的态度,将其视为导航人生的思想行为。信仰与仪式互为表里、彼此交割,共同成为社会必须的黏合剂。本章从世界民族的实际出发,叙述了许多鲜为人知的要点。

一、引子

在人类学所研究的社会中,迄今尚未发现不信仰某种超自然力的民族。其实各民族总是通过一些简单易行的办法来处理生活问题,由于生活中总会有一些不切实际、令人焦虑的事情,于是人们就在地域崇拜或民间仪式中借助超自然的力量求得精神的安抚,在这样的场合,调查员就可以观察到那些相伴其间的敬畏和尊敬之情了。

有神圣物存在的信仰通常称为宗教,不一定有神圣物而依赖于神力的信仰叫作巫术。在简单社会中,有这两种信仰的民族通常在思想和实践上没有明显的差别。虽然人类学家在使用"宗教"和"巫术"这两个术语时意见不一致,这些词本身也不是作为技术性术语而存在的。人们称为巫术或宗教的一套身体上的行为总是能够识别的。一般来说,每种文化都有一定的信仰体系,它们与确定的观察和不同的仪式行为密切相关。总会有一些组织化的祭祀人员,比如僧侣、神父以及具有超常功能的首领、祈雨者、萨满等人神沟通者,他们的祭祀行为与圣地、祭坛、庙宇等建筑以及神圣的仪式和道德行为规范密切相关。若将某些仪式从其发生的制度中分离出来就变成巫术,某些参与者也可能认为这种仪式具有一定的宗教意义,而其他人却认为该仪式仅具有一定的巫术价值。那些接受传统巫术、宗教制度的人们也可以实践这种仪式,凡是与这一制度无关的仪式可被称为"纯巫术"。这种巫术可能为专家或巫师所把持,仅由个人私下举行,也可能会为传统制度的支持者所容忍,在公开场合实践这些巫术,在私下场合却持反对意见。

宗教和道德的关系在不同的文化中有所不同。如果要按欧洲标准来评定,宗教和道德之间就不存在什么关系,但经常可以看到道德价值的超自然力制裁,说明一个民族的宗教制度和社会组织之间的密切关系。

尽管很难给仪式和信仰下一个严整的定义,但仍然可以在以下三个方面做出区分:宗教信仰和实践活动;巫术信仰和实践活动;魔术和魔法。

调查员应该看到,虽然上述三个方面可能是相互排斥的,但不是必然如此,它们之间的区分有时具有相对的性质,就是说可能彼此相融,三种类型可以并存于同一种文化中。要理解无文字社会引起人们的信仰行为,不仅要研究他们的言语形式和话语解释,而且要研究他们的典礼仪式和话语情境,典礼仪式代表着传统的行为模式,如信念、想法、态度和情感等,并且常以显性或隐性的方式表现出来。

调查员可联系四种主要类别的活动来考察仪式:

(1) 与人的生活和极端情感有关的仪式;

(2) 与自然现象有关的仪式;

(3) 与经济活动有关的仪式;

(4) 与社会结构有关的仪式。

如果将以上四种活动相互重叠,就能认识到大地的丰产、动物的繁殖以及人事的兴衰三者之间的关联。自然现象和经济活动相互交织,心理因素包含于产生仪式的任何场合和社会结构的影响因素之中,四种基本类别的仪式活动都涉及信仰,也就是与前述三方面的内容息息相关。

二、宗教信仰与实践

仪式像礼节一样,是人们认为正确的一套行为模式,但又不像礼节,礼节是人对人而发生的礼貌行为,仪式则是人对超自然力量或其代理而发生的信仰行为。宗教的特点是融思想信仰、情感态度、崇拜对象、仪式(正规化的操作套路)为一体。在仪式中一般都有与信仰主体有关的神话,既反映在仪式的形式上也反映在仪式的过程中。

调查员要注意社会中同时存在着各种信仰,即使位格最高的神灵信仰也可与无数其他祖先祭祀和图腾崇拜的信仰同时存在。

(一)对人的信仰

通常体现为无形人格方面的信仰,人们称之为灵魂。这种信仰延伸到动物界和植物界,通常无生命的物体或这些种类中的显著事件也是人们信仰的对象。有时灵魂被认为是无形的复制品或幽灵,也被认为是无形的化身,灵魂被比喻为阴影、呼吸或映像。身体的各部分如头颅、心脏、肝肾等常被认为是灵魂的寄居地,人们认为这些部位受到损伤后将会导致疾病,危险或疾病是灵魂暂时离开身体所致,灵魂永久离开身体则会导致死亡。人们认为梦是灵魂的活动,在一些文化中人们认为存在多个具有不同功能的灵魂。通常在灵魂出现并被承认时个人生活中就有了依托,同时在人生的一些阶段会举行仪式,如取名、学步或入会。灵魂是某一性别——通常是男性——或某一个特定社会阶层的成员才拥有的特权。

人们相信有些人具备将自己转化为动物的能力。人们还相信灵魂在无意识状态下能够离开人的身体进入动物体内。一旦灵魂进入诸如豺狼、豹子、老虎之类猛兽体内就很危险,比寄居普通野生动物体内危险得多,发生这种情况时要举行招魂仪式,因为并不是所有动物都是邪恶的。有时变成动物形状的能力受巫术的性质所决定。

灵魂实体。在印度尼西亚和马来西亚,当地人相信"灵魂实体"的概念,据说人类、动植物、有时包括无生命的物体都被这种实体所灌注。这种实体是一种精细的物质,它能穿透人的躯体,从而部分离开身体。据说诸如头发、指甲、口痰和粪便都被灵魂实体浸透,有一部分灵魂实体是从身体逃逸出去的,所以必须将这部分失去的灵魂实体找回,否则人就会遭受一定的痛苦。人可将动植物的灵魂实体摄入,而在人体内形成巫术的巨大能量。灵魂实体的概念有点像"马纳"(mana)的概念,泛指灵魂、野鬼和特定的人类群体所拥有的强大而飘浮弥漫的神秘特质,并且可以将能量传递给无生命的物体。马纳有些类似于物理学假定的物质"以太"。

猎头实践以这种或那种形式广泛地存在,其潜在的信仰与同类相残仪式和人祭的信仰密切相关。在一些地区——如印尼、西非和南美,这三个文化特征彼此关联,而且在某种程度上互相改变。一个地区可能经常出现其中一种祭祀,相邻地区就以另一种祭祀为主,似乎三种祭祀都以充满"灵魂"实体观念的生殖崇拜为基础。这三种祭祀认为人是一个外表有形的、广袤性有限的物体,某种程度上,在人和动物之间、人与植物有机体之间可以相互转换,特别是与大脑密切相连,在婴儿洗礼时所观察到的脉搏,或者在活人瞳孔中能看到持续一分钟的小孩人像,这些无不说明灵魂体的存在。根据灵魂体的内涵,人们相当频繁地把灵魂与舌头联系在一起,只因为舌头是一种发声的器官,说明灵魂是物质性的存在。尽管灵魂可能位于心脏、肝肾或血液中,但人们仍认为通过获取头颅最容易传递灵魂。个体或社区拥有头颅后,就能够使生命延续,由于存在这样的信念,大部分社区就有必要举行猎头仪式,年轻人在获得结婚资格之前要参加猎头行动。如果没有多余的生命物质推动,他就不能顺利地成为人父。同样的,诸如传染病或农作物歉收等灾害均表明缺少生命物质的推动,于是任何的不幸都变成猎头者出击的理由。在某些部落中,比如佤族、掸族,猎头与季节性的播种有关,并且是丰产必不可少的环节。凡以原始宗教或威望为目的的社会,猎头一般全部或部分地保存下来。从战争中斩获的敌人的头颅、颚骨可能以巫术或展览为目的而保留下来。

与上面提到的猎头相类似的观念,是一些部落中存在这样的习俗,人们仪式性地吃死人的某些器官或身体的某部分,比如食人仪式。参与这类仪式的人一般是死者的至亲、血亲或一部分姻亲以及年长者。

食人风可能是保存已故亲属身体某部分的仪式,但也不尽然。因此还要考虑保留死者头盖骨、颚骨或骨架的其他部分,并将其当作祭祀祖先的遗物的做法。

死亡、埋葬和服丧仪式对死后灵魂的命运很重要。如果人们认为人类可以识别"鬼"的话,那"鬼"这个词完全可以用来指死者的灵魂。

来生。大部分人都相信生命不止一次,中国所谓"十八年后又是一条好汉"的俗语便是一例。某些文化中人们通过学习一些特别的规则和其他秘密的知识为自己的来生准备。通常他们相信来生的福分取决于葬礼和服丧时举行的仪式,有时还取决于一起掩埋或象征性地掩埋的随葬品。值得注意的是相信来生并不意味着死者可以不朽,死者的命运通常也不与道德价值相关。一般来说,它取决于活着的亲属或子孙的仪式行为,如果仪式执行得不好,可能触怒死者从而给活人带来疾病、灾难或者死亡。通过对死者的灵魂举行祭仪,可以表现出活人和死者的亲密关系。活人要求子孙在自己死后要好好照顾自己,这将对社会习惯产生一定的影响。一般来说,死人在给活人带来不幸的同时也带来好处(荫庇),死者在梦中或某些特定的地方,以一些特别的行为造访他们的子孙后代,对死者的敬畏、安抚和问候成了祖先崇拜的一个重要部分。

死者住所。这是指死者在地理上或精神上的归宿。这个观念与人们传统的家庭观念密切相关。死者的归宿可能在地下、海底或天空中。在死者群体中可能有一个统治者或主上,它生前可能是一个文化英雄,死后成为阎王或"大鬼"。普通人死后成为"小鬼",其灵魂可能会去走访阎王或大鬼的住所。

死人的命运。既然人们相信生命不止一次,那么,人死之后,灵魂转世,新的人活到头来也是死,再死一次又当如何? 一种观点认为或在数年里不再复生,也可能多年后被遗忘,或没有后人为其举行仪式时就不再存在。许多民族的人们认为死者与活着时一样,都有感情、需要和工作,他们可能再次投胎为人或者转生为动物。有时这种观点与图腾崇拜有关。死人可能"控制"活人。在出生、疾病和死亡的危急关头,就能看到与人的灵魂有关的仪式。

以人或动物的形式转世并不罕见。通过一个人的体质和心理特征可以说明他是自己家族或宗族中某位死者的转世。例如,给新生儿取名的仪式,其目的就在于推断是谁的灵魂转世。人们认为灵魂直到转世之后才休息。转世为动物形象时,要注意是所有动物都与死人有关系,还是仅仅某些个别的动物。若是仅仅与某些个别的动物有关,就要记录这一结论是如何推断的。诸如狮子一类危险的动物,人们认为它们是友好的,且将之作为祖先灵魂的转世。如果相信后辈是这些动物的转世,就要把他们的所有行为举止记录在案。除了与灵魂有关的仪式之外,在研究与人类生活有关的仪式时,观察日常生活的仪式和个人生活重要阶段的社会仪式非常重要。习惯性或偶然性的行为、应对危险的行为以及要求特殊技能都能得到宗教或巫术的保护。

（二）对超自然存在和超自然力量的信仰

1. 形形色色的幽灵

"幽灵"（spirit）这个词蕴含人格化的超自然力量的意思，这种力量是人类不能直接感知的。据此而言，树上、水下和空气中都居住着许多无名的幽灵，人们爱把风、雷等自然力量说成是幽灵或其拥有幽灵。一些诸如天、地和太阳的超人力量也被说成是幽灵。就连我们谈到神灵、文化英雄、动物或祖先时，也会用"幽灵"一辞来比附。

很难给"造物主"下定义，因此使用这个词时应慎重。"至高天神"这个词常指崇高灵魂，并用于普遍的、有组织或无组织的祭仪中，并不意味着一神论。人们常认为对至高天神的直接崇拜过于遥远，对与至高天神同在的更小精灵中介的信仰在日常生活中更为常见。人类生活中常常伴随着一些难以治愈的疾病，如梅毒、血吸虫病、鼠疫等，在认识到微生物以前，人们把传播病菌的幽灵称为瘟神。

除了人们乞求得到保护又害怕生气的幽灵以外，还有各种类似仙、妖、守护神、魔鬼、恶鬼的小精灵。

2. 祭祀

祭祀是组织化的信仰，是与一个具体的或众多的幽灵有关的仪式总称。祭祀通常有特定的对象和场所，同时有仪式性礼拜和祭祀人员。那些神灵附体的人（祭司、牧师、君权神授的国王）和神灵附体的动物本身就是崇拜的对象。

祭祀可能与神圣的地方或事物有关，也可能无关。祭祀可能扩散到广阔的地区，甚至超越部落边界，也可能局限在一个地方，如氏族、宗族、家庭、个人或秘密结社之内。一些特别人员才有能力执行仪式，譬如牧师等，他们内部有一个等级体系。

调查员要注意当地人的内心世界，其中，人、动物、植物以及与祭祀有关的物体都是神圣的，这些东西的神圣性是固有的，因而有必要总是用仪式性方式来对待，或者可以伴随一些仪式表演以及幽灵的出现，或者只在特定季节或时间举行祭祀。

3. 个人崇拜

人们能得到幽灵或保护神的帮助,有一种人们公认的方法能使个人与这样的幽灵接触并了解他们的愿望。在北美印第安人的部落中,每个成年人都会在梦中与亲人相见,其实见到的是他们的灵魂。有一些仪式将人类和某些动物联系在一起,它们常常是指个人图腾,由于这些动物的情感类似于作为群体图腾的动物,不过没有后者的社会群体特征。

4. 主祭官员和仪式专家

这两种人在不同的民族那里具有不同的称谓,调查员要注意用特别的方式来遴选特殊祭祀的主祭,可能有一个特殊的祭司阶层,其中可能有世袭的官员或专业人员。他们从婴儿期就开始把自己奉献给祭司团体,或通过偶发性事件来说明某个人被神灵选中。选中的灵媒或巫觋通常有疾病的症候——一般是心理疾病。训练时需要特殊的资质,所以并非所有的人都有资格承袭宗教专业人员的职位。

调查员还要注意,神圣国王、祈雨巫师和神圣首领是祭祀的对象,也是主祭,他们的生活、食物、睡眠和房事都受仪式的管制,一般不允许他们自然死亡。神圣人物的生殖力与土地的肥沃贫瘠密切相关。主祭传统的死亡方式有三种:由继承人杀死、由杀王的世袭家族中的成员杀死或自杀。杀死不能见血,可窒息而死,或用厚毛毯裹住身躯,抛起跌落,如此反复,活活摔死;自杀即把自己关起来吊颈、饮鸩酒或绝食而死,不然就是按他们自己的要求活埋。

调查员在观摩宗教活动(如跳神)时,常常可以发现神职人员的心理特征,这种特征代表了自动催眠与灵魂游离的能力,有时发展到登峰造极的程度。然而,在许多祭祀中,虽然神职人员能适应其他方式,但除非他能够唤起神灵或成为神灵的工具,否则他也无能为力。他的舞蹈和有节律的动作往往伴随着锣鼓和音乐,鼓点引导他进入一种状态,突然间,某个超自然存在或者某些超自然力量上了他的身体进而支配着他的全部行动。当神灵附体后,他就进入一种真正的游离状态,或者说这种神志不清将彻底模式化,他几乎能自动地接受预定的模式。在这种状况下他的行为举止与旁观者认可的幽灵有关,他也会引入一些新的元素到仪式中去,他发出预言并指明方向,比如要求供奉祭品等。他通过宣告或行动来治疗疾病,发出祝福或诅咒并回答社区成员所提出的问题。在西伯利亚极圈以内,人称"萨满"的巫医是神灵附体的典型,"萨满"这一术语已被用于祭司的神灵附体,整套表现形式称为萨满教。

在某些社会,不仅有的人能够训练成为灵魂附体或有灵感的专职人员,而且任何人为了与神灵沟通、接受神秘经历、获得幻觉或者做神圣的梦,都要接受严格训练、绝食或致残。这种经历可能在某些特别神圣的地方才能找到,也可能在一些普通仪式中自动出现。

除了特殊祭祀(这与神圣地方有关也可能无关)的主祭外,经常还有许多充当神灵助手来执行仪式的专职人员。虽然巫医经常表演巫术,但他们总是要诉诸神灵。

运用超自然力掌控特殊活动的专家。生产与生活中的任何事情,如狩猎、捕鱼、农业、园艺、建筑、战争等都会有负责相关仪式的专职人员,人们认为这种仪式对于事业的成功必不可少。这些专职人员可能呼唤神灵、让神灵附体或使用巫术仪式。

应调查这类专职人员的社会地位,其职位是否为父子传承,以及他们得到报酬的方式。还要注意是否只有某一性别的人才可以成为专职人员,或是否特定的门类对某一性别有严格的限制。理论上说,两性都可以成为宗教专职人员,实际上一些地方仅仅一种性别的人充当专职人员,人们认为他们在气质上较为适合。同时要仔细考虑他们活动的技术背景和社会背景。

要记录所有禁忌和专职人员所遵守的个人仪式:当他们主持祭祀或在私下是否穿特别的服饰或佩戴主祭的徽章?他们是否能遵守寻常人的特殊习俗(比如留长发、蓄胡须等)?他们是否会对排泄物、削落的指甲采取特别措施?除了履行公职以外,他们是否会参与生活中的正常活动?

先知。个性突出的人,无论是某个特定教派的主持人还是新教派的发起者都可以称为先知。他们可能发起新的祭祀或复兴旧的祭祀,一些祭祀会扩展到广大地区,其追随者有集体歇斯底里的症状。要注意先知的教义在某种程度上是受基督教的影响还是受其他外来宗教的影响?在本土文化已经瓦解的地方,是否会出现先知?是否举行祭祀作为对外联系的回应,先知是否会说教布道,或者要求回到过去的黄金时代并废止欧洲文化?

在人们已经皈依基督教的地方,要研究本土教派的分立状况,特别是影响到社会组织的所有规则,比如婚姻制度和入会规则。调查当地团体的信仰和实践基督教或其他有组织的宗教。

5. 圣地/圣湖

把自然特性视为神圣与一定的祭祀密切相关。圣地是幽灵在仪式过程中的住宅或临时的休憩地。圣地可能各具特色,从至高无上的神灵到死者的灵魂,这些地方可以是群山、群峰、岩石、丛林、单棵树、河流或河流经过的袖珍湖泊,要收集与这些地方有关的所有神话,要记录所观察到的人们顶礼膜拜的行为方式。这些圣地可能令人畏惧或必须回避,拜访这些场合要有一定的仪式或携带一定的祭品。那些去非仪式场所不得不经过圣地的人们要采取哪些预防措施? 这些地方或事物本身就是神圣的呢,还是由于一些神灵或幽灵的缘故而特别神圣? 比如某类树中是所有的树都神圣,还是只有与幽灵有关的那些树才是神圣的?

6. 神社

任何举行仪式的神圣建筑都可以视为神社,有时可能是庙宇、纪念塔、家里的神龛、一棵树,有时仅仅是装过某些神圣物体的陶器或陶器碎片。通常坟墓也被当作神社看待,当牛成为膜拜的对象时,牛棚也就视为神社了。神社可以是空着什么也不放置,也可以成为祭祀物的庇护所,或者成为仪式道具的贮藏所。它们可以是精灵居住的地方或临时的休息处,也可以是某一"外部灵魂"的庇护所。牲畜,特别是牛,可能是灵魂的藏身之所,因此,牲畜也能成为神社。

私人的住宅、厨房或花园等同样可作为祖先或其他灵魂的神社。这些地方可能是精心制作过的,但也许会很不显眼。要注意谁负责照看这些神社,并且要注意食品、饮料或别的供品是习惯性地或是在某些特殊场合才放在上面。

要记录与火和食品有关的所有仪式。人们一起吃饭是否会形成一定的宗教仪式或社会联系? 在定期给幽灵供奉食物或饮料时是否奉献酒类?

7. 圣物

圣物包括祭祀物,即用来做礼拜或人们敬畏的物体;仪式物,即在仪式中所用的东西。以上两个分类会有重叠之处,有些仪式物可能也是很有名的祭祀物,矛、箭、剑等当属此类。

肖像是精灵的表现,因而在任何时候都是神圣的。这种肖像可以是人头像、动物像或代表其他特征的符号,如阴茎、阴蒂的形象或者幻想的对象。在许多祭祀中雕刻的肖像和其他祭祀物是精灵临时的住宅,这在西非尤为突出。普遍存在精灵时,该物体受到仪式性待遇并被人崇拜,这样的肖像和物品被称为偶像,但精灵不存在时,就得不到仪式性的待遇,"偶像"这个词应该被完全抛弃,因为它带有贬义。

用于不同祭祀场合的仪式物、容器和武器等平时可能与普通用品相似,或许经过了精雕细琢并给予了特别的装饰才用于祭祀。有些是有意建构的,平常不用,另一些是专门为仪式设计的,如矛、箭、剑、一捆树叶或者一些精巧的建筑物。它们在仪式中可作为精灵的临时载体或休息场所。人们相信若无这样的仪式物品,仪式中呼唤的精灵就不能出现。

面具、雕像、神圣的凳子、鼓和国王登基仪式中用过的其他东西都是神圣而有内在价值的,主要体现在制作材料、艺术和工艺上面。

调查员要询问如何储存与维护用过之后的所有仪式物品。

(三) 仪式的外表

每一种崇拜均包含有组织的仪式外表。有三种主要的外表,它们是:祷告;供品、祭品和宴席;身体姿势和其他活动。任何宗教仪式均包括这三方面。

1. 祷告

祷告意味着超自然物的存在,主要是指在固定的时间、固定的地点或一些场合下,主祭或信徒的口头祈祷。祷告时可能还伴有音乐,要求信徒以特别的姿势和规定的动作跪拜。

2. 牺牲

牺牲可用初次收获的庄稼、猎物的一部分或有价值的物品作为给超自然物的奉献。被猎杀的动物的完整躯体或一部分,为神灵奉献的整个人身或身体的某一部分,这些特殊的奉献就是祭品。杀生是一个仪式行为,可能会采用特别的措施,要调查具体的方式。人们常常认为受奉的神灵会使用或享用供品或其中无形的精髓。可以将祭品烧掉,也可以将供奉的肉煮熟备好后部分或全部放在一些特别的地方供给神灵,这些东西可能一直留在那里直到腐烂,也可能被主祭私下吃掉或分发。通常社区成员举行宴饮时要将所有供品或完整禽畜的特殊部分一起吃完,骨头、皮和内脏往往要经过仪式处理。若动物是以鲜活的方式供奉给神灵,那么它们可能被看作图腾的化身,甚至于被当作崇拜的对象。若供奉给神灵的是人,他们可能成为圣地的仆役或主祭。田野工作者对所有供祭场合均要加以调查。

3. 宴饮

宴饮是宗教仪式不可或缺的部分,同时也有重要的非宗教方面的价值。初看之下,宴饮看上去完全是世俗的,通常伴随仪式性方式或有些宗教仪式的特征。以仪式形式分享食物、酒类是联盟的象征,参与其中的部分人是超自然的或吸收了超自然的特征。秩序(主宾的座次,讲话、敬酒或夹菜的先后等)与情感的交流贯穿宴饮始末,是有机团结的象征。

4. 表演

专职人员、特殊群体或整个社区的表演是仪式的重要组成部分,可以是一系列有节奏的运动、宗教游行、舞蹈、哑剧或戏剧表演,常常有音乐伴奏,尽管是在宗教仪式场合下表演,这种仪式仍具有娱乐的特点。在仪式进行中,斋戒者、身体自残者要做到镇定自若,纹丝不动,以显示出为了取悦于神灵愿意承担痛苦的态度。

有一些祭祀要求全体成员积极参与,另一些则只有主祭参加。但即使是大众化的祭仪,参与到仪式中的人群还是受到年龄和性别限制,这一点要特别注意。同时也要注意是否允许女性或儿童参加仪式。

禁忌一词仅限于描述依赖于巫术宗教制裁的禁令,违规者将自动受到惩罚。禁忌有多种,每一种在社会结构中都起着不同寻常的作用。有一种人所共知的禁忌,是用来保护私人财产免遭盗窃的。调查员要记录所有禁忌的标志,也要调查那些与禁忌的制造和使用有关的仪式。某些食物可能在食用时有些禁忌,就像在图腾制度中那样,在一些特定形势下对特定人群的行为也有禁忌。例如月经来潮的妇女、服丧或从事特殊职业的人等,要解除禁忌必须举行一定的净化仪式。

大多数文化中都有标准的方法从超自然代言者身上获取神谕,寻找正确的引导。这么做可能是出于个人的原因,比如为某事选定一个吉日开工,或许是判决或治疗过程中正常的一部分。可以很方便地将举行的仪式描述成为"巫术-宗教"仪式,因为在一些情形中灵魂被唤醒,而在其他情况下,仪式的执行是为了给请求者一个答案,通常的答案是神灵代言人给以抚慰。

神谕附属于一定的祭祀。人们仅就主要问题向主祭咨询,或者向不属于祭祀的占卜者咨询。细小的神谕或解读预兆是一种常识,大家都依赖于这类知识,有些则通过抛掷硬币的方式做出最后决定。有时用这种方法来决定向哪个神灵或圣人或其他专职人员咨询有关坟墓的事情。

占卜一般由专职人员执行。占卜有两个基本方法:利用不同的物体,如用动物的骨块(骨卜),用乌龟的甲壳(龟卜);占卜者成为神灵的代言人,神灵通过他传达意思。

5. 神判

神判是诉诸超自然力来解决争端或检验指控的真实性的审判方法,通常包含着一些严厉的甚至是危险的测试(如以服毒、投火、捞油锅等方式自证清白)。这时将会采取仪式性措施来防止对占卜者的责备。测试结果是没有受伤的人判定为无辜,有时在人身上使用的神判法也会用到动物身上。

发誓是对超自然物或其代言者的祈求,如果违反誓言就会自动受到惩罚。

梦释。人们认为梦也是一种预兆,有公认的托梦和释梦方法,人们认为梦是与死人或其他神灵的沟通,在一些仪式中能找到特别的梦,在梦中个人会对自己的行为负责,人们把梦中出现的不忠行为视为通奸的证据之一。

6. 仪式语言

通常仪式使用的语言与日常语言不可相提并论,前者可能是古老的语言,极不寻常、相当晦涩,只有主祭、某些社区精英才能理解。调查员要注意主祭是理解了还是只重复其所学的语调。要调查所有仪式语言的传说或历史,实际词汇是否容易理解。

三、巫术信仰与实践

人们认为如果行巫,就无诉诸神灵的必要,因为通过仪式技巧,使用正确的行为、器具或话语,就能达到期望的结果。人们认为这些行为、器具和话语本身具有强大的力量,加上由有能耐的人操作就能生效。很明显许多宗教专职人员都施行巫术,许多宗教仪式也包含巫术的成分。除了宗教以外,巫术制度还表现在人类的生活之中,尤其与经济活动、司法活动和医学活动相关。

巫术在战争、恋爱、狩猎、园艺以及其他活动中常用来增强个体或社区的力量,巫术的价值可能存在于所用的器具、口诀或巫师中,或同时存在于三者之中。

巫师通过学习和训练可获取力量,他们可以通过交换或继承而获得法力,法力可能存在于巫师身体的某个部位。为了保持法力,巫师必须遵守特殊的禁忌或特殊的生活制度。

巫术信仰通常与性别有关,人们认为行为本身就具有危险,或在某些情况下祸福参半,一言以兴邦或一言以丧邦。其中可能会有起保护作用的巫术,在一些情况下巫术行为可能是禁忌,而在一些情况下可能只是仪式性的表演。有时仪式性的乱伦动作是获取巫术力量必不可少的,例如,对阳痿心怀恐惧的人可能会寻求巫术保护。

通常人们认为女性的性生理特征是不安全的。调查员要注意妇女和姑娘在月经期、怀孕期、哺乳期以及更年期的所有禁忌,特别要注意在她们更年期终止或延续时表现在食物、烹饪以及性活动方面的禁忌。

护身符是一种物体,据信能够携带巫术的力量,又因用途不同,这些物体的形状各异,它们可以使人免遭事故或者抵抗邪恶巫术,比如抵制"邪恶之眼",能给人带来力量、运气和健康,可以作为安全保障佩戴在身。

巫术实践隐晦地暗示出顺势疗法的原则,这个原则就是同类相生,比如假设同样的人产生出同样的人。人们认为巫术可以通过以下途径来实现:(1)传染。比如携带动物的某部分来获取其特征,或起保护作用,或携带与所期望的物体相类似的物体作药引使用。(2)联想。可以使用一些物品,或想象,或模仿表演在第三者身上将要发生的行为,以及为了达到预期的结果而背诵一些法术口诀和准备一些魔力。

个人的性格和身体部位间有着密切联系。因此圣人的头发、指甲、皮肤上的污垢或粪便也被认为是神圣的。在这些部位上施加巫术就能达到伤害对方的目的,这种信仰将影响人们的卫生习惯。

人们通常认为诸如勇气、毅力等优良品质位于一些特定的器官,比如肝脏或整个身体,并且认为生吃这类器官的人便能获得这些品质,等于把这些优良品质贯注于他们的身体中。这种信念可能成为仪式性食人的动机,与灵魂实体和牺牲的信念有关系。

四、魔法与妖术

巫术有好、坏之分,前者称为白巫术,后者称为黑巫术。两种之间没有明显而永恒的界沟,尽管可以将巫术区分为社会认可的和反社会的两类。至于魔法和巫技可以归到黑巫术的范畴,它们在给敌人制造危害方面具有仪式性意味。

尽管魔法有些反社会的性质,但并不尽然,某些文化中常用它来侦查和惩罚罪犯,允许报复作恶者,伤害作恶者的亲族成员。施法者有意用魔法伤害他人,他可能把自己转换成动物形状,用思想的感应去扰乱他人,甚至可能有"开心超人"之称。这样的人可能会将自己的力量隐藏起来,或者被人所觉察,或从沉默中爆发。他们可能被公众当作敌人,或者被人容忍或受雇于个人而对敌人发泄邪恶。

妖术不同于魔法的地方在于它更为强大,更多为邪恶服务。妖术潜入个体,它可能是天生的、遗传的或通过举行特别仪式后获取。大家认为没有意志的巫术将给受害者带来疾病、死亡或别的不幸。妖术又称邪恶巫术,在许多社会中,邪恶巫术被视作犯法,若被证明有巫的人就要被流放或处死,此外,它也被看成一种能由巫术宗教治疗的疾病。有巫术的地方,通常会有特别的仪式或仪式专职人员探知和抵制妖术。有神父或其他仆人,精心准备组织这些仪式,使用神谕和特别的习俗,为反妖术的人提供保护。人们可以通过神谕的意思揭露妖术,由专职人员和头人执行的神判、神谕可以探知妖术。

人们普遍认为疾病、事故和死亡不单源于自然原因,还与人为的做法有关系。在本章的主题之下,我们会发现,仪式和信仰与医学相关。因此,调查员不仅要观察按摩、操作和种痘等实际的治疗方法,还要观察与之相关的仪式。

诊断。通常是与致病的神灵接触的仪式,可通过卜卦或者祭司招魂上身来达成。就病理而言,通常认为生病是对病人、亲属或族人做了坏事。还包括由第三者直接对病人施行邪念和巫术行为以及神灵的行动。

治疗。调查员要观察所有与药物收集和准备相关的仪式。要记录仪式行为、病人或中间人及专家间的支付关系。也要记录病人对专家的心理态度。

治疗可包含补偿和对所冒犯精灵的安抚,或一些祓禳、补救和胁迫第三方去除他的邪念或妖术,这些治疗方法可与其他医疗实践相结合,可以是公开的,也可能是私下里的,如果要呼唤精灵,其仪式是公开的(参见本章对于萨满的叙述)。

可能还有各种各样的操作性治疗,通过这些治疗,可以从患者身上提取出一些实物。

预防性药物常包括可以避开邪恶影响的巫术措施,比如"开心超人"所使用的手段。在这种情况下,可以使用魔力或者其他不会引起妒忌的方法,比如某一等级的孩子衣着褴褛、全身邋遢,别人形容他时只会用贬损的话语而不会用溢美之词,这样做并不会引起公愤。

五、医学与治疗中的仪式

(一) 类型

1. 与身体现象有关的仪式和信仰

"巫术-宗教"涉及土、水、火、气等非常普遍的元素,并且总是伴随着仪式来确保它们的表现处于常态。调查员在研究仪式时,比较实在的做法是制定一个仪式日历,用来标记各种季节的仪式和节日。这些仪式的重要特点是与地理和天气状况以及人的经济活动相关的。

大地(土)和天空(气)及其他任何的天体可能被拟人化,可能两性皆可。每一种成分都有其特殊的影响范围并且与祭祀和主祭人员有关。应当记录土地本身是否是神圣的。当一个人或一个群体改变住所时,可能会举行仪式,怀揣一块草皮到新社区。除了祈求土地肥沃的仪式,其他表明土地神圣性的仪式都要记录。所有确保土地肥沃的季节性或偶然性的仪式也要记录。人的生殖能力会与大地的丰产相联系。要记录当地人是否把火视作神圣物,是否在仪式性场合、季节性节日、出生和死亡时点燃或熄灭灯火?若有,要记录所有这些场合获取火的方法。

应当记录所有与日食和其他天文现象有关的信仰和仪式,包括闪电、陆地和海上的暴风雨以及人们如何处理因暴风雨引起的致死事件。

2. 与经济活动有关的仪式和信仰

除了针对利用自然资源的技术活动外,仪式还被赋予对农业、牧业、狩猎和渔业的丰收必不可少的特性,特别是土地的丰饶和收成好坏。

不管是社区还是个人，建房、制造独木舟、交易、袭击和任何特别的工艺都会有仪式。开工必须选择吉日，参加者都要遵守禁忌和特别的规则。

3. 与社会结构有关的仪式和信仰

人类学家发现，"巫术-宗教"是个体或群体中为社会所公认的最重要的社会和政治关系。这方面的应用会导致职位和专业人员的出现。与出生、取名、成年礼和婚礼、死亡相连的仪式通常可以反映社会结构。

人们普遍持有一种观点，认为精灵代言人命令采取一定的行为方式，或者违反某些规则将会让犯戒者自动受到惩罚，或者给集体带来厄运。因此遵守乱伦禁忌出于人们相信超自然力是不赞成这种行为的。调查员应当记录所谓的乱伦及其后果，了解任何试图避免出现乱伦的仪式方法。

(二) 图腾信仰与相关仪式

图腾制这个术语用来指社会组织的形式和巫术宗教的实践，它的核心要点是将一定部落中的群体（常常是氏族或继嗣群）与特定类别的动植物相连，把几个群体与独特的种类连在一起。由于图腾制的使用极为广泛，我们会在以下几个方面展开概念的内涵：

（1）据说部落或群体是由许多图腾集团组成的，每个集团与一类有生命或无生命的物体有关系；

（2）该部落或社会群体与他们的图腾物之间的关系属于同一大类；

（3）这些图腾集团中的成员不能改变自己的所属关系（除非类似收养之类的特别情况）。

图腾关系表明同一图腾集团的每一个成员与相信该图腾的其他集团的成员分享这种图腾关系。作为规则，同一图腾内部的成员不允许互相通婚。

每一图腾部族成员常有行为方面的强制性规则，有时不允许吃图腾物，有时采用特别的讲话方式、装饰物或徽章，包括对图腾对象顶礼膜拜的行为。若图腾物是野生动物，不仅该图腾部族的成员不能猎杀，而且有时还要到丛林中投放食物喂养它们，埋掉死了的图腾动物，以免人们的生命财产遭受损失。通常在图腾群体与图腾物之间有一种亲属感情，尽管动物是最普通的图腾，植物、无生命物体和自然力量也可能是图腾。有时一个群体不止一种图腾，有时一个图腾将几个群体连接起来。

图腾群体与图腾物之间的关系通常以神话的方式来显现。人们相信群体的祖先与图腾物之间以一种神奇的方式相连,这两条世系脉线的子孙后代彼此持一种感激之情。人一出生就有图腾物,或者人与图腾物是孪生子,或者人的祖先已经变成了图腾个体。类似的神话往往与人化身为图腾物的成员的信仰有关,或者是群体中所有的成员或仅仅是著名人士可能化身为图腾物,另外一个信念是,人类与图腾物种是孪生子,二者在任何时候都可能一道出生。偶然情况下一个特定的地方与神话相连,这个地方可能就是图腾仪式的中心。

在一些文化里,图腾仪式非常明显,在其他文化中又很淡薄。为了增加生殖能力,一个图腾部落的成员可能会集会并表演与图腾有关的仪式。一个特别的图腾群体的成员可能为整个社区表演仪式,比如一个图腾群体的图腾是一只害虫,一只会破坏庄稼的害鸟,这个图腾部落的成员就必须表演一些仪式来保护庄稼。

(三) 其他仪式

1. 两合组织

与社会组织形式有关的信仰非常重要。季节性的活动受仪式所规定,这一仪式建立在对人、自然以及宇宙过程的两合组织的信仰上。有些仪式由组织中的一部分人执行,另一些则相应地由相对部分的人承担责任。同样的,生活可能由一个按日历顺序的仪式所调节。当地可能存在与两种信仰体系有关的神话。

2. 文化英雄

对英雄人物或英雄群体的崇拜是一些社会集团、氏族或部落的主要特点。调查员要收集所有历史的或神话的材料。英雄可能将人们带到了现在居住的地方,或者是引入了新的艺术或工艺品。英雄的精神可能在历代统治者中重生,已故的英雄可能成为死神,也可能当作上帝来膜拜,通常所声称的英雄与其后代的辈数是众所周知的。英雄的生死往往是莫测高深的,就如他的功绩一样。

3. 首领的授权仪式

这种仪式很重要,直到完成仪式后首领才能够发挥其所拥有权力,并且往往会有一些权力伴生物——长矛、仪仗鼓、御椅、王座、徽章或王冠——首领必须拥有这些符号。首领的职位和权威常依赖于宗教制裁。其他正式的仪式对社会结构也很重要,比如不同社区间的缔结和约与节日中互相请客送礼,铺张仪式等等。

4. 秘密结社

秘密结社可视为社会结构的一部分,这些结社可能形成反对社会秩序的组织。结社通常只是某一性别的人,其中男性较为普遍,但在有些地方也有女性结社。秘密结社是一种协会,成员资格具有选择性,通过缴纳会费或举行入会仪式来获取,或者同时以两种方式来获取。有时候在成员资格和入会仪式等方面是公开的,但一般来说,圈外人士无法知道结社的目的和主要行动。秘密结社可能没有明确的目的,但他们往往有一定的管理、教育、宗教、军事或经济的功能。由于人们相信秘密结社具有魔力,因而可能夸大秘密结社的影响。据信秘密结社的成员可能会在同类相食的活动中装扮成动物的模样。

调查员要询问如何获取秘密结社成员的资格。在秘密结社很强大的地方,要从成员中了解仪式和功能不太容易,可以从圈外人士那里获取相关的信息,尽管可靠性差一点,但对于显示这种制度对社会结构的影响还是很有价值的。在政治敏感期间可能会有产生新的秘密结社的趋势,记录这类结社的详细历史是很有趣的。

5. 与战争有关的仪式

战争通常伴随着大量的仪式和观察活动。在与敌人交锋前和战斗过程中,领导者必须遵守一些特别的禁忌。战争爆发时,会举行保护性和侵略性的巫术活动,由懂巫术的军师准备好药品,还要给祖灵和天神奉献供品。和平的缔结一般包括仪式行为,这些仪式的设计或为了洗涤血罪或是为了与宿敌和平共处,不然就是为了恢复生活秩序。

6. 神话

参见第十章的叙述。

第十章

知识和传统

　　知识是外部世界在人们心目中的投射，经过归纳、总结和提炼形成抽象的符号得以传承。知识无论实在还是虚妄均有自己的外部根基，并且要转化为一些显而易见的行为方能施加影响。传统代表人们积累的经验，如知识体系、行为方式等等。知识的依次交替就是传统的延续。每一代人都在确定的传统中继承先辈的活动，又通过完全改变了的活动来改变旧的条件，给后一代留下新的传统。本章点拨一些调查内容与调查技巧，主要涉及日常生活中的计量关系，人们对周围环境（天空、星辰、气候、地形、动植物）的认识以及他们治病救人的方法和口头传承的类别。

一、引子

　　在无文字社会，传统知识是每一种文化中极其重要的部分，通过口传的方式而代代延续。其中大部分知识是基于观察和个人经历。但神话、巫术和超自然信仰也被保存下来并与经验知识混合在一起，保存在专家手里的专业知识必须与一般知识相区别。调查知识传递的途径很重要，比如特殊指令、师徒关系以及家庭中的父子相传。

　　调查员应该注意知识的交流，包括说话在内的所有记录和沟通方法。应该发现用来传送信息或号召人们聚集的方式，传送信息时会刻木、结绳或在木头、树皮和石头上标记号吗？也可能用到象征性的物品，其意义是传统性的。记录重要事件时，是采用类似刻木或勒石的方式去保存吗？有没有创立图形文字作为记录或沟通的形式？若有，图形文字的方式已经约定俗成了吗？使用音节或字母形式吗？有没有发明制度的记录，或者关于这个制度采借的源头的记录，或者是关于引入这个制度的那个人的记录？

有记数的方法吗？有实用的计量方法吗？若有则应当记录。

还要注意是否有捺印、搭积木或刻字的行为。要了解工具、武器或其他物体上有主人的标记吗？要检查主人是否在家畜身上打下烙印或做出标记以便识别？树皮上是否刻有标记？日常生活中有没有以削竹、刻木记事的行为？记事柱上是否留下了标记？或者是否用石头作为地界或疆域的标记？

二、数字知识

（一）计数模式

在东方社会，许多人采用简单分组的方法计数，对于宏大而精确的数字不感兴趣。虽然这是无可厚非的，但是当数字与价值相混淆时，即使穷尽一切交流形式，对于欧洲人而言仍然词不达意，对于当地人来说也很难解释清楚。调查员要记录所有的数词，包括复合数字，比如 2＋5 等于 7。还要记录序数词"第一、第二、第三"，以及像"一把""一打""二十"之类的数字词组或短语；所有的手势、不能言状的计数辅助手段以及表示数量和价值的书面数字也都应当记录下来。其中有些可以用自己的身体表意，如伸开手掌表示 5，人的双手双脚可表示 20。要记录大的数字是精确使用还是仅仅用来表示"多"的代称，如"千百万""成千上万"等形容词。调查员要记录人们对各种描述性数字和描述过程的解释，以及这些数字和过程如何产生，要形容用手指头和脚指头来计数的顺序，或者用别的身体部位计数时只是一个标签还是真实的数字。若用到计数器、计数板或标签牌，需要获取标本，并了解如何使用，记录其尺寸，使用方法是否一样，还要通过设置简单的算术问题来进行补充观察。

（二）测算与计量

1. 具体物的测量

（1）掂量或称重。此系用举世公认的或当地流行的标准来比较物体的尺寸和重量的方式。如此测量和称重通常是具有统一尺寸和重量的自然物体，或者是人体的一部分，也可能是各种习惯性的杰作，比如用手掂量或用步测，还有专门为了交易某种商品如阿善提人（Ashanti）的黄金而制定的计量单位。倍数和互动关系部分源于数量词的制度，部分地源于倍数词的经验。其他可用同一标准或单位去测量，有时同一粒种子、鹅卵石或别的物体也常用于计数和称重。

（2）目测距离。这种测量方法常借助于手指、拇指或指甲的宽度或长度，或从大拇指到小指尖或食指尖的跨度，从中指尖到手腕或向内延伸到手臂，也可用各种步履。测量时还会采用矛的长度或别的设施，比如绳索的长度或一条链子、一支箭的长度或一天的旅程。

（3）测量面积。此法常用一张牛皮、一床席子或一件斗篷摊开的面积为参数，或者是每天一头牛犁地的面积或一个人能够播种的面积为参数。土地单位的形状要记录，特别是尺寸，不管是相同还是有差异，其中每一个人的解释都要记录，实际测量土地时如何进行？面积如何计算，边界如何调整？

（4）容积的测量。包括土地的凹陷部分，一把或一抱之容量，人畜、马车的负荷量，鸡蛋壳、葫芦或其他自然物品的容量，或者是一些常用物比如篮子之类的容量。记录用来计量谷物、饮料或别的物品的特殊手段。

（5）重量的测算。通常用于谷物或植物种子的衡量，习惯上常用人畜、马车的负荷量来计算。如果有可能，要了解当地是否保留着一些对待特定农产品的称重方法。要获取一些称量食品的事例，有时称量标准由一种特殊物品能装的容量来决定，比如水桶或箩筐。

2. 抽象物的测量

（1）时间的测量。测量时间，既源于人类对自身某些方面的耐力加以测定，在一个更长的时期内，也来自人类对日月星辰的观察。就当地人而言，调查员要注意他们如何将白天分成若干部分来利用？又是怎么测定各个时间段的？他们划分白天是否有不受季节影响的细微标准，还是要根据季节性的日照长短来划分？当地人怎么测量黑夜？他们使用日晷、沙漏这类测量器具吗？他们是否使用时刻表或日历？要是他们使用这些设备，又是怎么解释它们的起源呢？调查员应获得所有这些设备的样本，要学习放置和使用它们。

（2）价值的衡量。大家都熟悉充当货币的自然物品，比如食盐、水果、谷粒、种子、咸鱼、贝壳、玉石、药材、木料甚至家畜，哪些完全是自己生产的，哪些部分是自己生产的，如茶叶、食糖、酒水、干鱼、打磨过的玉石、毛皮、皮革、羽毛、家用器皿、符咒和珠子等个人装饰品。记录如何用这类物品来衡量价值，粗略的还是精确的。是否有习惯性标记？如有，是粘贴还是印模？是官方统一颁布还是私人用来表明价值？如果货币包括象征物或非家用物品，或人工制成品如草席、矛头、短斧、锄头、小刀、块状或条状金属。调查员要记录它们相对于金钱来说价值是偏高还是过低,如何持平? 可能用尺寸、乘法表、串珠或牙齿、皮带、羽毛串、贝壳等来衡量,也可能按照传统与习惯,还可根据外观属性、技巧、所耗劳动力或制作难易程度来衡量,有时稀缺或古旧程度不失为测量的标准,有时用作硬通货的物品是通过贸易或进口得到的,如贝壳、念珠、威尼斯金币和中国的丝绸。

(3) 普遍的问题。应注意无论什么情况下都要记录人们测量的精确程度,容量或重量长度的人工标准,这些标准彼此是否一致? 不一致时人们会怎样弥补? 是否有权威的标准来检验计量或修正民间标准,记录各种乘数习惯口诀,比较估量与计量的差距?

三、天文地理

(一) 天文与气象

每一社会的人们对宇宙、季节、天气和日历都有自己的看法。调查员要记录当地人的历法,昼夜的划分,月份和季节的分割,年份是否分成朔望月(太阳月)和农历季节,这一推算是否与回归年(太阳年)的参照有关。要记录与日月星辰相关的知识和神话。用肉眼识别星星,说出星座的名字,注意日出、日落与季节、季风(最多风向、主导风向)的关系,不要以为只有专业人员才知道这些知识。记录当地人对于季节交替以及日食、暴风雨和自然灾害的看法,与这些事件相关的仪式和神话也要记录。要注意每星期或循环周期的某些特定日子固定出现的市场交易(墟日)或其他活动。

要把当地人对每年气候循环的清晰而合理的陈述记录下来,要特别留意那些至今仍在影响经济和其他活动的术语和理论。关于雨、霜、酷暑、雾等自然现象发生的强度和持续时间的日志非常有价值,这些普通或特殊的天气陈述以及对植物生产的影响都可以汇总分析。可以尝试草拟一张综合性的日历,记录在自然环境与人类活动的次序及持续时间上的季节性变化。要结合日历图调查这些变化与综合性的日历之间有多大程度的关联,可以直接询问当地人对这种关系的看法。要仔细考虑在这种关系中,当地人的时间概念和定时的标准。

还要记录如何推算个人年龄,孩子的出生是否和一些自然现象或事件相关，孩子的岁数从哪一年开始算起。选择特别的自然现象或其他现象，如月相变化、星辰升起或太阳出来时地平线的位置等，日历的作用通常与自然和社会条件有关。调查员可能会发现定义特定物质条件的术语所必需的日期与实际的持续时段并不严格一致，而是与活动的时间相连，日月星辰的运动与人类的活动状态多少有点分离。与这些现象有关的神话以及祈雨者的角色或其他的专职人员（如冰雹喇嘛）也要记录。

（二）地理与地形

调查员在所观察的区域内获取当地人的地理知识，要记录当地人关于地表类型、地理特点及与其相关的历史和神话方面的说法。当地人用来记录地理位置、路线和地界标示的方法也都要记录。还要记录他们关于海洋、潮汐和气流的知识。

四、植物与动物知识

（一）人与植物王国

凡是能观察到的野生植物、人工栽培作物以及土壤类型的知识都要记录。要记录在原生地天然生长的植物和经过人工作用出现的植物，无论它们用于食物、医药、工业（木料纤维、纺线、染料等）、艺术和仪式等方面。植物的生长、繁殖和发芽及相关的仪式都要记录。

野生植物或人工栽培作物的特点、分布和季节变化及其文化意义都要评论。这可能要基于对样本地区的计算。有关树木的密度和高度，稀有树种出现的频率，这些资料也很有用，制作标本的范围包括植物的叶子、花朵和果实，这些植物往往具有经济和仪式方面的重要性，通过标本使它们的种属关系得以确认，在更大范围内作比较研究也很有意义。调查员要记录这些植物丰富和繁盛的条件，除了当地人是否存在利用植物区系的知识外，还应记录他们是否注意到昆虫和其他害虫的活动情况。当地人保护这些动植物所采用的方法以及相关的神话都要记录。

（二）人与动物王国

人的起源及人的特点通常记录在神话当中。要注意这些神话是适用于整个人类还是仅适用于报道人所在的部落。人们可能会认识到自己与相邻部落间体质的不同（在传统上或现实中），以及他们与欧洲人和其他异族的不同，所有对这类现象的解释都要记录。

与人类解剖学和生理学有关的传统知识和实践水平以及它们与治疗疾病的关系都要记录。任何表明解剖知识的习俗也都要记录，比如从孕妇尸体中取出死胎单独埋葬，关于血液、排泄物方面的知识、正骨法和接生术等也要记录。

还要记录人与动物王国有关的所有知识和传说。这些知识随着人们的经济活动和职业不同而变化。野生动物可能被分为狩猎对象或危险的食肉动物或者到处游荡的食草动物。家养动物是财富、食物、声望或其他经济效益的来源，他们可能是神圣的或被当作宠物。要注意是否将野生动物幼崽带回家驯养。

要调查当地人对动物的一般态度，他们对不同的动物物种或变种以及对个别动物的态度。是否认为人与动物存在亲属关系的信仰？动物会有人的特性比如说话或理解人类的话语吗？动物具有善恶的特性吗？所有动物都有灵魂还是一部分动物才有？宰杀不同的动物时抱以什么样的态度和信仰，并且施行什么仪式？动物的繁殖与人的生育有什么不同？有什么风俗或实践涉及动物解剖学和生理学知识？

五、医药知识

对于特殊的流行病，从当地医疗人员那里获取信息，不但有助于弥补调查员的知识不足，而且有利于他们对当地医疗状况的观察。要调查当地人对健康和疾病的一般态度，面对健康与疾病，人们是否会出现焦虑，他们缓解疼痛的一般行为和治疗方法，是否有案可查的事故和能够自圆其说的病理知识。调查员要胪列各种已知疾病的目录、主要的症状和常用的治疗手段，以下八个方面可资参考：

执业医生。什么情况下才向专业治疗人员或专家咨询？在医疗人员中是否有专家来解决特定的问题？从业者的培训、地位和报酬情况如何？

诊断。除了巫术宗教诊断外，所有识别病症的方法都要记录。

治疗。除了专家的巫术实践外可能有大量的人体治疗实践。各种形式的沐浴、洗涤、烟熏、消毒和热敷、吸血、放血、催吐、水疗、火灸、按摩等，止血器、催吐剂、种痘、堕胎药或泻药的使用等。是否有风俗表明传染病知识（即使人们只了解一部分），或由于昆虫、蠕虫引起的传染或侵扰？当地人知道地方病或传染媒介吗？有关疾病的起源和患病原因方面的信仰以及任何以前不知道的疾病暴发的历史如何？一些特别危险的疾病如天花，可能有它们自己的瘟神崇拜，有慈爱而威严的守护神灵。

当地人对疯子、智障者、痴呆儿抱以什么样的态度（如认为精神病人是恶魔附体，因此常用暴打方式以求驱除病人体内的鬼魂）？这种治疗一直要持续到病人被迫害致死吗？反之，精神病人也可能被当作是神灵附体并得到完全信任吗？弱智者常用纵欲方式来治疗并认为是神灵偏爱的吗？各种情形的精神错乱症的解释何在？

怎么修复畸形人的生理缺陷？怎么治疗白化病和其他身体与行为上的不正常病态？人们会遗弃先天性畸形新生儿吗？

对男女生殖系统紊乱的诊断和治疗如何？不能生育和性无能呢？当地人给出的原因及规定的补救措施如何？是否能诊断出性病并认识其传染方法？有一些特别的疾病或不幸事件被认为是与性交或与禁婚对象私通或者是在斋戒时间内性交所引起的吗？

外科手术。采用什么方法止血（钳夹、结扎、药物）？如何确保伤口周围不会感染？如何用夹板固定骨折部位以便减少错位？如何使用敷料，用什么敷料，会使用绷带和手术缝合线吗？绑带和缝合线用什么织成？

通过手术切除组织，如截肢、清除白内障、拔牙、开颅、刺穿或切割脓包等，采用什么方法来治疗溃疡、烧伤、蛇咬、箭或矛的伤口等？

当地人会采用热灼处理和按摩措施吗？用什么方法实施整体或局部麻醉？

助产术。在助产过程中有专门受过培训的熟练人士吗？若有，她们的训练、地位和报酬如何？应当记录分娩前的准备，在临产阵痛的几个阶段的习惯性姿势，在正常、不正常和滞产时，会使用任何形式的人工、机械辅助方式吗？除了在分娩前乞求神灵的保佑，在分娩中以及分娩后，是否有医药或魔力的帮助？母亲和婴儿的死亡率以及女性的流产率如何？

药品。药物可以是动物、植物或矿物。当地人对所有药物的名称和用处都要记录，要收集标本用以检查，收集量要达到化学分析的标准。

人们相信,药物只是在采集、准备和施用阶段执行了正确的仪式才能生效,对此要加以调查。在某些时空条件下,可能找到有特效性或剧毒性的植物或别的物质。当地人是否知道这些情况,他们又是如何使用这些药物的?

毒药与下毒。获取天然药物、植物、动物或矿物的标本及使用方面的信息,若是毒素主要来自植株的某一部分,如根茎、花蕾或花絮、果实、种子、叶子等,对此都要加以识别。如有可能应把带有成熟种子的植株整棵取来作为标本。其他样品应以原初形态保存于气密容器(真空袋等)中。植物标本室的标本应用防腐溶液刷洗(比例为 1 盎司甲基化酒精配 4 勺蒸馏水);肉质水果可用福尔马林溶液保存。如果要进行化学测试,应收集到足够的材料。

某一地区的民族、家庭或个人可能有危险的放蛊者的恶名。要调查恶名在外的原因,是基于事实的指控还是人们对巫术力量的恐惧。

卫生与保健。调查员要了解当地居民的健康习惯,以下兹举六点:(1) 准备食物;(2) 取水及储水;(3) 洁身自好;(4) 处理垃圾、污水;(5) 防治害虫;(6) 预防流行病、传染病。要注意这六点当中有没有体现出一些普遍规则。

以上六项适当展开如下。第一项涉及行经的妇女在备食上所遵守的习俗或禁忌,包括不同种类的食物(如肉类和牛奶)相混时应遵循的各种实用而神奇的限制;第二项是使用铜质容器(盆、锅、缸、壶等)的显著作用①,因为微量的溶解铜就可杀死霍乱病菌;第三项是记录个人的卫生习惯,比如是否洗涤(洗澡、洗衣)和剪指甲、修须毛(推光头、剃胡子、刮阴毛和腋毛)以祛除虱子;第四项十分重要,涉及人们排泄大小便的习惯,包括处理家庭垃圾,需要准确地记录下来;第五项的题中之义是当地人对昆虫——如苍蝇、臭虫、蚊子、跳蚤、虱子、蠓虫、疥虫、蜱虫(壁虱)、半翅目昆虫(蝉类、飞虱类、蚜虫、蚧壳虫等)和地板蛆等——采取了哪些特殊的措施,这些昆虫携带病菌,大都与传播疾病有关。调查员还应注意,当地是否存在一些习俗,它们明显是以社区的卫生福利为目标,却没得到当局的认可,也没有获得公众的拥护?第六项指当地是否采取了各种方法来抗击流行病和其他传染病,如隔离病人、将麻风病患者逐出社

---

① 人类很早就知道铜对人体的益处。距今 4 000 年前,埃及人用青铜打制饮水容器,并在医治外伤时,用铜粉撒在创口上消毒。在古希腊,希波克拉底率先用铜粉治疗因静脉曲张而引发的下肢溃疡。在美洲大陆,阿兹特克印安安人用铜来治疗各种皮肤病。19 世纪中期法国出现三次霍乱,唯独铸铜厂的工人没有感染。研究表明铜具有抗菌作用,对抑制霍乱菌尤有奇效。——译者

区、接种天花疫苗等等？此外，应详细调查消毒方式，究竟是洗涤消毒还是熏蒸消毒？要描述所有与天花、麻风病等相关的仪式和做法。

六、历史、神话、故事、传说

当人们的叙述既是神话又涉及历史或部分历史时，要记录他们对自己的过去抱有什么看法。在多民族聚居地区有中心组织，该组织会有正式的记录人，其职责是在正式场合背诵传统历史，这样的口传史有时可以追溯至几百年前。建立在单系亲属制上的社会组织成员可能记住数代祖先的名字。有些宗族成员的名字会被人遗忘，如果可以参考大量的族谱，就可以追溯祖辈英雄或古老历史中的名人，从而形成事件发生起点的一段时间记忆。通常一代为25年，由于这种分类体系可能被证明歪曲了事实，因而有必要仔细核对。报道人说的事件可能纯粹是神话，或者指迁移、征服、艺术或风俗的发明或引入的遥远时代。

有时这些事件可能发生在邻族的历史中，移民和征服是能够溯源追踪的。有时可以用历史上一些著名的外国人到达的时间，或借助日食、地震和别的可确定年代的自然现象作为断代的参考。纪念碑或别的纪念性建筑物、堆石、界标、岩画或岩石雕刻、草坪修剪图案等等可能是为了纪念某人或者某些历史事件。通过这些纪念物的相关数字以及历史人物或事件就可以由近及远地推算距今以前的代数，谁修建了纪念碑？以谁的名义修建的？传说会告诉我们历史人物是谁，这些传说可能与不可思议的事情相连，就算如此，也未必不能说明历史上没有这些英雄。

神话。在各民族的社会与巫术宗教生活中，传奇或神话发挥着极其重要的作用，当仪式、典礼、社会的或道德的规则要求正当的理由、古老的根据、现实性和神圣性时，它们就能起作用。创世神话不可能是冷冰冰的历史，因为需要用它们来实现特定的社会功能，赞美特定的群体，或者是证明一个异常的身份。尽管不可追溯，神话却永远存在，具有实际的生命力。神话既不是虚构的历史，也不是对逝者的记载，它在先例、法律、道德上都是鲜活的，制约着人们的社会生活。林林总总的巫术中充满了故事，不仅讲述事物的起源，还会提到特殊的巫术配方进入附身者体内的时间与地点，它们成为地方群体的遗产代代相传。神话能证明持有者的社会主张，形成仪式并保证信仰的真实性。关于爱情、死亡的神话，失去永生的故事、黄金时代的流逝、被驱逐出天堂的故事，乱伦和妖术的神话，这些构成了悲剧艺术、抒情诗和浪漫叙事诗的主要成分。神话讲述现在生活中的早期情怀，证明先例的正当性，给道德价值、社会秩序和巫术信仰一种可追溯的模式。因而神话既非纯粹的叙事亦非一种科学形式或艺术的、历史的分支，同时也不是解释性的故事。它有强化传统的功能，通过溯源到更高、更好和更加超自然的初始事件来获得崇高的价值和声誉。因而神话是所有文化中的一种独立成分。神话中会有多重天体和难以置信的动物。神话和仪式很接近，若是与英雄相关的对象都要记录，面具、雕像、传说或虚构的动物，这些常出现在仪式或戏剧表演中。艺术设计和日常使用的仪式器具上常有神话或传说中的人和动物。

故事、谚语和歌谣。讲了又讲的故事、格言和传统谚语可能是文化中不可或缺的元素，如同无文化的人的文学作品对应于有文化人的文学作品。要记录如何培养这种艺术，讲故事给小孩听是为了教育还是娱乐？教给小孩朗诵故事或谚语时用传统的声调吗？

某些文化中有专职的说唱艺人。调查员要记录什么时候、在什么地方实践这样的艺术？他们的地位如何？报酬如何？还要记录是否有一些主题独特的故事适合于确定的场合、季节性的庆祝活动、新婚燕尔时。任何有说唱天赋的人都可以在任何非正式的聚会上讲述故事。调查员要了解当男女双方都参加聚会时，说唱的主题和内容是否会起变化？有没有特别的故事是讲给孩子听的？这些故事主要用于娱乐、恐吓还是规劝？人们自己会将故事分为历史（比如历史英雄故事、著名事迹和奇迹、传说、传奇、动物故事）、时事问题、道德故事和取笑的故事吗？哪一类最受欢迎？有传唱私人财产的歌曲吗？

格言、传统谚语和谜语可能具有教育意义或作为知识娱乐的一种形式。

录音机便于记录歌谣，但还是要用文本写下来。也要研究歌谣传唱地人们的生活。歌谣是全部或特定仪式的不可缺少的一部分，公共劳动或独自劳作、战争、舞蹈、娱乐或求偶时必不可少，要记录每类活动是否有相应的主题、吟唱和曲调。诗是用来吟诵而不是唱的，有专职的朗诵者吗？他们的地位如何？在何种场合下表演？能歌者一般唱什么歌曲，报酬如何？人们会作曲吗？有独奏、二重奏、三重奏和合唱吗？有固定的规则、声调和韵律节拍吗？这些歌曲是否特别地由男人、女人或小孩来唱？

　　总而言之,调查员要记下所有的叙述,若有可能最好是用当地语言记录,这就要用到当地的惯用语,然后读给报道人听并加以校正。报道人的名字、性别、年龄、居住地和职业都要记录。故事在哪里收集到的、从谁那里了解到的也要记录。故事的变体和片段要记录,但要把二者分开,不要混淆起来,也不要习惯性地把它们修改为其他版本。有时传说也有韵律,通常有很长的重复,在抄写时很枯燥可以删去,但要加以说明,否则故事的完整结构就会破坏。故事往往在人们聊天或休息时讲述。收集无文字民族的文学作品的重要性日益为人们所知,不仅要收集古怪的歌谣、故事或历史,还要获取整个文学领域内的普通图片。调查员要了解文学类型是什么?是叙事还是抒情?是否诗歌总是要吟唱?有些文学类型有历史内容吗?歌曲和故事总是传统的还是即兴之作?或是二者兼有吗?所有的故事都要放在社会背景中研究并考虑它们的内容与形式。

第十一章

语　言

语言技能对于民族研究的作用不可低估。初到一个陌生环境的田野调查员都有体验：新的语音给听觉带来困难，影响了参与观察的水平和收集材料的进度。这种情形一方面表明了解民族文化一定程度上就是理解当地的语言；另一方面要求调查员不要烦恼，摆正心态，认真学习语言，以当地人的发音为最高权威，尽早懂得当地人的动作意谓和口头俗语，做到无须译员相伴，自由地开展工作。本章指出适当的语言分类、了解相关背景、科学的训练、掌握记音技能等是语言调查的几个重要环节。

一、手势、手语和信号

（一）手势

作为一种表达方式，手势常用在操不同语言的人之间，特别是口头交流不太顺畅时[①]。调查员要记录头、脸、手臂或躯体的所有象征性动作，并叙述所观测到的实际频率。比如，手势可以表示同意、否定、赞成、反对、邀请、拒绝、生气、悲伤、羞怯、哀求、请求、命令、祈祷、诅咒等。人们怎么指向近处的和远处

---

① 人们大都能领会一些手势的含义。例如，鞠躬（颔首屈身）、作揖（双手抱拳）皆为常礼；手臂伸直，掌心朝着远处来人，竖直的手掌在腕关节摆动，表示"不要过来"，在另一种语境下强调否定或者不同意；如果竖直的手掌向下划动，有时是四个手指屈卷前后划动，表示"过来"，但同样是招手，在另一种语境中可能传达"再见"的意思。要是一人向远处的另一人喊话，假如对方这时去碾谷，就会手指朝下，顺时针画个圈，继而拍一下肩膀，表示去拉碾子；要是他去割稻，就做出左右开弓（一手抓禾，一手使镰刀）的样子；要是去插秧，就做出拔一把秧苗，又拔一把秧苗的动作；要是去砍树，就伸出胳膊，用右手做出砍的动作，再把右手掌贴住前额，点头几次，表示完事；要是他想邀请喊话者上山采蘑菇，可伸出双手，弯起拇指和食指，双后对接为一个椭圆形，朝着山岭方向举去；想睡觉的手势是把头偏向一边，伸平手掌托住；想喝茶，手握成筒状，往嘴边送几次；想吃东西，一只手将想象中的碗端到嘴边，另一只手做出使筷子的姿势，如此等等。这些手势全是在交流者相距太远、喊话无效的语境中使用。——译者

的目标？如何与别人招呼或示意？怎么计数或说明数量？如何表达同类事物的不同程度？男女手势有何差别？什么样的手势具有侮辱性？这些问题也需要了解。手势同时也是与舞蹈密切相关的一种艺术和情感表达方式。调查员要记录任何描述性、象征性或审美用途的手势或动作，记录任何哑剧表演，记录图片艺术中所描绘的符号。

（二）手语

手势的使用有时会发展成为一套符号语言，多少有些系统性，通过手势和手、臂、头和躯体的配合，模仿物体的显著外形或某一活动的重要特征就可以表示物体和想法。这些符号在使用时可能有所删减或形成习惯用法，以便相距较远的交流者，在喊话无效的语境中使用。

调查员需要仔细询问才能发现这一制度的存在，因为通常并不是大家都会用到手语，或仅有某一性别的人才用手语，或者在老年人的记忆中仍然保存着，或者在仪式中使用，或者作为一种神秘的艺术而存在。在每一套手语系统中，调查员需要记录的是什么样的想法会用什么样的配套动作来表示？如有可能要全部记录，若做不到则需记录典型事例。

是否有可能将连贯的叙述或口语通过手语表达出来？是否有表示"开场"和"结束"的手语符号？或者相反，对任何一个单独的手语符号或者复合的手语符号都能说出确定的意思？手语符号是作为说话者使用的伴随物吗？手语是否用于狩猎、战争和交易？有专门教手语的盲文吗？手语是用于操同一种语言的人之间，还是主要用于和外国人的交流中？在哪些部落、有哪些地区的人使用手语，它们是否都能为人们所理解？人们会发明出新的手语符号并应用它们吗？表演哑剧是为了娱乐吗？是否有一套人工编制的符号，就像教给欧洲聋哑人的盲文字母或莫尔斯电码一样？

如果有可能，要记录连续语言和叙述的手法以及能够用来表明顺序的词语，要揭示手语的语法，同时要记录表达方式或速度的变化以及当地人对手语意谓的说明。本地传说和对手语符号的解释也要记录下来。

可以用素描记录重要的手语。这样做须事先准备大量卡片或纸条，画好人的正视和侧视图，在调查中方能省时省力。注意速记符号，例如，虚线用来说明手和臂的动作。画出开始时手形的位置，不能只说明后来的位置；短线用来表示快速运动的过程；长线说明稍快的动作；断纹表示缓慢的动作；＞表示动作的开始;×表示动作的结束;⊙说明手或指头发生改变时手势的位置。使用影像技术记录较上面的方法更值得信赖。

(三) 信号

要描述当地人远距离打信号、传递信息的方法,注意他们对信号的解释是否基于以下因素:人所共知的信号代码;个人的判断;为某一场合预设的代码。下面的方法众所周知,此处把信号概括为诸种行动的暗示以及去查明含义的需要。毫无疑问,人们将发现各种信号还带有其他含义,可以更深层次地解读。

人们可能用以下方式发送信号:(1) 依靠手臂和躯体的动作;(2) 手执物品(旗帜、毛毯、枝条、火炬等)挥舞,或向空中扔东西;(3) 骑马来回跑或者转圆圈,速度要忽快忽慢,以便引人注目,或者在雪地踏出 SOS 的莫尔斯电码救难信号,以供飞行员识别;(4) 点燃火堆、火的位置和数量、烟尘的数量或许都有意义,用挡板或湿毛毯放在火上不同位置可产生不连续的烟雾,烟火作为常见的引人注意的信号可以表示邀请客人,呼唤朋友回来或警告入侵者,这类烟火会突然地消失,与偶然的纵火完全不同;(5) 通过镜子折射光线,发射带火的箭头,或者用打火石和铁锤击出火花;(6) 在树上刻记号,把树叶和草编织成绳状,排列石块,在地上插上树枝,这些方法均可用于传递信息和标示边界或警告非法入侵者,无视信号的意义有时会导致灾难;(7) 也可以在地上、岩石上、树皮上或兽皮上标出图画或通用的记号,这些记号可以显示某一方已走、已经做了些什么,他们的意图是友善还是好战;(8) 用某些特殊方式叫喊、吹口哨、号角或喇叭;(9) 敲锣打鼓、敲击树枝、木船或盾牌,某些地方鼓或锣的敲法多种多样,这些细节都要仔细记录。记录声音信号的最好方法是用录音设备。

二、口头语言

(一) 语言调查

对人类学家而言,了解调查对象的语言知识是大有裨益的。研究世界上少数人知道的语言,了解其平稳而缓慢的发展史,其实是一种挑战。然而在 20 世纪初,人类学家经常要面对鲜为人知或无人记录过的语言,后来者要幸运得多，他可能发现所研究的特殊领域中有大量已知的语言，并且有足够的语法和辞典来解释它们，同时也能够获得专家的指教。而早先，他必须亲自调查到一定的程度，方可在自己的研究过程中将其作为一种工具来使用。掌握一种语言的最好方法就是从讲这种语言的当地人那里学习口语。对于缺少方法或者没有特别语言天赋的人来说，在当地学习的方法就够了。但是大多数人无缘到当地学习，因此他们掌握这门语言的过程中需要有效的方法或技巧。比如，与一位讲当地语言的报道人工作就不是一件简单的事情，需要用不同的方法来处理。

在基层工作或生活的人很容易了解到大量的当地语言，有心计的田野工作者就会在语言的发音和结构上寻找专家来帮助自己，要在当地找到一位训练有素的语言专家以便学习，可能只是一个良好的愿望，目前往往需要语言学家使用非本地语与操本地话的人接触。仅靠书本学习口语是不够的，而依靠录音机与教师的协作还是有用的，最有效的应当是在现场学习，这样才能根据具体的场景来使用。若是现场有专家教自己当然很好，但很少有这样的条件。即使那样，学生成天在教室学习和在集市上学习是一样重要的。这可能夸大了在学校环境初学语言的缺陷，就专门受过训练的教师而言，他们能够体会到语境的重要性。

未记录的或未充分记录的语言。目前仍然有大量语言是我们知之甚少的，甚至于一无所知，还有很多语言是记录不充分的，因此人类学家必须在学习语言中研究语言。事实上语法和词典所能提供的帮助很少，因此学生应当得到良好的语言课程的培训。此外，理想地记录同源语言的语音体系以及对语言结构的学习通常是有帮助的。由于语言是人类学家理解文化的工具，他需要有效地利用时间和精力去学习语言。此处把语音、语法和语义方面的内容分开考虑。学生首先要在实用语音学和音系学原理方面打下良好的基础。

（二）语音

若要获得有科学价值的语言信息，就必须有准确的语音观测基础。我们熟悉自己母语的发音，就像我们能轻而易举地进行必要的身体活动一样，这就使我们有理由相信，我们适合去观察和记录其他语言的发音过程。可能没有哪一个分支学科比语言观测这一个分支更加迫切地需要完全排除个人因素，因此调查者的首要任务就是，细致入微地了解使他的母语中那些声学要素变得容易理解的分析程序。调查员在田野工作中不得不依赖于耳朵。因而要训练出能够挑选一种语言中重要声音特征的能力,为了能提供一种可依赖的语言信息,需要尽力取得足够的听力训练。

由于语音学理论的抽象性,它对于田野调查的指导作用是有限的。调查员应使语言学这门学科的知识尽可能地变得实在一些,并在有经验的语音学家的引导下获得充足的听力的训练。

从听力角度来看,一门语言至少由以下部分组成:语音;语音的属性(相对长音、相对音调、相对响度或重音)。

所有这些方面都要获得准确可靠的信息,借助于现代科技术语可以描绘孤立的声音,尽量少用空泛的形容词,如"硬""厚""薄""亮""暗"之类的词汇来描述语音。所有的声音应尽可能地用物理振动产生的音频的术语来描述。为此要求的技术性词汇量不多,可以从任何一本现代语言学教程中学会。

对观察所得还必须进行相应的修改,这是因为语音是在断断续续的说话中实现的,同时需要谨慎地看待任何一个新词的出现是否就意味着显著的变化,或者是一个已知词的偶然同化。比如,若是首次采用英文记录,就没有必要将"thish"当作"this"的显著变化,即使是固定搭配的句子,诸如"thish shop""thish shoe"等普通讲话中的句子。因为通过测试发音,调查员就能够发现"this"在这个位置上总是会以同样的方式来理解。

要记录音长、元音和辅音的显著变化,并仔细观察说话人的音调。我们熟悉自己母语的单调节奏,会使我们有熟视无睹的感觉,甚至认为习惯性的语调变化是很自然的事。事实上,我们英语的发声系统是件复杂的事,包括我们的造句、句子结构和独特的重读方式。

要使语言清楚明了,语调至关重要,某种情况下,语言是否清晰易懂更多地依赖于语调,而不完全是音量的大小。

调查员应当知道他必须在培训期间完成记录声调语音的实践,一种语言的词语含义和语法结构随着语调的变化而变化,比如汉语和约鲁巴语就有类似情况。调查员在田野工作中的目标应当是完成语言的书面文本,能够展示当地语言发音的所有特点,这是明晰语言的关键之举。还要以最实用的方式将观察到的东西展现出来,便于分类或学习使用这种语言,还可以把这种文本看作准确的"语音转录",完全不同于语言的拼写文本。

"语音转录"的制作要求调查员具有听、辨两种能力，并且要对大量不同的声音和语调进行分类，所听的数量远胜于他所熟悉的语音语调；将听到的东西写在纸上。调查员对此要足够冷静，并拥有简单有效的应对机制。

听力训练。在大多数的现代语音体系里都可以获得定期的培训。这种训练包含一些可以记录亚非土著报道人的发音实践。调查员应准确记录母语，熟悉现代元辅音赖以建立的分类制度，能够详细识别和描述世界上大部分主要语言的主语音。调查员应当能够发出这些声音，一旦出现这种场合，就可以根据当地人的实际发音来验证自己的结论。只有向当地人反复地说出一种语言，检验在真实的口头语言中，每一种声音、音长和语调各方面的细节，调查员才可能获得可靠的结论。

（三）音谱

人们已意识到有些字母表是必要的，聪明的调查员会抵制诱惑，不去重新发明字母表，因为这样的字母表只有他一个人懂，对别人没有丁点好处。现在的字母表已够丰富了，实在没有必要再去增加。例如，《非洲语言实用正字法备忘》一书对各种发音字母表的特性全有叙述[①]。

对于拼音字母表不要期望过高，因为没有一种具体的符号系统能够充分而准确地表示出一种声音系统，主要原因是听觉和视觉难以协调。拼音字母表最多是一种近似值，其优点是能够在语音与符号间创立任意约定的关系，这在历史上的绝大多数字母表中是明显的，如今，这个优点已经荡然无存。在所有的语言中，声音和符号的关系取决于惯例，并且随着语言的不同而改变，实际上，在任何确定的语言中都有词汇的差异。如果设计科学的字母表，必须把这种常规关系降低到最小，又能为实践和科学目的提出足够充分的语音。国际音标协会的声母表是许多语言学者的智慧结晶，它建立在多年来对非书面语的记录基础之上，对任何科学目的来说都已经足够。

调查员在实际操作中应当重复当地报道人的每一个词语，应将短语和句子记录下来，尽可能地模仿当地人的发音。假如调查员的发音不能为当地人接受，他就要纠正自己读音的错误，搞清楚这个音节的发音特点。倘若当地人

[①] *Memorandum on the Practical Orthography of African Languages*（《非洲语言实用正字法备忘》）一书未列入本书的参考书目。——译者

能接受他的发音,也不代表他的发音完全正确,因为当地大部分报道人能够宽容外来者操当地话时出现的毛病。调查员要故意出错,看当地人是否愿意接受相近的发音。当然要细心设计出破绽以便测试语音、音长或音节、音节或音调。直到当地人能够随时听懂调查员的读音,他对运用自如的发音能力感到满意方可。这时调查员才能对观察过的语言的发音特点得出正确的结论。

我们要认识到,除了语言学家以外,任何田野调查员都不可能使用整套的国际音标字母表,甚至根本不需要它,而应该使用 1929 年再版的《非洲语言与文化实用正字手册》①,此书价格适中,轻便实用,是田野工作的理想选择。

在语言调查中有必要使用大量特别类型的字母,但在人类学田野工作中却不常用,因为每一种语言中仅有一定数量的读音要用到特殊符号。如果田野工作者愿意使用变音符,他就应该坚持认真作好能与发音字母表正确匹配的记录,不过心理学家、吹毛求疵的文人和铸字工人却异口同声地谴责变音符。无论如何调查员都应该弄清楚他所采用的是哪一种翻译系统。

诺尔·安菲尔德编写的《普通语音学》非常有用,国际音标协会已经出版数次。威斯特曼和华尔德编写的《非洲语学生实用语音学》对于在非洲做田野调查的人很有用,另外还有一本尼达写的《学外语》也非常有帮助②。

(四) 语法

在音标方面有实际训练的调查员可以马上记录单词、短句,简单的问题和答案,比如"这是什么""这是鸡蛋"等等。问候语、祈使句都是起步的好素材,无论如何只要有可能,就应该在发生的背景中将这些记录下来。当然只有这样才能获得宝贵的资料,除非调查员用一些适合的语言能够找到一个报道人。如今已不容易找到一个现成的通晓语言的当地人作译员了。若是找到一定要谨慎使用并在实践中反复核对,若找不到好的译员,调查员就一定要用"按图索骥"的方法,指着物体向当地人询问其名称,在一些特别的社区,注意这一方法在社交中是否可以接受。比如说,当地人可能会采取努努嘴的方法而不是用手指。学习语言也可以通过参加表演和观看活动来了解与口头语言相对等

---

① *Practical Orthography of African Languages and Cultures*(《非洲语言与文化实用正字手册》)一书也未列入本书的参考书目。——译者
② 以上五本书中,除第一本和第二本(《非洲语言实用正字法备忘》《非洲语言与文化实用正字手册》)外,其余三本均出现在本书的参考书目中。——译者

的东西,又能够听到问候和命令的词语,还可记录较长的对话句子和最终连续的文本。对于特定报道人的每一条信息都应记录,并附上姓名、年龄、性别、出生地、方言土语、老练程度和教育状况、英语知识等。每一个报道人的语言资料都要与别的报道人进行核对。每份资料要单独分开以便单个地收集汇总成一个完整的整体。对于一个合格的语言工作者来说,这么做是必要的,特别是任何语言都有不同的方言。调查员很快就能获取材料,至少是可以作一些语言结构的研究,这是他们的基本目的。所以说他们要接受一些基本的语法原理分析的训练。

过去语言结构方面的很多工作是低效的,因为未曾受过训练的人容易按他自己母语的语法种类去分析新的语言。比如,在英语中他习惯于用动词,他就试图在新语言中发现一些他称之为"动词"的词,而不管事实上这一特别的语法形式是否存在动词。如果在他的母语中大量使用变音,也许他就会忽略单词顺序在决定他所学的语言形式中的重要性。语法分析中发生的混淆很容易让他倾向于关注概念上而非语法基础上的形式。将自然性别和语法性别等同起来就是明显的例子,于是很容易将"男人"等同于阳性,将"女人"等同于阴性。由于语法方式不同,这在法语中是对的。比如,语法性别每一种都可写成一篇文章,但是从语言上来讲,它们没什么不同,把语法性别当作社会性别当然是没有根据的。语法分析的主要原则是用语法行为来识别和定义语法的形式。语法"行为"包括词法和句法。语法行为和无"意义"或者无意思构成语法形式的标准。一种语法形式可能有许多"意义"或使用方式的可能性,从语言学角度看,这些都很重要。但在语法层面上,这不是中肯的考虑,只会妨碍对语言结构的真实理解。

语法形式的原则是通过语法行为来确认的,能够抓住用于语法形式的原则是一回事,能加以应用又是一回事。应该强调学生需要在专家的指导下开展课程训练,当然,学生不能强烈要求获得这样的机会。语言学的任何语音系统不仅是建立在语言学基础上,而且是建立在语言的语法结构上。随着调查员在语法分析方面的推进,他会逐渐修正以前开始阶段习惯使用的语言拼写法。

(五) 语义学

这里再次强调学生要接受训练。要说明语言学习方面的复杂性和丰富性,没有训练是绝对不可能的。要能对所表示的东西有一个基本的领悟,至少要让调查者深入实际。如果要理解一门语言,必须将其置于社会环境中加以学习,但事先应当掌握一定的通则。比如,我们可以设想,在一种语言里一个单词被赋予了在另一种语言中相等的意思,但这种"获得理解"其实是自欺欺人。这种情况太常见了,例如,西非语用"nna"来翻译"父亲",下一步就去想象一下"nna"的意思。然而"nna"的意思只有使用这个词的人或从事社会研究的人才能发现,它存在于一定的语境中,不是谁都可以发现的。目前仍有许多人错误地为一个抽象词语去寻找一个对应的口头表达方式,例如,"他是一个好人",在另一种语言里的对应翻译后没有任何意义,只能理解为这是自己文化中的伦理价值层面的一个部分而已。词汇是符号或标签,它们的意义被标签掩盖而不是被标签所揭示出来。要知道一个单词或短语的意义,就要知道特定的语境——使用这个单词或词组的上下文或环境。马林诺夫斯基强调话语是行动的基本形式这一事实,而不是表达意思,就可进入事情发生时极富生机的场合[1]。所指与能指的关联很重要,可以区分感情和语言的参考功能,并且给予两者同等的重视[2]。单词可用来传递信息,比如在 $2+2=4$ 这样的公式,更多的是用来激发一种心灵或情感的状态,即使采用叙述的方式也能如此。如果我们说"他像狮子一样勇敢",我们常在表露同情的羡慕而非传达信息。因此,应该发现将"狮子"一词翻译后是否激起了勇气的观念,或一些十分不同甚至相反的概念。

初入道的新手没有必要详细地标出语言的微妙和精确程度,只有持续深入研究才能够做到。例如,比喻的使用或许就意味着重要性和极大的兴趣。

调查员要小心留意手势、脸部表情和感情标记,这些伴随动作有时会替代讲话的方式,比如不仅要记录拍手的姿势,还要描述其组合动作。欧洲人拍手的动作是手指向上,但对许多非洲人来说这是侮辱性的动作,非洲人拍手时手指头向下。

---

[1] See Malinowski, *Coral Gardens and Their Magic* (Mllen and Unwin, London, 1935). Also Ogden and Richards, *The Meaning of Meaning*, *Supplement* I. (by Malinowski):"The Problem of Meaning in Primitive Languages" (Kegan Paul, Trench, Trubner, 1923).

[2] See Stebbing, *Introduction to Modern Logic*, *ch*. 2 (Methuen and CO., London, 1930).

第三部分

物 质 文 化

人们满足自我生存的基本活动构成文化体系的底座。这些活动按类别可分为六个方面：① 躯体的维护——满足人的身份认同与爱美之心；② 生存的维持——满足衣、食、住、行的产品；③ 谋生的器具——指各种工具与兵器；④ 开物天工——掌握工具，从事生产的几种基本的谋生技能；⑤ 游戏与娱乐——抒发情感，共同寻找愉悦的活动，这里以孩童玩耍的良俗为限；⑥ 休闲消遣——指比游戏与娱乐更高级的陶冶情操的活动，如文学、艺术等。六项当中，前四项主要是物质属性的活动，但渗入精神的内容。后两项主要是精神属性的活动，但以物质外壳为依托。

第十二章

身体的维护

　　人们以一定的方式传承与调整着他们的自然属性。他们坚持各种户外活动,吸取营养,保持健康的机体和优美的身材;他们梳洗打扮、剃须刮毛、穿衣戴帽,不仅仅是为了身体的温暖,还要向别人展示自己的外貌;他们染发、文身、凿齿,佩挂装饰品,凸显自己的身份,以认同他的同伴或与某个群体区别开来。不同的人类群体对健康的机体有着不同的认识,并形成不同的护理知识。

一、个人外表

(一) 人体清洁

　　简单社会里的人们没有齐一的清洁标准,他们随心所欲地维护自身仪表,自由地表达部落的特点,与水源的远近与水量的充盈无甚关系。田野工作者要注意当地的两种行为:衣冠整齐、风仪秀气和披头跣足、不修边幅。还应记录人们是否有洗漱之习,若有,常在饭前还是饭后进行,正式活动前后也会演绎这个习俗吗? 比如拜访贵客或仪式场合之前要洗澡、斋戒吗? 要注意人们怎么洁牙? 他们有没有定期洗澡? 有无专门的洗涤之所? 有无独特的洗涤工具(木盆、搓板、棒槌、刷子等)? 人们用肥皂还是替代品(灶灰、皂角等)? 洗涤之前怎么准备这些物品? 怎么槌打、揉搓、擦拭? 怎么放水清洗? 要记录所有优美的动作和手势。洗澡时人们在身上涂抹油液、脂肪,还是灶灰? 目的是去除污垢、护理皮肤呢,还是避免虫咬,防止生长寄生虫?

　　即使不是整个人类群体,至少大部分人可以根据气味来辨识,其中,某些人对某一类气味更加敏感。最好记住,根据一些人的报道,欧洲人的自然气味犹如他们自身的体味一样对欧洲旅行者也是难以接受的。要清楚地描述体味似乎不太可能。人们是否意识到自己或他人的体味呢? 是否通过衣服的气味或者用具的气味来证明所有权?

(二) 洒香水的习惯

人们常常用香水来掩饰自己的自然体味,有时也用软膏、颜料及其他化妆品的气味来伪装。用香水或穿着洒有香味的东西经常是提高自己对异性吸引力的手段。必须记录所用的香料,记下香水的名称、配制、功能和用法;如有可能,应该获取样品,并且应该像所有其他天然物品一样保存。如果担心蒸发或变质,应将其放在真空的瓶子或盒子里。若是有机的自然物,可以用福尔马林或酒精来保存。

(三) 公共卫生

调查员应该像关心个人盥洗、沐浴那样来关注其他卫生大扫除活动。房屋及周边环境、街道和其他公共场所是否保持干净? 如果干净的话,是谁打扫的? 脏物及垃圾是如何处理的? 对于排泄物的处理有什么规定? 是否有公共或私人场所让人们日常使用? 有没有公共或私人厕所? 当地人会教育孩子要养成清洁的习惯吗? 还是让孩子顺其自然?

除了爱干净的好习惯以外,人们是否关心个人的形象? 尤其是他们会通过什么方式来改变自己的自然外观? 这些方式如果存在,是什么原因促使人们这么做,他们会为此付出哪些代价,下面就来探讨。

二、个人形象

(一) 头发的护理

不管是为了方便还是装饰或是为了区分个体、性别或社会等级,剪发是提高和改变个人外表的最普通的一种方式。比如结婚或未婚的首领、官员或个人,剪发的类型就不太一样。无论何种情况,在提问之前都要仔细观察和描绘具体的做法,以便找出理由。例如,用什么方式来给头发造型? 有时感觉到发型或多或少与传统风格相似。有时用别人头上剃下来的头发来制作假发套戴在头上以增加自己头发的数量。这种额外的头发是买的、亲戚送的还是继承而来的? 头发会任其长到最长吗? 如果剪掉,头发末端是什么形状? 可以只剪掉部分头发吗? 比如前额上的头发,或者留一绺头发? 还是可以推光(比如剃度等)? 头发是完全剃掉还是剪到很短? 这些行为与年龄、身份(比如婚姻)、哀悼或宗教有关吗？由谁用什么工具去剪掉或剃去头发？会将头发编成辫子、扭曲或卷成发卷吗？若会,用什么方式来保持发型？头上有什么装饰品,如梳子、发髻、彩珠、羽毛或花朵,会用油、脂或黏土之类的化妆品吗？会有意或无意地染发吗？若是有意染发,会用什么方法？为什么？在头发上使用漂白剂可能与杀死头虱有关,要加以调查。在海中游泳时多大程度上会影响到头发？游泳时会戴假发吗？戴胡须套保护络腮胡和八字胡吗？若脸上的汗毛没有了,是由于自然原因还是脱毛或刮掉的呢？是什么原因使人们要去掉脸上的汗毛？脱毛会有什么影响？当长胡须时,是任其自然生长还是剪成一定形状？体毛要脱掉或剪掉吗？为什么？

(二) 剪指甲与修饰门齿

1. 剪指甲

注意社区中大多数人是否定期修剪指甲,有些人还有修剪脚趾甲的习惯,装饰或涂染指甲的人又有多少。若涂指甲,注意所涂的颜色和材料,并获取样品。指甲修剪后成了什么？如果允许指甲自然生长,人们这样做的原因是什么？人们是怎么看待可与他们身体相分离的物品如头发、指甲、牙齿、排泄物的？他们的看法带有巫术与宗教的观点吗？

2. 修饰门齿

咀嚼槟榔等色素较高的水果,给牙齿上漆,这些方式可以使牙齿呈黑色。过成年礼的少男门齿被敲掉而获得成人资格。调查员应询问人们怎么修饰门齿,了解是否采用下面的办法:

(1) 涂色。注意所涂之色,如有可能获取一个样品。如何准备和实施？在哪个牙齿上涂颜色？要将刻意的涂色或嚼槟榔或饮食后留下的水垢区别开来。

(2) 镶嵌与镶嵌物。记录所用的材料及准备方法,牙上钻孔的方式和粘贴镶嵌物以及电镀的方法。

(3) 切削和锉牙。前者是将少男的上下门牙各折断一颗,后者是用锉刀将上下门牙锉成尖刃状。调查员应注意人们使用的工具与技法,尽可能拍摄照片,或者用速写图示显示要放大做过手术的牙齿。

(4) 拔牙。记录拔牙的数量和位置,拔牙的方法和所用的工具以及随后的治疗方法。

某些男女(年龄或组织关系较为接近)可能会切削、锉平和拔除牙齿,要询问这类活动是否与成年礼或特定团体(年龄级)的加入仪式相关,要比较与此相关的仪式,了解举行这类活动的间隔时间,同一批参加人是否成为同一个群体。

(三)毁形

为了仪式的目的或美学理念,在现实中普遍的做法是,人们或通过外科手术,或提供一些装饰品的附加物,这类装饰品可能会改变它们所依附的身体某一部位的正常形态,以此按照既定的审美观来形塑身体。要调查整形是在两种性别中都有还是仅在一种性别中存在,所有的人都可以整形,还是仅限于某一阶层或职业的人?

要特别耐心地去发现当地人这样做的原因,人们所选择的方式是随意的还是设计好的?曾经不经意地穿衣或化妆,结果是否现在成为一种追求的目标?既定的变形形式是否会夸大所研究部落或群体的自然特征?

要了解操作的模式和操作者的身份、行为的意义,可以参见本章第二目第十点提到的其他问题。

(四)头盖骨整形

刚生下的婴儿,其头颅的外壳大体上是一层膜状体,如果要将其塑造成不同寻常的形状是很容易的,这就涉及颅骨整形的问题。颅骨的整形可分两种:

(1)偶然的。比如,头部后面出现一种明显的扁平,可能是睡在摇篮中坚硬的底部或用襁褓绑住一块木板导致后脑勺被压扁;婴儿头部不对称是因为休息时持续地靠向一边,不然就是吃奶时母亲总用同一只手臂抱他,也可能是无意识地使用紧密的头饰导致前额扁平或枕骨变形或两种形状都有。

(2)有意识的。这种变形可能是手捏小孩的头塑造出来,或者使用绑带、使用一种或更多的垫板或填塞物、使用特定形状的摇篮或一些固定在摇篮上的器具。

以上两种方法,第一种对于头盖骨的最终形状可能影响很小,第二种却有惊人的效果。要记录工具的特性、附着的方法、时间和长短、实施的年龄、最终的形状。要对相关部位拍照、画图和测量。

调查时应留意颅骨的整形有 4 类：（1）前额扁平，有或没有增加枕骨的突起；（2）随着头部高度或宽度的增加，枕部变平；（3）前额和枕骨变平，宽度明显增加；（4）枕骨或冠部的圆锥形或圆柱形延长。

如果可以，调查员应注意颅骨整形对健康、心理或生理特点的影响，了解当地人的看法是什么。

（五）容面的整形

主要影响到鼻子、耳朵、脸颊、嘴唇和舌头。鼻子的整形最常见的原因不外 4 种：（1）母亲或护士采用简单的方法去模塑婴儿的鼻子，用挤压的方法或者捏得更翘；（2）穿刺鼻中隔手术；（3）刺穿一个或两个鼻翼（以便戴鼻环）；（4）鼻尖穿孔。

若某人戴了鼻环或其他装饰，调查员要注意装饰品的材料、形状、尺寸和重量，以及穿、插所用的塞子、钩子、圈环线或它们插入的方式，以及可能改变器官形状的各种影响。装饰物最初是何时插入的？一旦插入，它们是固定的还是很容易去掉的？这些装饰物是随着佩戴者的年龄增长而逐渐增加其尺寸还是一次性插入最大的尺寸？当装饰物撕破鼻子的时候，有什么办法可以对鼻子进行修补？

通常，耳朵上穿一两个孔甚至更多，穿刺位置可能在耳朵上、耳垂的部位或贝壳形的耳郭或更上一点。装饰品既可穿过小孔挂在耳朵上，也可夹在耳朵上。装饰品的重量会将耳孔逐渐拉大，当孔张大时可能会加挂新的饰品。要注意以下几点：（1）穿孔的数量和位置；（2）装饰物的材料、形状、大小和重量以及固定在耳朵上的方式和效果；（3）增大孔径的方法；（4）如果耳朵不小心破了，修复的方法；（5）是否会有意扯破耳朵？如果是，目的是什么？

脸颊、嘴唇和舌头也能穿刺，有时也在孔中佩戴饰品，要记录穿刺是嘴唇上部还是嘴唇下部，还是上下唇都有。

（六）四肢与躯干的整形

可以采用下列方法改变大腿、小腿、手臂的形状：（1）用紧箍或沉重的装饰物收紧肢体；（2）使用绑带压到极端，旧中国用此法缠绕小女孩的嫩脚，使社会上有许多小脚女人，调查员要注意因指环或脚趾环、小鞋或脚趾间夹住的拖鞋引起的整形；（3）切断一根或更多的手指或脚趾；（4）有意不剪指甲或为了佩戴饰品给指甲穿孔，仔细记录老茧、皱纹或其他由于习惯性姿势和职业造成的无意识整形，了解这是整个人群还是某些行业中的特定阶级的成员才会有的整形。关于四肢与躯干的整形，可参见后面对文身和疤痕的叙述。

（七）束胸

一个社会的文化标准不同，人们对女人胸部的看法亦不同。例如，处于青春期的某些女孩，可能为自己隆起的乳房感到羞怯而有意通过穿紧身衣或扎紧绷带来压迫胸部，这样做不利于胸廓的发育和呼吸。反之，有的女孩非常喜欢线条美，通过使用绑带或一些简单的方法来拉伸乳头或整个乳房，或者二者皆用，欲让自己的乳房变得更加丰满。

与此相应，调查员要了解是否有男女用简单的方法（扎皮带或穿紧身衣）来紧束自己的腰部，是否会长时间地抓握物体或让球体在掌内滚动以便给手指定型。

（八）割礼

割礼是少年男女行成年礼时举行的方式，是对阴部施加的整形手术。割礼是一种古老的传统，通常人们不是根据年龄，而是看是否举行过成年礼来判定少年男女是否成年，从而是否有成婚的资格。

割礼形式上分为男性与女性两种。少男的割礼为切除阴茎前端的包皮，形成一个环形的凸出物。整个前端的皮都切除，叫包皮环切术。少男的生殖器可以插入外来物（如石头或宝石）。尿道部分可以切开，如上端切开手术。可以将整个或单边的睾丸摘掉，叫作阉割。少女常见的手术为切割阴蒂。女性的阴唇可以拉长，为阻止交配有一些发明，如阴蒂扣锁法，将整个阴户包括阴道孔或阴唇缝合在一起，伤口痊愈后形成疤痕组织，长得只剩一个小小的尿道口，在结婚前需要切开。

调查员去到一地，要了解当地是否有割礼的习俗，如果有，就要记录各种手术的情景及工具，还要了解施行者的社会身份。更加重要的是弄清每一种整形手术的缘起和目的，要记录整形之前、参与和开始这种手术时举行的仪式，以及手术的年龄，如有可能，要了解少女割礼后的怀孕频率、生产情况。

（九）皮肤的装饰

个人的身体可通过涂抹、染色、文身和疤痕等方法来装饰。无论过去还是现在,有些新老作家将疤痕和文身混为一谈,实际上二者大不一样。

(1)涂抹。用带颜色的材料涂抹面部与身体,这些材料主要是滑石粉、白泥、黄泥、石灰等,通过洗涤可将它们的色素清除,不会留在皮肤上。

(2)染色。着色会或长或短地改变皮肤的颜色。由于晒伤或个人肤色造成的局部色素沉着差异明显,人们会以为是人造色素沉着(染色)。手指甲和脚趾甲有可能被污染。

(3)文身。文身也称"刺青",用针形物刺入皮肤,让颜料渗透下去,一段时间后,光滑平整的皮肤会反映出有颜色的花纹。例如,新西兰的毛利人,皮肤上的纹路是用凿子或锛子刺出凹槽,在凹槽中涂上颜料;史前欧亚大草原的塞种人用针线覆盖锅烟灰刺皮肤产生纹路;爱斯基摩人用针尖蘸海藻和烟灰或用火药来擦针痕。记录文身的特点、准备的方法和运用涂料的方式,在皮肤上印一些东西时会用图章吗?若是流行某种颜色,是因为人们确实喜欢这种色彩,还是因为更容易获取这种颜料?这些颜色是从外地输入的吗?如果是,是从何处输入的?所用的技术和工具都要描述。

(4)瘢痕。瘢痕是因为抓、砍、穿孔或烫伤皮肤或其他原因造成的皮肤整形,伤口可以自然愈合,形成一层疤后自然脱落,也可能恶化形成更深的伤口。或者形成瘢痕疙瘩,即皮肤因渗入异物而引起炎症,由于切口的持续刺激,最后生出新的皮肤组织。调查员要了解,给皮肤施加腐蚀性材料,会形成一些装饰性的瘢痕吗?如果有,是临时性的还是永久性的,描述产生瘢痕的方法和引发的刺激物。有异物进入伤口或皮肤吗?颜料会渗入皮肤吗?与周围的皮肤相比,伤疤是什么颜色的?要仔细区分有意识的伤痕和砍伤、烫伤、不小心砍伤以及作为一种哀悼标志的烧伤。由砍伤、刺伤、烧伤所引起的疼痛会用什么来缓解,要记录各种场合所用到的工具。

一个人可以使用上述方法中的一种或几种,如在皮肤上文身和划痕,偶尔也可以彩绘。瘢痕与文身有一个基本的区别,瘢痕限于肤色较深的人,文身则用于肤色较浅的人,意在显示图案,这些图案可能采自其他部族或已经有过文身的人。调查员要询问文身的主题,了解图案的发源地,还要了解施行过程,例如,是一次性完成还是分几次?若是后者,每一次的皮肤装饰面积有多大,各次的间隔时间、它们与生命期的对应如何?文身和划痕仅限于身体的特别部位还是任何部位?男女都一样吗?图案是为了强调和提高自然的特点和身体的轮廓吗？或者列举一个独立的图案，说明它的象征意义，是否是传统的。是否有些图案或细节与身体某些部位相关？文身之前是否先画一个草图？或者有没有图案可供实施者参考？图案是模仿普通人的装饰物吗？

收集所有图案的名称及其意义，记录个人身上是否有标记代表他们所属的等级、社会团体、贸易伙伴、氏族、部落或宗教团体，是否某些特定阶层（如罪犯、妓女或运动员）喜欢文身？文身的图案与部落的符号——如图腾——有何关系？图案是表明现实的意义还是传统的意义？构成图案的原因是什么？全部图案或部分图案是否可以世袭或仅属于个人？没有永久使用权的人是否可以交换图案或临时采用图案？一种图案可能表明一些特殊的名誉吗？同时可以用在这个人的妻子和孩子身上吗？记录出现在物体或人工制品上的群体或个人图案的意义。要主动去发现各种形式的个人装饰物的意义之所在，这些意义是否是社会的（刺激个人身体发育、表明处于青春期、表示已完婚、小孩数量、死亡、哀悼、秘密会社的成员、作为力量的象征或杀人等）、是否是巫术宗教方面的（经历危险工作之前、作为求爱的符号、预防疾病或符咒和其他巫术理由、表明与图腾的亲属关系，对神的奉献与融合，让个体的来生受益）或仅仅是装饰性的（提高或保持个人魅力、通过重复操作来延长青春）。当有理由相信图案有更深的含义时，人们会频繁地告诉调查员装饰单纯是为了延缓青春。出于这个目的而进行的皮肤装饰，往往会有更深远的意义，调查员常常很难知晓。当使用某种颜色时，要记录其是否有象征意义。

获取设计草图和样品也是非常重要的，因为这些草图比描述更有价值又更省事。即使用上单色板和屏幕，要拍文身的照片通常也很困难，一般有必要用黑色颜料准确画出模型。

（十）其他问题

关于身体整形、毁损或皮肤装饰，除了前述问题，调查员还可补充询问：

1. 功能、起源、本土信仰实践的历史

当地人宣称的皮肤整形的理由及该信仰起源于何处？了解相关的传说，分辨皮肤整形主要是出于装饰考虑，还是社会性或宗教性考虑？皮肤整形是某种入会仪式的前奏吗？以前形成的操作方法现在是否已经过时？停止使用的原因是什么？这种操作是完全存在还是部分保留？抑或无效？或者仅存在

于哑剧中？有没有提到整形的行为但通常不用或只是秘密进行？那些实施操作的人是如何考虑这些行为的？这些行为是否可以追溯到外来的影响？

2. 皮肤整形者

调查员要注意皮肤整形者和施行者，他们是否以性别、年龄、职业、阶层、所属群体来划分，是否涉及贸易、祭祀等活动？只对活人实施还是也对死者实施？皮肤整形者需要预先接受斋戒（隔离、禁食、洁净等）吗？皮肤整形者是集体接受还是单独接受？如是集体接受，分组的规则如何？皮肤整形前后是否获得新名字？是否有特殊待遇（如免于劳动、专门的饮食等）？整形后需要遵守禁忌吗？治疗伤口时需要做些什么？如果仪式的根基在任何时候都与整形对象相关，要了解具体的时间、属性以及洁净方式，并说明其特点。那些遵循整形操作的人是否具有其他人所没有的特权？没有接受整形的人是否会在婚姻、狩猎、捕鱼、特殊食物、葬礼或在未来的生活中失去应有的能力或待遇？

3. 皮肤整形的操作过程

调查员应从头至尾地细致描述，尽可能说明当地人称呼整个过程、手术器具和其他环节的词汇。如果切除身体某一部分，要说明被切除的部分用来做什么，操作中若产生流血，是否有什么特别的风俗？

4. 皮肤整形的操作者

调查员应了解操作人是职业的还是业余的，是个人还是群体，他们是否属于一定的年龄团体，在组织上受到性别、贸易、民族、部落和宗教的限制吗？操作者与整形对象需要明确特定的关系吗？他们会建立新的关系吗？操作者必须经受各种初步仪式或遵守一定的禁忌吗？他仅在仪式时具有特殊地位还是身份一直如此？在任何时候他都被认为不洁净吗？如果是这样，需要举行什么洁净仪式？他的工作能得到报酬吗？谁付给他报酬？描述与整形有关的各种仪式。

5. 个人装饰

许多人无论穿的衣服多寡，身体某一部位都可能戴着饰品。他们获得饰品的机会均等，在佩戴方式上却大相径庭。由此可以发现相邻地区的人们有着不同的装饰，问题是人们愿不愿意采用新的饰品？饰品可能被描述为仅具有装扮的功能，但许多时候具有巫术和保护的功能而成为护身符或避邪物，并且用来祈求好运。一些饰品被视为财富可用来交换。另外一些饰品则是社会身份的象征,有地位的人所佩戴的饰物叫作徽章,是与他们的门第或职位大致相当的。徽章这一特定的饰品也用于那些勇敢者或功勋显赫者,如武士、猎人,甚至于杀人者。装饰品常常与社会和宗教事件相联系,所以应当对那些事件进行恰当的描述。要特别注意人们佩戴鲜花、羽毛或其他有自然美感的物品,要记录它们的种类和颜色。要特别注意各种珠子。在每种情况下都要记录佩戴饰品的原因。有没有为人所知的个人装饰品的历史?

(十一) 根据人体标记辨别所属关系

各种整形项目,特别是皮肤上的标记,如疤痕、文身或彩绘可以用来识别不同的人们,从而具有一定的社会意义。在某种情况下,图腾、惯例或符号表明了个人所属的氏族,因此它们可以充当反对乱伦的警示。在另一些情况下,这些标志可能有部落含义。在大多数情况下,当地人断言这些符号标志仅仅是为了装饰的目的,要仔细核对这种说法的真伪,区分那些能够说明不同社会群体的标记,如宗族、种姓、职业、部落等,说明那些标记用在身体哪一部位,并拍下照片、仔细描绘出图形。

许多人用各种方式来给自己的身体做标记或整形,穿戴特别或与众不同的衣服、装饰品或徽章,对那些纯属个人的装饰品以及具有部落或社会意义的装饰品进行区分很重要。征战的勇士常有醒目的颜色,或配备武器,头上戴帽子或其他饰品,明显区别于其他场合,调查这种区分的原因,有时主要目的是区分敌我双方,明确谁是我们的敌人,谁是我们的朋友。若是这样,是否有一些个别的变化仍然保持在一个共同的类型中? 调查员要尽可能多地收集各种变化的类型,在当地人的帮助下尽量勾画出先后更替的顺序。

如果动物、树木或其他自然物也有标记,是否能用来说明个人或集体的财产? 要尽力找出这些标记的含义之所在。

有时在武器或家用器皿表面刻上标记或图案,可以表明制造者或使用者。弓箭头上的标记明显表明主人是谁,用以对其他猎人表明自己的身份。制陶人也可能把个人标记或图案刻在陶器上面,必须注意区分,不要将这些标记与其他具有不同意义的标记相混淆,武器上的标签牌可以说明杀人的数量,在某种意义上,这是主人的标记,但不足以用来区分不同的拥有者。

第十三章

生 存 的 维 持

衣食住行泛指穿衣、吃饭、住房、行路等人类生活的基本需要,是物质文化的底层内容。本来"仓廪实而知礼节,衣食足而知荣辱",按照人体组织的需要层次,安全第一,食物第二,衣物第三(它是和保暖与羞耻感连在一起的),住房第四(它是多种需要的综合),最后才数到交通(它与生产活动和人际交往相连)。本章不谈安全问题,只叙述衣食住行。

一、衣着

"衣着"一语涵盖了从布条到服饰的全部内容。此语指一件或多件衣服,特别是制服或服装,衣服的质料与形式取决于它们的使用范围与程度,比如,某种衣服可代表着装者的社会地位、政治属性或宗教身份,还可表示他们的行为特点或职业要求。

穿衣戴帽各有所好。人们对于赤身裸体常常抱有一定的看法,雅观不雅观既要看具体的文化标准,也要看赤裸的身体部位。有些人认为穿衣并不是为了遮住阴部,如果裸体者被邻近部落穿衣服的人嘲笑,或者遇上陌生人时,他们很快就会采用穿衣的习惯,尽管当他们独处时仍会回归到自己的习惯上,比如一些社会中的妇女认为在公共场合应该遮住嘴巴而不是阴部。

调查员到一个简单社会,要注意人们赤裸的程度,了解当地究竟只允许男性赤裸还是不分男女都允许,只允许孩子赤裸还是不分长幼都允许?

一件衣服无论穿在谁身上,都应该考虑是为了遮羞还是为了体面,或是巫术保护或宗教动机,也可能是保暖的需要或为了吸引他人注意并增强异性魅力。

在遮阴的行为中,有人可能用贝壳或葫芦,也可能用小片织物或只是一片树叶。调查员要了解,此时男人仅遮住阴茎还是整个阴部,无论遮盖物多小或多么受限制,两性在去掉遮盖物时都会感到害羞吗?

现在来说缠头巾、戴头罩和面罩(脸盖或嘴盖)的打扮。调查员要确定男女采用这套行装时,它们究竟带有仪式的意义还是有实际的功能? 有哪些特别的预防措施来保护不受天气的干扰? 下雨时穿戴用茅草或棕皮纤维做成的蓑衣吗? 会用雨伞吗? 有其他保护眼睛的东西吗? 社交场合、战争和仪式中会用到头盔吗? 对某一性别的人会强制或禁止使用头盔吗? 对任何阶层、年龄或社会身份的人又如何? 请陈述理由。调查员要弄清系皮带的意义,辫子或其他物体能够插入到皮带中或悬挂在皮带上,穿皮带是为了固定衣服还是支撑物体或是为了放置其他小的物品?

调查员要了解当地人戴手套、穿鞋子或凉鞋吗? 这些东西是什么材料制成的? 如何穿在身上? 人们是经常穿还是偶尔穿?

下体肛门与阴囊中间的部位称"会阴带"。覆盖物一般为狭窄的带子(柔软的皮革、布带等),人体下身的覆盖物还有裙、裤等,种类之多恕不细说。调查员要了解它们的名称、形式与功能,详细描述用途和使用者的社会阶级与职业。当难以获取实物时,通过拍照、画图、纸模或以当地人为模特进行描述。要特别关注所有服装的装饰物,要记录它们的意义,说明纯粹是为了审美艺术,还是巫术、宗教传统?

调查员应该注意简单社会的男男女女在什么年龄段开始穿衣服,第一次着装有什么仪式? 有什么服装是有目的或无意识地让身体的某一部分发生畸变?

调查员要注意制衣过程。获取制衣原料的信息。原料是本地产还是外地来的? 原料来自动物还是植物? 如何穿戴或成褶皱状垂下? 系紧衣带或局部系紧的方法,当地人会使用有针鼻的针线吗? 衣服是由个人或家庭制作的吗? 当地有裁缝师傅吗?

季节性的衣服,各类衣服的用途与含义,这些调查员也应注意。在当地什么是符合服装上的"时尚"? 要记录下一年的季节或节日、户内户外,在日常的职业或天气等所有变化里衣服样式的变化。晚上穿什么样的衣服? 一些社会团体、商人或当地集团会有特殊的服装吗? 杀敌的勇士或杀死凶猛动物的人,或者特殊职业的人有特殊的服装要求吗? 武士、医生、牧师以及有权威的人的穿着也要描述,要记录这种区分是如何执行的,任何衣物都有防护的目的吗?

重要性是附加到标记或其他徽章上的吗？在向达官贵人敬礼或拜访上司或前往神圣的地方时要去掉衣服上的一部分装饰吗？生病后会毁坏衣服吗？物主死后如何处置其衣物？

二、食物

（一）食品及其制备

食品在此处专指加工成膳食或饭菜的原料。食品的保存、采集以及随之而来的鉴定可以参见本书参考书目，查找一些资料全面、描述具体的民族志。调查员在介绍食材时要分清主料和配料，确定它们分别来自哪一类动物或植物，前者可以不含蛆虫（有些民族食虫子——成虫与幼虫），植物类的涵盖面也很广。调查员要记录构成食品的物种是野生的、家养的还是栽培的，要了解当地不同季节的主食构成，在季节性的迁徙与贸易活动中也一样地依赖于它们吗？类似的记录还有许多，例如，与不同季节的主食相生相伴的市场交换和仪式变化，每年收获前的仪式——如开斋之际的杀牲，休渔之后的初次撒网，秋收时的开镰——其他仪式的差异，等等。还要收集与特定食品的形成有关的各种神话，包括那些食品的获取、栽培、储存和加工的种种传说。

将含有毒素的植物或动物加工成食物，应如何去除毒性，使用什么工具，这些也要记录。还要记录当地的稻菽、块茎、果实是野生的还是栽培的，它们能用于制作面包、蛋糕或布丁吗？人们脱粒、粉磨或切割这些食品的方法，除了常见的途径，有没有特殊的方法？当地人怎么把磨成粉末的食品加工成膳食？

调查员要了解动植物当中有哪些（或哪些部位）不能食用？为什么？有哪些（或哪些部位）不能食用，却可以入药？类似的问题还有，当地容易找到骨髓吗？人们怎么提取骨髓？当地人喜欢吃脂肪吗，原因何在？婴幼儿的食品构成如何？

（二）食物的存贮

描述当地是否有仓库存贮食品。如果有，这些仓库是怎么修建的，如何预防动物（老鼠等）的破坏；仓库的归属——归个人，家庭、宗族还是村庄所有？当地是否有贮藏食品的重要仪式？仪式的举行能否提高主人的社会威望？有

没有什么设备或装置可以使食品远离害虫的侵扰？无需进一步加工就可长期
保护食品的措施——如烟熏、盐渍（加盐腌制）、晾晒、焙熟等等；这些预制好的
食物能否作为交换媒介？

（三）烹饪

哪些食物是可以生吃的？当地人觉得哪些食物要趁其鲜嫩时才好吃，哪
些食物要熟透了才好吃？肉食是稍微加工一下好吃呢，还是炖得烂熟才好吃？
调查员要一一道出烹饪之前的各种工序，如原料半成品的获得（禽畜鱼的宰
杀）以及烹饪它们的方法，如烘与焙、煮与蒸、烧与烤、煎与炸，等等；还要交代
采用这些方式烹饪时所配置的用具，如钢叉、火钳、漏筛等等，说明用于煎炸的
油类以及焙烧或蒸煮时使用的炉灶（类别、形状与材质），介绍这些炉灶是临时
性还是永久性的，询问为了方便烧烤，是否利用地窖或地坑，并且描述整个烧
烤过程。要了解当地是否有利用空心树（参见图 13 - 1）、白蚁巢（图 13 - 2）等
自然物体为炉灶的习俗，说明蒸煮食物时所用的器具（如釜、锅、罐），器具用过
以后的洗涤方式，除了普通炊具以外，有无特殊炊具？将釜、锅支架在火上的
方式，可用炽热的石头来焗熟食物吗？可否利用地热的喷泉或蒸汽来加工食
物？特殊的烹饪用具可归个人使用或者用于仪式场合吗？

图 13 - 1　空心树

图 13 - 2　白蚁巢

（四）调味品

调查员要了解当地人是否用动物油或植物油炒菜，是否用肥肉代替油脂，
油料是如何制作的，由谁来制作？还要打听食盐的用法、获取食盐的途径，食
盐的配量和储存以及有关盐的所有风俗和禁忌。并且访问当地人是否使用食
糖、蜂蜜或任何其他甜品？他们有没有偏爱的口味，如麻辣、胡椒、槟榔等？当

地人喜欢把蔬菜与食物混合起来煮食吗？喜欢把肉类与蔬菜一起炖汤吗？他们是否使用酵母粉、酵母片或者类似于发酵的物质（如发面团做馒头时）？他们是否在腌制蔬菜时加糖，或者在制作水果蜜饯时加糖？当地人发酵和制作咸菜的技术如何？

（五）习俗与传统

当地人煮饭炒菜是在住宅内还是在一个独立的建筑里？是否存在某些不准烹饪的禁区？是否煮饭炒菜只能由男人或者女人来承担？有什么与烹饪相关的仪式与信仰？为男女分别准备的食物是分开烹制还是一起加工？当厨师形成了一个独立的阶层时，他们在社区中的地位是高还是低？烹饪艺术的起源是否有传统？上述问题调查员都要记录。还应当描述所有烹饪的仪式，无论是举办家宴还是乡饮，各种场合的烹饪，以及某些特殊人物是否亲自享用特定的物品，例如，牛羊猪腰部的板油，或者棕榈类的董棕粉？

（六）用餐和饮食习惯

调查员要询问当地人的用餐是定时的，还是随心所欲的，或者视食物的供给而定。还要了解通常是全家或全村一起用餐还是各人分开用餐？当全家人一起吃饭的时候，是否以性别、辈分或长幼为序？准备膳食的过程如何？用什么东西来盛食物？上菜有什么特殊的顺序？能否估算出男女每餐的饭量以及他们平均每日的膳食量？有饱食终日的习惯吗？有邀请客人或陌生人进餐的习俗吗？端上席间的食物是已经切好的还是需要各人自己动手？食客倒饮料或酒水时所依照的顺序如何？调查员要记录当地人吃饭的器皿。席间特殊的饮食方式，如手抓饭，是用单手还是双手？如是单手，是左手还是右手，道理何在？进食方式是否考虑性别而有所不同？临时遇到食物紧缺，或旅途中食物有限时，采用何种方式抵御饥饿？进食前有什么仪式，如洗手、祷告等？将原料半成品加工成食物时有什么仪式？举办宴会的条件，举办方是个人、亲属还是地方团体？特定宴席上有哪些特殊的美食？是否能在这些场合看到某些古代的惯行，如使用古老的餐具或传统的烹饪技术？宴席上对服装样式和健康状况有什么特殊的要求，席间是否禁止语言戏谑？是否允许两性关系？是否有仪式性的交换或食品互赠，是否存在亲属、首领、神职人员遵守的惯例或履行的法律义务的特定范围？

（七）允许与禁止的食物

一个社会通常在习惯上有无规定哪些特殊的食品是需要限制或禁止的，是由首领、神职人员或巫医来宣布这些规定吗？是每个人都必须遵守，还是某些人或者处于某种生理反应期的人们——如孕妇、行经的女人或少女初潮、青春期或病患者——才需要遵守？对于家庭、氏族或宗族而言，食物上的限制是永久性的还是季节性的，或者只是局限在某种特殊的场合？对于处在特定社会形态、特定的年龄段或特殊阶层的人们，类似的食物限制又将怎么实施？在实行图腾崇拜的社会，有禁止食用图腾（动物或植物）的限制吗？理由何在？违反者将受到什么处罚？某些场合是否存在烹饪食物、加热食品或饮料的禁忌？尤其要注意对使用奶水或乳汁的限制，包括对掺和了乳汁的其他食物的限制。

（八）特殊的替代品

饥荒年代，食物匮乏，某些特定的物品——如树皮、黏土等——是否被当作食物？除了众所周知的泥土（如观音土、高岭土），是否还有其他类型的泥土可以吃？这些可食的泥土具有什么属性？它们对进食者有什么影响？除了饥饿之外，还有什么理由促使人们吃泥？经历了漫长的旅程或经历了艰难的劳动之后，人们用何种特殊的补品来恢复元气？较之于穷苦人，达官贵人或首领的食物有什么明显不同？

（九）同类相食的现象

在有食人风俗的社会，调查员要了解该现象是时常发生的还是偶然才有？是否在食人族的观念中，人肉与其他动物肉是相提并论的，或者说吃人肉仅仅是仪式的需要？是否当事人认为只要吃了死者的肉就能获得死者的品性？当地人对食人的行为抱以何种态度？理由何在？一般而论，被食者是男人、女人还是孩子——这些是特别需要了解的。再者，所谓"壮志饥餐胡虏肉，笑谈渴饮匈奴血"的现象只是战争中才发生吗？某些原始社会，俘虏是要被杀死而吃掉的。某些社会，为了特定的目的需要人祭，于是通过欺骗手段诱人上当，或者拿奴隶开刀，或者通过抓阄、占卜等手段挑选牺牲者，这些人都是要吃掉的吗？对于烹饪人肉之事，食人族是否有自己的用语，或者较为委婉的说法，以及其他表达方式？人肉的加工煮食是否避讳，换言之，是在平时煮饭的烹饪场所,还是另有专门的地方,或者为此目的而建有特殊的场馆? 食人餐是否使用特殊的炊具和碗筷? 尸体的哪些部位必须吃掉? 理由何在? 是否这些部位的肉异常鲜美? 人骨怎么加工? 是否加工成常用的器具或装饰品? 调查员要把所有相关的信仰和看法记录下来:人们会把牺牲者看作给神灵的奉献吗? 食人的对象不分阶级与性别吗? 参加过食人活动的人会被公众认为不干净吗? 调查员应该注意吃掉一般意义上(老死、病死或意外原因而丧生)的死者与吃掉因某种特殊的目的而牺牲的死者有什么区别。在吃尸体的某些部位时是否举行圣餐仪式? 与此相联系的是什么信仰? 一个曾经食人的群体不再盛行这一风俗了,可否存在若干尽人皆知的传统?

(十) 奶制品与自然饮料

调查员需要了解以下问题:牛奶是用什么做成的? 请说出哪些动物能够提供乳汁,用来收集乳汁的器物,挤奶的方法(如挤奶时对牲畜采取某种策略)。请举出乳汁的用处,如制作固体牛奶、黄油、奶酪等,乳汁食用之前需要煮沸吗? 请描述有关挤奶和牛奶使用的风俗与信仰,譬如,当地人是否相信奶制品的加工会影响牛羊等产奶的动物。

调查员还需要了解,当地的水(泉水、井水、湖水、河水、溪水等)都可以喝吗? 饮用后会生病吗? 取水用什么装置或容器? 用什么容器运送和贮存水,水的运送和贮存方式,送水和管水的人员与机构,供水方式(采用何种容器、何种方法预防溢洒,参见后面对自来水的叙述),水的净化方式,从溪流或池塘汲水的方法,缺水时的替代物,除了水,其他自然饮料有哪些?

(十一) 饮料制作与酒水酿造

1. 饮料

调查员需要了解以下问题:饮料的制作过程,采用何种方法在水中溶解食糖、蜂蜜、卡瓦、印加可乐①等,以及这些溶液是否要发酵? 就前者而言,用悬浮液使粉末与水相混合,用冷水浸泡后提取要素,用滚水浸渍使味道溢出(犹如泡茶、冲咖啡),用煎煮法熬出汤液,以上都是溶解的方法;调查员还要询问这些方法是本地人发明的还是外地人介绍来的? 就后者而言,上述饮料是否

---

① 卡瓦(Kava)是水与胡椒属的根茎磨成的粉末浸泡而成的清淡的酒类,产自南太平洋群岛,有舒缓神经的作用;印加可乐(Chicha)是一种秘鲁饮料,呈黄色、味甜、散发着淡淡的菠萝香。——译者

经过发酵,如果需要发酵,所用的酒曲是本地特产还是从外地引入的? 某些原料,如果不加酵母,让其自然发酵,就能自然而然地生成为饮用品吗? 如果能行,将怎么采集一些天然原料? 可否为此目的而将天然物种培育成人工物种?

2. 酒的用途

(1) 发酵酒。发酵酒的性质可从葡萄酒、啤酒和烧酒中看出来。葡萄酒是通过对果汁、树汁等汁液的发酵酿制而成的。需要了解的是葡萄酒的制作、处理与贮存的过程。

至于啤酒,调查员应了解当地人知道啤酒吗? 是用什么粮食制品酿造的? 是用天然的大麦粒还是用制成麦芽的大麦? 若是后者,制麦①的过程怎么样? 需要添加何种物质? 如忽布②,赋予啤酒特定的风味,利于保鲜。需要描述酿酒与发酵的方式,是否加入酵母之类的物质以促成发酵? 如何检查发酵的程度? 啤酒的定性处理与贮存的过程,库存的时间? 制作、存放和倒出啤酒的工具有哪些? 酿制啤酒是一门特殊的职业还是每家每户都能够自酿?

(2) 蒸馏酒(白酒或烧酒)。寻常的做法是把发酵的粮食置于一个密闭的器皿中加热,通过蒸馏的作用,把极易挥发的部分分离出来,然后通过冷却的作用,使水蒸气凝固成液体,将其收集来就制成了白酒。调查员要了解当地是否用牛奶酿制白酒,是否有烧酒或烈性酒? 这些白酒、烧酒或烈性酒是本地生产的还是从外地购入的? 如是本地生产的,制酒的原料是什么? 酿制的过程又如何? 诸如此类的问题以及此处未涉及的细微问题调查员都要描述出来,还要了解白酒是否作为调味品来使用,本地是否有传统的蒸馏艺术,能够以资借鉴吗? 白酒的酒精含量通常是多少?

3. 饮酒习惯

酒备上之后,通常是单独饮用还是用来佐餐? 备酒是男人的事还是女人的事? 通常是随饮随备还是事先备好? 酒类是否运用于仪式场合? 是否有关

---

① 大麦在人工控制的条件下,经浸麦、发芽、干燥、除根的操作过程,生产上称为制麦。——译者
② 忽布(hop),亦称"啤酒花",有增强防腐和澄清麦芽汁的能力,使啤酒具有清爽的苦味和芬芳的香味。——译者

于酒的仪式？在特定的场合是否用特殊的器皿盛酒？人们是否知道酒的一系列功能——如营养作用、药理作用、刺激或麻醉作用？调查员要记录酒的疗效，还要了解喝了某些特别的酒或者饮酒过度会招致的社会谴责，当地有没有与酿酒或饮酒相关的神话或传说，如酒神崇拜。

（十二）兴奋剂和麻醉品

除了发酵酒和蒸馏酒之外，还有哪些令人亢奋的刺激物？当地人服用什么麻醉剂？以上两种东西都是当地人的发明还是外地的舶来品？无论属于哪一种情况，调查员都要将有关的传说记录在案，要记下这些兴奋剂和麻醉品的名称与含义，了解当地人对这些东西是否耳熟能详，以及当前是否把这些东西作为一宗贸易品；还有服用前的准备方式，单独服用还是与其他物质混合服用？调查员要描述准备过程和服用的器皿，还要拍摄照片，说明它们在什么场合下服用以及与它们的用途相关的各种信念，了解服用这些兴奋剂和麻醉品是否有性别或阶级的限制，是否会有过量服用，人们如何看待那些服用过量的人？从服用兴奋剂和麻醉品的那些人的生理方面和精神状态上可以观察到他们所受的影响。调查员要询问麻醉药是否用于外科手术，是否还有其他用途。

与此相关的一个问题是烟草及替代品。调查员要了解当地人是否种植烟草，种植烟草的准备工作，大麻、鸦片等麻醉品是以抽烟的方式还是咀嚼或者是以吸鼻烟的方式来消耗，服用前的准备工作。调查员要获得原料的样品及吸食用的标本器具，并拍摄吸食者的照片，如用烟枪吸食，要询问制作烟壶、烟管等构件的材料，了解烟气是否通过水、纤维或其他过滤物，吸食者各自用一根烟枪还是多人共用一根烟枪，是否轮流传递？当地流传着与吸烟有关的仪式和神话吗？

三、居住

居住泛指各种临时的、永久的居所或住处，即使它们是自然的岩洞、山洞和树洞，也多少有些人工建设或改造过的痕迹。调查员要了解每处建筑的目的、规划和安排，查看建筑材料、建筑模式、居址的选择及单间屋宇与建筑群落等种种习俗。如有可能，要注意大片屋宇的规模，图示整体布局与房屋结构，收集足够的材料作比较。

要注意山洞、林地和其他自然居址可能出于使用习惯，或者作为避难所。

如早已废弃,可否从原住民和旧地名的信息来推测使用的情况,前人是否对遮蔽风雨的天然之处有所改良,如开凿新的洞穴、砌起胸墙、构筑鹿寨和装饰屏风?进而言之,他们是否在那些胸墙、屏风或者岩洞顶的表面施加涂料,是否留下岩画和雕刻的痕迹?

(一) 居地

1. 沼泽上的住所

生活在湖畔或河岸附近的人类群体喜欢住在干栏式的屋宇里,以便适应湿地或沼泽的环境。通常在房屋盖好之后会遇到涨水的情况,因此调查员要了解他们是否想办法加固或加高干栏建筑,描述在旧木桩上绑上新木桩来加高屋宇以及铺设新地板的种种方法。有无证据表明经过一次次地增加新材料,楼面被持续性地抬高?

2. 湖居及水面上的其他建筑

生活在水乡的族群经常在水面上竖立寮棚,连成一片,形成水上村落,近者彼此间用木板连接,远者靠小船摆渡。调查员所去之处如果有人依旧在水面的固定屋宇内居住,就要确定这些建筑依赖的条件(如寮棚区所在的水域、附近有无岛屿、距离河道的远近,等等),还要描述寮棚的构件、质料与样式(如采用圆木还是方木),搭建流程与技术,屋宇在个人或社会群体中的分配方式,不同寮棚里的人们互相联系的方式(如搭板、扁舟等),维护和修理寮棚的费用,抵御或防止火灾的功效,生活垃圾的处理。还须了解前人的居住传统(如当水位降低很多时,附近淤泥中可能会暴露出被遗弃的寮棚痕迹)。调查员可能会在这些寮棚的残余木桩下部发现一些石斧、石础等器具。那些废弃的村落原是建在湿地上的,那些打进淤泥里的木桩便是屋基,由于寮棚建好之后水面不断上升,最后淹没了水边的村庄,所以今天看到的遗址如果远离岸边,似乎表明以前人们生活在水中间,其实是冰河期地球海面降低,人类活动空间增大的证据。调查员要对这些遗址做好保护工作,画出它们的位置,设想湖居者的生计模式与当地自然资源的关系,比如,通过石网坠和渔网残片可以想象他们在农耕之余也从事捕捞。如有可能,还要设想那些早先的湖居者与调查员当前所看到的湖居者的关系,例如,前者是否为后者的祖先等等。

3. 简陋的住屋（寮棚或凉亭）

要描述这类屋宇的结构与材料，家居的设施：如灶台、烟囱或通风口、窗户、地板和隔出来的单间，房主及其家庭成员的卧榻，客人房间的特点，还要说明建造房屋的匠人，屋宇的所有权等等。

4. 永久性房屋

虽然这类房屋通常是永久性的，但是，它们在构造上属于既容易拆除，也不难重建的一类吗？这类房屋的样式与设计如何？调查员所看到的实景与图纸上的布局是否一致？这些房屋的建设过程如何？它们是个人建筑还是公共建筑？建好之后分配给某个特殊等级或者某个行会吗？这些房屋是否要求特别的方位（如坐北朝南或坐南朝北）？它们很少有单间还是有很多的单间呢？如果有很多单间，那么这些单间的用途如何？是否为一类人而设计？这些单间在结构上是互相分立的，还是彼此毗邻的？它们围绕着一个中心空间分布吗？果真如此，是否沿着一个或多个通道（一条或多条走廊）井然有序的样子？径直从走廊进出各房间吗？如果没有走廊，怎么连通各个房间？室内的地表是否紧密光滑，表明以某种方式平整过（如拍打、用泥灰抹平、镶嵌陶瓷碎片等）？这类房屋的某些局部有楼层或凸起的平台吗？如果有平台，它们的用途何在？如果有楼层，是一层还是不止一层？上楼的途径如何？如果是斜板、独木梯或者楼梯，那么它们是在屋内还是屋外？是移动式装置还是固定安装？这类房屋的某些房间有地下室吗？总之，调查员对于整个建筑物的构造都要详加描述，还要注意木结构的稳固方式，在结头处是否采用捆绑法，或者用夹板或钉子固定，还是用榫眼与榫舌接合？是否装有铰链、门闩、窗闩、锁扣、螺栓等其他装置来连接吗？在房子里有预先安排照明、取暖、煮饭、用餐、下榻的地方吗？有特别的炉灶吗？如何排烟？分隔出来的房间一般是给男人还是女人？或者是给老人、客人，还是用来关家畜、家禽，或者是用作储藏间？房屋的平均寿命是多少？房子一旦放弃，会将其拆毁回收材料吗？谁建造房子？所有权归谁？

5. 建筑仪式

选择房址有何仪式？备料（砍树、运石等）时有仪式吗？奠基（打桩、下第一块石头等）时举行仪式吗？建筑期间，立柱、上梁有无仪式？新房建成，乔迁时有仪式吗？或者相信有什么精灵会入住吗？如有，特征和习惯如何？房屋哪一部分较为神圣，或是保留特别的地位？或者用来容纳神圣的物品，如传家宝或战利品？最后，犹如建造小船、大船或战船的仪式彼此不同一样，建"男人房"和"姑娘房"的仪式可能有所不同，哪一种更加隆重也是要了解的。

6. 房屋的入住和使用

每一个家庭都有房屋居住吗？在一个社区中人口是如何分布的？比如，有为未婚男士和社区其他居民而建的会所或公房吗？这些房屋空间上如何布局？有客房吗？如果以上会所、公房和客房都有，这些房屋的主人是谁？或者说，每一栋房子归谁所有？房主死亡后会发生什么事情？尸体会在屋内下葬吗？一年当中，人们是否根据季节来调整位置，以便更好地利用房间？未婚青年和女孩有专门的房间吗？如有，详细描述并注意它们发挥的其他功能；有食品间吗？有单独的房间关家畜吗？要描述建房中所有的装饰性工作。

7. 房舍、村庄和市镇的分布

除了对个人住房和其他建筑进行描述和规划外，更重要的是记录整个聚落的一般布局，村庄和市镇的地点选择，如山谷、平地、斜坡、森林、草场等。选择的理由、供水状况、排污系统、卫生条件、衢关与防御；建筑群的习惯分组，公共或仪式性建筑的位置、构造和用途，比如庙宇、官邸、法院、集会场所、会所、街道、露天营地、集市、水井和其他供水系统、地面排水系统、垃圾堆放处、卫生设备等的相关规定。描述所有防御性的建筑如围栏、墙、沟、门和外围堡垒等。如有可能制作一幅草图，了解每一个村庄和市镇，通过对大量案例的比较研究可以了解很多。要确定房主的名字或户长，房屋属于哪个氏族或群体？房屋的社会团体很重要，要记录这个群体是否在一个大小村庄或市镇上聚族而居，他们是否以某种居住方式来表明自己的社会区分，一个村庄从开基至今有多久了，村民的祖先是什么时候搬迁来的，离老家有多远，为什么搬迁？

除了上面提到的，可能还有一些问题，如家具（货架、衣柜、吊床等）是房屋的组成部分吗？人们习惯什么样的可移动的家具？用途何在？它们被视为房屋的一部分还是家庭成员的私有财产呢？

四、交通

在简单社会的人们看来，现代交通是匪夷所思的，因为他们只有陆地交通和水上交通。他们在陆地上旅行,全靠两条腿走路。许多地区,由于水流湍急,不能航行,水上交通的发展受到极大的限制。

（一）陆地交通运输

（1）路径查找。有些人被认为具有超强的空间直觉,几乎在任何条件下都能意识到自身所在的方位,享有"指哪走哪"的美誉。调查员对这种识途天赋的种种陈述要妥善记录并小心求证。他应注意凡可作为陆标、航标的自然物(树木、分水岭、河流、岩石等),不仅要记录它们的名称,还要了解物体起导向作用的标志,要询问这些标志是私人属性(隐晦神秘)还是公共属性(人所共知),当地人是否将这些标志引申为习惯性的符号? 当地是否有正规路标或里程标志(如公路上的里程碑)? 当地人如何测量里程?

（2）小径大道。当地人由甲地到乙地是否按惯常的路径行走? 若是,这些路径当初是怎么开拓的,后来是怎么养护的,再后来又是怎么翻修的呢? 当地是否存在"路权"之说? 若存在,这种利益是人人可以享用呢,还是某些人的特权? 一条惯常行走的路径要是触犯了人们的利益会被关闭吗? 果真如此,那么谁来关闭? 或者谁授权关闭,这么做基于什么理由? 用什么标记来表示封路? 只是单行道(只能朝一个方向行走的路径)上采用路标呢,还是某些双行道也采用? 如果说最初是小径,走的人多了,经过拓宽、养护和维修就成为大路,那么有没有完全是人筑之路,而不是走出来的路? 若有,这些路是用什么材料建成的,谁人所建,谁人授权? 路修好后,是否举行开通典礼? 此外,无论小径大道,是否得到某位特殊神灵(如路神、路头神、白路神、黑路神等)的眷恋或庇佑? 如有,就要进行调查。

（3）歇脚客栈。村庄与定居点之间有固定的场所为行路人提供打尖、休息和食宿吗? 若有,它们的选址、开业和经营情况怎么样? 是否有神灵与上帝的庇佑? 从甲地到乙地有任何显示距离的标记吗? 旅行者在村庄和集市怎么解决食宿问题? 这些村庄和集市有客栈、驿站、小旅馆或公共房屋吗? 若有,它们是何人所开,怎么经营,面向哪些客人? 它们除了提供住宿,也向客人提供饭菜吗?

（4）旅行方式。人们行走时遵从什么规则? 是排成一行直线行走,还是排成两行或者多行并肩行走? 甚或是不讲规矩,稀拉地行走? 相对而言,是否男有男行,女有女行,不同等级的人也都各有其位? 人们会独自旅行吗? 如果不会,他们会替自己物色合格的旅伴吗?当地是否有定期招揽客人参加长途旅行的团队?若有,这些团队装备了可供居住的大篷车或拖车吗?调查员要描述旅行团队的规模、组织形式、领导才干、日常安排和后勤供应(如帐篷和活动住房等轻便设备)。旅客在旅行中进入村庄和住户家时,要向当地人施以何种礼仪和问候?他们是否要得到容许才能进入?旅行者从一个社区到另一社区是否需要通行证或者言辞诚切的介绍信?如果需要携带这些路条,那么,它们是私人信函还是公函?谁可以给他们出具证明?旅客在旅行中每当路过神圣而著名的景区,或者进入一个新地区时,要举行什么样的宗教仪式?

(5)沼泽、浅滩和梁津。怎么过沼泽地?人们是否用一些下沉物来加固和保护道路?有用原木并排横铺的"木排"路(参见图13-3)吗?道路两侧安装护栏了吗?若有木排路,它们是怎么兴建的,又是怎么保养的?木排路的使用有规则吗?怎么过浅滩?当地人是否在有浅滩的地方树立了标记,是否采取措施保护标记,改善它们的属性,使之更加醒目?浅滩处是否存在自然的界限,据此人们可以理解沿着这条线路就可涉水过河?怎么过梁津?常常,有河溪就有小桥或船筏,因而也就有渡口。要了解渡口的运作情况,那里有船筏停泊吗?若有,也应了解这些船筏的运作,比如船客怎么支付艄公的摆渡费?要是一河两岸居住的部落不同,相互之间是否存在理解与尊重?无论在哪一种情形下,艄公把船筏划入对方的渡口会出现什么样的情况?

图 13-3 木排路

图 13-4 独木桥

桥与渡合称梁津。以下介绍13种桥梁:① 独木桥,以一棵树干或一条木板横于溪流两岸,间以支架固定,如跨距较长,可以增加构件(参见图13-4);

② 桩基桥,梁可预制,墩以块石浆砌;③ 栈桥,又名高架桥、叉架桥等,较为常见;④ 平旋桥,桥梁可绕一根竖轴旋转 90°,可不增加墩高而方便航运;⑤ 箱梁桥,主梁截面为箱形结构,纵横梁网格状交叉,有钢件与混凝土件之分;⑥ 索桥,又名吊桥、绳桥、悬浮桥、悬索桥等,有传统与现代两型,材料方面,前者为藤、竹、木,后者为钢质;⑦ 直立柱桥,两端砌石呈门楣;⑧ 斜拉桥,亦较为常见;⑨ 悬臂梁桥,上部腹板构件呈水平状两端伸出,两段以墩为支点合成一个孔门(假拱),边跨小,中跨大;⑩ "精拱桥",由浆砌块石辐射状垒起,桥孔顶端镶嵌一拱心石(要记录建桥方式、台架类型及块石辐射或聚集状);⑪ 浮桥,以舟、筏横排于河中,上铺平板,舟桥以船身作桥墩,筏桥以木筏、竹筏、皮筏来承载;⑫ 索道,凌空牵缆为"桥",呈高低状,一种为溜索,让缆索静止,用溜具由高处向低处滑动,另一种为缆车,将挂兜(车厢)固定于缆索上,用卷扬机牵引缆索连同挂兜前进;⑬ 吊篮(由热气球牵引,形同坐飞船过桥)。桥的基本特征是上梁下墩,功能是跨越沟壑,以此衡量,吊篮已失去这一特征,唯保留基本功能,可谓"桥"的引申。

(6) 运输。调查员要注意货物运输的过程和运输主体,要记录所运物体的重量、尺寸、形状、包装和捆绑方式。要描述协助运输的机械装置;头垫、头带、背带、棍子和类似物件,以及在这些行为中是否会持久影响头部和躯体。有专职脚夫或搬运工吗?常用于负载的牲畜的种类有哪些?要注意旅途中最繁重的工作(如给牲畜卸驮与装驮)是由人力还是由牲畜完成?牲口的粮秣、人的膳食是什么?描述为牲口配的鞍、货篓或脚夫用的背囊以及运送重物的其他方法。有旅客用的担架或轿子吗?如有,由谁提供或为哪些特殊阶层的人服务?占有者的性别和阶级如何?担架是固定的、不定期的还是某些特殊场合才用?这些场合有什么特点?——季节性迁徙是因为战争还是宗教目的?描述轿子的装饰品、仪式或别的东西?人们怎样携带重物?用扁担挑、杠子抬,还是用牲口驮?或者说,用爬犁、雪橇拉,还是用车子(独轮车、手推车或大车)运?要描述这些运输工具的制作,搬运队伍的组织,歇气的地点,各点之间的距离,搬运的策略(如锣鼓声、船夫曲、纤夫调、统一发力的号子以及"嘿哟唑"的动作协调声),要注意人们会用杠杆原理吗?如何通过障碍物或陡峭地方?最大的重物或能搬的东西是什么?观察今天的运输方式有助于解释古代纪念碑的石头的搬运与垒起的过程。

（7）爬犁或拖架。在牲畜后面绑根棍子以便托运货物，这种工具叫"拖架"，状如北美印第安人运输方式，如果这个拖架制作精细，就称"爬犁"或"雪橇"。现代爬犁使用引擎和履带，调查员到达某地，如果当地有此物，则要注意它的构件和工作原理，目测轮轴，参看马具。用什么装置减少地面摩擦？有雪靴滑板或溜冰鞋用来跑动或娱乐吗？有固定滑梯或卡槽吗？将树木从原始森林中运出来用木制滑动装置吗？如何建立、维护及保证润滑？怎么把原木拖到平地？

（8）轮式车辆。详细描述轮子的盘、辐、箍、缘，车身的结构与样式如何，它们是用完整的圆木制作，还是改成板后加工而成？有明显的包边的胎可防止撕裂吗？轮子固定在轮轴上可自由转动，车轴固定在车厢上吗？如是，轮子如何做到安全？轮子安装在轴杆的中部还是两端？一辆四轮车的前后轮如何连接？调整前后轮间的距离可以达到车厢加长或缩短的目的吗？描述车厢前面的构造、转向装置、轴杆、鞭杆和其他联结牲口的轭具或附件。车辆上了斜坡怎么检查车况？是用车闸刹住车，还是用木头、石块塞住车轮，或者是用绳索系紧车轮使之停稳？果真如此，要描述这些过程。还要描述全部挽具，要获取标本或模型。

（二）水上交通运输

航行是一门相当复杂的技艺，这里只介绍日常观察范围里的一小部分内容。如果调查员有开船或划艇的经验，他就知道应该如何记录。下面从类型、推进装置来介绍。

1. 水上交通的类型

（1）船舶。要对船舶进行结构性的描述，就要遵循生产过程从头至尾地进行，例如，要获得造船所用原料之名（无论何时还要记住植物学上的名称，或至少是特殊的英文名）和各种索具、帆，以及堵缝所用油灰等材料。有效的办法是采用图表记录，详细描述构造、外形、平面图和截面。本地人对每一部件的称呼，包括绳子在内都要记录，因为这些往往很有趣。

（2）浮子和竹排，这是水上交通中两种最原始的形式，浮子可以由任何能漂浮的材料或物体组成；或者是轻软的木头、竹子、树皮束、轻柔的枝条捆和芦苇捆；也可能是充气的皮囊、葫芦和陶罐。这些物体可单个或组合使用，也可捆在一起形成一只简朴的筏子。调查员要记录其尺寸、特性和物料的出处,如何获取物料,推进和使用的方法。使用葫芦和陶罐时,是封口还是敞口? 口是向上还是向下倒置? 如何连接船体? 上面是否有一个平台可以装载乘客和货物? 充气的皮袋用线穿孔全部缝起来,还是一边留口? 描述如何充气,是用生皮还是鞣制过的皮? 要记录当地人关于浮子和竹排的用法、传统、信念和有关的禁忌等。

(3)定型木筏或竹筏。明显地有艏艉两端的筏子称为双层筏,某些筏子还装有帆。描述某种特殊用途的筏子,了解筏帆和所有配件、附属的齿轮及任何变换。原木是一直连接在一起还是用后拆下晾干? 其他形状的筏子是由质轻而坚硬的植物茎干还是一些沼泽物种构成的? 根据所用材料能将筏子分类并命名——芦苇筏、皂角树筏等。记录所用物料,看是否要事先处理。了解各组成部分的尺寸和形状、捆扎在一起的方式、使用中各种尺寸、负荷量和划桨推进方式、耗费的时间、费用和使用寿命,最好有特写镜头。

(4)树皮艇。如鄂伦春人的桦树皮艇,从打样到成品有 20 多道工序。调查员要注意此种船的构造和所用的树皮数量及叠放方式,若是一层树皮,端面是如何封闭起来的? 如是几层树皮应特别注意做成想要的形状所用的机械方式。是否将树皮缝合或用夹板拼在一起? 如果事先有一个框架,要详细记录用来加固的船舷或船杆,还有两个船舷间所铺的交叉圆木。要使船底和侧边成型,要用带状和半圆形的条木来安装,有坐板吗? 是由底部还是从舷部建起? 前者是全部建起好后翻转过来吗? 如何做到防水? 靠什么来推进? 给出尺寸(长度、横梁和深度、艏艉两端的高度)。使用坐标纸画出平面、正面图和横截面图。

什么树的树皮可用? 描述剥树皮和准备树皮的方法。哪一面在外面,是否要用火或蒸汽来使树皮变软? 什么季节剥树皮最好剥? 记录有关的仪式、信仰和禁忌。

(5)皮筏子。这种船使用兽皮或兽皮替代物做成一个框架,包括单人划艇、爱斯基摩人的木架蒙皮船、威尔士和爱尔兰渔夫用的扁舟和小圆船。记录是否先做船舷,是否建造船底? 若有可能,详细给出建造中的每道工序、所用的材料和尺寸。兽皮或替代物有哪些? 兽皮是原生皮还是要鞣制? 兽皮如何防水? 如果筏子上使用的某个替代物件是隐性的,那么是用油漆、刷柏油还是经过其他处理？会用到帆吗？皮筏子如何会进水？怎么把水弄出来？如何坐人？目的是用于渡河、垂钓还是装货？画出尺寸、平面图、正面图和横截面图，记录当地人的称呼及用处。

（6）独木舟。这是人类最早的水上交通工具，根据船形的需要将一棵大树砍倒后掏空树干制作而成的。调查员要记录独木舟各部分的尺寸并标在平面图上，还要列出内部的装备和辅助渔具，记录横梁是如何做成的，当制作的时候，加固板是否穿过底部。描述桅、帆、绳索和桨的数量、尺寸和形状及操作方式。

独木舟采用何种木料？若有可能的话，调查员应详细记录伐木的方法、如何运到海边或河岸边，使用什么工具；怎样用火烧出中间空心部分，是否会拓宽边缘来增加横梁。

独木舟常用厚木板在船帮加固，木板用锛凿成箭头形，紧密地夹在船帮内外，起加固作用。调查员要描述独木舟的船体和附加部分，如舷帮安装了架子的独木舟（参见图13-5和图13-6），注意附件的拼接原理。

图13-5 独木舟（甲）

图13-6 独木舟（乙）

试以"五合一"独木舟的制作为例。通常此舟两侧各安了一列平衡架，每列有两根浮木，加上船体，全舟共五根树干。制作时，先用粗树干凿出船体，靠增加两边舷板和艏舷墙的防浪板加深船舱，艏和艉各有一块端木联结附件，使独木舟成型。调查员要描述船体的附件的开凿以及二者的连接方式。独木舟用一棵大树干制成船体，往往用一根或数根轻质圆木与船体连接以保持整体的浮力。在波涛汹涌的大海上有时船体仍难免倾覆，这就需要安装平衡架。平衡架有单列与双列之分。单舷架向舷帮一边伸展，双舷架向两边伸展。每个平衡架都有一至两根充任浮筒的圆木,调查员应描述平衡架的构造,说明是否有后尾平衡,前端或后尾是否有帆,帆是临时还是固定的。注意固定性的帆连接两侧的平衡架,以及独木舟的雕饰或船壳上装饰的羽毛或粉刷的油漆。仔细观察浮木与船体相连的方式,了解它们是绑在船体上,还是直接插入船体? 或者通过中间装置(通常是浮木或船体上的柱、桩、棍)与船体相连,还是捆绑在支架上? 这些装置以垂直、平行、横跨浮木或从浮木底下穿行的方式,也可以支撑或分叉的方式。有的呈现 ∧ 或 U 形,保持一定的角度。调查员要注意各种方式和形状,拍照是很重要的。与单侧舷相反的一侧有时会有一个背风的平台,要注意平台的构件,是否有悬臂或别的东西。通常单舷平衡架的独木舟对于天气的依赖要大一些。

双舷独木舟是一个船体、两个平衡架、四根圆木浮子的"五合一"结构。调查员要记录船壳的相对尺寸,各部分距离,浮木的数量以及船底板安装的细节、船的载重、入股者和船员数量以及如何付给报酬。画出平面图、正面图和横截面图。若有船帆,注意帆的类型,单桅、双桅还是三桅。详细说明升帆、降帆和收帆,弄清独木舟能否逆风航行,在风向多变的海面能否抢风行驶,或者继续扬帆;舟是用于贸易、渔业还是战争,每一种方式是否都有单体舟。调查与建造、试航和使用船只相关的信仰和仪式。

当地的男性青少年会做独木舟模型吗? 所做的船模结构与全轮廓的真实独木舟相同吗?

(7) 木板船。这些船都有船体,基本上用木板支撑,甚至完全用木板建成。木板用夹板或钉子固定,边缝对齐。造船流程的第一步就是做龙骨。龙骨为船体中央基底的纵向构件,是用少量窄木板凿成凹槽纵向铺设的,一头绕过艏柱,一头连接艉柱,凹槽上面等距离地横放着一个个 U 形船肋,整体上形成龙骨。龙骨起的作用有两个:一是承重,克服前进中水的阻力;二是扩大船体侧面积,赋予船体上部宽度(通过甲板来显示),提高了船在水中的并联阻抗作用,对于逆风航行尤为重要。因龙骨不同,船形亦不同,故从龙骨可看到所造之船是独木舟还是木船,这些船舶是圆底还是平底? 调查员对上述每一部件都要善加注意。了解每一个 U 形船肋是自然弯曲还是合在一起拼成? 若是拼合起来的,要记下各个部分船板之间是否用肋骨跨接两边,船尾是尖的、点状的、矩形的、倾斜的还是直角形的,或是横格子形的? 艏和艉有做成柜状吗?

除此之外,艄舻还有其他突起的形状吗?还有船体上部,上部是完全覆以甲板还是全部敞开?或者只覆一半,具体又有差别,如横向一半或纵向一半,其中一半覆以甲板,另一半敞开吗?

　　用厚木板建成的船只就如屋顶上的瓦片一样是重叠板结构的,边对边的厚木板就是外板平接的。框架是预先建成的还是等外表的木板装好后才插进去的?记下十字形梁和横梁的数量和位置。船尾穿过侧板吗?外板平接的船是否有接缝以及怎么缝合?记录桅杆的位置和数量,有一根桅杆、两根桅杆还是三根桅杆;各桅的长度和直径,人站立在桅杆的横梁上以及桅杆负重的方式。帆由什么材料制成?种类和尺寸怎样?怎样升起、收拢?

　　虽然长、宽、厚、高等尺寸、示意图、正视图和相隔一定距离的剖面图是把握船只的基本要素,但是,只有带着足够的细心与耐心去测量船只,才能达到精确的绘图目的,因此需要的指导远比此处的叙述更多。读者可参考《船舶轮廓知识》这篇范文(载 W. M. 布莱克编撰的《水手之境》,1935 年 1 月卷)。

　　这里援引若干实用的技术用语:舷弧,舷缘的弯曲弧度;船底板、艄舻列板;龙骨翼板,龙骨侧板;舭列板,船舷侧板与船底板交接处,无论船行平稳还是颠簸均能感到这部分带有曲面或倾角;艄舷墙(防浪板),加在舷边有效地阻挡浪花的板条,常覆于船面。

　　顺便介绍几本参考书,它们对研究原始工艺很有帮助:

　　A. C. 哈登、J. 赫奈尔:《大洋洲的独木舟》,第 3 卷,檀香山,1936—38 年。

　　A. C. 哈登:《印度尼西亚独木舟的平衡架》,载《英国皇家人类学杂志》,第 50 期,1920 年,第 69—135 页。

　　J. 赫奈尔:《印度尼西亚的长臂独木舟》,载《马德拉斯渔业期刊》,第 12 卷,1920 年,第 43—114 页。

　　——《印度船艇设计的缘起和民族志意义》,载《亚洲社会学孟加拉备忘录》,第 7 卷,加尔各答,1920 年,第 139—256 页。

　　——《英国小圆船和爱尔兰扁舟》,伦敦,伯纳德·夸里奇出版公司,1938 年。

　　——《尼罗河中游没有龙骨架的小船》,载布莱克《水手之镜》,第 25、26 卷,1939—1940 年。

2. 船舶推进装置

船可以用竹篙撑、用桨划或依靠风帆来推动,或由游泳者推动。如果船是用竹篙撑,要描述篙子,特别描述支撑点,讲清楚船夫怎么举篙,怎么操作,使篙人有多少,他们划船的姿势和位置;篙子是否从身体的一侧向另一侧交替,船舶行走的大概速度。撑篙人的动作要合拍吗?谁来喊拍子?如果是筏子或竹排,在撑船划桨时有船夫曲、纤夫调或号子吗?这些竹筏、木筏怎么放排,谁来掌舵?

桨可能是一片木块或树皮,也可能是一根木棒或箭杆,还可能是多个部件构成的器具。根据下列要点描述:桨是用什么材料制作的?是从单件木料砍削而成还是多块原料合成?如果是合成物,桨柄和桨叶的材质与形状如何,各部分怎么组装在一起?会用双桨吗?描述其控制和操作方法。在任何情形下都可以用脚或腿的力量来使桨吗?划桨时有不同的讲究,是轻舒双臂,桨叶点击水面,还是"扑哧"一声将桨叶插入水中奋力划行?是左右协调(左船帮划一桨,右船帮划一桨)吗?男女是否用不同的桨?每组桨手有几人;他们在船上的姿势和位置,描述他们在船舷的哪一侧划桨;他们保持步调一致吗?谁定的划船步调?

要描述筏子、排子的操作(包括艄公)。如果是划桨,描述它们与别的船桨的不同之处,是否有连着排筏的固定装置;若依靠舵,描述其作用;说明连接和操作的方式,特别要说明筏子或船舶在附件控制下的运动方式。理想的船舵,不管在侧面还是在中间位置,都有两个附带装置限制其旋转,一般依靠舵杆起作用。

橹。通常,船桨安装在船舷边,靠手的运动起作用(有时也由脚来辅助),而橹则靠在船上的某一个支点;刚才所说与船桨有关的问题也适用于橹,现在需要注意另外几点。描述支点的特性,是否有孔开在顶篷上;船座销是穿过橹还是穿过系在橹上的线圈;船桨的支架可以是船桨顶部的刻痕或由两个钉子构成,也可以是置于舷外支架之上更精巧的结构。每种情况都要做到用示意图完整描述。说明每个船夫使用橹的数量,船夫的脸朝船头还是船尾?

不少观察者缺乏经验,航行对于他们有很大的困难,下面的记录或许有参考价值:

帆。描写帆的形状和材质以及准备方式;是一块还是多块缝合在一起;若是后者,怎样缝合? 了解基本尺寸,操作船帆时所用的附件需要全部描述并配备示意图。下面的航海术语可能会用到:较低的边沿;向前的边沿;北部线;上角线;后顶线;前底线;后底线;三角形帆也可以采用同样的术语,仅作些必要的修正。

桅杆用来支撑帆,使其张开,在所有情况下要记录桅杆的材质,是否由单体砍削而成还是合成的? 若是后者,各部件怎样拼接在一起? 给出各点和各部件的位置、长度及粗细。桅杆是支撑帆的,要了解桅杆的下部是单一式的、人字形的还是三脚式的? 是否有一根桅杆的船舶? 详细描述桅杆与船体相连的方法,相关的附件也要说明。桅杆上挂着风帆。帆布的支撑横杆称为帆桁。帆桁怎样绑在桅杆上? 一只大船通常有三根桅,靠近船尾的桅杆称为隆起。从中帆的最高峰到船艏使帆保持伸展的桅杆叫作第一斜桅,桅杆从船头倾斜伸出。描述这些相关附件。斜桁和船庭的区别只在于整体上是否有锯齿形状。

索具要么是固定索具(静索),要么是活动吊索(动索)。固定索具仅用于支撑帆,或长或短地永久固定,主要包括各种侧支索或支桅索。侧支索没有严格的限制条件,常用在与桅杆相连的附件中,绑在船体或甲板附近,用来防止桁杆(帆上的横杆)掉入水中。船的横桅索的固定有哪些细节? 在船头较近固定,并且避免向后倒的桅杆叫作前桅支索;在船尾处固定,并且防止向前倒的桅杆叫作后桅支索。应当记录几乎总是包括各种各样的绳索的材料,还包括各种绳结及各种连接物的方法。一个固定索具的独立的概图是值得做的。

固定索具调节和操纵帆以及可移动的帆桅。用来提升帆的绳子叫升降索,当升降索与帆相连时称帆索,若帆装有多根升降索,就由能够提升帆的那一部分来定称呼,也叫咽喉式升降索。用来调节帆到所需角度的那根绳索叫作帆脚索,可与帆绳系在一起,也可能系在帆下之桁上,若是系在帆桁上就叫斜桁支索。上面常用到的"绳子"一词,实际指大多数活动吊索,包括各种各样的绳索,但某些情况下也可由一张兽皮来做成皮绳。每种情况下的材料要记录,每个活动套索的单个立体图能画出来最好,所有配件的结构、用法都要说明,用于桩或栓上的各种或临时性的绳索,或使用绳子穿过相关部件上的孔以及是否有滑轮或别的省力装置也要注明。

操作。说明帆的升降的操作方法。帆仅仅在顺风中行驶还是可以在任何程度的逆风中行驶？描写逆风行驶的方法（如按"之"字形路线）。特别注意长臂独木舟和双身船的航行方向。如何驾驶船只，是用桨划、篙撑还是用船舵来控制？附上图形详细说明怎样操作以及由谁操作。船上是否有枢轴或中轴？中心或边缘固定有标度以免逆风行驶时偏离航向或偏离航道误入深水区。

3. 一般性问题

调查是否所有船只都在当地制造，假若不是，在哪里建造，详细说明贸易交换的情况。还要注意从别处来造访的船只情况。两性间在使用船只或相关设备（比如桨）时有区别吗？如何拴船，如何下锚？是否用到各种形式的锚？当船不使用的时候如何存放？有特别的专用船房吗？若有，是否还有其他用途？船上有防火装置吗？船员如何携带必需品和工具？他们如何提出自己的航线？是否会划出或驶出岸线的范围？在航行中他们会利用潮汐、太阳和星星定位吗？是否会制作任何种类的海图或图表？描述在航行或寻找航线中用的辅助工具，怎样绕过障碍物或暗沙、暗礁？叙述航行中的搬运或停泊情况，夜晚航行吗？航行是否局限于某些特定的季节？谁拥有船只——个人、集体、部落还是首领？船舱中是否为某一特定的阶层、个人或某一性别专门留座？记录船长的位置和姓名、大副和船员，还要描述他们的一些职能。

水上行走时会用特别的行话或因为害怕厄运或其他原因而不说丧气话吗？描述任何雕刻的装饰品或船上的绘画等物品，指出其意义和目的。船上的装饰或附件（如船艏雕像、旗子、装饰图之类）通常是用来祈求好运免遭恶劣天气或鲨鱼之类。记录这些装饰品是临时的还是永久性的。又如携带椰子、柠檬也起着相似的作用。船对人来说如此重要又易遭受诸多危险，因此调查员容易发现一些仪式或魔法，表演与船有关的事情。这些仪式可能从伐木造船，大树倒地那一刻算起，在造好船和准备出航中一直会延续，不仅是初次航行，而且无论何时船只都承担着重要的航行任务，所有这些装饰及相似的功用都应该描述。

第十四章

谋 生 的 装 具

人类绝不是赤手空拳地谋取生存资料,而是和生产工具结合起来作用于对象。田野调查员应关注这些装具,譬如,锄头的尺寸、形状、刃口角度,要询问为何长而重的锄头归男人使用,短而轻的锄头为女人使用,等等。调查时不能局限于单一工具或单一生产环节,应注意整体研究的价值,譬如,纺织品不仅代表了织机,还意味着摘棉花、剪羊毛和得到的纤维质,然后是清洗、梳理、纺线、织布和染色等工序的集成。调查员要注意研究单个阶段和各阶段的相续,产品的交换方式和更新换代的过程,还要研究不同职业的创造与待遇。

一、工具

较之于先进的民族,后进民族的工具更加简单。他们经常现成地利用未经加工的自然物,或者只是对这些自然物略微加工,例如,用贝壳和野猪獠牙作为砍削器,用俯拾皆是的枯树枝或小树干改装成木棒或长棍,如此等等。调查员要将偶然使用的自然物与经常使用的工具相区别,要记录工具的发源地、材料、结构和使用方法,特别要注意把手的用法。一件工具,不能仅从它自身来孤立地确定它,还要从它之外的配件来确定这件工具以至它的整体构造。除了一般性地用作砍、削、刮等动作的普通实用型工具之外,工具的英文名称可以广泛地用于田野调查员的工具分类。但使用刮削器、雕刻工具、刨子、锛与扁斧等工具的术语时不能够完全说明它们的形式和结构,应该有所区分,因为它们在构造和功能上都不同,尤其是锛与扁斧这些形态与功能接近的工具就值得分开描述。必须注意许多兵器用作工具(参见后面关于兵器的叙述)。要弄清在各种条件下工具的材料与构造,它们受外来因素的影响程度。下面列举简单工具的主要类型:

猛力击打的系列——石锤、木槌、大锤、铁锤等；

劈、砍、挖等切割系列——石斧、砍刀、手锯、斧头、扁斧、楔子等；

表面加工的系列——刻刀、凿子、刮刀、刨子、锛子、木锉、锉刀等；

钻孔系列——锥子、钻头等（还可参见后面关于石制工具的叙述）；

握力工具——钳子等。

以下专门就机械类的工具作一简述。

此处将机械广义地定义为工具。它们在使用过程中，一部分与另一部分接触而传递能量。"转动"通常是个至关重要的概念。通过钻头、刀片旋转或皮带等钻孔或穿孔。旋转运动的工具包括链条、滑车、绞盘、陶轮、滑轮等，尽管在简单社会人们很少使用这些机械。根据杠杆的原理制作的工具主要有火钳、老虎钳、手钳、剪刀等，它们可能用于其他的目的，比如可能用于起重等。滚轴、轮子、压力机（印刷机、卷扬机、碾压机等）和其他索具也应当记录。利用有弹性的硬木、空气重力制作的装置，如弓弩、风箱等；通过能量守恒定律改变力的方向和大小的机械，这些都要一一记录在案。要详细记录各种材料、结构和工作方式，还要记录利用风力、水力和畜力的情况。一定的单位时间内利用工具完成的工作量（可概括为"工"的概念）也很重要，以往常常忽略了这一点。调查员对于以上诸多工具的机理以及可以完成其他活动的更简单的工具和机制必须抱以浓厚的兴趣。

二、兵器

兵器是指军事斗争中包含有各种杀伤力、破坏力的器械装置。兵器分为冷热两大类。此处主要谈冷兵器。

调查员在询问兵器这一问题时要牢记几点：（1）所有描述应当是建设性的，即描述应该尽可能与制造过程相联系；（2）在处理复杂多变的兵器形式时，用局部剖面图来表示构造较妥；（3）要特别说明某种兵器的制作材料。以上三点当中，最后一点似乎不证自明，但经验表明调查员很容易忽略这一点，究其原因不外他们自以为清楚明了的东西一般人就不会问了。一件兵器可能是直接从固体物上割取下来的一部分，俗称"单件"，但如果它自身的构成复杂，就要对每一部分的材料加以叙述。

通常应注意如下事项：在兵器上涂毒药吗？如有，描述其特征和准备的方法及其应用,获取供分析用的样本。有药物或魔力运用或施加到兵器上吗?如有,详细描述人们预期的效果。在使用兵器前后有咒语或类似的仪式表演吗?如有,叙述其所宣称的目的。有特别的兵器授予某一性别的人吗?任何阶层或阶级、个人有什么特别的兵器(用来区分勇敢或其他禀赋)?禁止妇女接触或欣赏兵器吗?妇女总是受到类似的禁止还是她们在身体处于特殊状态时才有这种禁止?是什么原因?特定个人、特定季节、特定地方和场合中携带兵器时有什么限制?原因何在?若有违反有何惩罚?谁拥有兵器?是个人、头领还是社区?兵器放在何处?战争中丢失兵器后会受到处罚吗?描述兵器上的装饰,并给出这样做的理由和宣称的意义。用相同材料或其他材料制成的兵器复制品用于仪式性场合吗?如有,什么时候使用?由谁并怎样去使用?兵器或赝品会用作货币吗?

要调查兵器的历史。这样的历史可能是显性的也可能是隐性的。显性的历史是指公认的说法,内容涉及兵器的起源、发明、改造、使用和废弃,形式上可能包含故事和传说。

隐性的历史同样重要,它不依赖传统而依赖于调查员的观察。从兵器(不管是用于仪式性目的还是用作货币)的使用中,都可收集到有关部落的早期历史和移民过程的有价值的线索,也可收集到不再用于战争或狩猎的兵器或兵器形状。它们被高度习俗化以至于难以分辨,但有时能从纯朴的名称中得到有关兵器的真实属性的暗示。在实际使用中,旧兵器的复活明显地不再适用于现在的环境,"海为龙世界,云是鹤故乡",广阔的乡村、昔日的森林部落才是它们活动的舞台。这可能向我们暗示了它们早先的精神家园。

兵器可以根据用途(进攻或防御)的特点来进行分类。

(一) 进攻类兵器

这类兵器根据使用方式又可以细分为若干亚种:

1. 抓握性的兵器

(1)自然物。应当记录充当兵器的自然物体。人们可以将其直接抓握在手中,以便增加攻击力量或以攻为守。

(2)制造物。

装饰物体,诸如腰带、腕带之类的环形装饰品,它们有时带有尖钉或锋利的刀刃以便用作进攻。调查员要了解尖钉或刀刃不使用时,有没有保护性的外壳,比如皮套等。

使用木棒和类似的兵器可实施粉碎性打击,因此,平衡的中心几乎总是位于端头附近而不是接近柄部。有些棍棒用坚硬的杂木制作,上面镶嵌了一把能够给人以杀伤的利刃。结构上棍棒可以分为几个部分:柄身、轴杆、端头等。

哨棒和狼牙棒。要描述材料、外形和各个角度,要给棍棒的不同位置绘制剖面图。询问将夹头打磨粗糙还是以别的方式使抓握更加牢固? 在夹头的末端或腰箍处是否有滑动装置? 徒手如何使用? 是单手还是双手使用? 如何携带? 不用时如何收藏?

组合棍、组合槌。要记录它们的材料、构成和制造的详细情况。

连枷棍、连枷锤。要注意长棍尾梢与相连的刺轮或短棍不同,连接它们的铁链条或铰合点也不同,击打部分某种程度上总是受制于棍梢。要询问和记录端头如何与棍颈相连接。

斧、钺及相近似的兵器。最初斧、钺的功能与棍棒相似,用于击打,后来用于劈砍和戳刺。斧、钺的刀口部分与手柄保持适当的角度。斧、钺都可以装配枪尖,用于戳刺,二者的差别不大,通常斧比钺要锋利些、轻巧些,钺比斧要硕大些、沉重些;斧的刃口平直,钺的刃口弯曲。斧、钺与锛的差距较大。斧、钺竖着用,锛横着用。还可以从夹头、柄身、柄头、刀口、利刃、顶尖等部分来区别它们。锛与锄虽然有差距,但挥舞的动作极其相似。锛与锄的杀伤力有限,故很少用于兵器。

斧、钺、锛和锄各自都是浑然一体的单件,需要插入鸟嘴状的或有尖头的棍棒或混合物才能使用。调查员要特别注意手柄的装配,是否通过插一根有棱角、有韧性的棍子来固定;在这种情况下,斧、钺、锛和锄本身是否制作成凹槽或孔眼供木柄穿插? 或者用黏合剂来加固? 手柄是弯曲的还是笔直的? 穿插后是否把楔子打入孔里使手柄绷紧不易脱落? 或者打入的不是楔子,而是用于戳刺的枪尖? 是否通过其他办法使斧、钺的手柄更有弹性?

矛。矛包括各种用于戳刺的长柄兵器,但长度有所不同,长者称"长矛",短者称"缨枪"。矛如斧或棍棒一样,也有单件或组合件之分。单件矛的结构简单,有部件的是组合矛。组合矛的部件有矛头、矛杆、秤锤(配重)和矛鞘。

矛头是个浑然一体的单件,可分为矛尖和矛柄,前者包含矛刃,后者指插入杆状物的部分,亦称"插头"。描述矛头时要注意以下几点:尖或刃的数量、排列方式、外形(三角形、花瓣形、菱形或竹片形、最大宽度和最大长度)、矛刃的边缘、两翼是否呈现倒钩、两翼的凹槽或开口处有无中间肋? 矛头中心的横截面和矛尖部分的横截面是呈中凸状还是呈楔形或中空的凹形? 单件矛的胫上有倒钩吗? 组合矛要指明部件量和排列方式(不规则形、单面、双面或三面)。矛柄与矛杆的连接可能用钉子固定,也可能用带子扎紧,要记录插入与固定的方式,例如,插头插入之前要薄薄地裹一层树胶,矛杆前端的插孔里也要薄薄地涂一层树胶,使其密封缝隙,起固定作用;还要记录插入是否需要公差配合,安装是否需要做到精确,连接物是用树胶、绑带、钉子还是其他,如果用钉子,出头处是否需要铆接等等。

现在说矛杆,可分成三部分来说:前端有插口,是矛柄与矛杆相连的部分,要记录插入的尺寸和连接的方式,如果是捆绑式,要描述捆绑物和防止滑脱的方式;中端是手握幅度最大的部分,要记录有无腰箍、纽带或装饰;后端是手握幅度较少的部分,杆尾供安装配重的秤锤,要记录是否有插座或柄舌,如何固定在手柄上。

矛头较为沉重,矛杆较长,会给人头重脚轻之感,尾部配重,秤锤就起到抵消矛头重量、平衡矛的作用。外观上秤锤如同矛杆尾端的一个结头。要记录秤锤的重量与形状(锥形、竹片状、双分叉形等)、选择标准、与矛杆的连接方式、黏接物(树胶、钉子等)。

矛鞘。矛尖需要外套来保护,这件物品俗称"矛鞘"或"套壳",平时套上,用时拆卸下来。

调查员要描述矛的使用、携带和收藏。使用时是否配合其他类型的兵器?

剑与刀。刀剑是可砍可刺的兵器,但仍有主次之分:刀以砍为主,剑以刺为先。如用于砍杀的大刀,用于戳刺的护手剑或短剑。刀剑是短兵器,其重心要根据自身的长度而论,通常在剑身或刀身的后半部,与剑柄有一定的距离。下面先说剑,再说刀。

剑可以用来砍或刺,或者二者皆可;剑的平衡中心点接近手柄,可分成单件或组合,每一类又可分为砍剑(短剑、弯刀)和插剑(长剑)。

剑的构造是剑身、剑格、剑柄、剑鞘。

剑身为一剑的主体,占全剑的五分之四长,可分脊、刃、尖三部分。剑脊有单脊、双脊或三脊(呈血槽状),起增强剑身强度的作用。剑刃是剑身两边的锋利部分,通常从剑格处形成,从两边延至剑尖交汇。剑尖是剑身末端附近的部分,形状一般有尖锋或圆锋两种。

剑格。俗称"护手"或"剑督",指剑身与握柄之间作为护手的突出部分。剑格有三个功能:一是防止两剑相格后刺伤握持之手;二是防止戳刺时手滑及剑刃被吻伤;三是剑入鞘后阻止其滑脱出来。剑格的外观呈圆柱状或十字形,有时设计精巧,呈提篮形或酒杯状,类似于壁障起防护作用,凹槽下面用于握手。如果剑格是单体(自成一体),要记录它是如何与剑身和剑柄相连的。

剑柄为手握部分,俗称"剑把"或"剑茎",呈鞍形,以防执剑之手滑落。底座呈半球形或锥形,称"剑镡",起配重作用。要记录剑柄表面是否粗糙或缠绑带装饰,或用腕环等物品以防脱手。如剑柄是单体,要说明如何固定在剑身上。

剑鞘。指保护剑身的硬套。要详细描述材质、制造、外形、装饰和配件,特别是剑鞘上的包铜、花纹以及不同材料连接方法,如绑带或佩饰等。还要描述如何携带剑,佩带在身体的左侧还是右侧,怎么拔剑,怎么使用(单手还是双手)?是大拇指和食指、中指合作抓握剑把,还是其他姿势?剑与其他兵器一起使用吗?

方才说了剑,现在说刀。刀可分为适合砍的大刀,既可砍又可刺的短剑,仅用于戳刺的匕首。调查员要说明各样刀具是怎么使用的,它们的刃口是否染有毒药?若有毒性,要描述材料和准备方法。

对刀的描述可用与剑相似的术语。无论刀剑,描述时都要注明主要是用于砍杀还是戳刺,或者两者兼有。如果用于砍杀,要注意刃长和形式。还要描述刀剑与手柄连接的方式,是先用钉子固定,再用树胶、绑带加固吗?

2. 投掷射杀型兵器

对每一类这样的兵器都要收集有关射程和有效范围的数据并做测试。要记录射杀的准确度、投掷物的类别,例如:(1)自然物,如鹅卵石,记录选择的尺寸、形状和重量。(2)制造或生产的发射物,如投石器、从手中投掷以及大弹弓或火器等发射的石丸和子弹。(3)投掷棒,要么是棍棒,要么是飞去来器,抛出后皆可返回到扔出地点附近。此处单表回飞棒,它可折叠,外观稍平(两面扁平或一面平一面凸),表面有螺旋形刻纹,利用空气动力的原理,抛出后可返回。要用图形表示结构，要描述抓握和投掷方法，要记录飞行弧线，要了解是仅用于娱乐还是有实用功能？调查员在观看飞行时，要思考它的运行轨迹，最好亲自操作一下，还要收集样本带回驻地。（4）投枪或手戟，投枪通常有3米左右，甚至于更长，种类也不少，如标枪、渔叉、飞镖或弓箭，彼此的不同点主要体现在尺寸和推动方式上，下面分别简述。

先说标枪。对标枪（或投掷用的尖木棒）的描述可以参照长矛，但是要记录以下内容：是否在末端装设对称的翼（羽毛、薄木片等）以便飞行？若有，要记录材料、形状、位置和连接的方法。注意轴杆上是否有腰箍、刻纹槽和其他装置。记录标枪的抓握和投掷方法、投掷距离和精确度，刻纹是否用来带毒药或者插入目标后起到容易折断的作用？是否给标枪头下毒？

鱼叉。鱼叉是一种从部落社会就有的工具，但作捕鱼用与作兵器用有所不同。鱼叉以长竹竿为柄，竿的大头一端装标枪头或箭头，竿的小头一端以细绳牵之，并与投掷者相连，鱼叉扔出后可以收回。鱼叉的部件有：叉头（带刀锋、倒钩和叉骱）、叉杆（前、中、尾部各不同）、舵翼（羽毛、薄木片等）；柔软细绳（捕鱼时是带浮子的，作兵器则不然）。调查员要注意细绳如何连接叉杆与投掷者，叉头如何安装与拆卸？如有舵翼，要加以描述，包括材料、制法。还有绳长及连接，投掷后叉杆可否作为拖拽用具等也要说明。

飞镖。飞镖有星形、杆状等，是一种体积很小，可投掷也可用竹筒吹气发射的武器。如是杆状，要注意是直接削尖还是装上金属尖头，是用树皮、叶子、棉花、羽毛装饰，还是用其他柔软物。

弓箭。古有"激弦发矢，可以及远"的描写，点到了弓箭的特征。弓箭按构造分有两部分：一为弓；一为箭。二者各有若干部件，下面分述之：

弓由富有弹性的弓臂和柔韧的弓弦构成，弓臂两端的翘起部位称"弓角"，用于拴弦，当把拉弦张弓积聚的力量在瞬间释放时，便可将扣在弓弦上的箭矢射向远处的目标。

弓按制作可分为五种：平弓（单弓）、复合弓、组合弓、弹弓和弩弓。弩弓在欧洲亦称"十字弓"，稍后再表。

平弓也就是单体弓，用单片竹木弯曲或刨制而成，缚上动物筋、皮条或麻质的弦，利用材料固有的弹力发射。

复合弓由两种以上的材料（如山核桃木与紫杉木）复合而成。

组合弓用材复杂,有竹木、兽角、鲸骨、皮(兽皮、铁皮)、筋、胶、丝、漆等的混合。此处的"筋"即动物肌腱,贴于弓臂的外侧(背部)。筋和角的作用都是增强弓臂的弹力,使箭射出时更加劲疾。

弹弓用树枝制作,呈"丫"字形,两端头系皮筋,皮筋另一头交汇处与一包皮连接,供夹带与发射弹药。根据弹弓的尺寸而用于不同的目的,小弹弓有游戏的作用,发射小石子或钢珠,大弹弓可实战,发射石块、带刃的箭矢。

箭含箭镞、箭杆和箭翎,用材各不相同。杆和羽用材较窄,杆为竹木,羽来自飞鸟,以鹰、雕为上,鸥鹆次之,雁、鹅为下;镞的用材较广,石、骨、贝、铜、铁均可入选。描述"箭"可用前面说到"矛"或"叉"的术语。因箭矢的飞行速度和准确性与尾羽的关系密切,故应注意箭矢上的翎数(羽毛太多,飞行速度慢;太少,稳定性差)、安装部位,羽毛的形状(直形或涡形)与材料。

调查员要记录弓的类别。弓弦是描述弦的常语,要注意弦的选材,如何缚在弓上,是直接绑缚还是通过其他途径——在弓角上打洞或钻眼,或是在弓角上刻槽供弦绕过去连接。要留心槽的形状、深度和弓弦绑缚的方式,要观察弓角与弓臂是单体的(由弓臂末端削制便如此),还是复合的(插入成形硬物组装)? 弦角的末端有圈箍吗? 弓弦是单体还是复合? 有包边保护吗?

调查员要描述善射者如何携带弓箭。箭矢是执于手中还是别在发髻里,或者用箭壶置之? 若有箭壶,形状是否像斜口皮囊,既装弓又置箭? 箭壶如何携带? 使用时可否一端插入地面? 当地人对箭壶和弓箭一视同仁吗? 组合弓由多种材料叠压制作,应遵照制作法描述,如有可能,要在弓弦松弛后,给弓臂不同位置画透视性的剖面图,记录各段的截面数据。对于特殊装置或附加装置,如结节、箍圈、护腕、手套等,调查员均可留意。

调查员应学习使弓,了解双手如何张弓搭箭,观察十指的位置与协同,弓臂呈水平状还是垂直状? 箭矢在弓臂内侧还是外侧? 满弦时箭尾与箭首横在弓上的距离(指双手拉开的长度),记录不同情形下箭矢在弓弦上的位点,并将整个过程分解成若干环节加以描述,如取弓、搭箭、开弓、瞄准、放箭、收弓。

要留意当地人射箭的手势和使用的配件。通常第一次是拇指与食指瞬间放松夹住的箭杆,不会压住弦,第二次是拇指和食指的第二关节夹住箭杆,中指、无名指和小拇指扣住弦。地中海地区的人们取三根手指穿过弦,食指和中指轻夹箭杆,不用大拇指的手势。东方人取大拇指过弦与食指一道夹住箭杆的手势。东方人拉弓时常用指环、手镯、护腕保护手指,防止被弓弦擦伤,就像剑有护手,但击剑者仍然要戴手套一样。调查员要描述善射者如何使用配件。

飞刀。某些情况下飞刀不外是投掷的刀子,应当用刀的术语来描述它们。飞刀的外形怪异,有刀刃和刀尖,需要用剖面图直观展示它们的外形。

3. 其他投掷类兵器

为了获得比用手臂投掷更佳的效果,要考虑是否有特殊装置,它们即使是组合装置,但也不是自动发射,大部分都需要人来掌控。

这类兵器的构成主要有抛矛器、投石器、弩弓和火器,皆有刚柔相济、韧硬兼备的特征。抛矛器可视作标枪的附加装置,供使用者随身携带,有固定的结、箍和翼,保持标枪飞行的稳定。投石器可以选择投掷棍子、石块和长箭。调查员要记录各种发射物的材质、直径、上面的结节和圈箍,了解绳索缚在标枪上的位置、方式和发射的技巧。

投石器是支架上立着一根弹射杆,起延长人的手臂、增强抓握效果的作用。平时杆是垂直的,杆顶端有个酒杯形的"勺子",杆下端连着一根紧绷的绳索。弹射时,先用绞盘将直立的杆拉至接近水平的位置,在勺子里放进弹丸(长箭、石块等),继而迅速松开绞盘绳索,借弹射杆急速恢复垂直位置的力量将弹丸射出。要记录弹射杆和弹药的材料,杆是单件还是组件?要描述外形构造、抓握方式等。有"勺子"时,要记录形状、深度、位置。可否发射燃烧物(火箭)?

刚才说过飞镖,现在补提吹管。它由管子和吹嘴两部分构成,对于每部分都要描述,并根据材料分类,如使用中空的芦苇或竹子可以吗?用什么绑缚?要记录管子的材质和口径。可用通体的圆木来镂空吗?如果可以,要记录掏空的方式。有些吹管套有坚硬的外壳,以保护精巧的内管,外管可由两半圆槽合成。应当记录其他制作方法,如用到瞄准器,要注意连接方法、在吹管上的位置,观察镖头是否与吹管末端相接。

弩是一种威力强大的远距离杀伤武器,由臂、弓、弦、箭槽、扳机等部件构成,发射有锋刃的箭镞。较之于弓,弩装填弹药的时间较长,但射程更远,杀伤力更强,命中率更高,对弩手的要求也较低。臂与弓和弦呈 90° 连接,臂上刻有箭槽,安设扳机,供装药(箭矢、石丸、钢珠)和抓握,使用时弩手将弩弓的腹部对着自己,弩弓的背部对着目标,以小腹顶住弩臂,双手分开扶住弓角用力回拉,将弦扣在机关上填弹,然后对准目标击发。调查员要记录臂、弓、弦各部件的尺寸和制作方法,特别注意弩弓弯曲后的形状、臂条是单层还是双层、抓握的位置、弹药材料、装填过程,要绘制各要件的剖面图。

火枪是古老、简单而常用的装置。调查员要留意当地人的火枪是否新颖,他们是否制造或维修火枪? 是否有火炮? 是否制造子弹、火药或炮弹? 在哪里获取材料? 如有可能,描述其过程并获取样品。就火器而论,有什么类型? 若是手枪,是单手使用吗? 若是步枪,为了减小乃至消除枪声已经采取的措施,还可以采取什么改进措施? 步枪有支撑点吗? 枪头装刺刀吗? 当地是否有火焰喷射器,若有,是双手操作吗? 当地是否有榴弹炮,若有,是轮式的还是固定支座的? 当地有手榴弹、炸弹或其他抛射性的爆炸物吗? 调查员要记录火绳、燧石、冲击锁等发火装置,要描述枪把、枪托、扳机及瞄准装置的外形,填弹和发射的姿势,火力范围和准确性。要记录诸如牛角制的火药匣、火绒盒、瞄准器、弹药盒及其配件,如有可能要收集样品。

捕捉类兵器。套索和流星锤是用于缠绕人而非伤人。套索是抛出去的活套,能够绕住猎获物。在有些情形下,绳套与一根长竿相配,如牧民的套马竿。调查员要描述绳子的材料、编制方法、打结的花样,套索如何与抛出者连接? 抛出的方法如何? 抛向什么猎物? 有时是多股绳索协同动作,有主绳,有辅绳,抛出后,绳子缠绕在猎物身上令其难以逃脱。要注意上述条目,不要漏掉重要细节。对于什么样的猎物才会使用套索? 套索除了用绳子,可否用藤条? 可否在套索末端系上羽毛、短棒、带铰链的倒钩或者网兜,以防止猎物逃脱?

(二) 防御类兵器

棘刺是尖状物体,扔在路面时,因尖端朝上,会弄伤经过的敌人和马匹。还可布置竹尖桩和长尖钉(先安装在木板上,再放置在地面,或直接固定在地上),或在地面上撒尖钉,覆以草、树叶或尘土。要描述材料、形式、构件和使用方法,是否有毒性,通常在哪里安置?

战争中还有一种做法,即在营地、前沿阵地附近和敌人必经之路埋设陷阱,陷阱一般有3~4米深,阱口用树枝绷起,面上覆以草皮作伪装,阱底插竹尖桩,竹桩上涂剧毒的树脂,或者放置马蜂窝、食人蚁,或者安装踏板、机关,踏板上压石头,以便自动落井下石。人掉下去后,不死即伤。

有一种称为鹿寨的装置,是将碗口粗的树木交叉伐倒,树梢朝向敌方,用叉桩固定,阻碍敌人。

(三) 防护装具

这类装具有两个来源:一是部落时代以藤、木、兽皮等原料制造的简陋用具,主要是个人防护,偶尔可多人防护,也有用装饰物或衣物为原料发展起来的;二是出现使进攻性兵器发生偏转的防御性兵器,虽然它的主要功能不是为己方提供保护,但达到了这个实用的目的,因此可用"防护装具"一语来描述,这个范畴可能包含致使敌方兵器不能发挥作用的装置。

防护装具有多种,如用于自卫的棍棒、防御性的盾牌、绑在前臂上的木块等物件。调查时要将防护装具与护身衣(如防弹衣)区别开来,注意那些令人眼花缭乱或破坏敌人攻击目标的装饰物和面具类装备。它们既会产生威慑的效果,也兼具防护作用。还可提到发型、颈圈、臂环和绑带等装饰。佩戴者通过它们的数量或尺寸来判别防护效果。记录防护装具时需要用当地的术语。

全套甲胄包括护体的"甲身",护肩的"披膊",护腿的"吊腿"以及护头颈的"兜鍪顿项"(含盔、罩等),护手肘的长手套,护马的"马甲"等等。

盾牌主要是给全身或某个部位提供轻便的保护。要观察所用材料、形状和尺寸、轮廓和剖面图、构造、单体件还是复合件、制作方法(尤其是合成盾的制作)、手执的方式、执于哪只手、柄的特点、位置(水平还是垂直)、战斗时的操作情况,等等。要记录攻防两端的设计或装饰以及当地人对设计或装饰的解释。

多人的防护装具包括:可移动的屏风和大盾,调查这种装具时应用图形表示,要注意屏风的移动方法以及每个屏风能保护多少人;固定的防护装具,一般指桩寨,用土桩、圆木、方木等植入土中或固定在土墩中而构成柱式障碍物,方才已经谈了一些。按用途分,有防潜入的鹿墙、围墙、壕沟、护城河、栅栏、铁丝网或其他缠绕物等,有防备进攻的堡垒等,偶尔也有高大的住处或树上的木屋。调查员对所有这些防护装具的材料和构筑方式都要描述,要提供平面图、截面图和正面图,关于设立桩寨的位置的各种建议及守卫者取水的路径也应提及,要使用当地的术语来描述。

三、盛食品的容器

简单社会的人们常用自然物为盛放食物、饮料及其他东西的容器,对于它们的外形基本不作改造。如可能会提到葫芦、椰子等,用其坚硬光滑的外壳。也可能使用长竹筒。有些树皮容器只需要少量加工就可完成。要记录瓶、碗、杯、长柄勺和别的容器外观。也要记录手柄、瓶颈、瓶嘴、底座、瓶耳等配件的外观。可能会用到雕刻、镂空、火烧、绘画、嵌入等方式,外观设计和制作技术一样重要。观察这些容器用什么植物制成,当地是否栽种这些植物? 在葫芦生长期间常用捆绑的手段改变它们的自然形状,应该研究所使用的方式,记录当地人怎样获取果实或别的产品,使用某些果实时会做哪些准备工作,采用何种工具来收获果实?

木头。类似的考虑也适用于将木头制作成容器,要使用更好的工具,在成形的过程中要付出更艰辛的劳动。将数片木块箍在一起,制成圆盘、水桶、高脚杯,要密切注意制作过程中是否用到铁钉或木栓。

贝壳、兽角、兽皮等。动物制品、贝壳、牛角、羊角、鸵鸟蛋壳,只需稍稍加工就可制成容器。尽管牛角汤匙、羊角酒杯要求雕刻、镂空,但是只需加热就可成形。皮囊(用于装酒)、皮袋可用整张兽皮制作,边角废料可用来填补皮制容器的孔眼,储存(防腐)和糅料在制皮中是非常重要的。也可以用动物的肠或膀胱制成容器,甚至还可以用鱼皮制成容器,用鞣制的兽皮或皮革制作的皮箱和皮包有时候也能看到。

石头。尽管石质的研钵随处可见,但石头容器却不常见。要注意如何采挖天然石块并将其制作成形? 要记录石头容器的外观装饰。

要区分各种容器的用途,哪些是用来装普通食品和饮料的? 哪些是用来装特殊的食品或饮料的? 哪些有其他的用处? 有些容器可以放在火上蒸煮食品,有些只用于仪式性的场合,有些容器仅限于某一阶层或某些人使用,有些容器大多情况下仅具有装饰价值。

四、陶器与玻璃

(一) 陶器

许多原始民族都会制作陶器。即使有些人不会或不想自己制作陶器,但他们对陶器很熟悉,而且输入成品陶器。有些人输出自己制作的陶器。在上述两种情况下,要记录货源(或目的地)、交通运输方式以及每一种容器的名称。正如其他艺术品和手工艺品一样,一般都有与陶器的起源、第一个制陶人以及陶器的装饰有关的传说或传统,使用陶器的信条与侮辱陶器的偏见也包括在内。有些民族缺乏制陶知识,调查员应该注意到相关的案例并查明原因。

在一些民族那里,制陶是家家户户的日常活动,每个家庭至少有一人是陶工。在另一些地方,只有特殊的家庭、种姓、阶级或性别的人才能够制陶。调查员要记录黏土的类别及来源,同时获取生黏土和其他任何物质的样品。不管原料是矿物质还是有机物,凡是在制陶过程中与黏土或其他代替物混合的所有物质都应记录,同时要记录所有为陶工准备好的黏土类型以及所有炀泥(如紫砂土)、颜料、油漆、釉或其他用来封闭陶罐气孔的物质或其他装饰的方式,记录每个过程和使用每种成分的理由,尽管这种观察到的效果不一定与既定的理由相对应。

要详细地描述制作陶坯的过程。主要方法有以下四种:

(1)模具法。用黏土内衬或外贴,模具可能是特别制作的,也可能是其他一些东西,比如篮子或葫芦。一些原始的陶工就是以这样的方式开始他们的陶器制造的。还有一些人,尽管少见,将黏土保存在易毁坏的模子中放入火中焙烧。

(2)塑模法。双手拿住一块黏土塑模,在一些简单工具的帮助下,做成完整的陶坯或陶坯的一部分。

(3)盘筑法。有多种表现形式,如制造陶罐,常用的方法是把湿黏土擀成条状,犹如做馒头的样子。把这些长短和粗细不一的黏土条螺旋般一圈接一圈地向上盘,从陶坯的底座一直盘到颈口,各部分的直径略显不同,酷似罐状,然后稍加压力,使黏土条之间紧合,进而用刮板将纹沟抹平滑,阴干后就可以入窑焙烧了。其他建造方法包括使用厚的土圈或弯成柱形的切片土,或各种模具压制的合成品。

(4)轮制法。把大团的黏土放在与直立短轴相连的一个圆盘(辐轮)上,借轮盘旋转的力量,用手掏料,以提拉方式制成陶坯。陶轮从一个简单的圆盘到一根同心轴上固定着两个圆盘,形成双层陶轮,其种类是相当多的。陶轮的转动可以手脚并用,也可以用其他辅助工具,还可以用更先进的传递能量的方式。调查员应该采集陶轮的全部样品,包括模型,要画出陶轮的草图。

上述制作陶坯的方法,前三种属于手制,最后一种归入轮制,要了解手制和轮制两种方式是否并存于一个社区,如果并存,要注意每一种制作出来的陶器是哪些人在使用,他们对产品的反映如何,两种生产方式下的陶工彼此怎么看待对方的工艺? 调查员要对制陶过程中的工具以及陶工使用这些工具的场面进行拍照。如有可能,要收集制陶过程中不同环节制作的产品,为了避免半成品受损,应将其烘干。要记录陶工在一个连续的制作过程中是否有歇工的现象,无论有无都要询问原因。

大部分陶器成形后需要打磨、抛光或上釉;或者先涂一层泥浆或其他表层覆盖物,也就是将陶器的全身或部分作喷射、涂抹、涂色处理,有时候还将陶制品浸泡到作为涂料的泥浆中。要记录后续工序中所用的工具、材料和制作出来的效果以及这样做的原因。

不仅如此,还要记录全部陶器类型的各种装饰情况,尤其是生产方法,如用手指甲、细绳或其他物质,或雕刻好的印章,在陶器上刮出或压出印痕,有时要绘画、雕刻图案,或在凹痕处涂上有色物质,通常这道工序是在焙烧之前进行。在焙烧之前,还会给器物表面附加一些东西,如镶边、把手、动物与人的塑像。有一种镶嵌采用硬化工艺,可能会用到外国原料,也可能在陶器上涂上白色或彩色的泥浆,或者喷射赤铁矿粉、石墨粉。陶器上还可以用矿物质釉或者不透明的瓷釉来装饰,有的有色,有的无色。在用植物原料或矿物原料给陶器涂色时,要注意偶然保留在弯曲陶器上的螺旋形结构及其装饰特点。陶器在抛光、上釉、焙烧和烟熏时有许多细节,例如,烟熏之后要趁陶器滚热时赶紧用松香或其他草本植物进行抛光。

无论如何,要描述各种情形下使用的原料与工具,收集这些方面的材料,记录当地人描述陶器的术语,他们构思的精妙之处,有些构思的图案是可以作商标的。对于黏土、泥浆、釉和颜料,如果能够获得少许作为化学分析的样品,将是调查的重要补充。

陶器在户外经过风吹日晒,或者在遮盖物下阴干,然后才进入焙烧工序。这个阶段要注意炉灶,是将陶坯置入普通炉灶中,还是送进专设的陶窑中? 是在地下挖洞建窑,还是将陶坯放在地面,周围堆放燃料,像垒坟包一样,然后点火焙烧? 要对各种情况进行拍照和画图,最好要测量,取得数据。人们的美感既有相同,亦有相异,例如,烟熏是在焙烧后期用浓烟熏黟,使烟中的碳微粒渗入,充填陶器的空隙而呈现黑色,过度的烟熏便能产生黑陶。但陶工对待烟斑的态度有所不同:一些人喜欢烟斑,有意利用烟熏让陶器表面产生烟斑,或者采取各种方式模仿别人的工艺,使陶器出现烟斑的样子;另一些人不喜欢烟斑,在烧窑时勤于通风,保持明火状态,不让陶器出现烟斑。

要记录染料的种类以及增加或减少与火或陶器接触的空气量。陶器最后的颜色部分取决于黏土中铁的含量和外层的泥浆,分别会呈现红色或者黑色。制作黑陶的几种方法特别值得研究。

要注意每一种陶器的形状、名称、功能、普通尺寸以及独特的制作方法,尤其要记录那些模仿贝壳、葫芦、竹子和类似于果实外壳皮或树木等物的原形制成的陶瓷容器。对于很少使用陶器,甚至于不使用陶器,或者根本就没有陶器的群体也要注意,要了解他们用什么器物来代替陶瓷制品。当地是否有人们熟悉的制陶模具、特殊品种的陶器,比如多孔冰袋、水壶以及纯粹为了仪式目的而制作的陶器,或者是装饰性的陶器。除了真实的陶器以外,用黏土制成的其他器物,如人或动物的塑像、乐器、玩具等也要记录,包括制作这些物品的模具、组成部件、制作方式和相关细节。

最后,对于使用陶器的全部理由以及仪式性地打碎陶器及其附加的意义都要记录,关于陶器打破之后碎片的处理,比如,究竟用来作刮刀呢,还是作为游戏的玩物,或者用作粘固粉,甚至于用来铺路,凡此种种皆要记录。

(二)玻璃制品

玻璃除了做珠子以外,其他用途实为有限。它们可能由当地生产,也可能从外地带入,在两种情形下都可能作为货币使用。要记录玻璃品的制作材料、制作方式、吹制工序、模具、浇铸以及使用特点。最好获取样本、工具和相关照片。要了解当地是否有表面覆以玻璃釉或瓷釉的器物,人们是否在窗户或屋檐上安装玻璃或其他类似的透明物,玻璃是否用来制作镜头、镜子或者其他用途? 例如,用进口玻璃瓶的碎片做成箭头或类似的工具。当地的玻璃制造业是否历史悠久?

五、石木与金属制品

(一)石制工具

世界上还有一些人在使用石器,也在制作石器。通过他们的活动,我们就能清楚地看到石器在历史上和现实中的种种作用,并且认识到石器及其制作具有宝贵的研究价值。

调查员要详细地记录当地人开山采石、加工石料的种种方式,如锤打、凿眼、敲击、破碎、雕琢等。为了使石料的纹理显出裂缝,便于分割,当地人在采石或加工中是否利用热胀冷缩的原理(火烧、水泼和撬动)?他们是否认识到岩石不同,对于外力击打的反应也不同,因此有些石料不能通过击打成形?要描述粗石匠、细石匠的工艺,从分离石料到精雕细凿的各环节的情况,采石和分解时是否采用风镐,石料抛光的方法等等。就抛光而论,是局部实施还是整体实施?要区别有意而为之与无意巧成(如本来是铲、削及加研磨粉刨石的,却获得抛光的效果)两种现象。要记录粗碎石块或薄石片的用途,可否用来制作石器?对于石斧、石剑、石贝之类的生产过程要与石器制作联系起来考察。

要用画图和拍照方式把制石工人的工作态度、基本看法以及独特的个人姿势与风格记录下来,并且采集所有的石制工具及其配件。上述方法在调查长条薄片石材和极品薄石片的制作中尤为重要。有些问题需要考虑:是否能透过石器看到使用者是利用石料的自然形状还是加以改形?人们是否给形制不同的石器打上鲜明的标记?这些石器是否有名称?人们如何看待其中某个类型的意外偏差?制作过程会出现废品吗?什么类型的石料进入生产过程?如何获得这些石料?石工会精心挑选石料吗?依据什么标志来确定石料的等级?当地有特殊的石匠吗?每位石匠都有自制的工具(锤、錾、钎、墨斗、尺子等)吗?

还有一些问题。比如,人们依旧使用石器是出于什么目的?有没有代用品出现?如有;为什么还要使用石器?人们怎么使用石器(有无改进使用方式)?他们是直接把石制工具抓握在手中吗?是否需要安装手柄?果真如此就要了解连接方式。如有可能应该获取样本,对每种装手柄的石器均要获取样本。使用石器工作(如砍树)需要多长时间?简单的测量方式是让两个石工各自操作不同的工具做同一件事,比如,一人用石器,另一人用钢斧,然后加以比较,石器持续多长时间?刃口砍钝后能否再生锋利?如何修复?记录磨损的程度、修复的效果与方式(如用砺石粗磨、用砂岩石细磨、用页岩石抛光)。收集前人使用石器的传说,了解日常生活中使用的石器与仪式上的使用有何不同。有人曾经挖到石器吗?如有,人们的解释如何?是否将其视为具有获得魔法或保护性的能力,或者在医药的意义上使用?人们会把某些石头叫作

"雷石"或"陨石"吗？会将其当作免遭雷击的护身物吗？对于远古的石器，应该描述形状，画出轮廓，收集样本。如果发现它们时处于掩埋状态，应该详细记录周围土壤的性质、水平面、动物遗骸以及与石器相关的人工制品。

（二）木、骨、象牙制品

（1）木制品。尽管木材的用途大体上相近，都是为了满足人的某些需要，然而，木材的类型与因材定制的加工方法却有很大的变化，这些问题值得我们去思索。因此，要记录正在使用的木材种类及其各自的用途上的区别，如有可能要获取植物学对树木的描述，拍摄照片、画出图形，摘取叶片、花朵和果实作为标本。要了解当地人砍伐树木、剥下树皮、运输木材，使其阴干，将其分为圆木和锯成木板的过程。观察木工的制作工具，询问制作过程并加以描述，譬如做独木舟时，采用火烧或其他办法挖空树心或使木料成形吗？他们制作木器时是否考虑纹理的作用？记录将圆木锯板、弯曲木板的过程，对接木头的方式（捆扎、拼接、夹板或打榫），使用钉子时是用竹木钉还是金属钉（铁钉、铆钉或螺丝钉）？是否配合胶水、树胶或粘胶？

木制品的装饰方法值得注意。例如，雕刻、镶嵌、加盖、打磨上色、刻印、刷漆等等，在防潮、防虫、耐热方面的考虑。

（2）石、骨、象牙制品。能够详述金属制品或用其他坚硬物料的制成品的人是不多的，因此，我们对于原始手工艺中精加工的石块、骨头、象牙和贝壳一再受到忽略就不感到奇怪了。即使在价格便宜的替代品垂手可得的那些地方，有充足购买能力的人仍然以更罕见、更耐用、更漂亮的材料为首选，只要我们自己有了几粒水晶、一点象牙或几颗珍珠就不难理解这种心理了。

上述器物的制作过程较为简单，但细节上略有差别。调查员要注意如何分割、抛光做成球状或柱状，钻头是实心的还是空心的？需要镂空、对接、雕刻和磨光时，使用什么工具和抛光配件（如普通沙、金刚砂或皮革）？富有阶级使用什么原料？他们喜欢某种原料的用意何在？他们通过什么方式从哪里获得这些材料？这些原材料的价值如何？或者只是成品（如珠子）才有价值？

（三）金属制品

以下条目是无需观察者经过特殊的科学训练就可以做到的。比如，应该从所有的矿石、燃料与成品中提取几盎司重的试样。如果金属的熔化和提炼包括好几个阶段，那就应该了解每个阶段所需要的原料，去除的各种碎屑、矿渣和其他杂质，因为这些情况也会给冶金专家提供有用的信息。

所有的试样都应该贴上标签，用纸或干草包装以便安全运输。

要了解以下问题：当地人使用的金属；他们对这些金属的称呼；这些金属的来路——是本国生产的还是从他处购入的；这些金属的用途；金属制品的种类（普通钢筋、装饰品、有用物品以及对这些有用物的仿制品）；金属制品是用于物与物的直接交换还是货币交换？提炼金属的矿石；开矿的位置（地表、河床、地底）；当地人对每一种矿石的称呼；各种矿石的总称，如此等等。

矿石在熔化之前是否需要处理？冶炼过程中使用什么燃料？在矿石或燃料中混合什么物质以便熔化？注意熔炉的形状、尺寸，要绘制轮廓图，描述熔化过程，记录投入熔炉的原料数量，获得的产品与成色，熔化一炉需要的时间。用什么风箱？要画出风箱的剖面图，表示所有阀门的工作原理。同理，要描述冶炼过程的所有工具。熔化出来的金属产品是直接使用，还是经过处理后才能使用？要描述精炼和提炼的所有过程。

铸造。此系将金属熔炼成符合要求的液体并浇入模型，经冷却凝固、清整处理后得到预定形状、尺寸和性能的铸件工艺。调查员要了解当地有这种工艺吗？若有，要描述用于铸造的熔炉。人们使用坩埚吗？若有，要加以描述，还要描述浇模的金属溶液。模子是用沙子、黏土、石头做的，还是用金属做成？用蜡做模芯的填充物吗？用熔化的金属去替代蜡吗（熔模铸造法提到过）？要详细描述蜡模的制作方法。偶尔会使用易燃材料做模芯吗？清沙时要用锤子或錾子去掉铸造品的飞边毛刺吗？

锻造。此系利用外力对金属坯料施加压力，使其产生塑性变形以获得具有一定机械性能、一定形状和尺寸锻件的工艺。锻造与焊接异曲同工，焊接是以加热、高温或者高压的方式接合金属或其他热塑性材料的工艺，锻造提供了这样的条件，因此有人把焊接看作锻造中最著名的工艺。调查员要了解当地人是否有这个认识，还要询问他们在打制砍斫类的工具、兵器或铜管乐器时，锻件要经过硬化处理吗？当地的锻造有什么类型？铁匠使用什么类型的风箱与工具？他们是否用焊接技术？当地使用金属线吗？如果使用，是当地人自己锻打的吗？果真如此，他们制作金属线时是简单地采纳反复敲打的方式还是通过热拉方式，即把炽热的金属从模板的孔（不同口径与形状）里牵引出来？

关于稀有金属或特殊金属，可以参考以下问题：

黄金。人们是否淘洗河里或海滩上的沙子来获取黄金？能从含天然块金的粉尘中提取黄金吗？有些金饰是将金粉熔化后制作的吗？自然金块用锤击来分解吗？有没有关于金粉起源的信仰？

银。本地发现的银是金属形态吗？通过熔化矿石来获得银吗？可否从熔化的铅矿中提炼银？如果可以，描述从铅中分离银的过程。

铜。有天然的铜还是要从熔化的矿石中获取？矿石在熔化前烧结成块还是有其他处理方法？可以通过简单地锤打粗铜制作工具吗？

铁。能找到原生态的铁吗？一些陨石包含铁，也能偶然发现和使用一些含铁类的物质，如有，人们如何解释这类含铁的物质？有原生态的铸铁吗？自然铁与可煅铁、生铁和钢有何区别？描述每一种的制作过程。

青铜。包括各种铜锡合金。若是由两种金属相熔，比例关系如何？还会加入其他矿物吗？锡的资源怎么样？

黄铜。包括各种铜锌合金。当地的黄铜是本地产的还是进口的？是加热铜锌矿熔化而来吗？

将铜矿与铅矿混合在一起熔化，对于提取铜铅合金有无益处？

本地还可以制造别的合金吗？

描述修复受损金属品的方法。工具在金属器皿和武器的装饰上，在个人装饰品上的运用与过程也要描述。

对于熔炉、工具等等的描述应该搭配图形并给出尺寸。

如有可能，对于在当地社区人人皆知的金属的相对价值以及人们的用法上有所发现的事情也要交代。

第十五章

开 物 的 天 工

　　社会分工愈不发达,人的素质也就愈加综合。反之,分工愈细,社会愈发展,人的全面发展也就迟缓下来。世界出现资本主义生产方式以后,这种对比愈加明显:一方面是大机器生产,另一方面,在那些封闭的社会,手艺人具有特殊的地位。他们打石、编织、缝纫、做咸菜、制豆腐,不仅养家糊口,而且支撑了社区的生活。简单社会的日常用品、工具与工艺是个什么样子,本章就来探讨这些问题,也许从中还能引申出分工合作、工匠地位、师徒关系的内容。

一、用火

　　人类社会普遍地使用火,所谓有些部落不会用火或者不懂取火的说法令人疑窦丛生。下面以“火”为主题,所涉及的内容不外乎取火、保存火种、用火以及火在社会与宗教仪式上的地位。

(一) 人工取火

　　钻木取火。通常由摩擦或撞击木头产生火星,再用火绒接住火星,小心吹燃。摩擦方法比较简单,可用一截木头与一块火石相摩擦,也可用一条直木棒或竹枝等藤条来摩擦获得火种,在火石上摩擦木头或把一个圆柱形木头塞入火镰中,也可用箭头和钻头取火。调查员在观察时要记录取火装置的类型与构造,了解钻木的类型与相对硬度。记录取火方式方法,是一人做功还是两个人合作,火种吹燃产生火苗所需的时间,是否根据环境采取特定的防护设施。

　　火镰或燧石取火。用击打火镰或燧石产生火种。调查员要记录所用的材料和形式,细述盛装火镰或燧石的容器和产生冲击的机械方法。

　　火枪取火。依靠压缩一小段空气产生大量的热能做功。火枪的分布区域是有限的。调查员要记录火枪所用的材质(木头、兽角和金属)和结构。

各种生火工具中,要记录火种的来源和准备工作,也要记录从外部引进的、部分或全部替代本地生火方法的技术与进展情况,确定有哪些方法在日常生活中已经过时,但仍然保留在仪式中。

(二) 火的使用

1. 如何保存火种?

这里的问题是:火能够携带吗? 用什么装置来携带? 常用的燃料有哪些? 有什么样的预防措施来预防火带来的危害? 发生火灾时邻居会帮忙救火吗?

2. 照明、取暖和火的其他用途

了解布置人工照明的过程,家里的亮光仅限于屋内生火、点燃火把、蜡烛或台灯吗?

如有可能,获取照明装置的样本,即使是常见的,也要了解什么人在制作及制作过程。继而需要了解棚屋与房间如何取暖? 调查员要描述所有取火的地方、炉灶、火塘和活动式铜座油灯或别的工具,包括烟囱和通风设备。还要了解火可能用来做木工活(熬胶等)、造船(做独木舟时把完整的大木头中间烧空,边烧边把炭化物取出)、钓鱼或狩猎,在拓荒、耕作、计时和别的方面也能用到火。

3. 火的传统和守护

当地有发明火或取火装置的传说吗? 火或者生火的方法被拟人化了吗? 当地有没有从外地介绍来的关于现代取火方式的传说? 当地有火神崇拜吗?

在一个家户中,火生起来是不能熄灭的,不用时可处于暗火状态。家户中是否存在关于火的信仰? 有专门的掌火人吗? 与火相关的仪式怎么举行? 既然火是神圣的,熄灭后会有不幸吗? 家中的火熄灭后,是否由新产生的火种引燃? 什么情况下如此,又由谁来做? 新的火种有特别的方法或特别的转火仪式吗? 人们对这些行为有何解释? 火被用作信号灯吗? 有没有在公众场合取火(如奥林匹克运动会开幕)的情况? 调查在仪式中使用火的所有相关信仰。用火来对肮脏物、血污、死亡、道德败坏等做洁净仪式吗? 如何使用? 火具有驱除邪恶的功能吗? 任何火都有这样的用途吗? 还是仅仅圣火才有? 取火与道德净化(特别是乱伦)相关吗?

当地是否出现维护火的民间信仰与限制或破坏这一信仰的两股势力的交

锋,民意站在哪一边? 一般人会帮助前者反对后者吗? 理由何在?

二、觅食

收集足够的食品保证供给是所有民族的头等大事。人们为此而耗费了大量时间与精力,况且觅食的特点决定了各民族其他产业的特征与数量,因此特别具有研究价值。在下面出现的内容中,有证据表明,人们在既定的土壤、气候、植被等条件下维持着自己的生存。在调查过程中经常会得到一些历史与现实的信息,不过,这些信息应该分开记录,并且附上报道人的姓名以确认事情的准确性,再者,如有可能,要记录报道人的信息来源。下面将觅食这一主题分为五个小标题,它们是食物采集、作物栽培、动物驯养、狩猎和捕鱼。一般性的问题归到本目的最后一点"食物采集的社会传统和要求"中去。

(一) 食物采集

获取食物最原始的方法是简单采集对象,诸如昆虫、贝壳一类野生动物或海藻一类野生植物。对于这一类只需要发现和采集的产品要建立和完善食谱或名录,要描写与收集用于获取、分离、耙筛和携带的工具。对于收集的方法和季节以及两性分工的比例都要记录。

(二) 作物栽培

此处的作物栽培仅考虑园艺和传统农业,不谈以机器为基础的大农业,因为长期以来人们依靠前二者获取食物和别的产品,大农业是最近一个多世纪才出现的。

野生树木或别的植物在生长过程中是否受到当地人的保护,或者说他们是否有栽培这些植物的经历,调查员要注意类似的事例。还要注意在森林或者在灌木丛生的旷地垦荒的情景,要了解开垦的规模,拓荒者的情况,开垦时是否割去茅草、砍倒林木、晒干焚烧? 这样做有几重目的? 对于拓荒的工具,如掘土棍、铁锹、十字镐、板锄、鹤嘴锄、犁铧、钉耙等等,调查员要描述它们的形状、材料与结构。这些工具是本地生产的还是外面输入的? 如有可能,要给工具绘图,还要给正在使用的工具拍照,并且带回若干小型工具的样本。调查员要了解是否使用役畜来耕作或收获,或者完全依靠人力。关于灌溉系统、排水系统、梯田栽培的活动与方法也应记录在案。

当地人种植的农作物种类有哪些,是人的粮食作物还是牲畜的草秣? 当地人是否种植制作兴奋剂、麻醉剂或者装饰品的作物? 就一棵植株而言哪些部分用于食物? 要列举所有从外地引进的作物,还要询问当地有关农作物的传说、信仰及其缘起。在引进粮食作物方面有没有令人仰慕的传奇人物、女神或文化英雄,他们生前遍尝百草,引入种植,发明犁耙,死后成为农业和园艺的保护神灵。不同季节的田间劳作不同,春耕、夏长、秋收、冬藏,调查员要记录当地人的天象知识和气象知识,譬如,他们是怎么正确地认识季节的,用什么仪器或装置来显示或测定季节与时间? 当地人是否关注农作物的生长,是否在旷野种植灌木篱笆、树立栅栏或者布置其他设施来保护庄稼? 他们如何使庄稼免遭破坏,防止鸟兽糟蹋? 调查员要描述当地扎稻草人以及其他吓跑鸟兽的方法。要记录他们是否在地里使用符咒或举行仪式舞蹈以保证丰产。

收获季节人们使用什么样的农具,怎么使用它们,庄稼怎么运输? 怎么储存? 要描述所有储存粮食的方式,如地窖、坑道或专门建造的谷仓。用何种方法或哪些农具来淘洗、脱粒、保存谷粒或秸秆及食用的原料? 当地人知道农作物的毒性,或了解农作物的其他特点吗? 人们是在同一块土地上耕耘不辍,岁岁如此,直到肥力耗尽,还是采取休耕或者轮作? 不同的谷物、果实或叶子、根茎有什么相对价值? 人们会输入和输出哪些农作物? 要了解所有输入的农产品的来源、输出的农产品的流向。

饥荒年间,人们诉诸何种食物,当地有什么野菜、野果和其他可充饥的东西? 它们对于治病有什么疗效? 是否有些栽培作物是源于本地的野生植物?

说到园艺栽培时,不能绕开排水系统这个问题。调查员要描述当地人的水源供给,是从雨水、河流、山泉、溪流、湖泊还是井中取水? 如果是用井水,水如何提上来? 水是预先存储还是临时取用? 若有可能,获取水桶、长柄桶(桶把上用绳子连接着一根长竿)、水罐的样本。在家庭用水与农田灌溉两种情形下,水的输送方式如何? 要描述槽、塘、渠、陂、坎、坝和闸。记录泄洪措施。水力能用于机械吗? 如有,要画出流程图,描述水车、水磨或其他机械装置。水用来计时吗? 有水钟吗?

当地有关于水的传说和仪式吗? 水是神圣的吗? 洁净仪式上使用水吗? 水被赋予人性或被看作是精灵的栖息处吗?

（三）动物驯养

这里立足于一个以家畜为基本生活来源的社会，只谈动物在人力的控制下自然属性发生的改变，以及人类为了食用和其他目的而养殖它们，并且分开讨论社会活动的特征与谋生之道。

调查员要把当地的家畜列一个清单，写出它们在当地土语中的名称，并给它们拍照或画图，要详尽而充分地记录所有的种类、颜色、形状、驼峰、角长等特征。家畜身上有没有标记或特性，这一点会被当地人看作是吉利的或不吉利的吗？如果是，要记录原因。相同或相似的野生动物是在附近还是别处发现的？有没有与家畜的起源相关的知识或信仰？

家畜种类和用途。当地人饲养母牛、绵羊、山羊时，是否注意它们头上长角，是否所有家畜的角都要整形？或者只是其中的特殊部分，如宠物、领头羊、母牛、未骟①的牲畜或已骟的牲畜？所有的牲畜还是会用于打仗吗？吃它们的肉、喝它们的血吗（如非洲东部的马赛人）？饲养仅仅是为了获取奶汁或者用于宗教目的吗？全面描述获取奶汁的设施，首先要描述制奶的过程。动物的毛皮和毛有什么用处？要是制成毛毡用品，描述制作过程。如果使用骆驼、驯鹿或其他动物，分别陈述主要目的。将马用作肉食吗？食用马和驴的奶汁吗？

调查员要了解当地养狗的种类，养狗的目的，狗所受的待遇，狗对主人、对主人的家人、对与主人同一社团的其他成员、对陌生人的态度如何？当地人养猫吗？猫的种类有哪些？猫是人工喂养还是放养？饲养其他能够消除害虫的动物（猫鼬、白鼬等）吗？饲养家禽吗？描述它们的种类。有斗鸡或类似的习俗吗？养蜂吗？描述蜂窝。采集野生蜂蜜吗？描述采集的方法、器具等。怎样从蜂巢中分离出蜂蜜？当地人养蚕吗？蚕吃什么？有没有动物（包括昆虫）因发出声音，或好斗性或观赏性而被饲养？有没有动物（鹰、鸬鹚等）用于狩猎、捕鱼或作为宠物？

饲养和驯养。家庭饲养禽畜是为了出售还是自用？若是出售，描述买卖双方及市场的情况。每只动物的相对价值是多少？记录关于喂养的信仰和习

---

① 旧时称阉割禽畜为"骟"或"劁"。"骟"多就牛马而言，"劁"多就猪鸡而言，都是禽畜尚在幼时就割去它们的睾丸或卵巢，使其成长过程中失去动情期，节约能量、专心长肉。阉割后的牛马称"骟牛""骟马"，阉割后的猪称"豚"，小公鸡去掉睾丸后，长大称为"线鸡"。——译者

俗。一些喂养方式会比别的好吗？若是如此,原因何在？用什么保持品种的纯洁性和改良品种？雌性与野生雄性的物种交配吗？是否有杂交种？有饲养骡子(马和驴的杂交种)吗？

怎样训练和驯养动物？当地是否有用捕捉的野生动物来驯化的事例,描述其捕捉方式。给骡马、毛驴钉铁掌吗？如有,怎么钉？描述马在放牧中恢复半野性及套马和群养的方式。用什么办法来捕捉和召集动物？用什么喊叫声或工具来呼叫动物或驱赶动物？用手抛石块或系石套索(如藏族的"俄尔朵")或弹弓来放牧吗？家畜受到虐待吗？

当地有骟牛马或劁鸡猪的事情吗？如有,记录手术的过程,人们宣称实施手术的原因,实施者(匠人)的情况,有什么仪式伴随？割除的禽畜器官如何处置？家畜的主要疾病是什么？有何医治手段？在当地人的心目中,自然死亡的动物会变成什么？它们有死后生活与来生吗？动物如何宰杀和分割？描述每一种动物如何圈养和照料。有哪类动物被当作某一特别阶层或性别的宠物？有什么预防家畜免受野兽侵害的方法？人们储存粮秣过冬吗？如有,是如何准备的？怎么储存？放于何处？描述所有挂在动物身上的标记牌和其他代表物主的标记,记录打标记的过程并配以标记的图画。是否存在类似的现象,即标记牌注明牲畜是个人的,实际上是属于氏族的或整个群体的？牛完全是个人的财产吗？个人允许使用一些仅用于召唤权威意志的动物吗？在多大程度上,偷牛盗马和其他与田园生活相伴随的恶性事件会导致战争？逐水草而居会引起牧人的季节性迁徙吗？描述所有涉及家养动物的信仰、仪式以及涉及驯养动物的习俗,后者包括奶制品或相关的用具,比如鞭子、轭具、鞍子、缰绳等。有些动物还要纳入出行和交通的因素来讨论。记录那些为了保护动物而用在装具上或别处的符咒。妇女是否在任何情况下都禁止与任何种类的家畜接触？果真如此,当地人的理由是什么？

(四) 狩猎

(1) 单人狩猎或小组(两三人)追踪。包括跟踪野兽;慢慢靠近动物;在水源处、盐渍地、动物常戏耍处设伏,使用饵或不带饵;以极快的速度和极大的耐力追赶动物。列举每种情况下所捕获的动物或鸟类,描述所用的方法和器具。当悄悄靠近动物时,猎人用便携式的屏风或伪装隐藏自己吗？某些活动,可能允许猎人使用诸如猎狗、陷阱、围障或在某地潜伏的手法。也要描述训练和使用猎犬、猎鹰的方法。

（2）多人协作的围猎。每当需要的时候，社区的全体成员齐聚一堂，燃起火把邀约助猎者，在猎犬的协助下，将野兽赶入围网、陷阱或围障中，或把它们驱赶到埋伏在丛林中的猎人那里。事先要建栅栏以划清猎场的界限。应当描述狩猎过程的策略，还要描述不同小组的猎人所携带的各种武器。武器有毒吗？要描述染（涂）毒的准备工作，要获得分析试样。应该调查一起狩猎人群的分组形式。他们受社会的或地方的关系约束吗？

关于陷阱、诱饵、捕网和其他狩猎工具。当条件许可时，要详细描述狩猎和捕鱼中使用的这些设施，尽量对每种技术知识加以分类。

陷阱可分为以下几类：

（1）机关陷阱。内设弹簧等触发装置，一旦触动机关，猎物就会落入陷阱。此类陷阱又分两种：一是放诱饵的陷阱，如笼阱、网阱等；一是不放诱饵，设圈套的陷阱，下面有所涉及。

（2）借力打力的陷阱，即利用猎物行走、奔跑时误入陷阱，越挣扎陷得越深，难以脱身。此类陷阱分为三种：一是无饵陷阱，形如深坑，有的底部埋设了尖桩或铁猫（兽夹），中部安装了暗箭或短矛，顶部覆有特殊装置，装置内设罗网、"压舱石"等，一旦误入陷阱，不被尖桩戳伤，双腿也会被铁猫夹住，要是不小心触动机关，箭、矛就会"嗖——"地射出，或者土石俱下，不是砸伤猎物，就是埋住半截身体；二是摆设了诱饵，设有圈套的陷阱，即如上所说的笼阱、网阱等；三是粘鸟胶——应详细描述这种捕捉方式的准备过程和放置方式。

（3）带毒尖桩的陷阱。记录其准备和放置方法，收集足以用来分析的毒药量。

要详细记录设置陷阱的地方、方法和主要针对的猎物。记录当地人对陷阱的叫法，用图表来表示陷阱设置的地点和操作方式，这样做耗费劳动较少，却更容易让人理解。

大多数陆地的陷阱和水中的陷阱都要放置一些物品引诱鸟兽和鱼类，应该分成四个环节联合考察，即诱饵本身、引诱物、诱惑过程（借助于颜色和新奇感或口味来产生吸引力）和触动机关、瞬间爆发的结局。

诱饵是动物或鱼类很想获取的真实食物，活饵可用鲜活的动物。描述捕获特殊猎物时用的诱饵和获取方法。死饵可以是动物或蔬菜，要讲清诱饵是新鲜的还是腐烂的,有无毒性,要收集特殊诱饵的例子。

引诱物是动物(鸟、兽、鱼等或仿制品),可以吸引同一类或同一群的其他动物。动物还可能受某些装置产生的声音吸引。这些活的引诱物可能受过人的训练,也可能没有。

闪光物主要用于水中吸引鱼,如带磷光的叉或网,有时也用于吸引陆地动物。

(五) 捕鱼

有时候捕鱼不用任何工具,更多的时候要用工具,例如,网、陷阱、水坝(堰)、线、弓箭、长矛、鱼叉、大鱼钩、毒药和训练过的鱼鹰。

(1) 不用工具,徒手抓鱼。要详细描述各种接近和捏住鱼的方法。

(2) 使用纤维织成的网。网在设计上有一人或多人操作之分,还有一种称为自动网,这一类可以合并到花篮或竹篓的名下。

由一人或多人操作的网又可分为:① 手网,有时设有藤条或木头框架。② 撒网,边缘有网坠、撒出后沉入水中将鱼罩住①。描述其重量和抛撒及收回方法。如有可能就要拍照。③ 拦网,这是上缘有浮标、下缘有网坠的长网,入水后形成一个封闭区将鱼圈住,然后拖上岸。要描述浮标、网坠和下网的方法。④ 拖网,形似手网,重量大,可以沉入水中,待鱼入网后将其拖出水面。

有一种渔网很特别,不需要很多人力,鱼几乎是自投罗网的。其办法是在水坝主要地段上架设一条长篾网,篾网紧挨着水面,每次发大水时有大量的鱼顺流而下,当鱼顺着水从坝上向下冲时,都纷纷向上向后弹跳,正好落在了长篾网上,只要定时到坝上巡视,就可以收获落网之鱼。

调查员给竹篾网画图时,要用小圆点表示木桩的位置,长篾网上部边缘通常被树篱笆挡住,要以竹篾网室为单位在草图上标出树篱笆的形状。

(3) 人工操作或自动完成的陷阱。人工操作的陷阱包括:① 花篮,是一种竹编或网织的圆锥形物体,可很快捕捉到在浅水区的鱼;② 鱼卡;③ 鱼笼,门很低,当鱼进入时封住;④ 罾棚,用木棍或竹竿做支架的方形渔网,四边带纲,中间凹下如锅状,底部有兜用来装鱼,起网时人在棚内扳动。

自动陷阱也包括花篮,如龙虾罐和带刺的圈,一旦鱼进去就出不来了;还

---

① 撒网又名抢网、旋网、手抛网,是一种用于浅水区的小型圆锥形网具,撒出后网口向下,坠子将网体快速带入水中,操作者利用与网缘相连的绳索缓慢收回,使鱼进入网兜中并拉出水面。——译者

包括自动开合的陷阱,比如箱、网,配合诱饵和鱼机关一起使用,诱饵一动就会带动机关锁住陷阱。调查员要画出草图和图表。

(4)坝陂、堰。可以用它们阻断溪流,然后用戽斗(或其他工具)汲干水,继而徒手抓鱼,或用竹鱼罩、鱼叉等抓鱼。要描述建坝陂、堰的方式以及相关的工具。

(5)钓线和索具。描述钓线的质料,使用线轴或卷盘支撑或固定的方法,是否用鱼竿?如果使用鱼竿,要全部描述下来。以下分别叙述:

① 钓线。垂钓者直接操作的要素包括:直接在钓线上系住鱼饵,或者钓线上拴着鱼钩,鱼钩穿过鱼饵,或者将鱼饵挂在鱼卡①上,把一个个挂了诱饵的卡子系紧,连接在一根钓线上,作为鱼钩或鱼卡的成形构件,准备一根拴线的鱼叉。与垂钓者无关的钓线可能有以下几种:固定的线,如用夹子或钉子固定的钓线、长线、夜线等;计时器。在这两种情况下,调查员都要描述这些钓线如何处于安全状态,如何给它们绑上诱饵。

② 垂钓是一套扬竿作合的动作,钓具担任着首发的任务,故应简略地描述钓具,为求准确而全面,最好借用专业术语,此类术语较为丰富,如鱼竿、钓线、钩、饵、线轴、鱼卡等。鱼钩是最重要的专业术语,下面就来展示。鱼钩的作用是支撑鱼饵或诱饵,通过刺穿鱼唇或鱼喉而钓住鱼儿。鱼钩主要由钩柄、钩弯和钩尖三部分组成。钩尖必须锋利,它的下方可有一个或多个倒钩(倒刺),以保证着钩后鱼不会挣脱。鱼钩有单体式与合成式,前者俗称"单钩",后者又分为"双钩"与"三钩"(三只单或三本钩)等。调查员要完整地描述鱼钩的材质与制作,还应细致而准确地区分鱼钩与鱼卡。

鱼卡直接支撑鱼饵,鱼吞下后就难以挣脱。调查员要注意:鱼卡用木片、海鱼壳、金属等做成,形状为直的或近似直的,罕见弧形的,钓线从鱼卡中间绕过,拴紧,形成了一个索套,拉动钓线时,鱼卡绷开,穿过鱼唇。钩形鱼卡上有个弯曲的尖尖或倒钩,鱼饵系在尖尖或倒钩下面;鱼被抓获不是由于这个尖状物穿透鱼唇或鱼喉,而是因为鱼卡绷开,体积增大,鱼无法将其吐出来。

---

① 鱼卡是一种微型捕具,两头尖,尺寸各异,短约 2.5 厘米,长及 5 厘米,用韧性极好的材料制作,中部用短线系紧,再把若干个拴着卡子的短线均匀地系在一根长钓线上,并将其盘绕好。卡鱼时,先把卡子的两端捏在一起,使两个尖尖合拢,穿上鱼饵,等于锁定卡子,再把这根长钓线下在水里,鱼吃饵,无异于给卡子解套,卡子在弹力的作用下,突然张开卡住鱼喉,鱼儿难以脱身,束手被擒。——译者

方才说过,鱼饵可以是"活饵"或"死饵"。要记录所用的各种鱼饵,怎样用鱼钩穿住鱼饵。诱饵与鱼饵不同,诱饵是喂鱼的人工物品,通过鲜亮的颜色在水中或水面迅速移动来吸引鱼。诱饵可以是带色发光的纺线品,一块海绵体或蜘蛛网状物,直接系在钓线上代替鱼饵,去缠住鱼的牙齿或充当鱼卡;贝壳碎片、珍珠、仿制鱼等也可系在钩上。诱饵可以是贝壳或别的发光材料制成的鱼钩本身,常常被砍成叉形放入水中。耀斑是夜间用来吸引鱼的火。

浮标有两个作用:表面上是通过在水面悬浮,维持着鱼饵在水中的深度,深层里是给予垂钓者是否鱼咬钩的信号。调查员应注意浮标的所有特性与构造,描述调节浮标的方法。浮标有时是用来保持鱼饵贴近水面的距离,普通浮标可通过垂钓者的视觉来掌握,类似于放风筝的道理,根据风力来操作风筝。可在鱼竿底部安上一个小线轴,把钓线缠绕在上面。以小线轴充当特殊的浮标,垂钓者不是凭视觉,而是凭借手感来拉竿,在风中或急流中垂钓时可采用这种钓具。浮标的浮力和其在水中产生的阻抗力是鱼儿咬钩时需要克服的,如果力量太大,鱼儿拖钩就有些疲惫。

使用钓具的方法。由于鱼儿浮游的深浅不同和习性不同,可移动钓线上的浮标,调整鱼饵的位置,或者让它沉底,或者稍微提高一些——接近水底,或者放在水深一半处,或接近水面。因此钓线的使用方法种类很多。若采用底钓法,欲将鱼饵放入水底附近,应使用较重的铅坠。虽然浮标在这里并非必要,但也经常作为一种信号装置来使用。在描述中会遇到"铅坠"一语,它拴在鱼饵上方的钓线上,协助鱼饵连同钓线坠入水底。用排钩钓鱼是底钓法的具体运用,在铅坠的帮助下,钓线上的鱼饵沉于水中,几近于水底。若采用中钓法,整个鱼饵在水中处于悬浮状态,浮标通常是需要的,但并非总是如此。若采用浮钓法,鱼饵顶端的钓线上是不挂铅坠的,垂钓者直接甩竿,将整段钓线(约比钓竿长一倍半)抛入水中,好像飞钓法一样,鱼饵犹如风筝悬浮于空中,继而落入水面,随水漂流,待整段钓线拉直后,再提起鱼竿,拖回钓线,重新投掷。

(6)叉鱼工具。其中最普通的是长矛、弓箭、鱼叉和钉耙。调查员要描述每一种工具的变化并说明渔夫举矛投掷时尖端向前,尾端以细绳联结;钉耙是退潮时在滩涂上用来捕捉藏在浅水洼或淤泥中的小鱼仔的,耙上有五六颗钉,渔夫像挖地似的挥舞钉耙,每次扬起耙来时,若看到有卡在钉与耙呈"N"形相交拐角处的小鱼就会取下。调查员要注意渔夫的作业方式;还要观察渔叉是从岸上还是一些特别的台地或船上扔出? 是随意地投出去吗? 是否会悄悄靠近鱼? 晚上用长矛刺鱼时是否带有闪光物、渔火、信号灯或者手电筒? 是否使用人工灯? 如何制作? 灯光会像鱼饵一样吸引鱼吗? 用弓箭射鱼,要描述箭的形制,箭镞有倒钩还是没有倒钩? 有的鱼叉是否连着绳索,投出后能够收回? 真正的鱼叉是带倒刺的,手柄较长,手可在柄上伸缩。调查员要详细加以描述。双层鱼叉有 Y 形手柄,有倒钩固定在内层叉上。三叉戟有三个叉子,每一个叉子上都有一个或多个倒钩;四叉戟就有四个或多个。把鱼叉投向浮出水面透气的鱼儿,就可能得到鱼获。

（7）毒鱼。将醉鱼草(亦称毒鱼藤)的根须捣烂后施放于池塘或河中,可将鱼麻醉,漂浮起来方便捕捞。调查员要描述这类植物的特性、准备方法和用法;确保有足够用于分析的样本。

（8）动物捕鱼。有些渔夫依靠训练过的动物帮助他们捕鱼,例如,狗、水獭或鸬鹚(鱼鹰、水老鸭),这类现象虽然少见,但调研的兴趣往往油然而生。对于是否有渔夫依靠未受过训练的动物(如鲫鱼或小鱼)帮助他们捕鱼,也要询问与记录。

（六）食物采集的社会传统和要求

如何组织狩猎和捕鱼,谁是领头者? 男人和女人都参加狩猎和捕鱼吗? 果真如此,男女是否各有一些特殊的方式并起到一些特定的作用? 如何分配收获物? 对于某些人,如首领、第一次受伤的人、杀死动物的人、土地(或水、网、船、森林)的主人或独木舟的主人是否会给予特别的配额? 禁止妇女接触或靠近狩猎或捕鱼工具吗? 是完全禁止妇女或者当她们的身体处于特殊状态的时候? 狩猎者或捕鱼者是否能形成特殊的阶层? 果真如此,他们的身份是世袭的还是以其他方式习得的,即通过进入这一阶层而获得资格? 调查员要注意狩猎活动的超凡技术,以及人们对出色猎手的赞美,要了解从出发到猎场及从猎场返回时的仪式,介绍狩猎所奉行的特殊禁忌(禁食某种食物、禁止同房等)及遵守的时间,还须说明男人狩猎去了,妇女在家的操守,狩猎或捕鱼的权利以及后人能否继承它们,发生侵占猎场等行为时的处罚。此外,过去在狩猎或捕鱼中有什么关于运气、预兆以及"强健的猎人"的信仰和传说吗? 关于狩猎和捕鱼的任何仪式、禁令或其他实践的原因是什么?

还有,狩猎或捕鱼是获取食品的主要方式吗? 它们与农耕或田园生活有关系吗? 假如有关系,从游牧、狩猎状态到定居有什么最新的变化?

三、编篮技艺

在叙述之前,先确定一个方便的术语,那就是编制品,尽管这个术语的定义不太清楚,但总比没有要好。编制品不仅包括实用的篮筐,还包括平面织品,如席子(与针织的席垫不同)等;绳形织品,如装饰用的辫条等。编制品一方面与网状织品和针织品相关,另一方面与它们又有区别,例如,较之于网状织品,编制品没有网孔或针孔,使用两套或多套交织的扁条或纬纱,而且是非旋转(捻制)的材料,制作时不使用编织架或织机。

编制品可以是编成的或盘绕成的,下面分别给予叙述。

(一) 编制品

编制品是把两套或多套编结材料(篾条、藤条、柳条和草梗)按一定的花样纵横压挑交织而成,其中,起压挑作用的扁条类似于经,预先固定在底部,编入的扁条类似于纬,经纬交织,层层上盘。当经条不够长时,需要增添。当经纬交织过密,致使二者在走向上难以分辨时,也可将它们统称为纬条。

编制品的图案类型多得不胜枚举,兹举若干以资说明:

(1) 交织图案。经条和纬条彼此挑压(图 15 - 1 之 1、图 15 - 2 之 1)。

(2) 斜纹图案(图 15 - 1 之 2、图 15 - 2 之 2)。每根纬条穿越经条,叠放在两根或多根经条下,通过宽度的变化和颜色的对比产生出变化多端的效果。

(3) 缠绕图案(图 15 - 1 之 3、图 15 - 2 之 3)。纬条轻盈地穿过经条,每根经条与纬条互相缠绕。

(4) 揉搓图案(图 15 - 1 之 4、图 15 - 2 之 4)。两根或多根纬条交替地从每根经条前后穿过,作倾斜挑压状。若与两根纬条交叉而成,学名称为菲齐型;若与三根纬条交叉叫作支腰梁型。缠绕线可以是向上、交叉和分叉,缠绕型中有鸟笼状或格子状或篮子状,底部都有水平条和竖直的桩(柔韧枝条),交叉挑压,从成品的正面一般不易区分外层,尽管反面较为明显。

(5) 六角形图案(图 15 - 1 之 5、图 15 - 2 之 5)。在篮子与席子中较为常见,纬条既非水平亦非垂直,而呈 60 度夹角,朝三个方向挑压,给人空间开阔的遐想,犹如六角星。在柳条类的枝编工艺中,纬条坚硬,充任支桩,经条柔

1. 交织图案   2. 斜纹图案   3. 缠绕图案

（1）
（2）
（3）

4. 揉搓图案   （1）盘绕图案；（2）/（3）格盘绕图案

5. 六角形图案

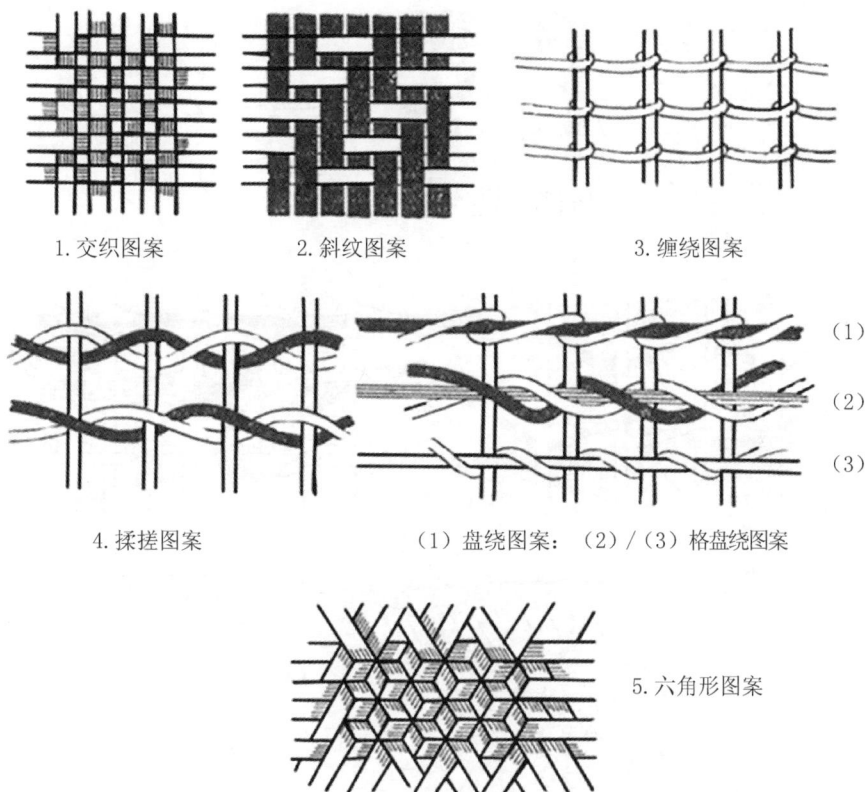

图 15 - 1　编篮图案

韧,易弯易出。交织、斜纹和揉搓三种图案经常混合使用,这种传统工艺有特定的词汇。在编织过程中,拉杆固定在地上。

（二）盘卷制品

盘卷的篮筐与编织的篮筐没有关系,但缝线相似,用尖头工具穿过洞,即将一个平层或上升卷曲的细藤条、细篾、稻草、秸秆、灯芯草、芦苇以及其他植物材料用普通针串起来。锁边是很实用的盘卷法,同时具有装饰的作用(参见图 15 - 3),下面扼要叙述:

（1）简易锁边。每一针穿过基础锁边的新部分,一针压一针,呈分叉状盘绕,具体又有两种:

① 分叉锁边。如果新的针脚与前面的针脚隔开,可以产生叉状效果,表

1. 棋盘格纹　　　　2. 斜纹　　　　3. 回回绕

4. 藤蔓纹　　　　　（1）麻花纹
（2）
（3）晶格纹

5. 六角蜂巢纹

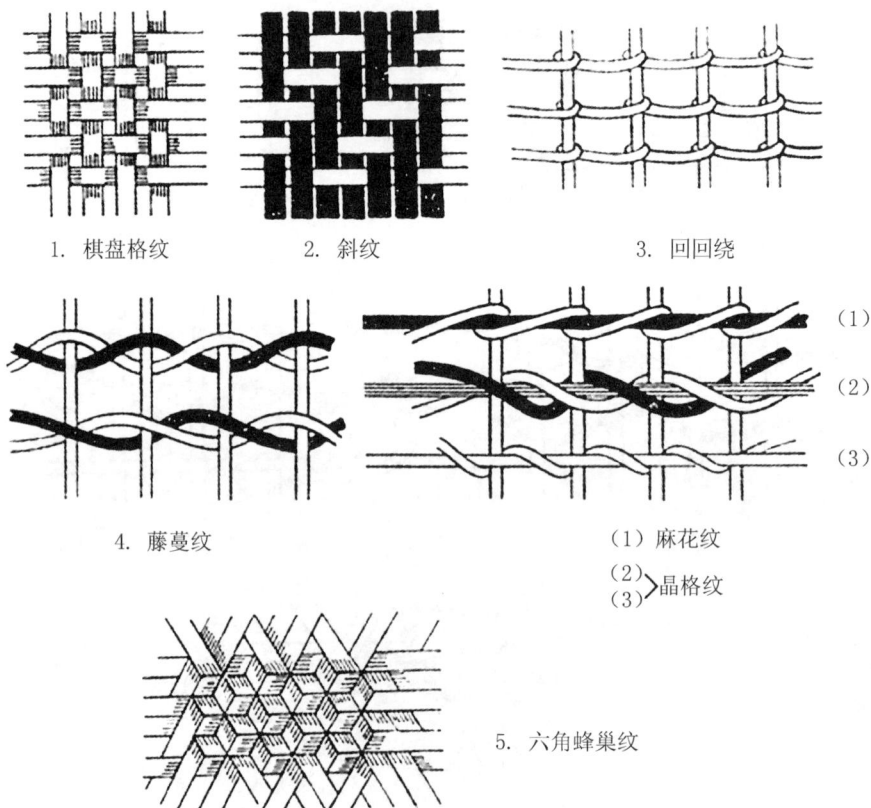

图 15－2　编篮（织席）的理纹

面似一个链状，针脚紧密靠在一起，犹如钩针织物。

　　② 蜂巢式盘筑锁边，盘绕方式各不相同，针线互相穿插，工序大约有六步：第一，把编结材料（如稻草、苇草等）在水里浸软，每次拿出一小把，整个过程均如此；第二，双手协同动作，左手捏住一把草，右手用长齿梳子从上往下梳理，去掉叶子、草籽、纠结或杂物，难以梳理时，将草梗置于地上，用木槌轻拍，使之松软，再行梳理，这道工序是确保草梗茎秆光滑、柔韧；第三，从篮子（蜂巢状）的顶部开始编织，每次取一小把草，在距草把端头一拃之处锁边，以长条草茎或细藤皮为拉合材料，先锁细小的部分，因为细小之处最难锁，一圈圈地盘绕，在盘绕部位之前要用整形器（喇叭筒状）在草把上整出两拃的空间；第四，不断地添加新材料（稻草、苇草等），并用长条形的草茎裹紧，草要捏拿到最

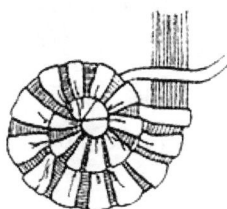

1. 简易锁边

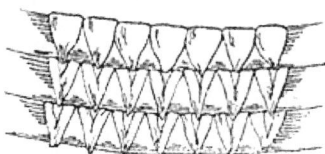

（1） 分叉锁边

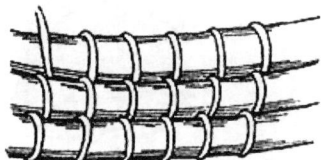

（2）蜂巢式盘筑锁边

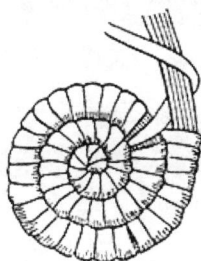

2. "8"字花形锁边

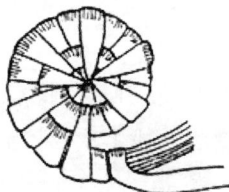

3. 印第安式锁边

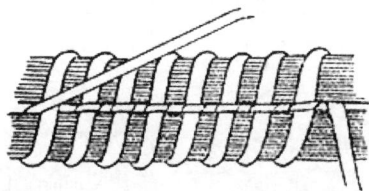

4. 交叉"8"字花形锁边

5. "摆线"或"轮转线"锁边

图 15－3 编篮(织席)的锁边

厚实之处,保持条状形的草束粗细匀称;第五,用互锁式的双螺纹针法,将盘绕好的草束缝合起来,每针都要落在两束之间贴拢之处,一针压一针地缝合,针距是至关重要的,针距不能太宽,否则拉力不够,针脚要显得一致;第六,为使蜂巢篮的直径保持成品的均匀状,要用一种特制的工具,形如两块乒乓球拍,骑纵横中线十字形交叉,其质料为纸板或木板,十字格的大小与所要编制的篮子内径尺寸一致,锁边的过程中不断地用这个十字格工具去检查,犹如木匠做工时经常用直角尺去工件面前靠一靠似的。以上动作交叉协调,直到蜂巢状的篮子完成(如图 15-4、图 15-5):

图 15-4　蜂巢与蜂房

图 15-5　蜂巢式提篮

(2)"8"字花形锁边。表面上与简易的重复缝纫相似,但每一针实际插入两排呈八字形,针脚从后面向上或向下形成新的锁边,然后从前面锁好的地方穿出。

(3)印第安式锁边。此法由印第安妇女所发明,最明显的特点是两圈有长线穿过,从前排八针穿过新的锁头,顺时针盘绕两次或多次,然后缠到前排锁边的地方形成新的锁圈,使长针脚很凸显。

(4)交叉"8"字花形锁边。针脚类似于印第安式锁边,但两个锁圈的位置间的接缝处有长线连接,形成一排结。

(5)"摆线"或"轮转线"锁边。摆线或单一线缝法与绕线法相似,没有底线,常是藤条或其他类似材料绕在一起,此法盛行于马来西亚及其周边地区。

世界上最早的绳子出现在公元前 17 000 多年,是由 3 股线团搓成的一条粗绳,材质为纤维。人类不仅结绳记事,而且有了"绳子革命",用缠绕性的活动在编制品和盘绕制品之间形成了联系。经常难以区分一个成品是凭手工还是依托框架完成的,如果缠绕性的活动是按斜纹方式进行,那么它就要走对角线,于是就与编篮子的技术不谋而合,呈斜纹型或方格型,如果是水平方式,作为纬条的编结材料就可以走平行线。这时,纬条可一边盘绕一边插入,席子与篮子都可用平针,边缘互相靠在一起。当缠绕的经条在一个框架上或一条横棍上伸展时,这一过程就与织布不谋而合,正如古老的织布机,尽管扣纹通常是用手工做成,而不是用梭机。

图 15－6　世界上最古老的一条绳子,公元前 17 000 多年 (葛拉夫特时期),发现于法国莱斯皮格遗址

每一种篮子和席子的样本都要收集,取得各个阶段的原材料、半成品、工具,要记录各种各样的准备过程,要拍下制作过程;半成品的样品足以证明技术,要记录当地人对它们的称呼,用来装食品的篮子要仔细清洗,记录用何种材料制成,从何处获取,是野生植物还是人工栽培,材料的贮存、晒干、剥皮、劈开、扭曲、浸泡、测量和上色等,生产过程和制造工具,制造者的性别与社会地位,成品的设计、所用名称的象征意义,成品的使用,与制作篮子或席子有关的任何仪式和习惯都要记录。

四、采矿、打石、制盐

此处的文字旨在勾勒人类获取有用的矿物资源的所有基本活动。

这些活动涵盖地表和地下,如直接在地面上、干涸的河床里捡到的石块和矿石碎片,有些是从裸露的岩石表面开采到的,有些是根据矿脉找到矿床,通过开竖井(井筒)、倾斜巷道(斜井)、水平巷道(平巷)等方式把采掘到的原矿提升到地面。这些原矿经过筛分、水洗之后才能进入下一步。如有可能,调查员要采纳矿工使用的矿床地质剖面图、巷道图等作为补充,还要获取矿石样品,记录产品的用途。

要记录各种采矿的工具、容器以及绞车、矿车、蓄电池、采光、通风和抽水等设备,雇佣的男工、女工、童工,役使的畜力,还要了解矿场或采石场的储藏情况,询问有现成的矿石供采挖吗?采掘的原矿是否经过洗矿的过程?

通常盐以两种办法获取：一是开采盐矿，从固体的盐岩中获取；一是在盐渍地中寻找盐泉，修建盐井，从盐井中汲水，先制成盐卤（一定浓度的盐水），再将盐卤煮沸（用大锅熬制）或风吹日晒（使卤水自然蒸发）获得成品。

有一种提取植物盐的方法：将一些生长在盐碱地中的植物砍伐后晒干，烧成灰烬用水浸泡，从沉淀的液体中收集盐水，制成盐卤，再用大锅熬制。能生长在高含盐量的土壤中的植物，如灌木类的盐角草、滨藜、海蓬子、海蒿、田菁、胡颓子等，竹木类的竹子、柽柳、矾松、红树等，均有其特殊的生理机能储存与排除盐分。

对于以上制盐的方式，调查员要一一加以详细记录，了解各种原材料、工具、仪式、禁忌等。询问当地人喜欢植物盐还是矿物盐？如何获得、贮存、出售和分配食盐？他们按标准（尺寸或重量）制作盐块吗？盐可作为交换媒介吗？

还有一个问题：能够采用提取盐的生产方式获得其他可溶性矿物（苏打、碳酸钾、硝酸钾、硝石、明矾、硼砂等）吗？因为有些盐泉就含有这些元素。如果可以，当地人抱着什么目的来使用盐泉和类似的矿物？他们用于出口吗？要描述资源储藏和开采的情况，生产条件和清洗方式。如有可能，从野外归来时要携带一些原料和成品。

五、无纺布系统

人是社会的产物。衣服是人类与动物的一个外在差别，衣服的产生是以实用（包含遮羞）为动力的，又是以纺织为基础的。此处对"纺织"和"纺织品"取宽泛的定义较妥。据此，各类机织物、针织物、无纺布、各种缝纫、用线（汇花线、绒线等）以及绳类、带类等都包括在内。而无纺布则是指以纤维为原料经过黏合和其他化学、机械加工而成的纺织品，说到底也包括了皮革、毛毡、树皮布等。

（一）无纺布的两个支系

1. 人类衣物的分类

人类在数万年前已经有了衣服，它们是由绳子编制而成的。人类早期的穿着首先是为了保暖的需要，接着才是美观的需要。衣物使人类在遮蔽身体方面与动物有了区分。从质料与制作角度划分，衣物有纺织布和无纺布两个系列。

就纺织布来说，源头可追溯到距今 20 000 年前法国莱斯皮格遗址（Lespugue），出土女神塑像的身上的刻痕象征着衣物，似乎说明当时的人类已经拥有拈制纤维线的技术。考古还发现两处最早的纺织证据：一个是两河流域今伊拉克境内的耶莫（Jarmo）遗址，出土的两个黏土球上有布痕的压印；另一个是土耳其的卡育努（Çayönü）遗址，出土小块编织物。两者都在公元前 7 000 年以前。由此表明近东可能在公元前 6 000 年以前就开始种植亚麻了，因为亚麻纺织布是该地区新石器时代衣料的主流。中国也有类似的发现。一处是河南郑州青台遗址出土的丝织，表示黄河流域的先民当时已经学会利用葛或麻的纤维；另一处是浙江河姆渡遗址出土的织物，两者的年代都在距今 5 500 年左右。此外，中美洲与印度是棉花的起源地，印度有 5 000 年人工植棉的历史，墨西哥利用棉花的技术则有 7 000 年的历史。

2. 无纺布的分类

无纺布可分为毛毡品和树皮布两个支系，各自分别以大陆和海洋为流行范围：

（1）基于毛毡加工的衣料。将动物毛发的纤维集合，放在碱性或酸性溶液中反复挤压揉搓，使纤维相互缠绕成毡，又将毛毡拼成片状布料。此法可能起源于欧亚大草原的游牧民族，年代上溯至距今 4 000—5 000 年前。在两河流域和小亚细亚地区出土过公元前 1 000 年的毡缩法制成的衣服。中国早在周代已有制毡技术和使用毛毡的记载，糅制兽皮与纺织纤维成为早期先民谋取衣料的基本途径，1930 年，北京周口店山顶洞人遗址发现一枚骨针，年代测定为距今 30 000 年至 18 000 年，可能是当时人们用于缝制动物毛皮的工具[①]。后来糅制兽皮与纺织纤维才成为重要的生产门类。

（2）基于树皮加工的衣料。树皮布的文化传统流行于非洲中部、东南亚国家和地区，如印度尼西亚、新几内亚等，西太平洋地区，如美拉尼西亚、波利尼西亚和密克罗尼西亚三大群岛以及中美洲、南美洲大部分地区，唯独未见近东地区有树皮布的报道。用树皮布制衣，主要原料为桑科植物。据称

---

① 1983 年，在小孤山遗址出土了三枚精致的骨针，与山顶洞人用于缝纫的骨针相类似。参见张镇洪等《辽宁海城小孤山遗址发掘简报》，载《人类学报》1985 年第 1 期。——译者

桑科植物有 60 属,1 400 种,分布于热带、亚热带,少数属种分布于北温带,坐标为北纬 30°至南纬 40°之间,与上述区域相吻合。在这个广阔区域内生息繁衍的各族人民就地取材解决穿衣戴帽的问题。夏威夷土著所穿的树皮布,80％以楮树皮为原料。中国至东南亚一带制作树皮布的主要原料是榕树、楮树、见血封喉等常绿乔木和白桂彩叶草等灌木,它们均属桑科,树皮含有丰富的纤维质。

图 15 - 7　世界上最古老的一根骨针,距今 30 000 多年—20 000 年,
发现于中国辽宁省鞍山市海城小孤山遗址

(二) 鞣制(硝皮)

家畜及野兽的皮张,在完成生皮初加工后,必须经过鞣制产生洁白、柔软、美观的特点,才能用于制造各种毛皮商品。这种鞣制技术亦称硝皮或熟皮,主要有三道工序,兹分别叙述。

1. 浸泡脱脂

此乃鞣制毛皮的准备阶段。目的是去除皮毛加工中不需要的成分(皮下组织、结缔组织、肉渣、肌膜等),如果是干皮,要涂油软化,恢复鲜皮状态,此时加入一些防腐剂较好,然后在调和了硫化钠、氢氧化钠的温水中浸泡数小时,接着提取毛皮,里子向上铺在圆木上,刮去附着的脂肪、残肉等,继而进行脱脂,在调和了肥皂或纯碱的温水中揉洗。

2. 硝液配料

此乃鞣制阶段。配料多种,可用米浆(糯米最佳,大米次之)、皮硝配成溶液倒入缸中,也可用明矾和食盐加温水调和,还可用石灰水,将皮子浸泡缸中一周,其间每天搅拌一次,每次半小时。之后将浸皮取出,里子向外,毛绒向内,用食指和中指捏住皮张的叠折处碾压硝水,若叠折处呈淡白色,皮上呈绵纸状,证明鞣制成功。

3. 下缸硝制

此乃整理阶段,最为关键。包括加脂、回潮、刮软、整形与整毛四个环节,皮中原有脂肪在前两道工序中已被清除,为了使皮纤维周围形成脂肪薄膜保护层,提高皮的柔软性、伸屈性和强度,先要加脂,方法是将不同配方的硝水(常用蓖麻油、肥皂、水,三者按 1∶1∶10 之比调和)和加脂液涂抹于半干的毛皮里子面,涂毕重叠(里子与里子贴合),放置一夜使其干燥。

4. 晒干铲皮

将起缸后的皮张,沥去水分,排放在草地上或清扫干净的水泥坪上晾晒,也可用绳索挂晒。晒干的皮板挺直坚硬,需用手顺毛势揉摸,回复毛势,然后将皮下残存脂肪铲除,让皮板纤维松弛,达到柔软状。最后将毛面曝晒半天,并用小竹竿拍打毛面,除去绒毛中的米浆灰和气味,再装入塑料薄膜袋内,放入干燥通风的仓内,要适时翻晒,防止潮湿,避免虫蛀。

要记录硝制毛皮的家畜或野兽的名称、大小、雌雄。说明当地人根据动物的品种掌握皮张特点,进而决定皮张用途(什么皮板留毛,什么皮板剃毛)的理由。如猪、牛、山羊、马、驴等家畜,皮张坚韧而厚,是制革的原料;狗、绵羊、猫、兔及各种野兽,皮张可毛、皮兼用;兔及貂、狐等,皮张是制裘的原料,硝制过程中去皮留毛。当地人有将皮子的毛面朝下翻,钉于木板上阴干吗?从动物身上剥皮的过程与工具如何,当地人的特殊技法,溶液配比,施加的理由怎样,他们会用鱼皮吗(如赫哲族)?他们给皮子做装饰工作(打磨、染色等)和防腐处理吗?有可能的话,获取供分析的样品。皮面会用剥制、裁剪或染色的方式去装饰吗?当地有摩洛哥皮革的制作法(通过压皱使皮革产生颗粒形)吗?

其他用途也要枚举,例如,动物的皮或者像膀胱之类的内脏器官可否用来盛装液体?如酒皮袋和中国青海囊谦的藏族盐工的羊皮桶。如果有,是用什么动物的皮张?如何制作?用生皮还是熟皮?是整张皮还是局部?收藏的方式。人体什么部位的皮肤(如头皮)可用于制作品?是干燥还是其他状态下脱脂?如果是干燥状态,社会环境怎么样?

(三) 树皮布

1. 树皮布概说

前面提到,树皮布是一种植物性的无纺织布,为人类几大衣服体系的重要分支。树皮布是以木质或石制的拍子,经长时间拍打湿润的树皮制成的。树皮布的制作,是一种物理机械变化与化学变化结合的过程。湿润的树皮在拍子的拍打下,纤维出现变形、折断、膨胀及分丝等纤维性颤动的现象,其间纤维素大分子借氢键缔合是一种水化作用,湿润树皮经过干燥脱水,就是氢键断裂的过程,最后形成树皮布①。

制作树皮布的工具有两类:一类是直接工具,主要有砍刀(用于砍树和削皮)、拍子(用于击打树皮)、裁刀(剥皮时开口,缝纫时下料)、楔子(剥取树皮时起撑开作用)、画笔(便于准确下料)、针(骨质或竹质)、线(细藤皮、细篾丝);一类是间接工具,主要有錾、凿、锤、尺(竹尺、矩尺)、坚硬而锋利的石片(刻制石拍上的沟槽),由于此类是制作工具的工具,因此在重要性上毫不逊色于前者。在直接工具中,拍子以质料来区分有两个类别:一为木拍或木槌;一为石拍,又有单体与复合之分。

制作工序主要有:采集(砍倒所选树木,截取树干,刮去外皮,剥取内皮)、拍打树皮(在溪流或水缸中浸泡,之后垫于石砧或木砧上用石拍或木槌边拍打边清洗,以疏松纤维、去掉胶质、柔化材料)、缝制(晾干、剪裁、缝纫)。

2. 观察要点

调查员到了一个地方,要了解当地人是否种植葛、麻等植物,是否有利用这类纤维植物的纺织技术? 要是没有,就要询问他们的衣着原料来自何处,是取自动物的皮毛,还是取自树皮? 要是后者,就要分几步了解情况:先观看产品种类,继而了解制作程序,这时从工具入手似乎是理想的选择,进而涉及操作技术。

每一种产品有几道工序,调查员要掌握得详细一些,包括上山选好树准备砍伐,砍树前是否有祭祀仪式,在树干的什么高度下刀,砍倒后树干是否要扛回家等问题。树皮布有内皮与外皮之分,先用砍刀或石锛削去或剥去外皮,继而将树干浸泡于水中充分溶解带胶质的树液以便剥皮,之后将剥取的内皮浸于水中数日,接着捞出潮湿的树皮用竹刀修齐边缘,这些准备就绪以后才放在砧上拍打,拍打时要不断洒水,也可在溪流中拍打。

---

① 关于楮树皮布的材料,可参见香港中文大学、中国考古艺术研究中心、珠海市博物馆编,邓聪主编《衣服的起源与树皮衣》2012 年 5 月 1 日—7 月 31 日展览图录。——译者

调查员要注意拍打的技术要求,如从上至下,从左至右地按顺序拍打,挥击的动作要轻重配合,一边拍打,一边给树皮翻面或折叠,直至变柔软。拍打的目的是什么,是松开树皮纤维原料吗? 使用复合式石拍击打树皮布,装柄是为了增强拍击力量吗? 木拍的质料是什么树木,石拍的质料(花岗岩、红砂岩、细菲岩等)是否影响到沟槽的刻制和槽脊的崩裂? 拍子的尺寸、重量如何? 还要了解树皮布的产品种类,各种产品装饰花纹吗? 要体验树皮布的质感,如斗篷是男女老少皆宜的树皮布制成品,在寒夜是很重要的保暖物,亦可用作床垫或床罩,但最初穿着有些粗糙,使用一段时间后会变得柔软,对于其他产品,如无袖上衣(背心)、裤子、帽子、遮羞布、裙子等,它们在保暖、透气、方便程度与美观程度上给人的感觉如何? 制作树皮布的每一道工序需要多长时间,譬如,要浸泡多久,反复拍打几遍才算完成? 制作树皮布时的性别分工,是否选择和砍伐树木,运回树干并剥取树皮由男性负责,拍打树皮的工作不分男女,但女性投入的时间比男性多? 当地是否有关于树皮布的信仰、神话与传说? 制作树皮布与造纸有关系吗?

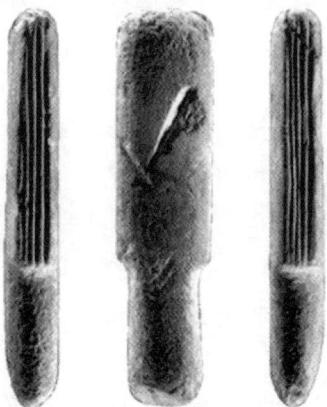

图 15-8 石拍(单体式),产自中国
海南省白沙黎族自治县

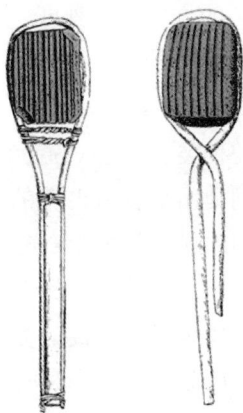

左:产自东南亚 右:产自墨西哥
图 15-9 石拍(复合式)

调查员在各种情形下都要注意树皮布的树干、叶子、外皮、内皮以及拍子等工具,要撷取制作中各阶段的样品,把它们排列起来就能展示粗皮到成品的过程。

(四) 线、网、结和女红

　　绳子、带子、线是用各种纤维材料互相缠绕、纽绞或编结而成的,这些材料既有畜类与兽类产品,如毛皮、毛发、羊毛、筋腱等,又有昆虫产品,如春蚕吐丝、蜘蛛结网,还有植物产品,如棉、麻等带有纤维质的茎叶、根皮,通过剥离、撕裂、浸泡、扒疏、晾干、纺纱、捻揉和交织等各种方式使之成形。未制好的绳子和带子不过是一些线性的条状物,要把短截连成长条非得在两端打结,才能接驳各段,无缝连接。

　　绳子在构造上有绞、辫之分。绞绳又有左旋与右旋之别。编绳的过程是一边续入材料,一边扭旋,绳子便可成形。旋转的方式可以用手,也可以用纺锤或其他辅助手段,例如,搓麻者坐于小凳子上,一手捏麻丝,一手在大腿上搓擦,先搓出丝股,再将其搓成麻绳。如果说绞绳是以扭旋的方式成形,那么,辫绳则是用编辫子的方式联结多股条状物使之成绳。从截面上观之,辫绳通常是扁平的,但不尽然,也有圆形和方形。较之于绞绳,辫绳的表面是不够光滑的,有许多对角或正方形折褶。在大洋洲,"辫绳"这一术语专指用编辫子的方式续入椰子纤维制作条状物的过程,相应地,以纽绞方式续入椰子纤维制作的是绞绳而不是辫绳,顺便说,椰子纤维在当地的用途是无限多的。

　　绳子的种类相当多,为了便于表述,人们用"粗绳"与"细绳"来概括,而"线"这个词则用来表示柔软的细绳。调查员应该查明各色绳子的使用目的,要了解它们的材料和生产之前的准备工序。作为纺线的纤维材料采用了什么动物或昆虫产品? 种植了什么纤维类的植物? 如果要染色,怎样获取染料,实施染色? 描述编绳和连接的方式。还要问男女在制绳方面的角色,制作一定长度的绳子所需要的工序和时间。

　　说到绳子就不能不提绳结。结绳的方式与套路是相当多的,要收集所有不同类型的绳结样式以及当地人对每一种的指称和使用的目的。

　　女红针黹①是传统社会不可缺少的活计,那里的人们很看重缝纫与刺绣的技能,将其作为评判淑女妇德的标准。缝纫与刺绣自有一套学问。调查员要

---

　　① "红"是多音字,此处不读 hóng,而读 gōng(工)。"黹"念 zhǐ(只)。——译者

了解当地人怎么做手工？怎么使用鍺①、针、锥、镊等？各种器具用力的方向与身体的姿势,女红技巧如何在母女、婆媳间传袭？要尽可能全面地收集各种针线样本和当地人的叫法。刺绣是一种表面化的装饰工艺,调查员要记录它的用材——既有布料与丝线,还有动物的内脏与毛皮、角牙(如豪猪的羽茎、犀鸟的羽毛、野猪的獠牙、虎豹的皮子等)。贴花是一种装饰服装艺术,针法多样,可制成朴实无华或奇异无比的成品,对此也要调查研究。

织网、针织和花边。要描述织网的过程,用手指还是用钩针,如果无法获取样品则要画出织布图,怎么才能织出均匀的网格？织网是用连贯而细密的针法编织各种网格的活动,要了解工具,如梭子(竹质、铜质等)、钩针和定位针。后者是一种移动针,穿入织好的网络中起固定作用的,每织好一排将其抽出再插入新的位置。还要询问针织品是否染色,渔网就是这么做,并且要用动物血液、薯莨或油柑树皮捣烂提取汁液来浸泡,之后熏蒸若干小时。要记录染料的种类与来源、染色的方法和颜色款式、染色的效果。

在绳子的用途上要扩大调查范围,例如,当地人是否以绳作为长度测量工具？是否有结绳记事的习惯？是否有特殊材料制作的绳子,用于巫术、仪式或特殊场合？是否有专门的神灵崇拜？

六、纺布系统

(一) 纺纱

前面已经看到线在制绳中发挥的重要作用,下面要证明它在纺纱织布中的作用同样不可小觑。

纺锤是古往今来的一种重要工具,基本结构至今依然未变。纺锤是塼盘(纺轮)和塼杆(转杆)的结合。塼盘中央有孔,供插塼杆用,塼杆上端有缺口或小钩,由此拴上纤维,利用塼盘的自重将纤维拉直。再用手转动塼盘,把纤维拴合拉细,再续接一些纤维,使纱线延长。如此重复动作就可纺出纱线。通常塼盘和塼杆上面有一定的装饰。

人们把纺锤看作妇女的专属品,其实男子未尝不用来捻线。使用这种工

---

① "鍺"就是"顶针",形象一个金属套,表面有许多凹点,是做"女红"的必备物,缝衣遇到数重布料针尖不易穿透时,将鍺套在右手中指第二关节处往上一顶就穿透,继而拔出来,换成普通针穿过去,所谓顶针接线就是这个意思。——译者

具时姿势不拘,可站立、行走或坐下。操作方式多样,可使塼杆悬空,也可立于地面,让其旋转,还可像搓麻绳一样在大腿上搓转塼杆,不仅如此,有给纺锤装上支架,让其旋转更加稳定的,南美洲某些部落就是这么做的,于是纺锤变成了纺轮。

纺轮的分布极为有限,目前在古老的社会犹存。除欧洲的"撒克逊纺轮"(可以持续转动,同时纺线和旋转)外,纺轮的结构设置能在短时间内使缠绕纤维的长度与纺轮转过的纱线长度一致。在这种一致性的持续操作中,我们看到亚洲的纺轮和古老的欧洲纺轮基本上是水平负荷的,通过轮子和纺轴间的束缚来转动,较简单的轮子则用手来转动,有的会装踏板。"撒克逊纺轮"的机制是用结构与纺轮不同的纺轴来取代纺轮,在此恕不赘述。

调查员的观察要点:注意纺锤的形制与结构,了解部件和纤维的材质,支架的特点,塼盘和塼杆的连接形式;了解纺锤的工作原理,正确的操作方式(包括准备工作),使用者的情况,纺线的单位时间和纱线的用途;还要记录相关的风俗习惯和社会信仰。

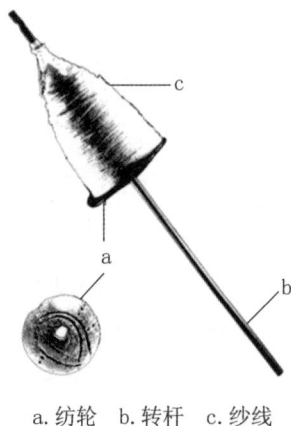

a.纺轮　b.转杆　c.纱线

图 15‐10　纺锤系列

图 15‐11　撒克逊纺轮

(二)织布

织布是以纱线作经、纬,按各种织物结构形成织品的工艺过程。通常包括织前准备、织造和织坯整理三个环节,把经纱做成织轴、把纬纱做成纡子或筒子。织布时,两根细线呈直角交错,形成一定密度的布匹。续入材料主要是纱线,有时是未纺的纤维和细皮条。

织布过程较为复杂,许多问题值得探讨,下面略述概要。

1. 织布机及其构件

纺织品是一种柔软而简易的材料,通称"布",人工将线段纵横交织,不断延伸。维持相对被动的部分叫经线,而主动交织的部分叫纬线。经线较长,纬线较短。织机有简单与复杂之分:

(1)简易腰机。前后两根横木,相当于织机的卷布轴和经轴,两者间无固定支架,而以人来代替,用腰带缚在纺织娘的腰上。操作时,预先在地上铺一张席子,纺织娘双腿平伸坐在其上,大腿旁放一把刀、一个纡子、一根较粗的分经棍与一根较细的综杆,依靠两脚的位置及腰脊来控制经丝的张力(如图 15 - 12)。通过分经棍把经丝分成上下两层,形成一个自然的梭口,再用竹制的综杆从上层经丝间带线穿过,把下层经纱一根根牵吊起来,以便手将棍提起使上下层位对调,形成新的织口,众多上下层经纱均牵系于一综。当纬纱穿过织口后,还要用木刀打纬。纡子可能是一根细木杆,也可能是骨针,上面绕有纬丝[①]。

图 15 - 12 席地而坐的妇女用腰机织布

① 我国西藏自治区林芝市米林县南伊乡才召村的珞巴族妇女也一样,她们的织机是一套便于携带的零部件,工作时随便找个地方坐下,将一端挂在树杈上,另一端系在腰上就能织布。这种腰机决定织出的布料宽度不超过肩膀,长度只能在 3 米左右,否则身体就会失去平衡。珞巴族妇女织出来的图案千变万化。织机的综框只有一片,纹样是靠手拨动织机的一个小竹棍给挑出来的。她们每天凭借感觉、心情或者周遭事物带来的灵感来织出图案,每次织得都不一样。——译者

　　（2）织布机。中国古代称"机杼"，由硬木制成，横辊对穿，形成架子，两端翘曲，一端与织布娘的腹部相抵，另一端绷紧布匹（参见图 15-13）。

图 15-13　织布机

　　纬线包含一组单独的材料（就像编席的原料），或者由单一的连续的材料组成，在卷曲的线之间用手指或梭子引导，或系或缠的，每一个连续的纬线叫捻线。如果织物有一定长度，架子就是不可缺少的，无论是什么结构。最简易的织布机为理经架，架子包括一个单跨梁，在适当的高度上横向两端支撑，经纱线从这一横梁上散落下来。对于单件短布，可用卷曲的几根线组成，经过长时间循环，一次次地穿过横辊。要搞清楚是什么原因使这种挂耳由第二根横辊保持拉伸，这根横辊穿过所有的挂耳并承担支撑，或者通过侧块保持与第一根横辊的距离。有时一种特殊的框架或双辊用于排好经纱，随后将它们移到实在的织布机上。要连续织出一段更长的布匹，每根曲线都要单独与织机上的横辊缚紧，每根经线一头连着经轴，一头连着悬挂的重缒，从经轴上不断放出纱线，直到布垂到地面，通过重缒调节，使经线的张力基本保持一致，从而保证送经的平稳。

　　为了防止经纱线缠结成团，必须使两根杆上的线交错接近横辊。否则，搬动织布机时，就得从头卷线，白白耗费几倍时间。这类竖直型织布机，在顶部织布并在接近绕线筒时向下行进，然后将已完成的布匹卷到横辊上，像滚轴那样旋转，称为"布轴"，从绕线筒上放下新的经纱，直到它们再挂一次，正好接触到地面。布轴就是第一滚轴。

　　在更精巧的织布机中，绕线筒被称作"木轴"的第二滚轴取代，所有的经纱线根据需要进行缠绕或不缠。在有两个梁或轴的织布机中，通常是从底部向上织布，而织布机不一定要竖直放，当经纱是呈水平面放置时，将滚轴靠得更近可以节省空间，以露出更短的经纱。操作者从布梁前面开始作业，并且频繁地将做好的布卷起放在上面（参见图 15-14）。

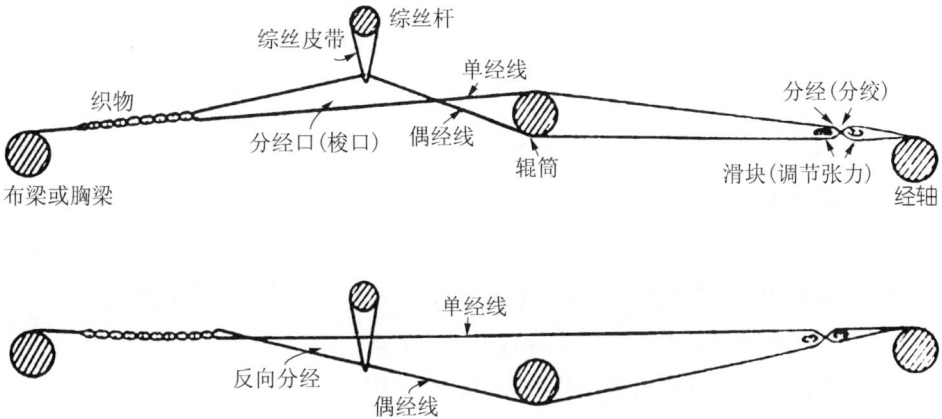

图 15-14　纺织原理

一般情况下,要用手指提起每个经链(如果经纱是直的,可以向前提),用长针或梭子作辅助带出纬线穿过经线,这时用升降机械更加便利,梭子短一些,可以更直接、更迅速地在经线和纬线间穿插。提升或浮动一组经纱线的工具叫"综丝"或"综线",放开的动作叫"脱综",产生脱落物的操作叫作"脱落经纱"。综丝有两种。较简单的叫作"综丝棒"或"综丝杆",由一些环绑在棒上组成,每个环包围一根经纱线,当棒升起来之后经纱随之上升,脱综随之形成。

另一种叫吊综,包括两个硬棒用一些环连接起来,棒眼之间穿线,让综丝可通过眼升高或降低,在圈棒之间保持静止,升降综丝的原理产生了脱综和反脱综。

许多用综线的原始织机停机时,去掉经线会产生反向的线,提起绕线筒可改变两组线的位置,使其各自向别的方向发散。松开绕线筒时,从棒线产生的拉力,使经线再次回到初始位置,每一次使综丝降低或提起,一根或多根纬线穿过综丝叫作单行,这种较原始的类型是拉伸型织机。

为减轻对经线的压力,两根或更多的综丝代替了单根丝线,每一次都会提升一组不同的线。同样,一级提起后另外一级会压下,产生一个更宽的经线,这种织布机叫摆动综丝型织机。

在织布时,每一根扁尖边的木棒叫作刀,用尖端分叉的工具叫梳,也可用一种叫簧的工具,形成不带眼的固定的综丝架,有时用一个摆动的木条压住并固定,木条进一步用作松开的柱条将经线分开。某些情况下单一功能的木条不能用来敲打纬线。这种织布机有三个特点:一是用提升纬线的发散方式;二是通过梭子来穿过纬线;三是用刀、梳或簧来敲击纬线。

2. 观察要点

应当记录织布的工具及其动作,要画整体图和局部图,如有可能,调查员对每种纺织方式都要操作一遍。

经线。注意它们的特点、材质(是普通绳线还是纺线)、准备阶段、安装方式、高度与长度,织毡子或毯子时,会有预备线在经轴上滚动吗? 或者用缠线管环绕? 水平还是竖直排列? 靠在纺线者身上还是延伸到机架上或依靠重力? 机架可移动还是固定? 描述机架及部件的材料和结构,说明其材料数量和位置。

纬线。同样要描述特点、材质(是否几股绳线混纺),注意每次是用一根完整的线还是通过捡线(用手指或梭子引导)连续下去?

梭子。描述材料、形状和制作方法。特别注意它与纬线的连接方式,获取带线的梭子样品,描述如何操作,梭子如何抛出,用手还是用机械? 梭子用来搅拌纬线吗?

综线。要了解脱综如何形成? 用一根还是两根综线? 描述材质、数量、结构,记录棍综(框综)是硬还是软的? 如何与经纱连接? 如何上升或下降(用手、踏板或其他机械)? 有互动返回装置吗? 对所有部件及机械用图解说明。

刀、梳子和横簧。描述材料、形状、制作方法和用法。经纱如何穿过横簧? 横簧悬空吗? 如何悬空? 用横簧搅动经纱吗?

3. 纺织图案

平布或盘绕织布。经纱延伸到机架上,纬纱通过捡线,两根或多根并行穿过经纱,彼此搓圆,一根或多根经纱被夹裹。这些纬线通常彼此隔开。最普通的纺织形式是平针或格子图案。经线交互压住纬线,然后又将位置对调,这种纺线图案可用一根综线,也可两根综线并行,以交互叠加方式改变图案。斜织图案更为精巧,需要更多的纺线,每一种斜纹和锦缎有很大的差异,大都根据使用的综丝来定。

在各种情况下,都要弄清楚当地人对图案的称呼,有什么传统意义,图案的独特性,与隐私、家庭、宗族或部落有关吗? 图案可以出借、继承或出售吗?

纺织品的设计。综丝在织成斜纹图案时会有不同的形状,如果经纬线颜色一样就是菱形花格的棉织物。若加入颜色,如织锦,工艺就会更加复杂。产生彩色图案有两种主要方法:一是首先染经线中的断片以保持面子的花色,然后用另一种颜色的线织成一段平针变化的布;二是用各种颜色的经线和纬线显示出表面要求的颜色,有时不用梭子而用手工针来穿线。

绒面织品。更为精巧的形式是将纤维织品用特殊的纬线形成向上的圈,切断后就形成一个绒头,包括毛毯、长毛绒和天鹅绒。

织锦。如果线团不是单一的而是有图案,就是织锦,要描述其插入方法和切断方式,采用的种种机制,有时用手工针完成织品近似于刺绣的过程。

刺绣。刺绣是用缝纫方式在布料、锦缎上进行的女红。调查员要描述缝纫方法、线、针和别的工具、各种针和配件(珠子和布匹、饰板和碎片),如有可能获取样品以及完成的工件。

4. 纺织品的收集

收集织品实际上并不费事,在保存了相当多的"碎片",能够重复显示图案的地方尤其如此。对欧洲的旅行者来说,收集样品比绞尽脑汁搞设计要容易得多,除非他希望透彻研究(求助于常规文献很有必要),在有专家协助时这项工作更加有趣。如有可能,要对获取的样品进行特别的解释,哪是经线哪是纬线,哪是布的正面哪是反面。至于有菱形花格的棉织物,图案的浮动是因为经纱或纬纱的关系吗?

关于设计图案:收集其名称,从翻译和其他的细节中发现相关意义。有哪些图案两性对其称呼是不同的? 多从几个报道人那里弄清特殊图案的名称,并观察它们是否有不同点。

图案是仅凭个人记忆来做吗? 在制作中人们会吟唱歌曲吗? 有没有特殊的图案只能由某一性别来编织或穿戴? 图形具有魔法或保护功能吗? 图案中的裂缝是有意设计的吗? 特殊阶层、等级或职业的人所用的图形不一样吗? 会将制作人的标识放入图案中吗?

如果要记录某种图案,仅仅收集样品并用词语简单描述是不够的。最好的方法是描述它们的结构以便欧洲的织工能够仿制。

用大量的纺丝来表明重复的图案以及从左到右的重复数量,按顺序给综丝命名,描述每一根综线所提升的线,将综丝的提升顺序交代清楚。

与织布相关的仪式。是男人还是女人织布,或两性都参与? 如果仅是某一性别的人,另一性别的人能接近或触摸织布工具吗? 手艺可以传承吗? 如何学习织布技术? 织一定量的布要耗费多长时间?

织布是一件神圣的事吗? 织布者在开始织布前或织布过程中要遵循特别的禁忌吗? 有什么咒语可供唱念以便顺利完成工作吗?

(三) 印染

为装饰目的而使用颜料是非常平常的事,但颜料的数量、特性和使用的目的却千差万别。广义地讲,有两种不同的使用颜料的方法:一是染色,将溶解状态的染料渗透到被染物的孔隙中;二是印花,用染料或颜料在织物上施印花纹。

关于染色,调查员应注意染料是怎么备制的? 是从什么物质(植物或矿物)中提取的? 这些染料怎么使用? 如果有可能,调查员还应提取原材料的样品以及生产它们时的各种配料的样品。调查员要了解当地人最喜欢的颜色是什么(参看第十二章)? 有哪些染色物件受当地人的青睐——除了毛皮、皮革、麻线、布料以外,还有其他物件吗? 要深入了解染料是否混合一些媒染剂或其他溶液来提高织物的上染率、色相度,增大颜色的牢固性,使被染之物不易褪色?

此处不能回避第十二章中提及的若干问题,即人体各部位,如牙齿、指甲、头发或皮肤需要染色吗? 果真要染,使用什么染料? 人体染色的目的何在? 调查员要注意这种行为借以依靠的信仰,其所强调的象征意义,其中有没有神圣的目的? 如果有,理由何在?

关于印花,调查员应注意基本颜料及其准备工作,如怎么研磨或沉淀颜料? 颜料与什么媒染剂调和(假如有的话)方能增色? 颜料搭配和填充顺序如何? 是否总是先印本色再印轮廓,使本色均匀、图案相间? 不同时期流行什么花纹? 人们最喜欢什么颜色? 这些花色究竟是清澈明亮的呢还是晦暗无光的? 印花过程中采用了哪些后续工艺? 其中有没有涂料印花工艺(如用黏合剂将黄色粉末固定在面料上)? 有没有印制遮光布的工艺? 要观察当地人是否掌握应用天然色素混合法的技术,以弥补其他途径无法获得的色调。还有,除了使用刷子以外,是否使用圆规、模版(如镂空版、筛网版)或滚筒等机械装置? 当地有没有蜡染(蘸熔蜡绘花于织物,浸于染缸,晾干后即显图案效果)? 有没有压模工艺? 如果有,要描述流程和设备。

第十六章

闲暇的消遣

"忙"与"闲"是社会活动中常见的现象。人们通过劳作解决温饱,通过闲暇愉悦身心,调节生理与心理之需。文化人类学关注无文字民族的艺术(绘画、塑像、音乐、戏剧或诗歌),探索它们的发展状况,以看待伟大文明的方式平等地看待它们,据此提出五个观察视角:① 作为审美活动的艺术;② 与社会相关的艺术;③ 艺术家在社会中的地位;④ 艺术学校和流派;⑤ 艺术对象和艺术史。这些内容不是相互排斥的,无论是代表性或象征性,其意义都可用艺术形式来表达。

一、塑像、雕刻和绘画艺术

(一) 作为审美活动的艺术

孩童与成人的艺术审美都值得研究。自然可用的材料或许可以决定特定文化和特定区域中的典型艺术。合适的材料到处存在——岩石表面可以绘画或雕刻,圆石可以砍削或刻画,木头可以用来雕刻,这些或许是艺术活动的强大动机,但是在相似自然条件下生活的人群在艺术成就上表现出数量、范围、风格和水平的较大区别,由此可见合适材料并非决定因素。

应当注意究竟是所有的儿童还是个别小孩想做泥巴、陶土的模型,或雕刻木头等,大人对于孩子的这些做法是漠视还是鼓励而促成后来的专业化。

是否有装饰房屋、器皿等普遍趋势,要调查人们对这些事情的态度,是否认为某些特定的物体才有价值,是否有大家认同的艺术品位标准,是否特别优秀的艺术家才受到尊重,他们的作品才有价值。

描述艺术品时应记录:它们是崇拜物还是纪念品,是仪式性用品还是日用品,是个人装饰品还是纯艺术品;是否为建筑物、独木舟或别的艺术品的组成部分。要描述艺术品的质料：木头、石头、金属、皮毛还是别的物质。要记录颜料通过绘画、蜡印、钢印、素描、染色、雕刻或雕塑等形式在木头、石头、象牙或骨头上的表现。它们可能是几何设计，如有角或曲线，或是以自然的方式呈现，还是生活传统的再现——雕塑是镂空还是浮雕或是刻线，是圆形的或有锯齿状边缘的线。要注意当地是否有火烙画，即以燃烧实现图案的艺术，譬如，用烧红的铁笔或用电烙铁在木板表面作画的方式。要记录重复、对称或平衡的趋势以及有意的节奏中断。图案可能会有许多填充方式，也可能没有填充。

记录人神图形、动物形象、性别绘画或雕塑中的细枝末节或图案（人物、动物、植物、物质世界的自然现象或非功能性特点的设计）。有时调查员不理解这些约定俗成的形式，但它们肯定会被所属文化的成员所理解。各种情况下设计的意义都要记录下来，并能识别出象征意义。

要收集有代表性的物品，但仪式物品或用于仪式中的物品不好获取。在某些情况下，一些艺术品可由熟练的艺术家复制，要注意与原作在细节上或材料上的差别。要拍摄照片，用手摩擦并挤捏作些主观性的测量。如果可能，要记录艺术家的制作方法。生产过程各个阶段都要拍照，所有的工具、颜料都要描述并尽可能地收集。

（二）与社会有关的艺术及艺术家

宗教信仰和仪式以及社会组织会极大地影响艺术。与仪式有关的任何物品都值得留意，因为它们都有机会发展成伟大的艺术品。寺庙可以成为珍贵的建筑。传说有神灵的地方、英雄人物的故居或生前活动的场所以及摆放祖先画像的地方，调查员都要去看看，要寻找激励和引导公众思想、情感的种种原则——顺应传统模式，表达某种特质，即权力、善行、保护等欲望，或者与人类或动物的原型相似的联想。要调查艺术家对仪式物的态度，懂得国王或首脑的存在或许会影响艺术的发展，他们居住的房子或庭院是特别装饰过的，一些仪式物品也许就是艺术品，有钱人可以通过占有装饰精美的住宅和艺术品来提高他们的地位。要注意大人物是否仅仅鼓励本部落的艺术品还是同样尊重来自其他部落或其他文化的艺术品。

这里，调查员要注意几个问题：艺术家是全职专家，还是兼职？他们只是业余时间才从事艺术活动吗？若是全职专家，他们在社会中的地位如何？他们的工作有何回报?

还有几个引起注意的问题:杰出的艺术家倾向于办学吗? 若是,他们和学生的关系如何? 他们掌握的知识是世代相传吗? 艺术家倾向于在本家族中培训一些成员来继承艺术传统吗?

某种艺术风格往往可以代表整个文化区域,其中一个或多个元素可能是典型的,另外一些元素可能显示受到外来文化的影响,从而会招致怀疑,对此要进行调查。艺术风格与占主导地位的信念相联系,对这方面可获得的典型材料,包括曾经使用和正在使用的工具等都应当调查。

(三) 艺术装饰品的术语

下面是一些常见的基本几何图形及其名字,在描述形状和设计方面可能会有帮助。参见图 16-1。

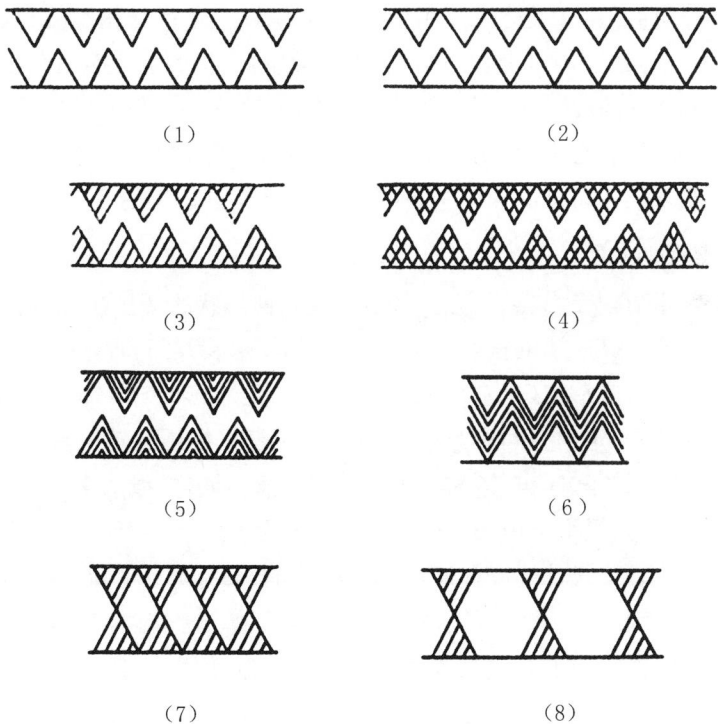

(1)　　　　　　　　　　　　　　　(2)

(3)　　　　　　　　　　　　　　　(4)

(5)　　　　　　　　　　　　　　　(6)

(7)　　　　　　　　　　　　　　　(8)

图 16-1　三角形的装饰艺术

描述艺术品要顾及几何图形方面的内容,为此应该关注三点:第一,艺术家所做的工作;第二,尽可能按照制作顺序,要区别从放大到填充的各类主题;第三,若有必要,应该多看工艺品的正面效果,少看负面效果。

在图 16-1 中,(1)代表一组双系列的交替三角形,即两条平行线间收敛的一组交错变化的三角形或者是一条缎带,上面呈现出两道连续的波纹线或人字形图饰,就像军人的臂章所显示的一样;(2)代表一条有限的中央呈锯齿形的宽带,锯齿形可以用图(3)(7)和(8)所体现的晕线和阴影来加强;图(3)(7)和(8)的三角形受左斜交叉影线的作用,例如,朝下看它们的基线和朝上看它们的顶线时就会产生这种印象;图(4)受交叉影线的作用;图(5)代表内部的重复受到标点法或其他方法的作用,锯齿带可以通过内部的重叠来加强,或者其他方法。如图(6)就是消极方法产生的效果。在多重三角形的这个案例中,一如图(3)(4)和(5)那样,也可以用填充背景来强化。描述取决于艺术家初做的作品,即三角形或折线,在图(7)中,周期性三角形是相反的。效果是菱形,可能不一定是艺术家的真正目标,在图(8)中,三角形不是周期性,因间隔性或稀疏性相反,效果就是六边形,似乎是无意的排列。对装饰品的描述要符合纹章学的用法以及系统的植物分类学知识和别的分类科学,因为它们本质上一致。

下面是现实中常见的几何主题,可以方便地描述图案的元素和设计。

(四) 象征艺术

象征艺术可以是自然真实的、传统的或几何形状的,但这些形状的特殊意义可由艺术家或其所属的社会或阶层来决定。比如太阳、眼球、鲜花、水果之所以都可表示为圆形的,是它们的形状带有共性。一些纯装饰性的设计也是圆,因为它们在一定的空间中是适合的形式或仅仅使用旋转工具。圆也有象征意义,它象征神圣、宇宙、零和其他的抽象概念。同样,线的交叉产生十字或星形,许多十字或星形可用来象征宗教或巫术观念。

当任何主题或设计变得普遍或异常突出时,要注意人们是否将它们与信仰、习惯和约束联系起来。可能在它们的用法和意义已经过时后,许多在装饰艺术上的独特性来源于对象征或表现手法的持续使用。出于这个原因,考据装饰物的名字会很有价值。许多象征性的主题在命名后已经不代表那个客体了,但可代表与其相关的东西,因此鸟脚印过去可代表鸟,或鱼鳞过去代表鳄鱼,现在则不尽然。时过境迁,即使在同样的人当中,采用同样的设计也可能会有不同的效果。在这种情况下,如果没有直接的背景,调查者就不太可能确定任何特殊设计的意义。用动物或人的图案可象征自然力量,凭臆想也可设计出特别的象征图案,因而成为设计者的个人财产,这是不需要解释的,直到那件作品被人买走。

许多象征符号具有社会意义或巫术宗教的意义,可用于对人或物的分类,获取超自然的帮助,了却心愿和避祸呈祥等,即使最简单的标记或附加物也要调查它们的意义。所有象征性艺术要么是有代表性的要么是装饰性的,但并不表示全部有代表性的或装饰性的艺术也是象征性的(参见图16-2)。

前面的评述仅适用于局部的实际设计,将作品或其表面作为整体来考虑是非常重要的,由此可见装饰具有什么样的关系。调查员拿到任何作品后,要记录它们是全部还是部分装饰,若是后者,有什么功能或结构上的原因可以表明在这一点上它们的装饰是非常恰当的。比如单件物品仅在与整体相连的某一点或几点上有关系,可用简单的线或图案来突出或淡化这些关系。要记录没有装饰部位的价值,不仅一个装饰的区域与另一个装饰区平衡,还可能与"休息区"平衡。要记录所有的韵律,一般来说某种图案会呈现一种韵律模式,但也可能有不相同的韵律模式。装饰在任何物体或其表面是否对称,或刻意不对称? 装饰在多大程度上,并且以什么样的顺序在真正实施前为艺术家所描绘? 由此可见,装饰设计可以暗示艺术家的思维活动。

描述在生产设计上所用的方法——不管是现实主义的还是传统主义的——描述雕刻、上漆、绘画、印刷、型版喷刷、镂空、染色等产生的效果。这些调查活动都很重要。

二、音乐

每个人的音乐,不管是唱出来的还是弹奏的,都有自身的特色,调查员可根据准确的记录来正确地评价。总体印象——甚至关于学院派的欧洲音乐家——除非能复制他们的嗓音和唱词,否则这些印象几乎没什么价值。为了产生价值可用记谱或留声机、电唱机等手段记录音乐。

(一)乐器

记录乐器方面的资料时,特别要注意准确描述,要避免类似"一种粗琴""一类竖琴"之类马虎的甚至是错误的表述,除非有把握它们肯定属于"琴"或

1. 圆形点或圆形标点

2. 连续的圆和分离的圆

3. 同心圆

4. 椭圆打孔标记或椭圆点

5. 条形（带形）

6. 影线（阴影），根据基线
   有横影线、竖影线、左斜
   影线、右斜影线

7. 矩形交叉影线

8. 斜交叉影线

9. 方格形

10. 波浪形饰

11. 锯齿形饰

12. 箭尾形或人字形

13. 十字是由一条或两条
    线段或带子形成的交
    叉，有许多种类的交
    叉，此处只提到6种

14. 圣安德鲁十字或X形十字

15. T字形十字架

16. 万字饰或万字形

17. 三曲枝、三曲腿
    或三曲臂

18. 克鲁斯十字形

19. 马耳他十字形

20. 由两根以上的线
    交叉形成的星形

21. 用线段连结成星星看似
    一朵玫瑰，星星与花环
    交叉

22. 一朵朴素的卷状花形

23. 如前所述，里面呈空
    白的三角形，或者可
    用斜线或点状物充实

24. 菱形，除方形外，
    包括所有的四边形

25. 五角形

26. 六角形

27. 螺旋形

28. 反向螺旋形

29. 盘卷形

30. 连续盘卷形

31. 可由四边形、三
    角形、六边形构
    成的回形饰

32. 波浪形，常以
    连续线来填充

33. 纽绳形，如皮鞭梢
    或绞纽的线卷

34. 卷轴形

35. 辫形，两根以
    上的绳子结成，
    此为三根扭结

图 16 - 2　象征符号

"竖琴"。无论乐器多么简单,了解它们的发声机制、声音和音调很重要,为此要加以识别和描述,以便给它们正确分组,用专业词汇来区别。如竖琴、小提琴、笛子、小号、锣、鼓等,同一组别还可按照类别不同再细分。

要注意描述乐器不仅仅出于有节奏的目的,或产生旋律,也有两个或多个乐器同时发声的(合奏或协奏)。

凡是有意引起主要音符变化的方式,如停顿或手指按住等,都要观察并记录下来。

最简单的乐器是按发音顺序组合起来发出旋律的单体件,不仅如此,适应一种机制的乐器还须分出多种音符。

要描述特殊乐器的用法,并记录任何仪式或限制使用它们的规定,要详细描述乐器用于信号传输和传播信息的情况。

不管是自然物还是人工制品,也无论多么简单,只要用于发声(不考虑"音乐"是否出于审美感觉)的物件都要包括在音乐器材之中来调查。为此可将乐器细分为以下几类:

1. 击奏体鸣乐器

通过打击产生振动,具有内在回声材料的器具钟锤系列。

(1)响板系列。这类乐器包括两种相似的物体相互敲击,如两根棍子或两件特殊形状的木头或其他材料(响板、铙)、簧、钟锤,用铰链将两部件的一端连接起来,另一头相互自由撞击发出声音。

(2)锣系列。这种乐器通过特殊的敲击物来击打一种声音响亮的材料(木头、金属等),还可进一步分为:

① 简单木琴。一定形状的硬木块,敲击时发出单一的音符。

② 复合木琴。包含许多单个的木棒,音序不同,从高到低排列。要记录木棒数量及定调的方式,音符的顺序是否代表音阶? 音量加大是由附加的共振或系列共振装置来达致吗? 每一个木棒都有共振器吗? 共振装置的容量是由棒长决定的吗?

③ 空心木琴。挖空的木质锣(类似食槽或独木舟),可用来增加回声,详细描述形状、敲打方式,在敲击不同部位时记录其是否发出不同音调。

④ 金属木琴。用金属制成的锣(就像木头系列)可以是单一的或中空的,有许多变体,单件通过增加一两个或更多的共振器可形成复杂的音阶。

⑤ 其他材料制成的相似类别（水晶、玻璃或锌钡白、石头制成的琴）。

⑥ 颗粒编钟。小球、球形、中空物，带有裂口一样的孔，通常是金属，包含一个或更多的小球，撞击时可发出连续尖厉的声音。

⑦ 快板编钟。铃铛、空锣，有木质、金属或陶瓷的，下面开有很宽的口，内部悬挂敲击物，摇动或摆动时发出声音。

（3）铃铛系列。包含一组发声物体，铃铛内外间距小，轻轻一摇便可相碰。

（4）叉铃系列。包括一些有孔圆板、带孔环或杯状物，用一根圆杆穿过孔，摇动时可以互相碰撞。

（5）中空摇响器。主体部分（可用葫芦、木头、陶土、金属等）中空，封住一些小球，碰撞后发出声音，个别这样的乐器用绳子将小球系在中空主体部分之外，撞击时增加音响效果。

（6）音乐锉机。由木头、石块、葫芦、金属等制成固体或中空器物，边缘或表面有锯齿状并列凹槽，用木棍拨动能发出响亮刺耳的声音，若单独使用仅仅是"制造噪声的工具"，但按不同音调一起发出声音，就可以形成旋律并产生悦耳的乐曲，比如警笛就是根据这个原理发明出来的。

（7）冲压管。通常根据竹子的长度，末端封闭连接葫芦（如杵形）或开口的管子顶在人的大腿上。不同调子组合形成旋律。

2. 弦乐器

能响亮发声的材料（木头、玻璃管、金属棒等）按比例排列，通过手指摩擦表面振动，或用树脂垫摩擦发出乐音。

3. 膜鸣乐器

绷紧的膜被撞击或摩擦时可发出震耳的颤音，音调随着膜的松紧程度而变化，常见的膜鸣乐器包括各种类型的鼓：

（1）单面鼓。膜（可用兽皮、蟒蛇皮或蜥蜴皮、羊皮纸等）拉开后贴在木头或金属环上，如铃鼓，也可贴在中空的圆柱体一端或是带孔的陶质容器上，用手指敲打膜或用物体敲打也可以发出声音。

（2）双面鼓。这种乐器是中空物体，两端均覆有膜以发声，不同点是一面发出声音，另一面缚有支撑用的细绳以压住发音膜。

（3）摩擦鼓。单面鼓有一根弯曲的槌棒或中心紧缚一绳子,沾湿手指或涂抹松脂,拉动棒或弦,使其与相近的膜摩擦发声,尺寸可大可小,常与仪式或神秘仪式有关。

注意事项。调查员在观察每一类鼓时,特别要记录中空物的材料和形状,系在其上的物品材料与方式,拉紧的膜的材料及方式,膜松紧程度是否可随意调节,膜是如何振动的? 用手指、腕部还是与弦乐器的尾部相连的一个小球或一种摩擦力?

4. 灵格风

这种乐器装有一种或更多的"舌头",或者是桄杆竹、木头、骨头或金属,固定在一端,拨动另一端的时候可以自由振动,不然就是摇动发声。

（1）竖琴系列。小的乐器包括一个灵活的单体舌形物(或者极少情况下有两个),它被封闭在架子里,系在底部。在原始类型中,舌状物及框架是完整无损的,舌状物是直的,扯动绑在框架上的短线可振动发声,也可拨动框架末端振动发声。金属制成的乐器较先进,舌状物通常是弯的,自由端可伸出不接触框架,通过拨动自由端来使舌状物振动,这种用唇吹的乐器,依靠嘴中空气使舌状物振动产生不同的音符。

（2）桑沙系列。这类乐器包含可拆卸的竹片、木片或金属舌片,基部缚在共振器中,舌片用桥支撑自由端,可在手指或拇指压住时振动。调节和改变舌片长度,可产生不同的音符使音调发生改变,音调从短到长排列,或者为适应特殊旋律无序排列。

音乐盒是精致的器物,形如桑沙或从它衍生而来,包含一根带有振动舌片的钢梳,用固定在旋转桶内的短针来拨动发出声音。

（3）钉琴系列。这种乐器共振体的底座上固定着短棒,另一端装有琴弦,长度按音阶来排列,依靠肘部拨弄引起摩擦产生振动发声。

（二）管乐器

这类乐器用产生气流的方式(将空气挤压出发音管或通过阀门)来发音,阀门(按钮)是设置振动产生音乐音调的机关。又分管类乐器和阀门类乐器两个系列,兹分开叙述:

1. 管乐系列

长笛型。通过唇或管子导出气流,促使中空管边缘或环形乐器的孔振动,就是靠振动中空体内的空气发出声音。

（1）鸣管。可以是单独的管子,上部开口下端封闭或两端均开口,气流对准上部开口的边缘,两端开口的管子可发出八度音调,高于封闭下端尺寸相似的管子。用两根以上长度相近的管子可组合形成复合鸣管（典型的排箫）,管子按音阶排列,适应不同的旋律或音调顺序。

（2）竖笛。一根圆柱形管子,通常两端都开口,上端可吹气、呈斜截形状,更低的部位有一系列圆孔可产生变化的音符,通过开关圆孔,调节空气柱的振动发出声音,需要垂直吹奏。

（3）横笛。一根圆柱形管子,一端封口,边缘有发声孔可导入空气,管子上有阻碍物,需水平演奏。

（4）带缺口的长笛。这种乐器上部边缘有缺口,将导入的空气在边缘上特殊处理,并装有停顿口,需要垂直吹奏。

（5）管笛。一根箫或横笛,上面装有一些管子可以导气,自动送气到音孔边缘,其原始类型的形式和结构变化较多,要加以注意,现代口哨和六孔的木箫也属于此类别。

（6）风弦笛。管子或其他中空物体有自然孔或人工穿孔,通过孔吹气或产生风动效果发出声音。

（7）哨箭、鸽哨或闭唇吹口哨等都是空气振动的发音变种。

2. 阀门乐系列

有一类主要是由类似阀门类机制的活动发出声音的乐器,当空气迅速流动时,管内的气流便产生振动。具体有以下几种:

（1）单跳动簧或单簧管系列。更为原始的类别是簧片、牛角茎等,管子的上端封闭,下端打开,接近封闭端的管子里可插入一个柔韧的舌片,舌片底部固定成一个阀门,自由端受气压振动,孔口被舌片或簧片封闭,且以敏捷方式打开和关闭而发生振动,由于停顿的作用,产生可变化的音符,更先进的种类是阀门似的舌片单独用一片簧片或竹子制成,固定在管子上端,现代单簧管由此发展而来,有阀门的发声机制,舌片与喉舌分离。

（2）双簧片或双簧管系列。这一类乐器阀门是裂缝形或细孔,有狭长的弹性壁,吹气时两头均会振动,自然的圆柱体在一端捏在一起,用两片或多片构成,交互闭合时能迅速产生振动,用停顿来使音符变化。调查员要记录阀门的材料和结构。

（3）自由管系列。这类乐器的音阀包含封闭在框架内的一个振动舌片，一头固定，另一头可自由震荡，简单式有削一片竹子、木块或黄铜制成的。复杂式有用螺丝固定在框架内的弹簧片做成舌片，包括一根自由簧片管，可以有一系列的停顿来改变音符，也可以包括许多管子，每一个可容纳一个普通空气箱，口琴是相对简单的一种，六角手风琴、小风琴是较先进的种类，配备有键盘。调查员要注意某些复合乐器包含两种或更多种发声机轴，如一些教堂用的管风琴。

（4）针阀系列（牛吼器）。狭长木刀，一端用绳绑紧，另一端的弦系在木棍上，木刀绕着绳子转动，驱使空气流迅速旋转。尖利而迅速改变空气阻力，与封闭和打开阀门的效果相似，间歇中产生振动发出声音，主要依靠刀片快速的旋转来改变音调。调查员要记录在仪式性或神秘场合使用类似乐器的重要性，还要注意使用规则。

（5）狭长裂缝系列。这种乐器种类较少，通过一条削制的芦苇管或草根形成的狭长裂缝，吹气产生声音。

（6）振荡系列。嘴唇紧贴在一个带有薄刀片或状形带的物件上，该物件可能是一片草茎、一根细竹条或一条带子（它们夹在一个小弓两端，边缘两端拉紧），也可能是一根用弓弦压平并拉紧的羽毛笔，气流通过时，引起叶片或色带交替摆动，摆频相当快，声音从振动中发出。南非人的吹奏乐器——古拉就是该系列的一种特殊表现。

（7）小号系列。俗称"松唇"乐器。贴紧号嘴使劲吹，将气流压入孔径较大的管道而发出声音。气流通过嘴唇时会使唇边产生振动，嘴唇好比弹性膜，其功能犹如阀门，可以快速交替地控制气流，既允许气流自由通过，又可以阻碍它的通行。由此产生的音符可以通过嘴唇的动作和小号的原初形态（如海螺、象牙、牛角、葫芦、陶笛等）在和声范围内变化，通常没有改变音符的机械装置。这个原理同样适用于小号的进化形态（如各种铜号），开口或声音孔可以在号管的侧面或末端，长号采用挡块和滑块，短号采用活塞，通过这些装置改变气柱振动，发出用嘴唇动作无法获得的中间音符。

调查员要注意共鸣膜。前面分类组别中提到许多类型的乐器都配了一个特殊的附件，形式上是一小片薄膜，贴在乐器的发音孔上，或者穿过乐器的喉部。共鸣膜自动拾取乐器中设置的声音振动，并且通过自身振动改变音质，赋予音调既清新悠扬又嗡嗡共鸣的品质。在非洲,鼓、桑萨和木琴常在共鸣器(音室)里添加这种薄膜(通常取自蜘蛛的卵囊包皮)。在管乐器中,某些笛子有一张覆在笛管侧面小孔上的薄膜,中国、暹罗①和欧洲都有这种笛子。有时候笛管上有两个膜孔,演奏者可以让一个孔发出类似哼唱或说话的声音,而让另一个孔通过薄膜振动改变声色。这些贴有共鸣膜的"松唇"乐器在欧洲只是玩具,在非洲部分地区却是严肃的乐器。印度婆罗门教有一种特殊类型的仪式叫作"尼亚斯塔朗加",需要表演者哼唱或说话,这时他们不是把薄膜贴在嘴唇上,而是贴在喉部,让薄膜吸收喉咙的振动,似乎使他们的话语成为天籁之声。

(三) 弦乐器

这类乐器有一根或多根绷紧的弦,用拉、击打、摩擦或移动弦发出声音,振动弦产生的音符取决于弦振动部分的长度、松紧度和弦线重量。

1. 外延单弦

单根弦紧紧桥接在两头,在拨动或敲击时发出音符。或在偏于中心处装有两种振动幅度不一样的发音符。

2. 裂绳乐器

这种形式是一种特别的乐器。由芦苇、竹管或椰子叶根用一两根线移动很窄的长度,一般都到了极限,从表面放手后,自由振动发出声音。两种主要的多弦乐器为:粗竹子或棕榈叶,用一些弦形成单根杆;与嫩的芦苇组合起来的乐器有一根单弦,绑在一起形成复合乐器,记录其附件,如共振器等。

3. 弓弦乐器

简称"乐弓""弓弦"或"弦弓",是一种简单的弦乐器,为南非各族人民所喜爱,在美洲奴隶贸易期间也随处可见黑人的演奏。它由一根 1 英尺半到 10 英尺(0.5 — 3 米)长的柔韧木棍弯制而成,两端用一根金属线或绳索拴紧(很少拴有两根金属线或绳子),使首尾相连。演奏时既可以用手指,亦可用木棍或树枝(如图 16 - 3)。有人相信乐弓是狩猎与采集部落发明的,证据是居住在卡拉哈里沙漠的布须曼人(或桑人)曾用狩猎弓弹奏曲子,但乐弓是否是由狩猎弓发展而来还不确定。乐弓的类型包括口共鸣弦弓、地共鸣弦弓和葫芦共鸣

---

① 泰国的旧称。——译者

弦弓。观察时应考虑几点：

（1）将射箭的弓改成临时乐器，绷紧弦绳，通过拨动或敲击产生振幅或摩擦而发声。可将弓放在与牙齿相近的部位，以便将声音放大到耳朵中，弓也可以靠在葫芦、罐或其他内部带有共鸣功能的物体上，以放大声音便于观众听见。

图 16 - 3　黑人演奏乐弓

（2）单弦乐器在结构上类似于射箭用的弓，但仅作乐器用，能发出强音符。

（3）是否有多根弦的乐弓？

（4）复合型乐弓，包括两种或多个弓在一起形成一个多弦乐器，弓连接在一个普通共鸣器上，弦绳大致与共鸣器平行。

（5）装有共鸣器的多弦弓取代了单弦弓，所有的弦都在末端并与弓相连，一根在另一根之上，较低端表面有共鸣器，穿过一排有缺口的弦架，不能直接连到弓的底部，可以伸出共鸣器之外，弦绳与共鸣器的表面呈一定角度。

4. 原始的"东方"竖琴

东方竖琴是一种和弦乐器，公元前 4 000 年出现于古波斯，堪称原始乐器，

图 16 - 4　缅甸竖琴

底座是盒状共鸣箱，为狭长中空形，上面覆以兽革或羊皮，抚弦即有共振感。共鸣箱一端伸出"曲颈"延至上方，与底座两相成趣。诸弦从曲颈沿中线下延，与共鸣箱底部连接绷紧，弦线与箱体表面呈直角，底部有调谐栓，拨弄琴弦根据响声调节弦线的张力，也可直接将弦线缠绕在曲颈上，如缅甸竖琴（如图 16 - 4）。无论亚洲还是非洲的竖琴皆是这个基本模式。

5. 发达的"西方"竖琴

东方竖琴的框架缺乏刚性,故琴弦不能调得太紧。西方竖琴改进结构、增大尺寸,在共鸣箱上加了一根支柱,增多了琴弦(少则 22 根,多则 47 根,一般 34 根)。基本结构与上面弓弦乐器属下的(5)相似,支柱上端连接颈部,下端固定在共鸣箱的底座上,琴架呈三角形,刚性较强,拉紧或松弛一根弦不会影响其他弦,能有效地承受琴弦的张力,精确地调节音调。但就发声原理而论与东方竖琴并无不同。西方竖琴弹奏时可双手自如,不像东方竖琴(如缅甸竖琴)需一手抱于怀中,一手拨动琴弦。

6. 古筝系列

这种乐器的共鸣箱为中空面板,像一个大木盒,右为前梁,左为后果,中为一排琴码(筝柱),前梁上钻了一排穿弦孔,后果上亦钻有一排挂弦孔,筝弦始于前梁,经过琴码延至后果。面板即共鸣器,也有表面上刻浅槽的。用手指或拨子拨动琴弦而发音。所有筝弦皆与面板平行,且靠近面板表面。每根弦都被调到一个特定的音符,这些音符通常不会因弹奏者的"指法"不同而改变。古钢琴、巴洛克钢琴、大键琴可视为高度进化的古筝,上面配有键盘,每根弦都有一根羽毛笔。

7. 扬琴系列

扬琴由木质共鸣箱、山口、弦钉、弦轴、马子、琴弦和琴竹(两支富有弹性的竹制小槌)等构件组成,一般与古筝系列相似,只是不用手指拨动琴弦,而是用琴竹轻轻敲击琴弦发声。扬琴的进化形态是击弦古钢琴和钢琴,是用键盘代替琴竹,原理是敲击琴弦发声。

8. 琵琶—吉他系列

琵琶和吉他,一为古典乐器,一为现代乐器。中国称"琵琶",伊拉克称"乌德",欧洲称"鲁特"。琵琶和吉他,一个竖着弹,用指甲拨弄,一个横着弹,用手指或拨片。琵琶为 4 弦琴,吉他为 6 弦琴,琴弦从"项部"连接到共鸣箱下端,弦皆平行于箱体表面,一只手拨动弦线产生振动,另一只手在弦线上随意按动,通过"指法"来改变音符,用几根弦就可弹奏出各种美妙的音调。

9. 里拉琴系列

里拉(Lyre)琴,亦称浪琴、莱雅琴或诗琴,为西方最早的拨弦乐器,古希腊人学习音乐和诗歌时常携于身边,后来演变为多种形式,但是都有中空共鸣箱,由此伸出两根立杆,立杆上端有横杆连接,形成开放的三边刚性框架。框架上可挂多股弦线,皆一端连接横杆,一端连接共鸣箱。横杆与共鸣箱之间是双手抚游的空间,在手指的拨动下流溢出串串音符。有一种没有共鸣箱的简易里拉琴,是用一棵带叉的树枝,以分叉口为起点,沿着 V 形伸展的枝条各取一定长度,用一根横杆将两个自由端连接起来,形成一个三角形琴架,挂上弦便可弹奏。

10. 以摩擦振动弦的乐器

通常这些乐器由共鸣箱和一个"项部"组成,由此引出琴弦,向下延至共鸣箱,然后绷紧,通过摩擦弦线产生振动发声。摩擦装置可以是湿草叶、棕榈叶或竹篾,总之用动植物的纤维或毛发(如马尾)组成即可,将其缚在小弓上绷紧。也可以作为精心制作的乐器,比如小提琴,琴弦数量虽少,但给马尾弓上松香,增大弓毛对琴弦的摩擦力,更能振动发声,指法在轻重急缓、抖动或停顿中沿着"项部"琴弦移动,频频变换音符,音阶中的所有音符都可以实现。

维埃勒琴和手摇风琴是欧洲中世纪民间音乐常见的摩擦乐器,前者流行于 11 世纪至 15 世纪,后者风行于 16 世纪到 19 世纪。这组乐器的形状多样,基本是叶形和 8 字形(如图 16-5)。维埃勒琴使弓弦。手摇风琴用木轮代替琴弓,并且增加了键盘,当用手转动琴尾的曲柄时,位于琴体内用树脂包裹的木轮就会转动,摩擦琴弦振动发声。演奏时,右手转动手柄,提供持续发声的动力,左手按动键盘来敲击不同的弦,控制琴弦振动的音高。

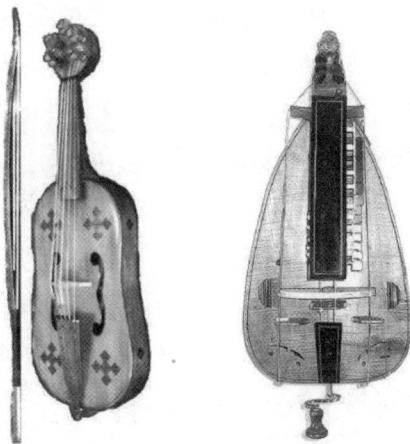

图 16-5 维埃勒琴(左)和手摇风琴(右)

11. 风弦乐器

通常为琴状结构,顾名思义,"风弦"为弦线因风而动。这种乐器在摆放琴弦上颇为考究,便于风力通过时形成振频,产生一种柔美的混合音符。

12. 共鸣弦子

共鸣弦子具有相当多的补充形式(与前面所说管乐器的情况相似)。弦子是由一系列纤细的金属线组串而成,并安设在主弦(初级线组)下面,不会受到常规方式的影响引起振动,而是以某种方式与主弦协调。当拨动、敲击或摩擦主弦时产生的振动,会引起共鸣弦自动拾取振动中的某些音响,保证振动的持续,任其逐渐消失,而不受拨弄主弦的"指法"所影响。这种持续音符的"配乐"方式赋予共鸣弦子一种特殊的音质,可能产生旋律起伏、余音绕梁的效果。在印度,共鸣弦子得到广泛的使用。在欧洲,中提琴和某些乐器都搭配了共鸣弦子。

以上所列纯粹是为了帮助调查员应对可能的情况,以便抓住乐器的类别与特征加以描述。这份清单难免挂一漏万,因此每一类还可逐级细分。本章采用的分类主要基于不同的方法和发声所需的振动原理。在基本类型的乐器(或声响)完全过时之前,重要的是尽可能收集相关的事例。目前有一种保留原生态乐器或声响的趋势,主要是便于祭祀,在调查员看来,与仪式和神秘表演相关的特殊乐器理应专门寻访并且记录在案。

(四)音乐的记录

用符号、文字、数字或图表将音乐记录下来,形成乐谱,稍微懂得记谱法知识的人都能够这么做。但是,欧洲以外的民族音乐、欧洲的民间音乐,其共同点是无法用正规乐理知识来记录的,需要别的符号和完整的口头解释。而带有短促停顿的简单音调则可用五线谱或基音谱调来记录,还可用于记录那些受过良好音乐训练的人发出的声音。记录音乐有以下方式:

1. 记乐谱

调查员如果没有受过良好的乐理训练,在了解东方民族或欧洲民间音乐时,应注意使用机械、电子设备录音。

在表演音乐的韵律或高音节奏时,不要做改变任何事情的尝试,因为它会破坏中立性和客观性,声乐中把这种现象叫作"吸引音",类似于语言中的"同化音"。调查员很少注意那些有用的资料以及有价值的突然变轨,他以为这是缺陷,但恰恰是随后的音乐分析所依赖的路标,能够说明旋律的新模式和音乐形式与韵律。

2. 记节拍、记音调

如果韵律和音调较为简单,要用节拍器确定拍子、节奏的变化、特殊音的长度和其他特别之处,由于表达和情感因素,要用严格的时间线来记录,并用一般表示停顿、渐慢乐段、渐速音和其他类似的音乐"碎片"的符号,由于许多音乐的韵律和拍子的长度很复杂,以至于用节拍器的严格时间来表示毫无意义,除非有一个大致的框架,在记录这些不规则和转换长度时,最好插入常见的测量棒,并在每一个改变处作上时间标记。

要确定乐谱的大调和小调,可通过音叉或音调管来区分和固定旋律的基准,从旋律移动绝对音调所用的基音支点到间歇关系中出现其他曲调,停顿若少于半拍,在音符下面要作特别标记,应与音乐家认可和采纳的区分符相一致,除非还没有适合的情况。若采用新标准,要详细解释,在记录音乐的机制中,常用的音调管型号,在后面要加以注释。

3. 记音高

音高指音乐中同等情况下对某些音的突出或贬损,音高的方面并不仅仅是音乐的问题,将一些归于心理学领域更为合适,另一些是中性的,还有一些与语言学相关,只有经历并完全弄清楚音高问题的各种含义后,才能引导调查者完成这一任务。

4. 录音设备

选择或使用什么设备记录,没有十全十美的建议,由于生产和设备一直在改善,首先应比较适用的最新仪器并获取工作所需的指导性说明。

5. 记乐器

不仅要描述乐器的类型,还要记录它们的使用方式,歌舞中用到的伴随物,如拍手、顿足和喊叫都要记录。某些情况下,这类伴随物会随着旋律的节奏和长度而发生变化,用录音机记录时要注意这种现象。

要注意每一种音乐的社会背景,是常规表演还是仅限于特殊场景或表演者的职业和阶层。音乐与特殊场景相连是不言自明的,如仪式音乐倾向于使用明确的旋律或其他作曲模式,这类音乐对那些不熟悉的听众来说可能是晦涩难懂的。有时分析并揭示它们的微妙性十分困难,即便当地人也讲不清,因为他们很少孤立地抽取其特点。在一种既定的语言环境中,这种倾向类似于依托于它们的诗歌模式,能够引起当地人的共鸣,所以,可能会有许多音乐模式存在于人们的音乐感情中。一般而言,这些音乐模式的总和具有音乐的特征,可以用来区分不同族群。音乐模式很复杂,反映出两个群体共同的所有权在其他方面存在分歧,它们正是可以利用的有价值的证据。

6. 记信仰

关于音乐起源和特定部分的信仰,在作曲中的吟诵,作曲家的能力是由自己还是他人来评估? 这些都要记录,还要记录各种可得到的音乐理论,尽管可能性很小。在音乐的变化中每一次适当的重复,每一组伴随的舞蹈,人们是如何评论的? 这些对于音乐理论的研究极有价值,与音乐和音乐家相关的仪式对于音乐民族志学者来说同样是渴望的。在特殊模式和器具的使用方面有特别的规则,或许还有与特定场合相适应的歌唱方式,如一些神圣话语朗朗上口,当有其他特殊人物在场的时候,吟唱可能运用于不同性别和年龄,一些仅在陌生人在场时或某些阶层的人在场时才出现。

7. 记音乐词汇

要记录音乐术语,如"高、低、响亮、柔和、嗓音、曲调"和其他类似词汇,在讨论与主题相关的材料时加以探询,不同的音乐形式、模式和曲调可用专业术语区分,如果发现音乐符号的证据,要彻底探询,但这种情况实属罕见。

8. 记嗓音情况

个人发声的音域不像唱歌时所反映的那样,唱歌时的音域作为一个整体,可由心理和生理兴趣来改善并获取,尽管实验室中的分析和概括更能说明问题。表演的把戏、习性、做假声、颤音和滑音以及各种表达情感的方式都要记录,在更先进的音乐器具中,弹奏的技法和感情也要观察。

9. 记上下文

一支曲调的所有音阶都要用简谱或五线谱记录下来,然后用键盘乐器(钢琴等)来整理。也要认真记录声调语言及包括其中的口语音调的单词,比较歌曲在说和唱时的相似及不同。

10. 普通观察

旋律中存在的全部问题在实验室分析和比较研究中都能碰到，例如，旋律的形式和设计、音调的内涵和停顿、一般性的结论以及将音乐与其他因素视为一个整体时的主流形式。因此音乐可能被定性为主要是声音或乐器按一定比例的混合，可以是单声道或多声道，部分唱腔可能不和谐，可能是独奏，也可能是合奏。风格被定性为可能简单，也可能复杂，有前奏、副歌、终曲、韵文等不同程度的偏好。沿着这些线索所做的任何田野观察对于总结很有帮助，尤其当收集的资料仅是部分而非详尽时。

三、舞蹈与戏剧

（一）舞蹈

如同其他艺术形式那样，舞蹈是对情感状态、事件、日常活动以及对某种物性的模仿式的表达，诸如对运动中的动物的模仿，这些表现可能是自然的，或多或少带有传统性。描述模仿动作可参照表演者的动作（从当地人的报道得出，而不仅仅是旁观者的猜测）、姿势和外部辅助，如道具、服装，或通过自己的表达，这样的舞蹈试图通过哑剧的形式描述一系列事件。

在许多正式舞蹈中，很难探查清楚要表达的意思。正如装饰艺术潮流一样，姿势和别的动作主要是形式的；作为宗教或社会仪式的一部分，舞者的表演是为了提高兴趣、愉悦或者是象征原因，即舞蹈的意义并不突出而只保留了传统或其名称。当然也有居中的情况，有些传统的模仿性舞蹈结合了正式的步法和手势。

最好用摄影机记录舞蹈，用摄影、录音设备来记录音乐和歌唱。如果调查员原来接受过舞蹈的训练，观察时可用书面符号来记录。在任何情况下，舞蹈动作的推进和舞蹈者动作的连贯都要用图解来表示，给出具有象征内涵的描述，可以缩短重复动作的描述。每一个步法和动作在当地的名称都要记录，当地人传授舞蹈的机构里所用的技术名词和评价标准都很有趣，这些都要尽可能用在报告中。

摄影手段可以展示舞蹈的每一个重要的瞬间和连贯的动作，包括舞者的外貌、服装、装饰和道具，它们可能具有仪式意义，有时是迁徙或文化传播的重要证据。

舞蹈可能与宗教或其他节日有关。调查员要询问舞蹈是在什么场合下举行的,有谁来参加,注意出席的社会精英和当地团体有哪些,可能有些特殊的季节能说明纯粹的社会功能,要弄清楚谁负责这类舞蹈,是否发出邀请。

舞蹈常归于个人或群体,记录它是否可以传播(雇请或租用剧团、演员、道具等)到别的群体或个人家庭,如果没有得到允许而模仿了动作,会出现什么情况?

当地编排新的舞蹈吗? 编舞者受到奖赏或得到报酬吗? 记录舞蹈的历史很有趣。舞蹈在当地叫什么,最初出现的目的是什么? 对于自发性舞蹈、非组织性舞蹈也要记录。

个人开始跳舞和退出舞蹈时有年龄限制吗?

要了解舞者的队形,男女一起跳还是分开跳,或是分组跳,或者是独立的团队碰面后不同团体的人们结伴跳?

(二) 戏剧

戏剧与音乐和舞蹈密切相关,都是一种简单的演出形式,人们在一起表演,用动作来表现实际发生的、传说的或神秘的事件,或者仅作为消遣。表演可以是哑剧形式,也可以讲话、唱歌、弹奏乐器,还可以是或多或少的模仿舞蹈。

凡是和戏剧表演有关的场地、时间和场合都要记录。当问到戏剧是否会有时段,意思是在历年中的某个固定时间表演吗? 如在施洗约翰节或某人去世或其他重大事件发生之后。还有,表演者的数量、社会地位和组织;为演员或观众提供的临时性或永久性的供应品;化妆、面具和其他道具等附件,侏儒、傀偶或其他形象;舞台、布景和人工灯光等等都要记录。至于是否会演皮影戏,如何获取标本或模型和特殊面具,谁表演戏剧,是否有临时或职业的表演公司,这些问题也都忽视不得,就最后一个问题而论,如是职业性的剧团,要注意它们的社会地位、习惯以及如何维持运转,还要索取每一部戏剧表演的说明,包括准确的台词、乐曲、舞蹈和习惯手势,要充分利用图表、草图和照相技术,如有可能,使用摄影机和录音机。

最好避免使用诸如喜剧和悲剧这样的一般性表述,可以围绕以下方面来描述:(1) 每一个表演的主题,可以是民间传说或历史故事,也可来自当代社会或日常生活；(2)人们自己决定的选择表演场合的理由；(3)由戏剧激发的情感表达。由此应注意询问：观众事先知道故事吗？戏剧的台词和动作等如何保存并传授？新戏剧怎样创造、制作和普及？如此等等。

四、游戏和娱乐

娱乐是调节身心的基本活动，它有多种多样的形式与内容，游戏便属其一。如果说娱乐形式之间容易区分，那么游戏与娱乐则不易二分，因为它们是种属关系，各种游戏都含有娱乐的成分，只能按强弱关系判断，即有些游戏娱乐性强，有些则不强。下面把游戏和娱乐综合为一体加以叙述。

游戏特别值得调查，因为它起初就是用来娱乐的，一有机会就可进行，发生频率很高。要注意娱乐和游戏是否仅限于某一个性别、一定年龄、特别的群体或阶层、仪式场合或特定的季节。调查员有机会就要加入游戏，学会玩耍。要记录游戏的全部过程，如有可能，附上照片和图画。收集游戏中用到的玩具和器具，要调查游戏中的分组与结对现象的社会意义。

游戏可分为八种：(1)动作游戏，即有意无意地发展身体的力量，如训练敏捷性、爆发力、耐力、技巧等类的游戏，具体的例子有跳、爬、拳击、摔跤、格斗、投掷、马术、水上运动、射击等等；(2)机敏性游戏，即训练记忆的灵活性和发展手的灵巧度，如线偶和特技的游戏；(3)计算和技巧游戏，如借助器械的曼卡拉、象棋，或不用器械的猜拳；(4)赌博游戏，用特别的工具和赌具，如打扑克、搓麻将、掷骰子、对卡片等等；(5)利用动物进行的娱乐，包括驯养动物，让动物争斗的游戏，在此要记录驯化动物的方法，兵器和提供的防御措施，动物争斗的环境条件；(6)为娱乐而进行的舞蹈和戏剧表演；(7)专业性表演，如拳击、球类、田径等等赛事；(8)圆桌游戏，它是一种简单的娱乐方式，常采用唱歌的形式，这种游戏不需要专门的器具，年轻人特别喜欢玩。上述游戏主要是成年人的娱乐，但是绝大多数游戏在某种程度上是由小孩表演的。调查员要了解是否有这两类游戏，即大人玩的和孩子玩的，如有，应该记录所用的物体，游戏以及歌曲都应描述。

游戏所用的器具可能是简单的，如玩具娃娃、陀螺、气球、风筝等，有些玩具模仿成人的发明创作，也有机械玩具和音乐玩具，偶尔可发现玩具是某个宗教仪式的残存物或是成人不再使用的实物。

　　大多数游戏都引入了竞争的精神,而且竞争的成分掩盖了其他特点。要记住游戏常是古文化的简单模仿和仪式的世俗化,或只是仪式的点滴遗迹或社会习俗的残存。要记录与游戏相伴的曲调和规则(包含古语、词赋)。除了记录游戏参与者的性别、年龄和社会地位外,还要记录什么游戏被看作具有男人气概或不具有男人气概;游戏是活动的还是久坐不动的,人们更喜欢两者之间进行的个人竞争的游戏还是喜欢多方参与的游戏;如果是后者,还要记录如何挑选组员、如何组织和领导?

　　记录与娱乐、社交或宗教场合相关的赌博、投机行为;庄家是游戏的发起人还是他与响应者轮坐? 赌注是什么? 赌博之风的社会影响如何? 民众对这一事件的看法怎样?

　　聚众吸毒和分享各种各样的兴奋剂可能作为一种娱乐来看待,尽管它常常有自我麻醉、忘掉不幸、消除张力等于社会和宗教有利的作用。

　　现在介绍翻绳技法。翻绳游戏是一种分布广泛的娱乐方式,各地有不同的叫法,如"线翻花""翻花鼓""挑绷绷""解股"等,儿童时期玩的游戏"猫的摇篮"即属此类。可以训练双手和眼睛的协调能力,锻炼想象力。

　　翻绳特技常指线的结或复杂排列,拉线时,线的松紧自如。调查员不仅要注意这种游戏的玩法,还要记录每个动作的术语,各种图形的名字及其意义,记录与图形相关的歌曲和故事[1]。下面说几个术语:

　　穿过手指或脚趾的线叫作"圈"。一圈包含两根线。在解剖学上,大拇指穿过的部位叫射线,小指穿过的线为尺骨线,每一圈都由一根射线和一根尺骨线组成。通过大拇指的指示,中指、无名指和小指协调,两手就可翻出二十多种花样。

　　穿过手掌前部的线叫作"手掌线",穿过手掌后面的线叫作"背部线"。有时一个指头有两个圈,其中结构上一个稍靠近指尖,另一个较为靠近指根,因此,靠手部位的叫"基部环",靠指尖的叫"末梢环",相对应地可称为"基部线"和"末梢线"。

　　无论如何,各种线图可以从一个指头转到另一个指头,通过插入一个指头到一定指环中,将指头回到原来位置,就会把线拉到另一个环上。可以这样表

---

[1]　Abridged from an article by A. C. Haddon in *Man*,1902,109.

述翻绳：将指头穿过环，将线拿起又返回来。很少在拇指和其他指头间拉线，指头必须从基部或末指部插入，将一定的指环传到其他指环中。我们普遍使用上面这些术语而不用"之上""之下"，因为后面的这些术语的适应性取决于持绳的手势，若是水平拿圈，"超过"和"之上"是末梢部的规则，而"下方"和"之下"是基部的规则。

指头上绕线取决于手指或手掌前部和背部，将绳子套入指头中时，由手掌部分带出线，呈Ｖ字形操作，将一个指头转向另一个指头，把线圈从一个指头移到另一个指头。

具体操作包含一系列的动作，每次操作完后，通过分开双手和分开手指来延伸图形；除非这样做干扰到图形的形成，因此，调查员应该记录的是手指能不能延伸。

各种花样有不同的开口位置和动作。要采用传统名称，即使重复描述也不要标新立异，以免词不达意。

开始翻时双手处在"第一位置"上，这一名称表示翻绳的起点，以图 16 - 6 上为例：将线放在两手的大拇指和小指间，每一个手上的线从尺骨位置绕到小指后面，小指和食指间部分穿过手掌心，绕到后面呈放射状，手抽出后呈一个单独放射状，每个手上的一个单独的尺骨小手指排成一列，横着的线穿过手掌。它与英语国家中的人所玩的"猫的摇篮"这一游戏不同，后者绳子是绕在手上，其中一根横贴着穿过掌心，另外两根在手背上经过，形成一个单一的辐射状数字形绳子，还有一根绳子绕在单独的尺骨小指上。

再看倒Ａ字形。将绳子放到第一位置（图 16 - 6 下）；用右手指头从下往上挑起最近的绳子，穿过小指尺骨旁边绕经左手的绳子再返回；右手的绳子形成了一个圈，将绳子从小指和左手大拇指的尺骨旁穿过，即小指与大拇指上的绳子各自呈辐射状；将左手的绳子从最近一侧绕到右手掌再返回，同时保持右手的线圈加入左手的线圈。这样两手拇指、食指和小指上的绳子形成了六个圆圈。每只手的小指贴到另一只手的食指上尺骨位置的绳子，同时横跨这只手，就变成了另一只手上的绳子。

现在来欣赏流行于托雷斯海峡地区的翻绳法（参见图 16 - 6 上、下）。

鸟巢或独木舟图案。从其末梢部分插入小指圈并穿过基部的小指，将线再绕回到一开始的位置，在尺骨的拇指线和桡骨的指线间缠绕，伸出小指，每

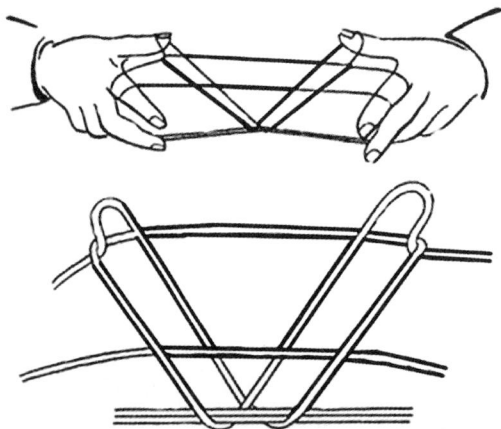

图 16 - 6 托雷斯海峡地区翻绳技法示意

一节上有两个线圈,一个大圈套在两手的大拇指上,从其末端插入手指,将两个尺骨部位的线拉下,轻轻地用两拇指插入同一个线圈中,与刚才的方向相反,改变拇指方向,用拇指尖将掌侧手指至尺骨附近手指之间的线段挑起,通过拉伸获得鸟巢图形,中心的椎体代表鸟巢。

老鼠图案。左手拇指向上,指头向前,将整个左手穿过绳子,让线圈落下到背部,从尺骨到拇指部位,有一条下垂的线,将右手放入手掌下的线条内,在拇指与右手指之间,穿过环形的下垂线,抽出一个圈逆时针方向搓一圈,放入左手,将悬垂线拉直,重复相似的动作将线拉紧,从左手移到线圈外,左拇指和指头捏住线条,用右手拉掌部线条,发出吱吱的声音,随之左手的圈就散开。

本章需要注意的问题:

研究人类物质生活方面的所有问题极富趣味,也非常重要。调查员要从经济、社会、巫术、宗教和神话、传说各方面来看手艺人,从人工制品的内在价值、社会功能和发明来源以及传播的角度来看问题。由于人工制品及其技术与社会组织整体以及宗教和其他仪式实践密切相关,因而这种研究具有相当的重要性。调查员在了解人工制品和技术的过程中可以发现人们的智力兴趣,这是人们获取自信心的一种极好方式。仪式的文化物质因素很重要,许多仪式行为与工艺流程相互交织,可将其视作特定技术的不可缺少部分,这样人们就能抑制新方法的发展,至少将它们导向预定的方向。所以,任何解释既要充分体现重视仪式及仪式行为,也要体现重视工艺流程。要记录人们对于他们自己的技术所持有的态度,并且要了解这种态度对实际操作的影响。

所有的制造技术都需要时间,从原始经济的角度来看,估算成品产出的数量以及需求量是非常重要的。动力的来源主要是人类原始的肌肉力量、畜力,有些更先进的地区可能会借助于风力和水力。因此田野调查员要思考下列问题：依靠技术获取能源能生产多少东西？复杂程度和技术应用如何？有任何特殊的运动或辅助条件使技术在心理和体格上更加适应男性或者女性吗？技术专家的活动达到什么程度，比如说有多大比例的人口去实践专家的方案，或者人们投入到工作上的时间占多大比例？

众所周知，务实的工艺与务虚的仪式是分立的，二者只是单独出现在一种场合，在制造加工过程中使用工艺就不会举行仪式，反之亦然，在举行仪式时不会制造加工。因此，本书讲述工艺、工具和信仰、仪式时是分开的，每个问题都单独考虑，但有时候二者是连贯的，技术层面上会出现信仰的某些基本原理，因此，调查任何问题都应当考虑互相渗透的现象。植物的栽培和动物的驯养也一样，栽培某些特定的植物时可能会伴随着很多的仪式，而栽培另一些植物时则没有任何仪式。应当努力去发现哪些植物受此待遇以及其中的原因。

第四部分

古人类活动的遗迹

文物考察是为了发展我们对人类生存史的理解。但是,严格地说来,我们对石器时代的人类知之甚少,因此,这里要说的古遗迹不是指远古人类,而是指先人的栖息地、遗骨化石及残留物品等。由于它们具有一定的文化价值,所以成为文物工作的抢救对象……

　　从事一个区域的文物考察,从寻找证据、实地勘踏、测量画图等采集资料的工作到旷日持久地发掘、年复一年地研究,可谓任重道远。找到实物是第一步,解释它们是第二步,前者可以吸收大批人士参加,后者则属于少量训练有素的专家探讨的事情。在这一部分的有限篇幅中,我们的主要重点是前一项的工作。

第十七章

野外文物工作

　　野外文物工作与人类学调查休戚与共,尤其在研究民族及其文化整体,研究人们的技术进步时。当前,一些偏远的社会还保留着与史前社会的某些方面相似的生活方式。考古学家可能看到一些遗迹,并且从现存的文化模式中追溯某些早期的面貌。民族学工作者调查那里的社会生活和技术设备,其实是对早期人类的研究做了贡献,同样有助于研究我们自己的文化遗产。至于文物专家更应该把社会的、技术的研究与野外考察工作结合起来,当他们在那些民族——某种程度上被外界描述为"活生生的古代民族"——中间做调查时尤为如此。

一、必备的知识与技术

　　野外考察队员既然已经懂得了上面的道理,那么了解人类学家根据文化进化的一般规则所建立的标准范式就是题中之义了。在进入田野调查点之前,如果先参观博物馆,领略各种藏品是大有裨益的,尤其展示的生产工具和生活用具,如石器、陶器、竹木器具等等,如果得到允许,最好是触摸一下,获得真实的感受,为日后采集素材、记录田野经历、登记材料做好知识储备。到了古代居民的遗址上,就可以有目地收集各种石制器具、陶瓷碎片和装饰品了。考察队员还需要准备数量充足、质量可靠、口径各异的袋子。纸袋通常是不适用的。采集到的材料用袋子装好,袋子要扎紧并附上标签,标签上要写明类型与数量,袋子里面也要置入一个小纸片,同样写明类型与数量以备补充检查。这些袋子只是用于实地勘查时的文物采集,返回营地后,要重新包扎文物,以免破损,重新包扎时用棉花、毛毡或稻草垫上。用硬纸板放入木箱中隔离,最好用合适的木卡盒来包装珠子、细小物品和金属制品。尽管人人都可获得小锤、手铲、尺子、毛刷、皮老虎等考古工具,但是,只有受过正规训练的考古学工作者才配得上从事田野发掘工作,并且需要获得政府的文物管理部门颁发的发掘执照。

有必要将野外发现的文物和有价值的观察记录下来。要标明每一类的数量和采集日期,不能只凭记忆,必须懂得当时不做记录,过后采集物就容易搞错的道理。随时准备两个本子,一本用来做田野记录,每天都要写;另一本登记采集物并扼要描述。应用钢笔或防水墨笔记录,保证字迹不易褪色,如有可能,还要在标本上明确记录,在条目栏记上数量、日期和发现地点,要把采集者的名字记下来,希望在标本可能完善的期限内增加一些记录,注明相关的条件和技术,以便对采集物和采集地拍照或绘图。图片的数量也要记载,绘图的方法要一致。拍照时应在物品旁边放置一件参照物(铅笔或尺子等),让人直观地了解采集品的大小。在地图上标明发现点,如有条件,应在采集地立碑,以便下次准确返回该处参观或进行研究。若有条件要进行空中拍照,以便今后组织多学科或更大范围的研究,因为空中拍的照片可以揭示在地面上不易看到的考古学特征,譬如,遗址和周边景物的关系等。

二、可移动的实物[1]

田野观察员应将主要兴趣放在特定的物体对象和资料数据上面,如石制工具、陶器(形制、材质、纹路等)、装饰品以及用骨头、角和金属制作的各种材料,因为这些东西代表着某种生活方式或者他们需要面对的真实内容。

(一) 石制工具

石器具有特别的蕴含,通常作为史前时代的标记,但不能将其绝对化,因为到目前为止,仍有一些社会保留着使用少量石器的习惯。调查员在收集与分类时,要注意它们的形制与变化,辨别究竟是燧石、角页岩、石英岩、黑曜石[2]还是其他石料。如果调查员所发现的地点是制作石器的场所,循着相关踪迹,

---

[1] 1956 年 12 月 5 日,联合国教育、科学及文化组织在印度新德里召开大会,签署并颁布《关于适用于考古发掘的国际原则的建议》,正式把具有考古意义的物品划为三类:纪念物、可移动的实物和不可移动的实物。《建议》对古文化遗产的保护做了总体规定,要求各成员国采取必要措施为其在各自领土范围内实施该国际法的各项规定。本章第二、三目的标题符合这一分类的标准。——译者

[2] 燧石亦称"火石",角页岩是细粒状变晶结构和块状构造热接触后的变体,石英岩主要是由石英组成的变质岩(石英含量大于 85%),黑曜石别称"龙晶"或"十胜石"。——译者

很容易找到开采石料的地方,果真如此,就要在地图上标注出原料的起源地。通过使用地质构造图,几乎就能发现燧石与黑曜石的开采点。燧石的晶体结构要么是结核状(呈现石花点),要么是均匀的片状,在许多情况下,燧石形成了白垩纪地层的边缘。燧石与裸露于地表的鹅卵石不同,要是暴露在温度变化的环境中,燧石就很容易裂成碎片。早先的人们与现代人一样,他们都是知道这一点的,因此他们经常有目的地开采,以便获得良好的结果。这里不宜详细介绍各种各样的石制工具,因为这样做不仅偏题,而且受篇幅限制,读者若有兴趣,可以自行在任何一本专业书中查找。

这里需要注意的是区分打制石器过程中造成的石核与石片,以及在骨、木或角质的凹槽上嵌入一块石片或两块石片的复合工具(前者号称非双面刃,后者为双面刃)的区别。通常将考察的重点放在制作方法上面,亦即给那些砍砸器或刮削器配制利刃,是否采取将石片直接嵌入柄中的方式,或者石片上留下若干打制的瘢痕,抑或石片加工经过打磨或抛光。学界直到现在都认为打磨或抛光是新石器时代①的标志。最后,要注意一般情况下造成的锈蚀,风和水等因素所带来的影响以及石器因使用而留下的痕迹。就后者而言,从石制工具的边缘或末端的毁坏情况是可以看出来的,因为自然断裂与人工打击的痕迹不同。在某些特定的情形下,例如,用石镰收割马尾草(或麦秸),通过光泽面可以看出它的使用程度。工具种类(用于农业和狩猎)以及各自所占的比例,也可以说明某地区或社区人们所从事的主要职业。在石器时代晚期,石制工具的专业化日益明显,类别上可以分为农业用的斧、锛、铲、镰、杵臼、磨盘、石拍(用于制作树皮布)等;狩猎捕捞用的网坠、镞头(装于箭杆前端)等;战斗用的刀、枪头(标枪、投枪)、匕首、扁斧(石钺)、槌(狼牙棍)等;居家用的锯、凿、錾刀、钎、镗孔刀等。用抛光或研磨的方式制作的砍砸器通常称为"凯尔特人"(celts)——这个代表西欧最古老居民的名词用在考古学上,除了斧子、扁斧以外,同样包括凿子等刮削器。扁斧与斧子的区别在于前者的刃面是不对称的。

(二) 陶器制品

陶器的使用开始于新石器时代,或者稍微早些时候。考古学家频繁地发

---

① 新石器时代的文化特征是定居农业,相应地有了磨制石器和制陶技术,还出现纺织。新石器时代从距今 1 万年起,延至距今 4 000 年,时间跨度约 5 000—6 000 年。——译者

现早期陶器的形式是先前用其他材料制作的容器的精确复制,如皮囊、葫芦、木制品或篮筐之类的编织品,若要从至关重要的细节上去说明那些老陈的制陶材料已无必要,探讨陶器形制的话题更多地保留在装饰品方面。早先使用一种原材料的制品为后来使用另一种材料制作的仿制品所代替,约翰·迈尔斯爵士(Sir John Myres)将这种模仿命名为"仿制品"(skeuomorph),并把增强了特定相似性的诸种模式概称为"仿型"(skeuomorphic)。应该说,模仿的工艺对于陶器制作的分类方法——如手筑法、轮制法等——极为重要,而打磨、抛光、焙烧、绘画、雕刻、镂析以及给人以装饰印象的施釉等项工艺也是颇有意味的,其中包括手柄、拖把、喷口、立足和基座,一些有特别标记的容器是在焙烧前后打上的。

(三)装饰用品

装饰品的材质一般是珠子、贝壳,有时用绳子、耳环、手链、脚镯、臂环、戒指、金属钉、兽骨、象牙等。调查员要注意垂饰,有纹饰的盾、护身符和其他符咒。他们在某些社区可以看到石头或其他质料的工具箱。有时候是将物品点缀处理,或者是着色处理,有时候是用赭石和孔雀石作装饰品,这些石头本身就很美观。

(四)伴生物品

这里用"杂物"来称之,指用骨头、兽角、龟壳、金属制作的各种器物。

骨和角在早期时代用来制作鱼叉、鱼漂、鱼钩、钻孔器、钉子,还用作抛光、装饰以及其他装饰性目的。也使用木头、竹子,但竹木易腐,很少保存得下来。金属的使用历史久远。在某些地区,常用紫铜和青铜来取代石制工具,制成的砍削或钻孔工具,可用考古学术语"青铜时代"或"青铜时期"来表示。有些考古学家指出存在着一个铜石并用的时期,这一时期的人们既使用铜,也使用石器,如石刀、石斧等,这些后起的石制工具可能是模仿铜的外形。最后由于铁的成本更低,在工业中广泛代替了青铜和紫铜,从而迎来了"铁器时代"。某些地区直接取代石制工具。总的来说,金属工具的兴起吹响了石制工具结束的号角,石器的制作技术日渐衰微,经历了漫长的时间,金属工具才一并代替了石制工具和骨制工具,甚至于石斧和石剑的制造。绝大多数后进的社会完全使用石器,粗糙的工具,如锤子,稍微精细一点的工具,如手磨,无一不是用石头制作的。田野工作者不应对文化接触和技术传播的所有物证掉以轻心,而是要抱以警觉的态度,究其道理一目了然:各种文化,即使它们的传播并不是相当广泛的,但只要彼此间发生了接触,这种接触就成为一个富有成效的动力来源。

说到此,请容许我们敦促调查员特别注意金属工具的保存。常用金属有铜、铜合金(包括紫铜)、铁、金、银、琥珀金(金银合金)等。不能在采集期间清洗,需要专人清洗,以免损坏或抹去重要的文物特征。细线、钉、环、钩等可能被腐蚀或生锈而只留下核心部分,有时可能只保留没有颜色的外形,调查员要准确地描绘,有时可能发现未完成的部件、块状金属、矿石或模子,这些是了解金属的来源和冶金专家分析时最好的标本之一。

(五) 动植物的残骸

新石器时代初期,在依山傍水,有平原、有沼泽的地方,呈现出良好的渔猎捕捞条件,可供人们食用的物品很多,无疑留下了一些遗迹。因此,骨头、牙齿、外壳、木块、木炭、树叶和其他能够找到与史前人类器官残存物遗址相关的物品都值得采集。即使没有人用过的痕迹也有助于重新建构古代的环境,偶尔还对遗址断层有帮助。对待各种标本要像爱护古迹那样小心,必要时得仔细包装,贴上标签。

常常,从地表采集到的物品表明重要场地的存在,要是把上述物证与地点记录下来,就可为后续研究提供有价值的线索,由于邻近的堆积物可延伸到地面,溪流的切割作用会形成河床,因此,有必要将调查范围扩展到采集物相邻的区域。在搜寻过程中,要注意地表的条件,燧石工具是否遇到风化、点蚀、水浸及侵蚀的程度。斑点、霉块等物理条件可能是极其重要的参照点,据此可以估测这些物品所属的年代。

三、不可移动的实物

住房、作坊、仪式中心和墓地等属于不可移动的实物,从这些遗存的地表可以获得很多发现,它们可能比较真实地反映了相关人群的居住、生产活动和生活情况。坟墓中的物品有作仪式之用,要区分住宅和墓地之类的实物。考古学家十分注意住屋、墓地和地表位置的重要性,下面分成几点来谈。

（一）墓地的探测

必须受过专门训练的人才能从事墓地的探测。已经暴露的坟墓需要拍照、准确地测量并绘图。要是里面有骨骸，就要用线条画出原有的姿势（如尸身是否曲卷到膝盖顶着下巴的程度，腿的曲折与脊梁的夹角或延伸度是否大于 90 度，尸体是左侧卧、右侧卧，还是仰卧），凡此都要记录在案，为理解丧葬仪式与灵魂信仰的关系提供线索。瓮棺既有可能装火葬后的死者骨灰，也有可能盛着食物和饮料以供死者在地下享用。埋在土中很长时间的尸骨不宜暴露在空气中，因为它们很容易破碎。应立刻将虫胶漆涂在尸骨上，这样可以使骨头变硬进而起到保护作用，然后拿到实验室清洗和检测。

（二）住屋、洞穴与岩棚居址

工厂和作坊场所、地面定居点、土丘、矿山及开采过的矿坑、仪式中心等等地方，当它们与住屋、洞穴与岩棚居址发生关系时，我们也可以在这些地点看到岩画的印迹以及其他古人活动的景点。洞穴里可能充满堆积层次，从底部堆到顶部，里面混杂了工具和其他遗物。这些洞穴和岩棚隐藏在突起的悬崖下，文物考察者要造访这些洞穴，探查它们的遭遇，追寻前人居住的痕迹。灰烬、堆肥、骨、石的碎片、屋顶烟囱、墙壁、手印足迹都可能发现。旷野中地表的隆起可能是灰堆，也可能是陶器碎片和其他残余物散落地面所致，也可能什么都不是。一切能找到的东西都要观察和收集，包括任何有关居住的痕迹，比如，较低层次的发现要与地表的发现区分开来，尽管区别极其细微。在这样的地方很容易找到不同时期的物品。要仔细收集并登记，按每一种物品的准确比例画出图形，这样可以看出该地点的不同位置曾有不同的人居住，也许是在不同的时期。然而，如果一个地点被长期占用，上面的重复建筑遗迹就会形成一个高于周围地面的土堆。不同时期的陶瓷和别的遗迹可能暴露在地表上，挖开土堆，就像挖河道那样挖一条壕沟，就能看到相互叠压的地层，通过灰烬层或有标志的黏土标识出来。要仔细将每一层遗物分开。不仅用来住人，土堆可能堆积成坟墓，因此很难区分表面上的土堆和大的积石冢。除了在尺寸上，各种人工土堆都具有考古学意义，调查员要记录每一个土堆的直径并标注在地图上。

（三）石制工具的采集、石料加工制作的场所

可用作石制工具的碎石堆通常是作为原材料的黑曜石、闪绿石或其他矿

石、燧石或鹅卵石的来源。

丢弃的或未完成的工具可能有很多，要采集好的标本。过去仅收集最好的东西是错误的。成品工具对测定年代很有帮助，未完成的工具也要收集。要对未完成的也未抛光的新石器时代的工具与旧石器时代故意不抛光的工具类型进行区分。别忘了即使在欧洲，直到最近有些地方依然在用燧石工具。

（四）岩石上的绘画和素描

在岩石表面或岩洞里，绘画或素描可能具有写实或图解的特点。从旧石器时代到现在都有，比如南非或其他地方。用凹线刻画、表面琢或构画线条或十字图形等表示图形。如果图案模糊不清或已被风化，可以用水轻轻浇石头的表面使图像清楚显示，但可能只是应急之需，经常使用可能会使表皮蒸发。有些人在拍照前用粉笔或其他有色物质做标记，这样做有危险且不合理。拍照、画图和画出印迹都要标清尺寸比例，图形通常重叠并互相覆盖，也许这一点在决定年代时有帮助。通过岩画上现在灭绝的动物图案可以说明气候的变化。因此尽力确定岩画中的动物非常重要。要认真寻找一些有意画得不完整的图形，譬如，人们在南非发现一幅岩画，上面画的大象却长着犀牛腿。可能与反对完美表达的禁忌有关系，也许是表示合成的神话动物。所以，岩画的研究可以表明环境与文化的特点。

（五）地层序列

如果遗址是垂直分布的，比如深坑中的河砾石，就要按地层和厚度来区分样品，按地表下的深度和其他特征加以记录。若有可能样品要覆盖全部地层剖面，从考古层一直到现代表层。标本要用帆布袋或罐子装好，尺寸不超过拳头大，采取这种方式以免受其他堆积物的污染。在检查前样品要存放一段时间，最好先干燥。若是几个星期内要交给地质学家，沃土和黏土要保持潮湿，装在罐中不使其发霉，这一点特别适于易风干的土壤。

收集一组地层标本很有价值，即使不供专家研究，也可以为埋入的材料提供事实依据，有时候这一点只可意会，不可言传。

（六）地文特点

了解自然地理特征是对调查员的基本要求。沿着河边台地行走常能找到猎人丢弃的石制工具，因此河流冲刷的地方是搜寻古物的好去处。它们有可能已经风化,在有山之处,也可能隐藏在屏风般的山麓下,从那里获得的实物暗示台地中找到材料的可能性很大。细查台地上捡到的石制工具,可以看出它们经过磨砺的痕迹,由此联想河水长年累月地冲刷,运载着它们在水中翻滚,正如一位诗人的赞叹:

> 不是铁器的敲打,
> 而是水的载歌载舞,
> 使粗糙的石块变成美丽的鹅卵石。

或者是风蚀的痕迹,抑或痕迹相对新鲜些。采石场、采砾坑始终被当作极其有用的研究遗址,尤其是它们出现在河边的台地上时。河边台地总是层层出现,显得上下有序,应根据目前它们与河水接近的距离或高度来测量和辨别层次。为了完成这项工作,确定一些涉及台地表层的数据尤为重要,如果能够获得表示砾石所停留的岩台数据,则更加有意义。假如无法获得岩台数据,根据观察确定砾石的最大厚度所形成的数据同样是有用的。在砾石中发掘的工具的水平高度也要确定下来,由于倒置关系的作用,上一层总是比下一层更为古老,特别是在河湾地带,它们倾向于熙熙攘攘地汇集在一起。在某些地区,黄褐色的土壤或河流的其他冲积物可能已经覆盖了台地,使它们难露峥嵘。

温带或热带地区的多雨时期似乎与冰河时期相对应,早先这些地区保留的湖泊覆盖了更广地区,水漫之处可从沿湖滨居住的人或丢弃的工具来判断。从岸边采集的贝壳要仔细登记,每一个海滩相对现在的湖或干地的高度要加以记录。

在上升的海滩中发现的工具,常常出现在地表之上,如海滩上的贝壳可提供重要线索。斯堪的纳维亚海滩到处遗有可食用的螺壳,这种更新世的生物表明当时的气候比现在更暖和。在葡萄牙海滩出现同样的贝壳材料,表明当时那里比现在更冷。在上升的海滩上进行地层学工作是一件复杂的事情,田野调查者要注意堆积物的高度与厚度,寻找古代的悬崖,如有可能,首先要判断悬崖基部的高度。

对于有冰碛①的地区可能要注意气温的上升,现在世界上的气候已相当暖

---

① 冰碛又称冰川沉积物,是在冰川的作用下,挟带和搬运的碎屑构成的堆积。冰碛物根据形成而细分为底碛、内碛、表碛、侧碛、中碛、融出碛等等。——译者

和,甚至于有点偏热,不太可能从冰碛中发现石制工具,因为里面的石头已经达到极易搓碎的程度,正如冰块遭受的压力一样。调查员应当谨慎,切勿想入非非地把这类碎屑解释成是人类工艺的创造。他们还应绘制冰碛分布图,确定海拔高度,冰碛与冰源的距离,这些信息可能对研究大有裨益。

沙丘遗址一般是新石器的人类遗留,但中石器时代,甚至于旧石器时代也会留下沙丘。沙丘遗址有时会与砂岩或沙石相混合,或者转化成砂岩或沙石,可能还会被植物覆盖,或者显示沙化的扩展。有些化石堆被植被覆盖,还有一些仍然是化石土壤。

黄土堆积物需要加以仔细研究。它们是黄色或褐色淤泥风干而成的,易形成垂直的类似悬崖的受侵蚀面。它们常包括化石土壤,呈褐色和肥沃的质地。在新鲜的黄土中,在化石风干水平层或化石土壤表层中能否发现工具很重要。黄土似乎主要靠压力积累,如大陆内部的冰冻层,早期由于易碎的特点能够栽种作物,偶尔可以发掘出居所。黄土上旧石器时期圆形或椭圆形的住所有时集中在黑土中,可能是以前棚屋的基部。有时火山岩浆可能盖住诸如阶地与海滩类的堆积物。

(七) 土壤分析

所有残存物,包括早期遗迹、人工制品、植物硅石、零星花粉、大植物化石等都会受到气候变化的影响,构成土壤的组成部分,通过当前各种科学的分析方法,如孢粉分析、植物硅石分析、大植物化石分析等,可以将植物的残骸因素一一测量出来。懂得这些方法对于田野调查者认识土壤中包含的有用成分或化石土壤是有益的。它们揭示了人类在古代土地表层留下活动的痕迹,为研究早期人类生存的气候类型提供了重要依据。

近年来古植物学的方法——孢粉分析和硅石分析先后与考古学发生关系。孢粉分析和植物硅石分析都是确定考古遗址古生态环境的方法,但依据的原理有所不同。前者是从孢粉组合与植物群落的对应关系推及植物群落与气候、环境和地质年代的对应关系而展开的研究。后者是从植物生长过程中吸取了一定量的可溶性二氧化硅,植物死后这些元素重新落入地面,成为土壤中蛋白石类颗粒的来源之一,通过鉴定炭化植物遗存来研究,以了解过去的生态条件,栽培植物的起源与扩散,野生植物的可得性、利用价值以及技术、经济与社会组织之间的关系。

　　植物硅石分析的基本做法是先到发掘遗址处采集土样，带回实验室通过松散土壤、分离砂粒、去除黏土（碳酸盐、有机物等）、重液浮选、提取植物硅石、定性等环节成样，进而在显微镜下观察制片，再把观察结果与植物硅石参考标本对照，了解它们与母体植物的亲缘关系，继而和更大范围的参数对照，得出应有的结论。

　　不可移动的实物还有许多调查员不可忽视的原因，限于篇幅和专业局限，也就不再展开了。本章已经从考古学的维度谈了一些东西，下一章将从保护技术方面做一些力所能及的探讨。

第十八章

文物保护技术

许多国家都把具有历史、艺术、科学价值的古文化遗址、古墓葬、古建筑、石窟寺和石刻、壁画等划入保护范围。对于这些不可再生的文化资源，政府鼓励全民树立保护意识，要求专业人士开展文物保护的科学研究，提高技术水平。文物保护技术是一门文理交叉、理工渗透的知识，它综合了复制、保护及防治等技能，也包括勘察、检测等工作，需要系统地学习，本章只是提纲挈领地介绍一二。

一、摄影技术

良好的摄影记录是不同类型的田野调查的重要组成部分，两者之间存在着服务与利用的关系，也就是说田野调查需要摄影技术，但其形成的图像记录不是为了指导摄影技术。

一个从未使用过照相机的调查员在进入田野点之前应该咨询有丰富摄影知识的人，并且应该在后者的指导下练习拍摄和冲洗照片，直到他大致理解了相关的技术过程，能够分辨拍摄照片和冲印照片的正确曝光时间以及显影和定影时间为止。然而，即使他懂得了上述知识，他在田野场景中所碰到的问题也不是局限于室内工作的摄影师所能见识得到的。它们是些什么问题呢？下面就来粗略地介绍。

（一）照相设备与技术

对于摄影者来说，照相机及其附件连同冲洗设备都是必备的。要是他运用自如，各种仪器就能够发挥出理想的效果。一般而论，每次出行时，调查员应携带两部照相机，以防其中一部失灵或丢失。要是每部相机的型号和尺寸一致，配备的胶卷与冲洗器械就会简单得多。要是每部相机的型号和尺寸不同,就能起到互补的作用。比如,一部用来装反转片,为幻灯制作提供素材,一部安装正转片,为将来的出版物提供图像选择。

要是从事民居等建筑方面的保护工作,一架底片页板不小于 4×5 英寸带脚架的照相机就是不错的选择。这种相机必须配上长镜头,而这个前焦镜头应该和广角透镜相搭配。远摄透镜既昂贵又笨重,普通调查项目很少要求使用,但是某些工作则不然,也要求使用这种相机,一般来说,使用这种相机时最好是配一个脚架,以增强照片的清晰度。但对于大多数人类学研究的性质而言,一个手携相机是最合适的,虽然在拍摄底片尺寸大于 3.5 英寸小于 2.5 英寸的相片时,这种相机不占任何优势,不过有了脚架提供的稳定性,用这种相机照出来的小尺寸胶片放大以后仍可得到清晰的效果,而且非常适合制作幻灯片。

小型相机如"莱卡""康蔡氏"等品牌具有不同的型号,这类相机小巧轻便,适于各种用途,能够使用各色胶卷,较好地控制曝光,又能够调换镜头,在炎热气候下依然有效。虽然在调焦距时,这类相机需要举到与眼睛水平的位置,会令人有一种不舒服的感觉,但照出来的相片非常清晰,没有什么瑕疵污点。在田野工作的条件下有时难以保证拍摄效果,待将照片放大到合适的尺寸时(或是制作幻灯片时)才发现,就会产生追悔莫及的感受,因此经验是很重要的,不光是使用合适的照相机的问题。

很大程度上说,调查员在拍摄时,相机要拿得正,手要端得稳,心态要平静,对准目标就要掀动快门。要是这部相机是借助黑布的帮助在地面玻璃荧屏上完成调焦,那么在给那些不习惯摄影的报道人照相时就得小心,因为这种相机要求用一大块不透光的布蒙住相机,连同正在调整光圈对准焦距的摄影人(就像我们在照相馆看到人家用带轮子的老式照相机摄影一样),对于有些报道人来说,可能会受惊,他们以为在幕布下操作代表了黑色的魔力以及一种灾难性的后果。这种情况发生时,旁观者希望看到调焦镜头,但他仍有可能会被镜头中上下颠倒的人物所惊吓。从田野工作的角度看,莱卡相机和康蔡氏相机有不少优点,人们能够观察反射镜并且以他们能够理解的方式看清所拍摄的对象和景物。适合安装在常规透镜前的特殊透镜是可以得到的。当用这类相机拍摄局部景物或者小物体时,应该考虑携带特殊透镜。

（二）掌握曝光

田野调查员可能遇到来自暗室的光线变化条件，因而要使用一些曝光器材。最好是用电池作为动力源。但是在潮湿的热带气候下长期使用带电池的器材，就会降低它的效率。在恶劣的气候条件下，应该使用一种曝光计算器来代替，这些器材可以和图表一起获得，用于不同纬度的地区。如果无法获得机械辅助手段，那么在不同条件下拍摄一个特别重要的目标时，应该做出三张底片，一张用于判断正确的光圈和曝光，一张是它的光圈和曝光量的 1.5 倍，再一张是 2 倍。这样，根据要求就可以变换物体的光圈和曝光。除非摄影者很倒运，否则三张底片中的一张肯定是有用的（许多人发现此法屡试不爽）。若要使用曝光度大的胶卷，有些摄影师推荐光圈设在 8 档至 9 档间为"最佳臆测"。

（三）显影处理

这里单指冲胶卷的技术。无论使用普通胶卷还是彩色胶卷，明智之举是胶卷曝光之后尽快把它们拿到有条件的地方冲洗。热带地区即使是延误一天也会影响底片的质量。如不能尽快把曝光的胶卷送走，调查员只能自己冲洗。如果白天做这件事情就需要暗室，或者相当于暗室的暗箱，否则只好晚上工作。总之，因地制宜，用简陋的办法来冲胶卷。暗室尽管没有用墙围起的小屋那么大，但可以用树叶或轻型帐篷做顶盖。有时难以排除灿烂的星光，就会影响到胶卷的冲洗。暗室的照明器可用带有干电池的大号手电筒，镜头罩上红布，节约一点，可以用上好几个月。

在热带条件下准备一台特殊的加热器是必不可少的。它可以使水达到 80℃的高温。福尔马林溶液是很有用的，可以按照 1：20 的比例来配药水。铬矾也可用做替代品，并按照同样的比例配制。

如果不打开盒子的封口，化学药粉的标准将不会很快变质。但又不能长期不启封，因为随时随地要使用，妥善的办法是尽可能分装成少量的小盒（瓶）子并密封好。

水的供应可能是个问题。如果在缺乏淡水的岛屿调查，可以先用海水冲洗底片，但必须小心翼翼，保证水里没有沙子等杂物，继而必须用淡水冲洗。如果田野调查员在外待得太久，就应该把多组冲洗好的底片送回单位。这些底片应该放在指定的浴盆里,然后在保存之前好好清洗。

(四) 照相机的维护

为了确保照相机和其他摄影仪器在不同的气候条件下保持良好状态,所有特别的预防措施都值得采纳,特别是在那些非常炎热或极度寒冷、干旱或潮湿的地区。战争期间的研究者对这些问题的处理已取得极大的进展,但仅凭他们的笔记是不可能彻底解决这一问题的,因此要注意生产摄影仪器的专业公司所提供的设施。如果田野工作者打算使用某产品,最好向有关部门咨询。那些想在热带,特别是湿热地区工作的人们,必须携带适用的行李。具有黏性的非密封式铁皮小罐包装的胶卷,尽管有时作为"热带行李"配备,但并不适合工作。滚动式胶卷必须完整地密封在金属容器里,只有需要使用时才能把这个金属盒子打开。

(五) 底片的保存

带有许多插袋和坚硬封皮的底片簿可能是田野调查员贮存底片的最好方式,可供以后使用。不能为了节约这些封袋就把 2 张或多张底片放入一个封袋中。重要的是已曝光的胶卷绝不允许彼此接触。

每张底片应该有一个醒目的主题,拍摄日期也应该记录在纸袋的标签栏上。在不熟悉的气候或光线条件下开始工作时,记录所使用的光圈和曝光度是很值得的,当调查员熟悉光线和气候的变化,就可以不这么做了。即便可以得到曝光仪器,常常会没有时间使用,这时,经验就成了唯一的向导。所有的底片,即使是非常差劲的底片,都应该保留好。因为一旦没有机会重新拍照(这种情况令人烦恼,经常发生),底片就派上用场。至于完美的底片还有一个用途,那就是晒出相来供画素描时临摹。

(六) 印晒和修整底片

调查员身居异乡时,往往没有必要赶着印晒照片。如果他们长期待在乡下,大量底片置于行李中,不仅难以将拍摄效果显示在相纸上保存下来,说不定这些底片还会遭受不测。调查员在乡下时,因客观条件所限,不要轻易许诺赠送相片一事,有时即使回到城里也难以兑现,果真如此,不仅调查员自己感到难堪,而且会使对方感到失望。

模糊的胶卷是不能印晒出好照片的。如果底片带有相当的价值而不忍放弃,可以适当地修整,增添或消除画面上的局部,再来印相或放大,使照片的效果获得改善。要是用粗面相纸印晒,底片中曝光不足的部分就要用软铅笔轻微地填补一下,然后曝光,之后再来漂白处理(漂白的配方《美国摄影年鉴》有载)。这种结果是白色背景下的黑色线条草图,只需花少量的经费就可以出版,也许比徒手描绘更加精确。反之,要是在细面相纸上印晒,底片中曝光过量的部分就要用直硬的狼毫笔蘸着稀释的红色液体淡淡地描一笔,以阻止光线通过,使其在印晒或放大时,避免照片的色调过浓。

(七) 给照片建立索引

回到单位之后记录相片的有效方法是制作打印卡片索引。每张底片都有一张接触印片(如果使用微型相机还可以稍微放大),然后贴在卡片上,并留出空间用于写下底片的号码、主题、地点、日期以及任何相关的数据。在 8 英寸大小的相片簿上留下 4 英寸的卡片位置是比较合适的。如果不是使用大型照相机的话,这些卡片随后将被保存在卡片索引贮藏盒里,配上印了主题、标题以及其他栏目的导引卡片。尽管制作这样的索引需要花费大量的时间和金钱,但这样的记录本发挥的作用是十分明显的,它能使田野工作者很快确定用什么相片来体现自己的出版材料或者制作幻灯片。

(八) 主题

摄影的主题类型诚然是有选择的,但也会因田野工作者的兴趣而变化。别忘了,调查员以研究民族文化为己任,人们要求他回答那个民族各方面的生活细节,有些东西超出了他的能力范围,调查员不可能地事无巨细全部予以回答,只能立足于现有的时间资源。如果他所研究的民族还不太为外界所知,这就特别重要了。人们不会忽略独特的地方风景,他们旋风般地访问一处,抵达之后就要匆匆离开,瞬间直观、即兴拍摄是值得提倡的做法,一旦熟悉了当地的景物,哪还有什么独特之处呢? 正是在这个意义上,深入异域的调查员的照片永远是新的。

调查员拍摄的照片有景物,也有人物。人物照片中尽管有些包括了站姿或坐姿,但应该体现更多的人物特点而没有得到体现,这就表明拍摄人物要比拍摄景物难得多,比如,典型人物应该拍到全部脸庞和侧面,头部和肩膀,要近拍、特写,足以体现出人物的详细特征。一张优雅的立相可以方便地放大,反映出四肢的比例。如果相片上有度量,效果会非常好。它将包括一个足够清晰的度量框,在印出底片时可以看得见。这必须与测量记录纸上的数字相一致,以便于鉴别身份。

至于肖像以及一些其他主题,一个平凡的背景几乎是必不可少的,这种背景有时难以找到,可将一块天蓝色的布料挂在两根竖起的棍子之间。聚焦目标与模糊不清的视野之间必须保持充分的距离,足以覆盖整个田野景象。一堵普通的墙,特别是有泥浆粉刷过的墙,构成一个极好的背景,如果不影响底片曝光,一扇打开的门有时也会被充分地利用。

"清水出芙蓉,天然去雕饰"。把对象的自然神态拍摄下来才是最紧要的。摄影者必须小心,不要使对象专注于拍照者正在做的事情,为镜头分心,刻意摆出一副姿态。如有可能,摄影者应从不同位置同时拍摄。步调统一的操作体现出目标被拍摄出来的操作方法或者应用工具,大大增加了影视研究的价值。如果小心处理并按照顺序编号的话,通常周期性的静止摄影曝光将体现摄影过程的细节,例如,织布、制作陶器等等,有时还胜过电影制片画面。除非得到相关人员的允许,否则不能过分强调没有拍摄一个神圣的地方或建筑物,或者典礼、舞会或是宗教仪式的相片。如果田野工作者能够获得这些相关人员信任的话,通常就会得到这样的"嘉奖"。得到许可之后,摄影师应该尽可能低调地开展工作。即便没有这些照片,也要比由于不注意策略而漠视当地人的感情所招致的反感和敌意的风险要好得多,这种漠视在我们自己的社会中也是不能忍受的。为了激发研究对象的合作兴趣,通常需要充分解释这些相片的用途。向他们讲清楚这些照片将令与他们朝夕相处的外来客更加了解他们的生活方式。此外,应该向他们展示一些人物相片和自己家人的相片以及家乡那些易于理解的活动的照片。当地人会以极大的兴趣来欣赏这些照片,这就有助于他们和照相机建立良好的关系。

二、拍片技术

对人类学的田野工作而言,虽然电影摄像机是最有用的,甚至在某些情况下是不可多得的一种辅助工具,但是,不应该把它看作普通照相机的替代物。有选择地利用一些电影胶片,将其制成放大片和幻灯片,效果总不那么令人满意,究其原因主要是电影胶片的图像不够清晰,尽管某些场合不得已而为之。

有些电影摄像机配置了遥控开关,在拍制过程中保持机器的稳定,避免因关停运转产生晃动,不过拍制完成之后,个别的画面仍旧不容易挑选出来。就效果来分析,有很多场合,用普通照相机拍摄的画面比电影摄像机拍摄的那些画面更加可取。因此,在很多情形下两者如何有利地结合起来使用的确是个问题,但如果只能有一种选择,站在大多数不同类别的田野工作的角度,最好是把注意力集中在一个好的普通照相机上。

有几款便于携带的电影摄像机很适合人类学的田野工作。在大多数田野调查者眼中,全尺寸(35 毫米)的设备太昂贵、太沉重、太庞大,除非电影摄像纪录要制成一部由某位摄影师全程拍摄的探险特技片。因此,使用 16 毫米的电影胶片足以应付大多数田野调查任务了。8 毫米尺寸的胶卷不宜使用,因为画面不易充分放大到举办讲座时所要求的效果,而在小房间里放映观众还是觉得可以的。田野调查员应该尝试用彩色胶片拍摄电影,只不过这种胶片使用之后要赶紧送去冲洗。

前面说了,一个从未使用过照相机的调查员在进入田野点之前应该咨询有丰富摄影知识的人。与此相应,那些首次拍电影的人也应该咨询专家,并且至少应该尝试性地拍摄一卷胶片,在屏幕放映出来观看效果。于是他们将学到许多技术细节,这些细节给一部有趣的电影和一部乏味的电影划了界线,构成二者差别的全部内容,并且不会减损电影记录的准确性。正所谓知易行难,百闻不如一见,在熟练人员的指导下做一个小实验比起反复地阅读书上的印刷符号有用得多,但也要注意几点:

要拍摄出好的电影画面,应该牢记"画面该动就要动"的道理。这是一条不证自明的规则,回顾业余摄影人的诸多经历,又是最容易忽略的。要是摄影人不能自觉地贯彻它,即使遇到好的主题也拍不出好片,与其浪费胶卷,还不如干脆使用照相方法,以"静物"代替"动物"罢了。绝大多数建筑学上的主题,许多考古学上的话题无不是基于这样的考虑,没有拍摄电影,只是拍了照片。话说回来,如果不是研究步履那样的特殊动作,"静物"的拍摄就要有意识地体现物理类型,除非某件事一直发生着,否则景色并不是那么吸引人的,尽管作为某种介绍来使用,一种短暂的全景式拍摄可能是有效的。人物摄影不应像过去经常操作的方式,只是让人物纹丝不动地站在照相机面前。当然,这种拍摄的不足后来被明智的快照克服掉了,但是在拍摄电影时关掉相机以节省胶卷似乎更好些。

应该记住,惯于在家里看电影的人是不可能熟悉人类学电影所反映的地点与民族的。因此应该拍摄足够的基本照片来提供一个背景知识,讲述乡村的生活,这些照片应在特定的活动影片之前展示。

一串连续的镜头,例如,那些体现技术过程的,最好通过一些相当简短的在不同位置拍摄的片段来展现,包括环境的照片以及旁观者的照片,只要有可能,都应该围绕着一个中心来铺陈,例如,调查员的位置,他正在观察的目标等等,特写镜头要尽可能清楚地表现出技术的细节方面。与此相类似,典礼的相片也会随着观众反应的特写而变化,但不应出现引起观众分散注意力的画面。

影片的镜头会随时间和位置的变化而变化。屏幕上要求的时间和拍摄的时间一样。一条普遍适用的规则是从介绍性的镜头开始的,讲述时间不要少于 10 秒,使观众能够了解先后关系。对于其他镜头而言,不少于 5 秒或不多于 15 秒是一条不错的工作规则。特定镜头将保持简短。一些短镜头之后的长镜头通过对比提高了它们的效果。如果事物本身就能够传达出观点就不必增加镜头了,不然观众的注意力就会分散。这一点对诸如民族舞蹈和典礼这样的事件特别适用,过多的镜头会造成单调的效果,因为总是那些简单的动作。应该从影片中剪掉这种重复,即使这样的事件有重要意义也在所不惜,田野工作者只能在笔记中记下它们出现的次数。

如果在移动状态下进行拍照,比如在船上或飞机上,应该拍摄船或飞机的一部分作为画面的一角来强调镜头的自然属性。为了避免拍下与拍摄者朝同一个方向平行移动的人物或事物的镜头,必须体现出它们似乎根本就没有移动过的效果,这样的镜头应该从 45 度的角度来拍摄。

笔记上应该注明拍摄的事件,展示这些拍摄物的顺序,这在电影放映典礼或技术过程中特别重要。因为在影片中不同部分的顺序并不那么明显,并且可能会在编辑过程中变得顺序颠倒。一个长期拍摄过程的不同部分的影片,如陶瓷制作,需要在不同的日子拍摄,不应该影响田野工作者在同一时间内拍摄其他镜头。影片放映前需要剪辑,影片的相关部分就可以轻易取出并放在一起。这种工作要求专家的协助,在随后的影片处理过程中将不会提供注释。

三、采集与包装

野外采集民族志标本是为了研究部落民的物质生活提供材料,在较小的程度上,它的目的也与寻找宗教或巫术仪式的器具相联系。凡是有意义的目标自身都不孤立,没有文献佐证的标本用处也不太大。有鉴于此,所有采集到的物品皆要贴好标签,选择采集物时要考虑这些采集物是否完全展示某一民族的某一行业。例如,锄头本身也许没什么意义,除非与其他地区的标本进行比较。每一种工具应该成为同系列工具中的一部分,以展示特定民族的农业方面的情况,烘托其他耕作工具,如镰刀、簸箕、风柜(扬谷机)、碾子和石磨等等。并且每种工具,如果可能,都应该附上照片以说明使用方法。木质雕刻不管多么有趣,它们都只能视为某一民族的艺术典范。由于配备使用过程的照片,工具的价值就能得到极大的提升。并且,如果可能的话,可以通过未完成的标本(半成品)来体现当地制造业的不同阶段。

应该尽可能详细地了解采集物是否完整地反映了文化的某项特定内容。负面证据的采集要看已经采集到的标本中缺乏哪些要素,然后才能推断这些负面的证据是否具有较高的学术价值。如果学生能够合理地肯定采集物的广泛代表性,他便能相信上述推论是安全的。文物采集应专注于文化的某一方面,尽可能完整地把能够说明这一方面的特点的标本收集到,单纯地依靠特定收藏家的想象而展开的那种面面俱到的采集活动是不足以效仿的。

在涉及宗教信仰对象时往往会遇到一个棘手的问题,尤其是这些对象具有独一无二的特性,要是把它们移走就会损坏某种文化,这时问题更加突出。人类学工作者在移走带有仪式特征的独特标本时可能会触犯当地人的神经,除了这个敏感的问题以外,很难再有其他的理由来指责人类学家这么做,除非有证据表明那些拿走的标本没有得到小心爱护,有可能被损坏。因此,在采集与宗教信仰有关的标本时,人类学家不仅有正当的权利,而且有义不容辞的责任。

有鉴于此,野外考察队员应尽可能地考虑地方官员的建议,如果便于沟通,借助国家博物馆的权威也未尝不可。无论如何,考察队员开始冒险之前,应该尽力咨询一个或几个国家博物馆或大学博物馆,那里的职员将非常愿意帮助他们。

通常为了方便,应该带上附有适当标题的标本标签(参见图18-1)。

必须强调,标签务必写得详细,这些信息不是从调查员的笔记里摘抄出来的,而是新的信息,可以补充调查员的笔记。

正　面	背　面
◎	◎
采集人： 标本编号：　　登记日期	
标本学名： 采自何处： 部落名称： 原产地：	观察与评论： （如材质、特点、制作方法等）
摘要与功能：	
此物的使用人、携带或佩戴者：	
标本的当地俗名：	
标本的质料： 是否本地特产： 是否贸易品： 得自何处：	

图 18 - 1　标签样式

（一）包装

包装所用的优质材料大致如下：麻布等纺线品、纸张、刨花、稻草或麦秆。用锯末为填充物绝对不行。如有足够的纸张，可用来分开包裹每个标本，防止表面被擦伤及彩绘图案受到磨损。易腐的标本应该用铁罐装好，焊锡封口，避免热带的潮湿和海洋的水汽。精美的物体必须存放在密封小盒子里，或者放在坚固的标本模具里，如果采用模具的保护方式，必须确保搬运时不被甩出模具。调查员有时会获得某种廉价的织物，如粗麻布，可以用来包装不同的标本，外部形成的包装空隙，常见于侧面或末端，如有必要，应该用麻袋针粗略地缝好。打包前务必使所有标本处于相当干燥的状态，驱除甲壳虫，防止其他虫害，可用二氯苯、硝基萘、除虫菊或者其他有威慑作用的杀虫剂任意喷洒在包裹上。头发、皮毛、羽毛以及易腐坏的织物标本在包装前应喷洒二氯苯。

包装陶器时，每件器皿内部应用纸张和稻草塞紧，以防破损。较为保险的措施是在器皿里外贴上纸条，不要留下空隙。这些纸条从一边裹到另一边，经过容器的底部而紧紧粘在一起，它们可防止震动和由此产生的破损，并有利于把许多陶器集中在一起以避免出现破裂。用扭成麻花状的纸条沿着陶器的颈部、手柄和其他突出部分紧紧缠绕。干草和弯曲的稻草、干禾草甚至是树叶在紧急情况下都可以使用。但是它们多少容易收缩，使得标本松散难以保护。每一件器皿都应该完全捆扎在纸张或纺织物里，以便当这件器皿破损时，其他各部分可以保持在一起并与其他的器皿分开。当把较重的标本和易碎的标本一同装进一个盒子里时，有必要使较重的标本贴着盒子的四壁，要么用金属线捆绑,要么用木条四边包住盒子,然后用钉子钉好。必须记住所有的东西都应该包装牢固,盒子或包裹不可避免地会受到碰撞、不间断的颠簸与振动,标本的任何松动都会给它们带来损害。金属(特别是铁)物体应该润滑处理,以避免被海洋空气和潮湿氧化。不应用糨糊或胶水将标签固定在任何一种铁质物品上。

(二) 人体残骸

采集全新世的人类头骨和骨头的任务好像总是显得有些虚无缥缈似的,即使真的如此,我们也应该以百折不挠的精神不断地做出努力。通常,这些采集人体残骸的活动适合于在即时性包装的状态下进行,而全部采集物都应该贴上标签,每个标签上要用铅笔写明容易辨认的标记,这也是没有疑问的。在猎头民族活动的地区,人们猎取每一颗头颅之后,都要怀着紧张的心情去努力查明死者属于哪一个部落。人们在每一桩血案中都要本着小心谨慎的态度记取每一块头骨的来历。一个人的姓名有时是可以打听到的,于是,也就知道了此人的性别。在这种情形下,根据收集到的谱牒来追溯这个人的情况也就有所值了。

四、骨头的保存

人们经常在原生地发现动物与人类的骨骼。在这样的条件下,骨骼的保护成为重要的事情。可是,发现者由于缺乏这方面的知识,阻碍了他们完成这项任务。其实,这件事情并不神秘,只需记住几个要点就可以了:

(1)必须使破碎骨头的边角保持完整,不允许把碎骨放到一起彼此揉擦以致弄碎;

(2)不要介意一块骨头碎成多少片,只要找到所有的碎片,无论有多碎,每一片都要捡起来小心保存,根据碎片的边缘来复位,使碎骨片间有直接的对接点;

(3)如果一块骨头破碎或者裂开,在包装时经常有一种错误的做法,那就是使各片碎骨边缘相接触,于是也就不可避免地发生了摩擦;

(4)如果一块骨头破损或裂开,就应该一片片地收拾好,在全部单块骨头的各个部分仔细标上索引号码,或者将碎骨放在同一个箱子里以便重新组装;

(5) 要是这块骨头全都是脆弱的毛边,而不是全都是由碎片构成的,那就应该采用防腐方法来处理。

应该从具体环境出发考虑防腐剂的使用。如果可以获得虫胶片和甲醇酒精,可按 0.5:1.25 的比例混合,也许这种防腐剂对于脆硬的骨头来说是最好的。也可用清漆为防腐剂。如果弄不到甲醇酒精,大多数普通酒精也行,但不能用汽油兑虫胶片。

如果连这些试剂都找不到,用稀释的胶水或阿拉伯树胶来加固骨头边缘也是可以的,但在任何情形下,较浓的胶水或树胶溶液还是比稀释的好。还有一个办法,那就是使用蜡状物,蜂蜡、石蜡都可以,将其融化成液体敷于骨头上,可以使其变硬朗。要是使用蜡融法,就无须把骨头碎片单独分开了。当蜡状物把碎骨片固定好后,可以防止骨头边角互相摩擦。

除非骨头已经变得柔软了、脆弱了或者碎化了,否则是根本不需要处理的;那些富有动物脂肪的骨头就不需要处理。

五、拓片和压纹[①]

拓片是用墨把碑刻、墓志铭、古钱币、画像砖、石刻和古器物上的文字及花纹转移到纸面的过程,拓出的成品也称为拓片,是原物的备份,逼真地反映了原物的纹理(参见图 18-2)。

拓片的工具主要有几种:宣纸、毛刷、油烟黑(腊墨)或彩色颜料、白芨胶、喷水壶、胶水桶(盛白芨水)。

纸,以宣纸为上乘,以能完全盖住雕刻品(拓本)为合适的尺寸。如果没有宣纸,用其他柔软而细腻的纸也行,但拓制时要分外小心。

毛刷,亦称毛梳,价格不太昂贵,有盖刷、顿刷之分,刷子宽度不同,柄长亦不同,长柄刷有利于手臂舒展,可以节省劳力,短柄刷方便以蹲坐方式工作。毛质以猪鬃为佳,有硬朗的(如用棕丝和剑麻纤维制成的棕刷),也有细软(如排笔)的,有时可用洗车轮的刷子代替。拓片过程中刷子的消耗量特别大,要注意节约使用。刷子多,可应付纹理深浅不同的需要。纸张受潮后会伸展,干燥后会收缩,用刷子蘸白芨水刷,与喷水壶起到的作用一样,能够保持纸的湿

---

① 鉴于此节的内容单薄,叙述较为抽象,特根据相关材料作了一些补译。——译者

润度。

拓片时先将要拓之物的花纹或文字刷洗干净，清除碎屑、灰尘和泥迹。这项工作简单，但很重要，因为不洁之物会影响拓片，造成个别使人想入非非的纹理。影响美观的缝隙与深痕可以用黏土、蜂蜡或固体石蜡、湿纸填满。人们对旧刻的质料大都比较清楚，对新发掘的石刻注意不够，应了解它们的质料究竟是砂岩、石灰岩、花岗岩，还是大理石，不同质料的吸水性能不同，贴纸时要考虑水分充足与否。

图 18 - 2 人物纹砖拓片

开拓时要在雕刻品表面刷一层白芨水，再覆以宣纸，之后用喷水壶把宣纸均匀润湿，继而用棕刷用力拂平，把空气挤压出来，使纸贴紧凹处，再在宣纸上覆上一层软性纸，吸去宣纸上过多的水分，待宣纸有七成干时用拓包（朴子）蘸上适量的墨汁向纸上轻轻拍打。纸到八九成干时将其从拓本上揭下。应在笔记本上记下拓片的时间、地点、过程和使用的资料。

如果拓本是砂岩和石灰岩，通常很容易吸水，因而表面不会有过多水分吸紧纸张。如果拓本是垂直的，无法改变位置，就要沿着顶端挂起纸来，从上到下赶快拍打。如果拓本表面很光滑，纸张就无法吸牢，这时要刷一层白芨水。

拓好的纸要从石刻上移开，放在一个平坦的地方晾干。如果拓的是雕塑品，宣纸在干燥收缩时会拖长凹陷处的印痕，甚至纸张出现裂纹，影响拓片效果。这时应用手按紧宣纸的几个角，留下一个角，以便从这个角度揭开纸张，然后把纸摆平，直到干燥为止。

沙风会给拓片带来麻烦，高大的雕刻物不可使用整张的大纸，必须分几部分来拓，各部分拓片的边缘应有一定的重叠，以便修剪整齐。有时需要先拍打边缘的拓片，使纸在石刻上吸牢，再来处理剩余部分。有时给宣纸的边缘涂上一点泥浆压住它。为了避免宣纸干燥时因收缩产生裂纹，拍打快要结束时最好加点力,较重地拍打边缘。拓片完成之后,在胶水的作用下,宣纸不会从拓本上脱落。如果拓本是垂直的,且表面相当突起,可以在宣纸上穿上细绳挂住它。

拓片揭下后,平置于报纸上,待其自然晾干,之后就可以将它们放进盒子或板条箱里。如果它们表面平坦的话就可以把它们卷起来。卷好后可以方便地储藏在铁皮筒里。这种铁皮筒可由白铁匠制作。

必须使拓片保持干燥,避免潮湿的环境,如无法避免潮湿,应用煮沸的亚麻籽油在拓片上轻薄地刷上一层,起防水作用。要是拓制的石刻含有盐碱,拓片也可能沾染上盐碱。为了提取盐碱,以利保存,要将拓片浸泡在冷水里,这样做的风险是容易使拓片受损。

另一种记录或转移物品纹理的工艺是压纹,所用纸张较为坚硬、有韧性,但其他有触感的包装纸(如植物收藏家和橘子包装工人使用的)、高级报纸也可为压模纸。压纹通常有胎模,用轧辊成形,如贴墙用的壁纸,上面充满花纹。可用实物做成胎模,或采取照相、绘图或投影的方式,利用光学原理把雕刻物的轮廓线和纹理表现出来,制作成胎模,近来在压纹工艺中已经采纳了激光膜、激光转印纸等先进技术来加强效果。

参 考 书 目

一 般 性 著 作

BOAS, FRANZ, *General Anthropology*(《普通人类学》) Heath, Boston, Mass.；Harrap, London，1938.

FIRTH，R. W., *Human Types*(《人文类型》)[有汉译本] Nelson，1941.

GOLDENWEISER，A. A., *Anthropology* (《人类学》)Harrap，1937.

HADDON，A. C.，*A History of Anthropology* (《人类学史》)[有汉译本] Watts，1910.

HERSKOVITS，M. J., *Man and His Works*(《人类及其作品》) Knopf，1948.

KLUCKHOLN，C.，*Mirror for Man*(《人类之镜》) McGraw-Hill Book Co.，1949；Harrap, London，1949.

KROEBER，A. L.，*Anthropology* (《人类学》)1949.

LINTON，R.，*The Cultural Background of Personality*(《人格的文化背景》)[有汉译本] Kegan Paul，1947.

——(ed.)，*The Science of Man in the World Crisis*(《世界危机中的人类科学》)Columbia University Press，1945.

MARETT，R. R.，*Anthropology* (《人类学》)[有汉译本] Oxford University Press，1912.

——*Man in the Making*(《形成中的人类》) (Nelson，1937). Out of print.

SMITH，G. ELLIOT，*The Diffusion of Culture*(《文化传播》) Watts，1933.

TYLOR，E. B.，*Primitive Culture*(《原始文化》)[有汉译本] Murray，1903. 2 vols.

体 质 人 类 学

BARZUN，J.，*Race：A Study in Modern Superstition* (《种族：现代迷信研究》)Methuen, 1938.

BENEDICT，RUTH，*Race and Racism* (《种族与种族主义》)Routledge，1942.

BOULE，M.，*Fossil Men*（《化石人》）Oliver and Boyd，1923.

BOYD，W. C.，"*Blood Groups*（《血型》）"，Tabul. Biol.（《生物学》），17，Part 2，1939.

——"*Critique of the Methods of Classifying Mankind*"（《对人类分类法的批判》）American Journal of Physical Anthropology，27，1940.

——*The Determination of Blood Groups*（《决定血型》），H. M. Stationery Office，1943.

BUXTON，L. H. D.，*Peoples of Asia*（《亚洲民族》）Kegan Paul，1925.

CHAMBERS，E. G.，*Statistical Calculation for Beginners*（《统计学初步》）Cambridge University Press，1943.

CLARK，W. E. LE GROS，*Early Forerunners of Man*（《人类的先祖》）Bailliere，Tindal and Cox，1934.

COON，C. X.，*The Races of Europe*（《欧洲人种》）Macmillan，1939.

DAHLBERG，G.，*Race，Reason and Rubbish*（《种族、原因与虚妄》）George Allen and Unwin，1943.

DOBZHANSKY，T.，*Genetics and the Origin of Species*（《遗传学与物种起源》）〔有汉译本〕2nd ed.，Columbia University Press，1941.

FISHBERG，A. M.，The Jews：*A Study of Race and Environment*（《种族和环境研究》）Scott,1889. Out of print.

FLEURE，H. J.，*The Peoples of Europe*（《欧洲民族》）Oxford University Press,1922.

GREGORY，W. K.，*Man's Place among the Anthropoids*（《人类在类人目中的地位》）Oxford University Press，1934.

GRIEVE，S. W.，and MORANT，G. M.，"*Records of Eye-Colour for a British Population and Description of a New Eye-colour Scale*"（《英国人的眼睛颜色和对新型眼色值的分类》）London，Ann. Eugenics，13，1946－7.

GUHA，B. S.，*Outline of the Racial Ethnology of India*（《印度的人种、民族与文化概要》）Calcutta，1937.

HADDON，A. C.，*The Races of Man and Their Distribution*（《种族及其分布》）Cambridge University Press，1924.

——*The Wanderings of Peoples*（《游荡的民族》）Cambridge University Press，1911.

HARRIS，J. A.，JACKSON，C. M.，PATERSON，D. G.，and SCAMMON，R. E.，*The Measurement of Man*（《人体测量》）University of Minnesota Press，Minnesota；Oxford University Press，London，1930.

HOOTON，E. A.，*Up from the Ape*（《从猿人开始》）New York；Macmillan，1947.

HOWELLS，W.，*Mankind So Far*（《人类的历程》）Sigma Books，1947.

HRDLICKA，ALES，*Practical Anthropometry*（《实践人类学》） Wister Institute of Anatomy and Biology，Philadelphia，1947.

——*The Skeletal Remains of Early Man*（《早期人的骨骼残迹》）Smithsonian Institution，1930，Miscellaneous Collections，V. 83.

HUXLEY，J. S.，HADDON，A. C.，and CARR-SAUNDERS，A. M.，*We Europeans*（《我们欧洲人》）Cape，1935. Temporarily out of print.

KEANE，A. H.，*Man，Past and Present*（《人类今昔》） revised by A. Hingston Quiggin and A. C. Haddon，Cambridge University Press，1920.

KEITH，A.，*Antiquity of Man*（《古人类》）Williams and Norgate，1925. 2vols.

——*Ethnos，or the Problem of Race*（《人种或种族问题》）Kegan Paul，1931.

KLINEBERG，O.，*Race Differences*（《种族的差异》）Harper，New York，1935.

KROGMAN，W. M.，"*Anthropometric Instruments*"（《人体测量仪器》） American Journal of Physical Anthropology，N. S6，1948.

MARTIN，R.，*Lehrbuch der Anthropologie*（《体质人类学教程》）Jena，Fischer，1928.

MATHER，K.，*Statistical Analysis in Biology*（《生物学的统计分析》） 2nd ed.，Methuen，1946.

MOLLISON，P. L.，and MOURANT，E. E.，"*The Rh Blood Groups and Their Clinical Effects*"（《Rh 血型及其临床效果》） Medical Research Council Memorandum，No. 19，H. M. S. O.，1948.

MONTAGU，M. F. ASHLEY，"*The Location of the Nasion on the Living*"（《活动的鼻根点位置》） American Journal of Physical Anthropology，20，1935.

——*Introduction to Physical Anthropology*（《体质人类学导论》） C. C. Thomas，Springfield，Illinois，1946.

——*Man's Most Dangerous Myth：The Fallacy of Race*（《人类最危险的神话：种族的谬误》） Columbia University Press，1942.

MORANT，G. M.，*The Races of Central Europe*（《中欧的人种》）Allen and Unwin，1939. Out of print.

PITTARD，E.，*Race and History*（《种族与历史》），Kegan Paul，1926.

RACE，R. R.，and SANGER，R.，*Blood Groups in Man*（《人类血型》），Oxford，Blackwell Scientific Publications，1950.

SELIGMAN，C. G. C，*The Races of Africa*（《非洲的种族》）［有汉译本］Oxford University Press，1930.

SMITH，G. ELLIOT，*Human History*（《人类史》［有汉译本］），Cape，1930.

SNEDECOR，G. W.，*Statistical Methods*（《统计方法》）Iowa State College Press，1940.

TANNER，J. M.，and WEINER，J. S.，"*The Reliability of the Photogrammetric Method of Anthropometry*"（《体位影像方法的可靠性》）American Journal of Physical Anthropology，N. S. 7，1949）.

TILDESLEY，M. L.，"*Choice of the Unit of Measurement in Anthropology*"（《人类学测量个体的选择》）London，Royal Anthropological Institute，Man，72，1947.

——"*The Relative Usefulness of Various Characters on the Living for Racial Comparison*"（《不同特征个体的种族比较的相对无效》）Man，14，1950.

WEIDENREICH，F.，*Giant Early Man from Java and South China*（《华南和爪哇早期的巨猿》）Anthropological Papers，American Museum of Natural History，New York，1945.

——*Apes，Giants and Man*（《猿猴、巨猿和人类》）Chicago University Press and Oxford University Press，1946.

WIENER，A. S.，*Blood Groups and Transfusion*（《血型和输血》）3rd ed.，Thomas，S PRINGFIELD，Ill.，1943.

WILDER，H. H.，The Pedigree of the Human Race（《人种系谱》）Holt，New York，1926.

——*A Laboratory Manual of Anthropometry*（《人体测量的实验室手册》）Pitman，1921. Out of print.

社 会 人 类 学

BARTLETT，F. C.，*Psychology and Primitive Culture*（《心理学和原始文化》）Cambridge University Press，1923. Out of print.

BARTLETT，F. C.，GINSBERG，M.，LINDGREN，E. J.，and THOULESS，R. H. editors，*The Study of Society: Methods and Problems*（《社会研究：方法和问题》）Kegan Paul，1939.

BENEDICT，R.，Patterns of Culture（《文化模式》）［有汉译本］Routledge，1935.

CHAPPLE，E. D.，and Coon，C. S.，*Principles of Anthropology*（《人类学的原理》）Cape，1948.

FORDE，D.，*Habitat，Economy and Society*（《习惯、经济与社会》）Methuen，1946.

GINSBERG，M.，*Sociology*（《社会学》）Home University Library，Oxford University Press.

HOCART，A. M.，*Kingship*（《亲属制度》）Watts，abridged edition，1941.

LANDTMANN，G.，*The Origin of the Inequality of the Social Classes*（《社会阶层不平等的起源》）Kegan Paul，1938.

LOWIE, R. H., *An Introduction to Cultural Anthropology*(《文化人类学入门》)Harrap, 1936.

——*Primitive Society*(《初民社会》)[有汉译本],Routledge,1949;2nd edition.

——*Social Organization*(《社会组织》),Rinehart,1948.

MALINOWSKI,B.,A Scientific Theory of Culture,1947.

——*Magic Science and Religion*(《巫术、科学与宗教》)[有汉译本],Beacon Press,Boston, Mass.,1949.

RANCLIFFE-BROWN,A. R.,*Social Anthropology*(《社会人类学方法》)[有汉译本] Home University Library.

RIVERS,W. H. R.,*Social Organization*(《社会组织》)[有汉译本] edited by W. J. Perry,Kegan Paul,1924.

WEBSTER,H.,*Taboo:a Sociological Study*(《禁忌:社会研究》)Stanford University Press;Oxford University Press,1942.

WESTERMARCK,D.,A Short History of Marriage(《婚姻简史》)[有汉译本名《人类婚姻简史》]Macmillan,1926.

WILSON,G. and M.,*Analysis of Social Change*(《社会变迁分析》)Cambridge University Press,1946.

社 会 制 度

BATESON,G..,*Naven*(《纳文》)[有汉译本] Cambridge University Press,1936.

COLSON,E. D.(ed.),*Seven Tribes of British Central Africa*(《英属中非的七个部落》)Oxford University Press. Forthcoming.

EMBREE,J. F.,*Surye Mura A Japanese Village*(《须惠:一个日本村庄》)London:Kegan Paul,1946.

EVANS-PRITCHARD,E. E.,*The Nuer*(《努尔人》)[有汉译本] Oxford University Press, 1940.

FIRTH,R. W.,*We,the Tikopia*(《泰科皮亚人》)Allen and Unwin,1936.

FORDE,D.,*Marriage and the Family among the Yako in South-Western Nigeria*(《西南尼日利亚雅科人的婚姻和家庭》)London School of Economics Monographs on Social Anthropology,No. 5,1941.

FORTES,M.,*The Dynamics of Clanship among the Tallensi*(《加纳北部泰伦斯人中间的氏族动力学》)Oxford University Press,1945.

——*The Web of Kinship among the Tallensi*(《加纳北部泰伦斯人的亲属网络》)Oxford

University Press，1949.

KRIGE，E. J. and J. D.，*The Realm of the Rain Queen*（《司雨女神的王国》）Oxford University Press，for Int. African Institute，1943.

KUPER，H.，*An African Aristocracy: The Swazi*（《非洲贵族：斯威士兰》）Oxford University Press，for Int. African Institute，1947.

LANG，O.，*Chinese Family and Society*（《汉族人的家庭与社会》）Yale University Press and Oxford University Press，1946.

MEAD，M.，*Sex and Temperament in Three Primitive Societies*（《三个原始部落的性别与气质》）［有汉译本］Routledge，1935.

NADEL，S. F.，*A Black Byzantium*（《黑人的拜占庭》）Oxford University Press，for Int. African Institute，1942.

RADCLIFFE-BROWN，A. R.，*Social Organization of Australian Tribes*（《澳大利亚部落的社会组织》）Oceania Monographs，No. 1，reprinted from Oceania，vol I.，1931.

RADCLIFFE-BROWN，A. R.，and FORDE，D. (eds.)，*African Kinship Systems*（《非洲的亲属制度》）Oxford University Press，for Int. African Institute，1949.

RATTRAY，R. S.，*Ashanti*（《阿善堤人》）Oxford University Press，1923.

SCHAPERA，I.，*Married Life in an African Tribe*（《非洲部落的婚姻生活》）Faber and Faber，1940.

政治和法律制度

BARTON，R. F.，*Ifugao Law*（《伊富高人的法》）Berkeley，University of California Press，1919.

FORTES，M.，and EVANS-PRITCHARD，E. E. (eds.)，*African Political Systems*（《非洲的政治制度》）［有汉译本］Oxford University Press，1940.

GLUCKMAN，M.，*Essays on Lozi Land and Royal Property*（《洛奇的土地和皇家地产文集》）Livingstone，Rhodes-Livingstone Institute，1943.

HOGBIN，H. I.，*Law and Order in Polynesia*（《波利尼西亚的法律和秩序》）Christophers，1934.

LLEWELLYN，K. N.，and HOEBEL，E. A.，*The Cheyenne Way: Conflict and Case Law in Primitive Jurisprudence*（《晒廷人的方式——原始法学中的判例法和冲突》）Oklahoma University Press，1943.

MAINE，SIR H.，*Ancient Law*（《古代法》）［有汉译本］. London：1st edn 1861，reprint 1905，J. M. Dent，1954.

——*Early Law and Custom*(《古代法律与习惯》)

MALINOWSKI，B.，Crime and Custom in Savage Society(《原始社会的犯罪和习俗》)［有汉
译本］(Kegan Paul，1926)．

MEEK，C. K.，*Law and Authority in a Nigerian Tribe* (《尼日利亚部落的法律与权威》)
Oxford University Press，1937．

RATTRAY，R. S.，*Ashanti Law and Constitution* (《阿善堤人的法律和宪法》) Oxford
University Press，1938．

SCHAPERA，I.，*Handbook of Tswana Law and Custom* (《博茨瓦纳法律习俗手册》)
Oxford University Press，1938．

SEAGLE，W.，*The Quest for Law*(《法的探索》)Knopf，New York，1941．

经 济 制 度

FEI，H. T.，and CHANG，C. I.，*Earthbound China*(《被土地束缚的中国》)［有汉译本，书
名改为《云南三村》，1988 年出版］Kegan Paul，1945．

FIRTH，R. W.，*Primitive Ecomics of the New Zealand Maori*(《新西兰毛利人的原始经
济》) Routledge，1929．

——*Primitive Polynesian Economy* (《波利尼西亚人的原始经济》)Routledge，1939．

——*Malay Fishermen* (《马来亚渔民》)Kegan Paul，1946．

GOODFELLOW，B. M.，*Principles of Economic Sociology* (《经济社会学原理》) as
illustrated from the Bantu Tribes：Routledge，1939．

HERSKOVITS，M. J.，*The Economics Life of Primitive Peoples*(《原始人的经济生活》)
Knopf，New York，1940．

RICHARDS，AUDREY I.，*Land，Labour and Diet in Northern Rhodesia*(《北罗德西亚人
的土地、劳动和饮食》，Oxford University Press for Int. African Institute，1939．

SCHAPERA，I.，*Native Land Tenure in the Bechuanaland Protectorate*(《英联邦贝专纳保
护地原住民的土地所有制》)Lovedale Press，Lovedale，South Africa，1943．

SHIH，K. H.，and T'IEN，J. K. ed. by Fei，H. T.，and Hsu，F. L. K. *China Enters the
Machine Age*(《中国进入了机器时代》)Harvard University Press，1944．

STEVENSON，H. N. C.，*Economics of the Central Chin Tribes*(《缅甸西部钦族山区的经
济》) Government of Burma，1944；Times of India Press，Bombay，1943．

THURNWALD，R.，*Economics in Primitive Communities*(《原始共同体的经济》)Oxford
University Press，for Int. African Institute，1932．

仪 式 与 宗 教

DURKHEIM, E., *Elementary Forms of Religious Life*（《宗教生活的基本形式》）［有汉译本］(trans. By Swain)（Allen and Unwin, 1915）.

EVANS-PRITCHARD, E. E., *Witchcraft, Oracles and Magic among the Azande*（《阿赞德人的巫术、神谕和魔法》,［有汉译本］Oxford University Press，1937.

FIELD, M. J., Religion and Medicine of the Ga People（《伽人的宗教与医术》）Oxford University Press，1937.

FIRTH，R. W., *The Work of the Gods in Tikopia*（《泰科皮亚诸神的工作》）Lund Humphries，1940；2vols.

——"*Religious Belief and Personal Adjustment*（《宗教信仰和身体的调节》)" J. Roy. Anthrop. Inst., vol. LXXVIII, 1948.

FORTUNE, R. F., *Sorcerers of Dobu*（《多布的巫师》）Routledge，1932.

——*Manus Religion*（《马努斯岛上的宗教》）American Philosophical Society，1935.

FRAZER，J. G., The Golden Bough（《金枝》）［有汉译本］Macmillan，1922；abridged edition.

GREENBERG，J., *The Influence of Islam on a Sudanese Religion*（《伊斯兰教对苏丹宗教的影响》）Monographs, American Eth. Society, 1946.

GRIAULE, M., *Les Masques des Dogons*（《多贡的面具》）Trav. Et Mem. Inst. De l'Inst. D'Eth.，Paris，1938.

JAMES, E. O., *Comparative Religion*（《比较宗教学》）Methuen，1938.

KARSTEN, R., *Origins of Religions*（《宗教的起源》）Kegan Paul，1935.

LEENHARDT, M., *Do Kamo: La Personne et le Mythe dans le Monde Melanesien*（《多加茂：美拉尼西亚的人神世界》）Gallimard，1947.

MARRETT, R. R., The Threshold of Religion（《宗教的门槛》）1909.

RADCLIFFE-BROWN, A. R., *Taboo*（《禁忌》）Cambridge University Press，1939.

——"*Religion and Society*（《宗教与社会》)" J. Roy. Anthrop. Inst., vol. LXXV, 1945.

RATTRAY, R. S., *Religion and Art in Ashanti*（《阿善堤人的宗教和艺术》）Oxford University Press，1927.

RAD, CARVETH, *Man and His Superstitions*（《人类及其迷信》）Cambridge University Press，1925.

SKEAT, W. W., *Malay Magic*（《马来人的巫术》）Macmillan，1900. Out of print.

SMITH，W. ROBERTSON, *Lectures on the Religion of the Semites*（《关于闪米特人宗教的演讲》）A. and C. Black，1894.

语　言

ARMFIELD，N.，*General Phonetics*（《普通语音学》）Heffer，Cambridge，1918.

BLOOMFIELD，L.，*Introduction to the Science of Language*（《语言科学导论》）New York，1933.

BOAS，F.（ed.），*Handbook of American Indian Languages*（《美洲印第安语言手册》）［有汉译本］Bureau of American Ethnology，Washington，Bulletin No. 40，parts 1 - 2；J. J. Augustin Inc.，part 3，1911 - 22.

FIRTH，J. R.，*The Tongues of Men*（《人类的语言》）Watts，1937.

GRAFF，W. L.，*Language and Languages*（《语言与语言学》）New York，1932.

GRAY，LOUIS H.，*The Foundations of Language*（《语言基础》）New York，1939.

JESPERSEN，O.，*Language: Its Nature，Development and Origin*（《语言：特性、发展与起源》）London，1922.

——*Mankind，Nation and Individual from a Linguistic Point of View*（《从语言角度论人类、民族和个人》）［有汉译本］London，1946.

MAROUZEAU，J.，*Lexique de la Terminologie Linguistique*（《语言术语汇编》）Paris，1944.

——*La Linguistique ou Science du Langage*（《语言学与语言科学》）Paris，1944.

MEILLET，A.，*Linguistique Historique et Linguistique Generale*（《历史与语言学通用语言》）Paris，1921，1936；2vols.

MEILLET，A.，and COHEN，M.，*Les Langues du Monde*（《语文的世界》）Paris，1924.

NIDA，E.，*Learning a Foreign Language*（《学外语》）Foreign Missions Conf.，New York，1950.

OGDEN，C. K.，and RICHARDS，I. A.，*The Meaning of Meaning*（《意义的谜底》）London，1923.

PEDERSEN，H.，*Linguistic Science in the Nineteenth Century*（《十九世纪的语言科学》）trans，by J. W. Spargo，Harvard，1931.

SPRIR，E.，*Language*（《语言》）Oxford University Press，1922. out of print，New York reprint，1947.

STEBBING，S.，*Introduction to Modern Logic*（《现代逻辑导论》）Methuen，1950.

WARD，I. C.，*Practical Suggestions for Learning an African Language in the Field*（《田野调查中学习非洲语言的实用性建议》）Oxford University Press for Int. African Inst.

WESTERMANN，D.，and WARD，I，C.，*Practical Phonetics for Students of African*

Languages（《非洲语学生实用语音学》）Oxford University Press for Int. African Inst., 1933.

Handbook of African Languages（《非洲语言手册》）Int. African Inst.

物 质 文 化

BAFOUR，H.，*The Evolution of Decorative Art*（《装饰艺术的演化》）Percival，1893. Out of print.

BEST，E.，*Maori Agriculture*（《毛利人的农业》）Bull. Dominion Museum，No. 9，Welllington，1925.

——The Maori Canoe（《毛利人的独木舟》）Bull. Dominion Museum，No. 7，Welllington，1920.

BLAKE，W. M.，"*Taking off the Lines of a Boat*"（《船舶龙骨的制作》）Mariner's Mirror，Jan.，1935.

BRITISH MUSEUM，*A Guide to the Ethnographic Collections*（《民族志收藏指南》）Oxford University Press，1925.

BUCK，P. H. (TE RANGI HIROA)，*Material Culture of the Cook Islands: Ethnology of Tongareva: Ethnology of Mangareva*（《库克群岛的物质文化：汤加雷瓦岛礁的民族志：曼加雷瓦岛礁的民族志》）Bernice P. Bishop Museum Bulletins 75，92，157，The Museum，Bonolulu，1902，1938.

——*Samoan Material Culture*（《萨摩亚人的物质文化》）Bernice P. Bishop Museum Bulletins 75，The Museum，Bonolulu，1930.

DIXON，R. B.，*The Building of Cultures*（《文化的大厦》）Scribner，1928.

GEIRINGER，K.，*Musical Instruments: Their History in Weston Culture from the Stone Age to the Present*（《乐器：从石器时代到现在的威斯顿文化的历史》）trans. By Bernard Miall，Oxford University Press，1945）.

HADDON，A. C.，*Evolution in Art*（《艺术的进化》）[有汉译本]Scott，1895. Out of print.

——"*The Outriggers of Indonesian Canoes*"（《印度尼西亚独木舟的平衡架》），J. Roy. Anthrop. Inst.，vol. L，1920.

HADDON，A. C.，and HORNELL，J.，*Canoes of Oceania*（《大洋洲的独木舟》）Bernice P. Bishop Museum，Special Publication No. 27.

HADDON，K.，*Artists in String*（《弦上的艺术家》）Methuen，1930.

HORNELL，J.，*Water Transport: Origins and Early Evolution*（《水上交通：起源和早期演化》）Cambridge University Press，1946.

HORNIMAN MUSEUM，*the Evolution of the Domestic Arts*（《家庭艺术的进化》），by H. S. Harrison：Part I，*Agriculture*，*the Preparation of Food and Fire-Making*（《农业、备食和生火》）1925；Part II，*Basketry*，*Pottery*，*Spinning and Weaving*（《编篮、陶器、纺线与织布》）1924.

——*Travel and Transport by Land and Water*（《陆路和水上交通与运输》），by H. S. Harrison 1925.

LEROI-GOURHAN，A.，*Milieu et Technique*（《环境与科技》）Paris，1945.

——*L'Homme et la Matiere*（《人类与物质》）Paris.

MASON，OTIS T.，*Origins of Invention*（《发明的起源》）Scott，1895.

NORDENSKIOLD，E.，*Origin of the Indian Civilizations in South America*（《南美印第安人的文明起源》）Comparative Eth. Studies，9，Goteborg，1931.

PITT RIVERS，A. L. F.，*The Evolution of Culture*（《文化的进化》）Oxford University Press，1906.

RICKARD，T. A.，*Man and Metals*（《人类和金属》）（McGraw-Hill，New York，1932）. 2 vols.

ROTH，H. LING，*Studies in Primitive Looms*（《原始织布机研究》）reprinted from the Journal of the Royal Anthropological Institute，vol. XLVI，1916；Bankfield Museum，Halifax.

SAYCE，R. U.，*Primitive Arts and Crafts*（《原始艺术和工艺品》）Cambridge University Press，1933.

野外古遗存

BRITISH MUSEUM，*Flints*（《火石》）Oxford University Press，1928.

——*A Guide to the Antiquities of the Stone Age*（《石器时代考古指南》）Oxford University Press，1926.

BURKITT，M. C.，*The Old Stone Age*（《旧石器时代》）Cambridge University Press，1933.

CHILDE，V. G.，*The Bronze Age*（《青铜时代》）［有汉译本］Cambridge University Press，1930.

——*The Dawn of European Civilization*（《欧洲文明的曙光》）［有汉译本］Kegan Paul，1948.

——*New Light on the Most Ancient East*（《东方极古时代新探》）Kegan Paul，1934.

——*Prehistoric Communities of the British Isles*（《不列颠诸岛的史前社会》）Chambers，1946.

CLARK, GRAHAME, *Archaeology and Society*(《考古学与社会》)Methuen, 1939.

——*From Savagery to Civilization*(《从野蛮到文明》)Cobbett Press, 1946.

GOODWIN, A. J. H., and LOVE, C. VAN RIET, "*The Stone Age Cultures of South Africa*"(《南非的石器文化》) Annals of the South African Museum, vol. XXVII, 1929. The Museum, Cape Town.

HAWKES, C. F. C., *The Prehistoric Foundations of Europe: to the Mycenaean Age*(《欧洲的史前基础：到迈锡尼文明时期》)Methuen, 1939.

HAWEES, C. F. C., and HAWKES, J., *Prehistoric Britain*(《史前的不列颠》)Chatto and Windus, 1947.

HORNIMAN MUSEUM, *Handbooks*(《便览》)1920-1937.

——*From Stone to Steel: The Ages of Stone, Bronze and Iron*(《从石头到钢铁：石器时代、青铜时代和铁器时代》), by H. S. Harrison.

HUZAYYIN, S. A., "*The Place of Egypt in Prehistory*"(《史前的埃及地区》) Memoires Inst. d'Egypte, 43, Cairo, 1941.

LEAKEY, L. S. B., Stone Age Africa(《非洲石器时代》)Oxford University Press, 1930.

——*The Stone Age Cultures of Kenya Colony*(《肯尼亚殖民地石器时代的文化》)Cambridge University Press, 1931.

——*Adam's Ancestors*(《亚当的祖先们》)Methuen, 1934.

MORLEY, S. G., *The Ancient Maya*(《古代玛雅人》)1934.

MOVIUS, H. L., *Early Man and Pleistocene Stratigraphy in Southern and Eastern Asia*(《亚洲南部与东部的早期人类与更新世地层》)Peabody Museum Papers, XIX, 3, and Cambridge University Press, 1944.

OBRIEN, T. PE. *The Prehistory of the Uganda Protectorate* (《乌干达史前史》)Cambridge University Press, 1939.

DE PRADENNE, A. V. VAYSON, *Prehistory*(《史前史》)Harrap, 1940.

SHAW, T., Field Archaeology (《田野考古学》)Oxford University Press for Int. African Institute, 1946.

DE TERRA, H., and PATERSON, T. T., *Studies in the Ice Age in India and Associated Cultures*(《冰河时期的印度及周边文化的研究》)Carnegie Inst. Pub. No. 493, Washington, 1939.

THOMPSON, J. E., *Archaeology of South America*(《南美考古学》), Anthropology Leaflet No. 33, Field Museum of Nat. Hist., Chicago, 1936.

——*Mexico before Cortes*(《埃尔南多·柯狄兹之前的墨西哥》)Scribner, 1933.

VAILLANT，G. G.，*The Aztecs of Mexico*（《墨西哥的阿兹特克人》），New York，1944.

WRIGHT，W. B.，*Tools and the Man*（《工具与人类》）Bell，1939.

ZEUNER，F. E.，*Dating the Past*（《约会往事》）Methuen，1946.

区 域 研 究

BROWN，G. G.，and HUTT，A. McB.，*Anthropology in Action*（《行动中的人类学》）Oxford University Press，for Int. African Institute，1935.

CULWICK，A. T. and G. M.，*Ubena of the Rivers*（《江河巨流中的乌田纳》）Allen and Unwin，1935.

HAILEY，LORD，An，*African Survey*（《非洲的调查》）Oxford University Press，1938.

HAYLEY，T. T. S.，*The Anatomy of Lango Religion and Groups*（《解析宜兰人的宗教和雕像》）Cambridge University Press，1947.

HUNTER，MONICA，*Reaction to Conquest*（《反抗征服者》）Oxford University Press for Int. African Institute，1936.

JUNOD，H. A.，*The Life of a South African Tribe*（《南非的部落生活》）Macmillan，1927，2 vols.

LINDBLOM，K, G.，*The Akamba in British East Africa*（《英属东非的阿康姆巴人》）Uppsala，1920.

MAIR，LUCY P.，*An African People in the Twentieth Century*（《二十世纪的非洲民族》）Rout ledge，1934.

MEEK，C. K.，*A Sudanese Kingdom*（《苏丹王国》）Kegan Paul，1931.

NADEL，S. F.，*The Nuba*（《努巴人》）Oxford University Press，1947.

PERISTIANY，J. G.，The Social Institutions of the Kipsigis（《基普西基的社会制度》）Routledge，1930. Out of print.

——（ed.），*The Bantu-Speaking Tribes of South Africa*（《南非操班图语的部落》）Routledge，1937.

——*Western Civilization and the Natives of South Africa*（《南非的西部文明与土著居民》）Routledge，1934. Out of print.

SELIGMAN，C. G.，and BRENDA Z.，*Pagan Tribes of the Nilotic Sudan*（《苏丹境内白尼罗河与青尼罗河沿岸无宗教信的部落》）Routledge，1933.

SMITH，E. W.，and DALE，A. M.，*The Ila-Speaking Peoples of Northern Rhodesia*（《北罗德西亚操伊拉语的族群》）Macmillan，1920. 2vols. Out of print.

STAYT，H. A.，The Bavenda（《巴文达人》）Oxford University Press，1931.

美 洲

BIRKET-SMITH，K.，*The Eskimos*（《爱斯基摩人》）Methuen，1936.

FORD，C. S.，*Smoke from their Fires: The Life of a Kwakiutl Chief*（《烟尘火焰：瓜瓦基图族酋长的一生》）Yale University Press and Oxford University Press，1941.

FORDE，D.，*Ethnography of the Yuma Indians*（《尤马印第安人的民族志》）University of California Press，1931.

HERSKOVITS，M. J.，*Life in a Haitian Valley*（《海地山谷中的生活》）Knopf，New York，1937.

JENNESS，D.，*The Indians of Canada*（《加拿大的印第安人》）. Department of Mines Bulletin，65，Anthropological Series，No. 15. National Museum of Canada，Toronto，1934.

KARSTEN，R.，*The Civilization of the South American Indians*（《南美印第安人的文明》）Kegan Paul，1926.

——*The Headhunters of the Western Amazonas*（《西亚马孙流域的猎头者》）Societas Scientarium et Litterarum：Commentationes Humanarum Litteraum，Helsingfors，1935.

KROEBER，A. L.，*Handbook of the Indians of California*（《加利福尼亚印第安人手册》）Bureau of American Ethnology，Bulletin 78，1925.

——*Native Culture Areas of North America*（《北美土著文化》）American Archaeology and Ethnology，vol. XXXVIII，University of California Press，1939.

LANDES，R. *Ojibwa Sociology*（《奥吉布瓦人的社会学》）Contributions to Anthropology，vol. XXIX，Columbia University Press，1937.

LOWIE，R. H.，*The Crow Indians*（《克劳印第安人》）New York，1935.

NIBLACK，A. P.，*The Coast Indians of Southern Alaska and Northern British Columbia*（《阿拉斯加南部和英属哥伦比亚北部海岸线上的印第安人》）Annual Report，Smithsonian Institution，1888，pp. 225 - 386，Washington，1890.

OPLER，M. E.，*Apache Life Way*（《阿帕奇印第安人的生活方式》）University of Chicago Publications in Anthropology：Ethnological Series，University of Chicago Press，1941.

PARSONS，E. G.，*Pueblo Indian Religion*（《普韦布洛印第安人的宗教》）Publications in Anthropology：Ethnological Series，University of Chicago Press，1939. 2 vols.

RADIN，P.，*Winnebago Tribe*（《温纳贝戈部落》）Bureau of American Indian Tribes，University of Chicago Press.

——*Folk Culture of Yucatan*（《尤卡坦的民俗文化》）Chicago University Press，1941.

SPECK，F. G.，*Naskapi*(《纳斯科皮人》)Norman，University of Oklahoma Press，1935.

UNDERHILL，R.，*Papago Indian Religion* (《帕帕果印第安人的宗教》) Columbia University Press，New York，1946.

WISSLER，C.，*The American Indian* (《美洲印第安人》)Oxford University Press，1938.

See also other publications of the Universities of Chicago，California and Yale，and of the Bureau of American Ethnology，American Museum of Natural History，and Field Museum，Chicago.

亚 洲

ANDERSON，J. D.，Peoples of India(《印度诸民族》) Cambridge University Press，1913.

BARTON，R. R.，*Pagans: The Autobiographies of Three Ifugaos* (《异教徒：三个伊富高人的自传》)Routledge，1938.

BATESON，G.，and MEAD，M.，*Balinese Character* (《巴厘人的性格》) Academy of Sciences，New York，1942.

BENEDICT，R.，*The Chrysanthemum and the Sword*(《菊与刀》)［有汉译本］Secker and Warburg，1947.

DU BOIS，C.，*The Peoples of Alor* (《阿洛诸民族》)University of Minnesota Press，1944.

COLE，FAY-COOPER，*The Peoples of Malaysia*(《马来西亚的民族》)D. van Nostrand Co.，1945.

CUISINIER，J.，*Danses Magiques de Kelantan* (《吉兰丹的舞蹈魔法》) Institut d'Ethnologie，Paris，1936.

CZAPLICKA，M. A.，*Aboriginal Siberia* (《西伯利亚的土著居民》)Oxford University Press，1914.

ELWIN，V.，*The Baiga* (《拜加族》)Murray，1939.

——*The Agaria*(《阿嘎利亚人》)Oxford University Press，1942.

——*Maria Murder and Suicide*(《玛利亚的谋杀与自杀》)Oxford University Press，1943.

EVANS，I. H. N.，*Negritos of Malaya*(《马来亚的小黑人》) Cambridge University Press，1937.

FERRARS，M. and B.，*Burma*(《缅甸》)Sampson Low，Marston，1900.

VON FURER-HAIMENDORF，C.，*The Reddis of the Bison Hills — A Study in Acculturation*(《野牛山区的雷迪人：文化适应的研究》)Macmillan，1945.

GILBERT，W. H.，junr.，Peoples of India (《印度的民族》)Smithsonian Institution's War Background Series，No. 18，1944.

GRIGSON，W. V.，The Aboriginal Problem in the Central Provinces and Berar(《拜腊尔与中部省份的原住民问题》)Government Printing，Nagpur，1944.

HOSE，C.，and McDOUGALL，W.，*The Pagan Tribes of Borneo* (《婆罗洲无宗教信仰的部落》)Macmillan，1912. 2 vols. Out of print.

HUTTON，J. H.，*The Sema Nagas* (《塞马那加人》)Macmillan，1921. Out of print.

——*Caste in India* (《印度的种姓》)Cambridge University Press，1946.

JOCHELSON，W.，*People of Asiatic Russia* (《亚洲俄罗斯人》)American Museum of Natural History，1928.

KROEBER，A. L.，*Peoples of the Philippines* (《菲律宾的民族》)American Museum of Natural History，1928.

MARSHALL，H. I.，*The Karen People of Burma* (《缅甸的克伦族》)Columbia University Press，1922.

MILLS，J. P.，*The Ao Nagas* (《印度阿萨姆邦的阿奥那加人》)Macmillan，1926.

——*The Rengma Nagas* (《雷格马那加人》)Macmillan，1937. .

MOWBRAY，G. H. DE C. DE，*Matriarchy in the Malay Peninsula*(《马来半岛的母系社会》)Routledge，1931.

PARRY，N. E.，*The Lakhers* (《拉克人》)(Macmillan，1932).

RADCLIFFE-BROWN，A. R.，The Andaman Islanders (《安达曼岛民》)［有汉译本］Cambridge University Press，1922.

READ，M，*The Indian Peasant Uprooted* (《无家可归的印第安农民》)Longmans Green，1931. Out of print.

RIVERS，W. H. R.，*The Todas* (《托达人》)Macmillan，1906. Out of print.

SELIGMAN，C. G. and BRENDA Z.，*The Veddas* (《维达人》)，Cambridge University Press，1911.

SKEAT，W. W.，and BLAGDEN，C. O.，*Pagan Races of the Matay Peninsula* (《马泰亚半岛无宗教信仰的民族》)Macmillan，1906. 2 vols，Out of print.

YEE，CHING，*A Chinese Childhood* (《中国人的童年期》)Methuen，1940.

YEO，SHWAY (SIR J. G. SCOTT)，*The Burman: His Life and Notions*(《缅甸人：生活与见识》)Macmillan，1882.

DE ZOETE，B.，and SPIES，W.，*Dance and Drama in Bali*(《巴厘人的舞蹈与戏剧》)Faber，1938.

大 洋 洲

BEAGLEHOLE，E.，and P.，*Some Modern Maoris*(《现代毛利人》)Whitcomb and Tombs；

Oxford University Press，1946.

ELKIN，A. P.，*The Australian Aborigines*（《澳大利亚土著居民》）Angus and Robertson，1938.

——Studies in Australian Totemism（《澳大利亚图腾研究》），Oceania Monographs No. 2 Reprinted from Oceania, vol. III，March 1933，No. 3，and Vol. IV，No. 1. Australian National Research Council，Sydney.

HOGBIN，H. I.，*Experiments in Civilization*（《文明的尝试》）Routledge，1939.

KABERRY，P.，*Aboriginal Women*（《土著妇女》）Routledge，1939.

SPENCER，B.，*Native Tribes of the Northern Territories*（《北部地区的土著部落》）Macmillan，1914. Out of print.

SPENCER，B.，and GILLEN，F. J.，*The Arunta*（《阿兰达人》）Macmillan，1927. 2 vols.

——Native Tribes of Central Australia Macmillan，1900.

SUTHERLAND，I. L. G.（ed.），*The Maori People Today*（《今日毛利人》）Whitcomb and Tombs；Oxford University Press，1940.

WHITING，J. W. M.，*Becoming a Kwoma*（《成为巴布亚新几内亚的一名克沃马人》）. Yale University Press，1941.

WILLIAMSON，R. W.（ed. Piddington，R. O'R，），*Essays in Polynesian Ethnology*（《波利尼西亚民族学文集》）Cambridge University Press，1939.

ARMSTRONG，H E.，*Rossel Island*（《罗塞尔岛》）. Cambridge University Press，1928.

BEST，E.，*The Maori*，*Memoirs of the Polynesian Society*（《毛利人，波利尼西亚社会回忆录》），Vol. V，1924. The Society，Wellington，New Zealand.

——*An Introduction to Polynesian Anthropology*（《波利尼西亚人类学导论》）.

BLACKWOOD，BEARTRICE，*Both Sides of Buka Passage*（《布卡通道两侧》）. Oxford University Press，1935）.

BUCK，P. H.（TE RANGI HIROA），*Vikings of the Sunrise*（《东方海盗》）. Stokes，New York，1935）.

——*An Introduction to Polynesian Anthropology*（《波利尼西亚人类学导论》）. Bernice P. Bishop Museum Bulleti，No. 187，The Museum，1945.

CODRINGTON，R. H.，*The Melanesians*（《美拉尼西亚人》）. Oxford University Press，1891. Out of print.

DEACON，A. B.，*Malekula*（《马拉库拉岛》）（Routledge，1934）.

FIRTH，R. W.，*Art and Life in New Guinea*（《新几内亚的艺术与生活》）.（Studio，1936）. Out of print.

HADDON, A. C., *The Decorative Art of British New Guinea*(《英属新几内亚的装饰艺术》). Cunningham Memoris, No. 10 Royal Irish Academy, Dublin, 1894.

KEESING, F. M., *South Seas in the Modern World*(《现代世界中的南海》) Tohn Day；Allen and Unwin, 1941.

——*Native Peoples of the Pacific World*(《非洲世界的土著民族》) Macmillan, New York, 1945.

LANDTMANN, G., *The Kiwai Papuans of British New Guinea*(《英属新几内亚的奇瓦伊族》) Macmillan, 1927. Out of print.

LAYARD, J., *Stone Men of Malekula: The Small Island of Vao*(《马拉库拉的石头人：以瓦欧小岛为例》) Chatto and Windus, 1942.

LINTON, R., *Arts of the South Seas*(《南海的艺术》) Museum of Modern Art, New York, 1946.

MALINOWSKI, B., *Argonauts of the Western Pacific*(《西太平洋的航海者》)［有汉译本］Routledge, 1922.

——*The Sexual Life of Savages in North-Western Melanesia*(《野蛮人的性生活》)［有汉译本］Routledge, 1932.

——*Coral Gardens and Their Magic*(《珊瑚花园与他们的魔术》)［有汉译本］Allen and Unwin, 1938. 2 vols.

MEAD, MARGARET, *Coming of Age in Samoa*(《萨摩亚人的成年》)［有汉译本］Cape, 1925. Out of print.

——*Growing up in New Guinea*(《新几内亚人的成长》)［有汉译本］Routledge, 1931.

POWDERMAKER, HORTENSE, *Life in Lesu*(《勒苏人的生活》) Williams and Norgate, 1933.

RIVERS, W. H. R. (ed.), *Essays on the Depopulation of Melanesia*(《论美拉尼西亚正在灭绝的居民文集汇编》) Cambridge University Press, 1922.

ROTH, H. LING, *Aborigines of Tasmania*(《塔斯马尼亚土著居民》) King, Halifax, 1899. Out of print.

SELIGMAN, C. G., *The Melanesians of British New Guinea*(《英属新几内亚的美拉尼西亚人》) Cambridge University Press, 1910.

WILLIAMS, F. E., *Papuans of the Trans-Fly*(《特伦斯-纳弗莱区的巴布亚人》) Oxford University Press, 1936.

——*Orokaiva Society*(《奥罗凯瓦人的社会》) Oxford University Press, 1930.

——*Drama of Orokolo*(《奥罗克罗人的戏剧》) Oxford University Press, 1940.

期　　刊

Africa. Journal of the International African Institute(《国际非洲研究季刊》) Oxford University Press. Quarterly.

African Studies(《非洲研究》) formerly Bantu Studies. Department of Bantu Studies, Witwatersrand University Witwatersrand University Press，Johannesburg. Quarterly.

American Anthropologist (《美国人类学家》) American Anthropological Association, Lancaster，Pa. Quarterly.

American Antiquity(《美国文物》). Society for American Archaeology.

American Journal of Physical Anthropology(《美国体质人类学季刊》) Wister Institute of Anatomy and Biology，Philadelphia. Quarterly.

Ancient India (《古印度》). Bulletin of the Archaeological Surer of India Manager of Publications，Delhi. Biennially.

Antiquity(《文物》) (Gloucester). Quarterly.

Bulletin of the School of Oriental and African Studies (《亚非学院学报》). London University.

Folk-Lore(《民俗》). Transactions of the Folk-Lore Society Glaisher，87 Fetter Lane, London，E. C. 4. Quarterly.

Journal de la Societe des Africanistes (《非洲学和社会学期刊》) Musee de I'Homme，Place du Trocadero，Paris.

Man (《人类》) Royal Anthropological Institute. Monthly.

Language(《语言》). Journal of the Linguistic Society of America，Balgimore. Quarterly.

Lingua (《母语》). International review of General Linguistics Haarlem，Holland. Quarterly.

Nada(《纳达人》) Southern Rhodesian Government. Annual.

Oceania (《大洋洲》) Australian National Research Council，Sydney. Quarterly.

Polynesian Society Proceedings (《波利尼西亚社会学报》) 42 Barton Road，Cambridge. Annually.

Rhodes-Livingstone Papers (《罗德-利文斯顿论文》) Oxford University Press，Cape Town. Occasional.

Rhodes-Livingstone Institute(《罗德-利文斯顿学院学报》). Journal：Human Problems in British Central Africa Oxford University Press，Capetown. Six-monthly.

Royal African Society Journal (《皇家非洲社会季刊》) Macmillan. Quarterly.

Royal Anthropological Institute Journal (《皇家人类学会会刊》) The Institute. Annually in two parts.

Royal Asiatic Society Journal (《皇家亚洲社会季刊》). Quarterly.

Society of Antiquaries of London Journal (《伦敦古董学会杂志》) Oxford University Press. Quarterly.

Southwestern Journal of Anthropology (《西南人类学季刊》) University of New Mexico Press，Albuquerque.

Sudan Notes and Records (《来自苏丹的笔记和档案》) Editorial Secretary，P. O. Box 282，Khartoum. Biennially.

Transactions of the Philological Society (《语言协会年刊》) London. Annually.

初 版 译 后 记

本书(以下简称《手册》)是一部世界名著,汉译本不是心血来潮的产物,它有一段姗姗来迟的经历。

2001 年 10 月,我在国外一所大学的图书馆看到《手册》的原版。读完之后,脑海中连续几天都浮现出它的身影,于是再次借出。几番玩味,几番自问:能不能把它介绍给我国读者呢? 想到国内民族学(文化人类学)的经典著作有限,此书犹如深闺佳人,至今未有汉译本,有多少人闻其名而不识其面啊。我慢慢地打定了主意。

自从萌发了意念,回国后便着手落实。然而,有些事情是不以人的意志为转移的。教学事务繁忙、没有时间开工,只好先向研究生介绍原著,进而选出若干章节作为他们的翻译训练,我也借机加深了对它的理解。冬去春来,年复一年,虽然费尽周折,翻译一事还是落下来了,但我没有懊悔,因为认识到这本书篇幅浩大、内容翔实,涉猎广泛,果真要译好,也不是那么简单的:一方面我自己需要砥砺意志、充实知识,提高能力,另一方面,需要慢慢消化、弄清其中的道理,有针对性地查阅专业书籍。

十余年间,表面上我在干别的事情,实际上在积蓄力量,寻找机会,随着一批批"学术债务"的偿清,心情逐渐归于"清明"的境界。觉得实现这个夙愿的时机到了。为了保证任务的完成,我约了两位合作者,避免牵强、硬撑的局面,争取瓜熟蒂落、一步到位。

在整个翻译过程中,我们始终遵循传务求通的原则,尽量避免文白相间、拗口艰涩的现象,同时站在时代发展的高度,既要忠实于原著,又要考虑到中国读者的接受程度,因此对汉译本的体例做了微小的调整:

第一,原著的主体分为 4 部分,其中,除了第 2 部分有两级划分之外,其他部分只有一级划分，似乎有些不顺。因此，我们按三、四层楼（"章—节—目—点"）的样式来调整原著。因第 4 部分只有一章，专讲野外文物调查，显得比较单薄，而附录是讲文物保护技术的，与前者的内容相吻合，故把附录划归到第四部分单独列为一章。

第二，原著有 13 幅插图，译者有意在某些段落中增加了 17 幅插图，使总数达到 30 幅。增加的插图编号为图 13－1、图 13－2、图 13－3、图 13－4、图 13－5、图 13－6、图 15－4、图 15－5、图 15－6、图 15－7、图 15－8、图 15－9、图 15－10、图 15－11、图 15－12、图 15－13 和图 18－2。其中，图 13－4 取自沙钦·罗伊著，李坚尚、丛晓明译，西藏人民出版社 1991 年出版的《珞巴族阿迪人的文化》第 21 页的插图；图 13－5、图 13－6 取自马林诺夫斯基于 1922 年出版的《西太平洋的航海者》英文版，其余增加的插图大部分采自网络，再经电脑加工。谨向有关方面表示感谢！

全书共 18 章，四位译者分工如下：云南大学的蔡红华副编审承担第 8 章的翻译，江汉大学社会学系的孔海娥副教授承担第 12 章的翻译，广州体育学院许韶明副教授和我共同承担了第 16 章的翻译。剩下的 15 章（第 1、2、3、4、5、6、7、9、10、11、13、14、15、17 和 18 章）及附属部分（第六版序言、三个机构与部分成员名单、目录与插图目录）是我翻译的，全书的校对和统稿亦由我负责。

感谢美国岭南基金会的资助，使我能够于 2001 年夏末至 2002 年初春造访美国西密歇根大学（WMU）科学与艺术学院人类学系，正是这次访学交流使我有机会接触《手册》的原著，从此铸就我译书的决心。《手册》的译介一波三折，在那段绵长的过程中，许多人给予我们直接或间接的帮助，借此机会谨向他们致以崇高的敬礼。

付梓之前，黄耀鹏对第一章涉及的数学公式再次把关，周力行协助审读了参考书目的汉译本情况，古文字学家陈炜湛教授赏面为我题写了书名。书名是用甲骨文写成的，共三款，我们选用了其中一款。特向他们致以诚挚的谢意！

何国强

中山大学中区马丁堂

2016 年 2 月 18 日

修 订 版 跋

《田野调查技术手册》中译本于 2016 年 3 月在上海印刷发行,至今已逾 3
年。不久前,在下接到复旦大学出版社询问,称初印本即将售罄,社里准备重
印,译者是否愿意借机重新校阅,把新发现的错误和瑕疵一并改正。得知《手
册》受到社会各界欢迎,十分畅销,不禁大喜过望,决定进一步打磨以提高质
量。本来初印本已经过多次校改才出版,现在重新阅读,又发现不少错译、漏
译和不顺之处,遂对照原著逐一修改,另外增补了三幅图(图 16-3、图 16-4、
图 16-5)。数月来,夜以继日,终于完成了修订的任务。

这次修订的幅度超出预想。除了改正一般性错误以外,还对原译者孔海
娥、许韶明承担的章节进行重译,现在相关内容已焕然一新。正因为修改的工
作量大,出版社决定以修订版而非重印本的形式印制。本着实事求是的原则,
征得原合作者的同意,修订版不再出现孔、许二人的姓名。这里须补提一句,
初印本曾说第八章是他人劳动的成果(参见《初版译后记》倒数第三段),实际
上是出于难以名状的缘由而张冠李戴,这一章也是在下翻译的。本着对各方
负责的精神,修订版收回了赋予他人的权利。

青少年时代,在下颇有些凌云壮志,而立之年却在南方一所大学给几十个
学生上课。一支粉笔,两袖清风,三尺讲台,四季耕耘,一晃就是 30 余载。曾
经想到多数学生将来未必会恪守专业,自己还是那么冷静、执着地追求学问,
究竟能让我获得多大的满足? 不免有些失落或无奈。后来习惯了命运的安
排,“台上三分钟,台下十年功”,觉得传授知识虽不容易,但是很有乐趣! 因
此,做好“人类灵魂工程师”的本分,除了在校园里讲好课,还常带学生下乡调
查,海疆、边陲、山区、农牧区都去过。慢慢地积累了一些想法,产生了一种渴
望,想把世界民族文化与田野调查技巧结合起来讲授,还想编出一本教材,如

果一时做不到,至少要把国外的名著介绍进来。2001 年 10 月,当我找到《手册》英文原版时,这个梦想已具备成真的可能。

　　17 年过去了,现在回首张望,一种质感油然而起:少小凌云志应是"立德、立功、立言"的前奏,在下虽不配功德,著书立说(包括译书)也是有的,算是沾到"有志者事竟成"的边。如是,则《手册》不枉成为解甲归田的一份报告,只愿修订版不辜负各方殷切的希望。

何国强

中山大学园西区榕树头

2019 年 6 月 6 日

图书在版编目(CIP)数据

田野调查技术手册/英国皇家人类学会编;何国强译. —2版(修订本). —上海:复旦大学出版社,2020.4(2024.1重印)
书名原文:Notes and Queries on Anthropology(6th ed.)
ISBN 978-7-309-14596-0

Ⅰ.①田…　Ⅱ.①英…②何…　Ⅲ.①社会调查-技术手册　Ⅳ.①C915-62

中国版本图书馆CIP数据核字(2019)第197519号

田野调查技术手册(修订版)
英国皇家人类学会　编
何国强　译
责任编辑/岑品杰

复旦大学出版社有限公司出版发行
上海市国权路579号　邮编:200433
网址:fupnet@ fudanpress. com　http://www. fudanpress. com
门市零售:86-21-65102580　团体订购:86-21-65104505
出版部电话:86-21-65642845
上海新艺印刷有限公司

开本787毫米×960毫米　1/16　印张23.25　字数368千字
2024年1月第2版第2次印刷

ISBN 978-7-309-14596-0/C·382
定价:68.00元